D1717870

JAHRBUCH
FÜR GOETHEANISMUS

2015

TYCHO
BRAHE
VERLAG

Impressum

Das Jahrbuch für Goetheanismus wird herausgegeben durch die Naturwissenschaftliche Sektion am Goetheanum – Freie Hochschule für Geisteswissenschaft, Dornach (vertreten durch Rolf Dorka, Christoph Gutenbrunner, Christian Heckmann, Walter Hutter, Johannes Kühl, Hans-Joachim Strüh).

Redaktion: Heinrich Brettschneider, Rolf Dorka, Roselies Gehlig, Angelika Heinze, Hans-Joachim Strüh
Leitung der Redaktion: Roselies Gehlig
Organisation und Herstellung: Rolf Dorka, Roselies Gehlig, Michael Peroutka
Layout und Satz: Brigitte Pöder & Jörg Tanneberger, *Pforzheim*
Druck: Biesinger-Druck GmbH & Co. KG, *Neuenbürg/BW*

Für den Inhalt ihrer Beiträge sind die Autoren verantwortlich.

Wir danken folgenden Firmen und Institutionen für die finanzielle Unterstützung bei der Herausgabe des Jahrbuchs 2015:
  – Abnoba GmbH, *Pforzheim,*
  – Christophorus Stiftung in der GLS Treuhand e.V., *Stuttgart,*
  – Gemeinnützige Treuhandstelle e.V., *Pforzheim,*
  – Naturwissenschaftliche Sektion am Goetheanum, *Dornach, Schweiz,*
  – Wala Heilmittel GmbH, *Bad Boll/Eckwälden,*
  – Weleda Heilmittel SA, *Huningue, Frankreich.*

Für unentgeltliche Leistungen danken wir Michael Peroutka (*Keltern-Dietlingen*; Organisation und Kooperationen) und Peter A. Wolf (*Essen*; Vignetten).

CIP-Kurztitelaufnahme der Deutschen Bibliothek
Jahrbuch für Goetheanismus
Tycho Brahe-Verlag GdbR, Niefern-Öschelbronn
ISSN: 1866-4830
ISBN: 978-3-926347-39-8

Erscheint jährlich seit 1984

Titelsignet: Fritz Marburg
Titelbild: Blutwurz, *Potentilla erecta* (L.) Räuschel (Foto: Ruth Mandera)

Vignetten: Peter A. Wolf
Umschlaggestaltung: Ferenc Ballo/Michael Peroutka, Brigitte Pöder/Jörg Tanneberger

© 2015 Tycho Brahe-Verlag GdbR, Am Eichhof 30, 75223 Niefern-Öschelbronn

Inhaltsverzeichnis

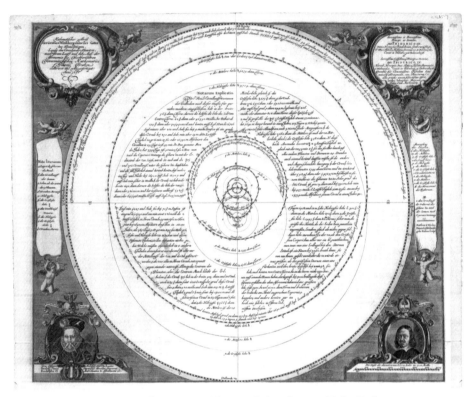

Astronomische Karte gezeichnet nach Angaben von Tycho Brahe

TYCHO BRAHE (1546–1601)

Einer der frühesten Vorläufer der goetheanistischen Wissenschaftshaltung. Einerseits war er der Erste, der seine Beobachtungen systematisch plante, reflektierte und protokollierte sowie durch Berechnung und Verbesserung des Instrumentenbaus korrigierte. Andererseits übte er sich in der gedanklichen Durchdringung der Gesetzmäßigkeiten in der Astronomie, die damals die Mutter aller Naturwissenschaften war. Dies führte ihn bis zur therapeutischen Anwendung von Substanzen, die auch als Vorläufer der anthroposophischen Heilmittel gelten können.

Aus einem Gemälde von Gerhard von Kügelgen

J. W. VON GOETHE (1749–1832)

Der Goetheanismus ist die an Goethe sich anschließende wissenschaftliche Arbeitsweise. Goethes Erkenntnisart ist in ihrem umfänglichen Wert gerade auch für die Weiterentwicklung der Naturwissenschaften durch die erkenntnistheoretischen Arbeiten Rudolf Steiners wissenschaftlich erneut zugänglich geworden. Goethes Methode ermöglicht es, Begriffe zu entwickeln, die nicht definitiv, sondern wachstumsfähig sind, so dass sie selbst entwicklungsfähig werden. Dadurch wird es möglich, das Lebendige in der Natur als ein solches zu verstehen.

ANDREAS SUCHANTKE

27. Juli 1933 – 9. November 2014[1]

Im Lichte, das aus Geistestiefen
Im Raume fruchtbar webend
Der Götter Schaffen offenbart:
In ihm erscheint der Seele Wesen
Geweitet zu dem Weltensein
Und auferstanden
Aus enger Selbstheit Innenmacht.

Rudolf Steiner

»In diesen Zeilen spiegelt sich das Lebensmotiv von Andreas Suchantke, das ihn zu einem vertieften Erleben des Geistigen in der Natur führte, und ihm gleichzeitig ermöglichte, andere Menschen auf diesem Wege mitzunehmen.« – Treffender und zugleich schlichter als mit diesen wenigen Worten von der Todesanzeige kann man nicht beschreiben, was diesen Geist im Leben geführt hat und was er bewegt hat.

Geboren 1933 in Arlesheim – sein Vater war einer der jungen anthroposophisch orientierten Ärzte um Ita Wegman; von ihm lernte er die ersten Pflanzen kennen – verbrachte er seine Kindheit zunächst im nationalsozialistischen Berlin, wo der Vater eine Praxis aufbaute, und später, gegen Ende des Krieges, in Bayern in der Gegend von Starnberg. In der Dorfschule ein Außenseiter, da er nicht Bayerisch sprach, waren bereits hier das Wichtigste die Schulwege, auf denen man die Natur entdecken konnte. Und schon da begegnet man einem Motiv, das im späteren

---

[1] Wiedergabe der Erstveröffentlichung in »Die Drei« 85. Jg., Heft 2, 2015, S. 64, mit freundlichem Einverständnis.

Leben noch eine große Rolle spielen wird: Vor allem begeistern den Knaben die Schmetterlinge!

Der neuseeländische Augenfalter *Argyrophenga antipodum*

Nach Kriegsende brachten ihn die Eltern zu Familie Gabert nach Stuttgart, wo er von der 6. Klasse bis zum Abitur die Waldorfschule Uhlandshöhe besuchte. Dort hatte er jedoch wenig erfreuliche Erlebnisse – er selbst bezeichnete diese Zeit als »Stuttgarter Verbannung«. Trotzdem konnte er einige der Lehrer fachlich hoch schätzen, insbesondere Friedrich Kipp. Es mag sein, dass manche der pädagogisch schwierigen Situationen in dem zeitlebens eher »revolutionär« veranlagten Suchantke den Ansporn weckten, es selbst besser zu machen: Er wurde später ein hervorragender und beliebter Lehrer, wie kürzlich von Stephan Ronner beschrieben (»Das Goetheanum« 83. Jg., Nr. 50, 12.12.2014, S. 8-9).

Das Studium der Biologie absolvierte er in Freiburg und München (u. a. beim »Bienenvater« Karl von Frisch und bei Konrad Lorenz) und machte währenddessen auch seine ersten Unterrichtserfahrungen mit Epochen in der Waldorfschule – offenbar haben die Stuttgarter Erlebnisse den Zug dorthin nicht verhindern können. Schon vor dem Studium und dann immer wieder machte er »private« Exkursionen, oft mit Freunden, so zum Beispiel zur Beobachtung der Flamingos in der Camargue, »wo ich in einer kleinen Schutzhütte mitten im Reservat unterkam, die umgebenden Schilfwälder voller Bartmeisen und jungen, eben geschlüpften Purpurreihern. Was wollte ich mehr!«

Nach Abschluss des Studiums meldete er sich bei Adolf Portmann zur Dissertation an, doch dazu kam es nicht. Denn kurz darauf folgte er dem Ruf an die Schule: Er hatte gehört, dass die Zürcher Waldorfschule einen Lehrer für Naturwissenschaften in der Oberstufe suche. Die Vorstellung in der Konferenz verlief günstig. Suchantke, dem das menschliche Klima in Stuttgart wenig zusagte, fühlte sich bei den sachlich-pädagogisch orientierten Zürcher Kollegen am rechten Platz. So begann eine zwanzig Jahre dauernde Lehrertätigkeit. Seine Frau Michaela übernahm bald die Leitung eines Waldorfkindergartens, und sie fühlten sich so am rechten Ort, dass sie die Einbürgerung beantragten und Schweizer wurden.

Lehren bedeutete für Suchantke immer auch lernen. Pädagogisch: Er berichtete zum Beispiel, wie er einmal Steiners Lehrplanvorschläge durch eine zusätzliche Zoologie-Epoche in der neunten Klasse »verbessern« wollte – und durch die Beobachtungen der Kollegen an den Schülern eines anderen belehrt wurde. Und fachlich: Unterricht und Exkursionen waren immer auch gemeinsames Kennenlernen, Beobachten, Erforschen. Aber das reichte ihm nicht: Auch als Lehrer setzte er seine Forschungsreisen fort, besucht zunächst Orte in der Schweiz, Skandinavien, Griechenland. In seinem Lebensrückblick erzählt er von Delphi; die Tempelanlage wird in einem Nebensatz erwähnt, dafür gibt es eine ganze Seite über die Vögel, Insekten und die blühenden Pflanzen. Überall dringt »das eigene, unvermindert starke Lebensmotiv der innigen Beziehung zur lebendigen, zur belebten Natur« durch.

Dann folgten bald weitere Reisen: In Ostafrika werden die Begegnungen mit den Menschen, der Landschaft, den Tieren und Pflanzen zu Begegnungen mit »fremden Freunden« – man schaue in sein diesen Reisen gewidmetes Buch »Sonnensavannen und Nebelwälder«. Hier machte Suchantke die Entdeckung der »Biotop-Tracht« bei Schmetterlingen, des Zusammenhanges von Farben und Mustern der Schmetterlingsflügel mit dem von ihnen beflogenen Lebensraum. – In Südamerika, besonders Brasilien, wurde er Zeuge, wie das durch ausbeuterische Landwirtschaft zerstörte Land in Botocatu durch die Initiative von Pedro Schmidt und engagierten jungen Landwirten durch biologisch-dynamische Bewirtschaftung geheilt und teilweise in einen wunderbaren Park verwandelt wurde. Auch konnte er beim Aufbau der Aitiara-Waldorfschule an diesem Ort helfen und erlebte das heilsame Wirken von Ute Craemer und ihren Freunden in den Favelas. In den Landschaften Brasiliens, des Amazonasbeckens und der Anden gibt es die wunderbarsten Begegnungen mit neuen Pflanzen und Tieren – und überall die Kolibris! Daraus entstand das Buch »Der Kontinent der Kolibris«.

Afrikanische Trockensavanne mit Baobab, Schirmakazie und Antilopen

Solche Erlebnisse markieren ein weiteres Lebensmotiv: die Ökologie. Der Mensch zerstört die Natur und die sozialen Verhältnisse durch die Art, wie er in den letzten Jahrhunderten zum »homo faber« geworden ist. Aber der Mensch kann auch wieder heilen, was er zerstört hat, wenn er sich mit der Natur als Partner, als Freund verbindet. Davon handelt ein weiteres seiner Bücher: »Partnerschaft mit der Natur«.

Weiter hat es Andreas Suchantke nach Südafrika, Sri Lanka, das Himalayagebiet, Sibirien, Neuseeland, Ägypten mit der Sekem-Initiative geführt, und wiederholt nach Israel. Seine Schilderungen gipfeln immer wieder in der Begeisterung für Blüten, Schmetterlinge und Vögel. Es scheint, dass dieser Übergang vom Pflanzlichen ins Tierische, vom Irdischen in die Luft ihn besonders fasziniere.

10

Das Aronstabgewächs *Zantedeschia aethiopica* in Nord-Sikkim

Anfang der 80er Jahre ging er zunächst an das im Aufbau befindliche Lehrerseminar in Mannheim, bald darauf dann nach Witten-Annen. Michaela, die ihn auf vielen seiner Reisen begleiten konnte, konnte hier den lang gehegten Wunsch nach einem Eurythmie- und Heileurythmiestudium aufgreifen. Trotz verschiedener, zum Teil ernster Erkrankungen hat Suchantke hier bis vor wenigen Jahren anregend und fruchtbar in der Lehrerbildung gearbeitet, bis es seine Gesundheit nicht mehr zuließ.

Während all dieser Jahre war er erstaunlich produktiv: Er veröffentlichte acht Bücher, allein in der Zeitschrift »Die Drei« publizierte er 44 Aufsätze. Dazu kamen Artikel im »Jahrbuch für Goetheanismus«, im »Goetheanum« und in der »Erziehungskunst«, außerdem in verschiedenen Sammelwerken. Seine Schilderungen sind immer frisch, bildhaft und verständlich, die oft nach eigenen Fotos angefertigten Zeichnungen künstlerisch lebendig und innerlich transparent.

2002 erschien sein bedeutendes Werk »Metamorphose – Kunstgriff der Evolution«. Hier begegnet man wie einer Zusammenfassung seiner Forschungen in dem Versuch, dem Lebendigen, was Rudolf Steiner das Ätherische nannte, explizit denkend-erlebend näher zu kommen, nachdem er jahrzehntelang in Begegnung und Wahrnehmung damit umgegangen ist. – Wie in einer weiteren Konzentration erscheint 2012 das Büchlein »Lesen im Buche der Natur«, eigentlich eine Sammlung von Aufsätzen, die aber die Essenz seines Werkes und seiner Reisen enthalten.

Blickt man auf dieses Leben und Lebenswerk, so kann man nur staunen: Er steht vor einem, einerseits so ungeheuer nah und menschlich – andererseits weit überragend in seinen Kenntnissen, seiner Beobachtungs- und Darstellungsmöglichkeit, und seinem Fleiß. Er gehört zu den bedeutenden anthroposophisch orientierten Naturwissenschaftlern, die die goetheanistische Arbeit in der zweiten Hälfte des zwanzigsten Jahrhunderts geprägt haben. Zunächst erscheint es als tragisch, dass diese zwar weitgehend ihre Arbeiten gegenseitig zur Kenntnis nahmen und beurteilten, aber doch jeder seinen eigenen Weg ging, ohne dass es zu einer wirklichen Zusammenarbeit gekommen ist. Es kann aber auch sein, dass man den eigenen Weg nicht hätte weit genug gehen können, wenn man zu sehr nach anderen geschaut hätte, und dass so ein weit größerer »karmischer Umkreis« geschaffen werden konnte.

Andreas Suchantke hat nahezu die ganze Erde bereist und beobachtend in sich aufgenommen. Manche dieser Gebiete wurden für ihn wie zur Heimat – er war auf der ganzen Erde zu Hause! Mit seinem Überschreiten der Schwelle hat die Natur, hat die Erde einen Freund verloren. Für ihn war Wissenschaft nie nur das Sammeln von Kenntnissen, die Freude am Überblick, an erkannten Ordnungen und Gesetzmäßigkeiten, sie war für ihn in erster Linie Begegnung, Zuwendung zu Freunden.

Johannes Kühl

Zeichnungen: A. Suchantke, aus: Tycho de Brahe-Jahrbuch für Goetheanismus 1998: 268, 2000: 29, und Jahrbuch für Goetheanismus 2008/2009: 97.

SUSANNA KÜMMELL

Zur Evolution des menschlichen Kopfes. Der Modus der Komplexitätsverschiebung und die Rolle von Heterochronie und Plastizität

Einleitung

Die Frage nach der Zu- oder Abnahme von Komplexität in der Evolution ist eine lang anhaltende Diskussion. Früh waren sich Forscher wie Lamarck und Darwin einig, dass Komplexität im Laufe der Evolution zunimmt (MCSHEA 1996). Dem stimmten über zwei Jahrhunderte viele weitere Forscher zu, wie BONNER (1988), welcher Komplexität anhand der Anzahl unterschiedlicher Zelltypen maß. Je höher die Anzahl an unterschiedlichen Zelltypen, desto mehr Funktionen sind vorhanden, und das ermöglicht eine höhere Komplexität des Verhaltens. Nun verschiebt sich nach BONNER (1988) die Größenbandbreite der Organismen mit der Zunahme an Zelltypen zu größeren Formen hin. Daher kommt er zu dem Schluss, dass – grob gesprochen – größere Organismen komplexer sind als kleinere. MCSHEA (1996) bestreitet eine generelle Zunahme an Zelltypen und damit an Komplexität im Laufe der Evolution nicht, macht aber auf die Schwierigkeit, Komplexität zu definieren und auch auf gegenläufige Tendenzen aufmerksam. Inzwischen wurden viele Beispiele abnehmender Komplexität in der Evolution beschrieben. SIDOR (2001, 2003) stellt zum Beispiel Komplexitätsabnahme in der Schädelentwicklung der Säuger und ihrer Vorläufer durch Verlust von Knochenplatten dar. MCSHEA (1993) kommt bei der Untersuchung an der Evolution der Wirbelsäule von einigen zufällig ausgewählten Säugerlinien zu dem Ergebnis, dass es evolutiv eine etwa gleiche Anzahl an Komplexitätssteigerungen und Komplexitätsabnahmen gegeben hat. WILLISTON (1914) zeigt auf, dass Komplexität sich auch verändern kann: Er formuliert, dass die Anzahl an Teilen, zum Beispiel der Schädelknochen, im Laufe der Evolution abnimmt, dass aber die einzelnen verbliebenen Knochen in ihren Kontakten und Funktionen komplexer werden. Dies wurde als die Williston'sche Regel bekannt. Es zeigt sich, dass Evolution in Hinblick auf Komplexität ziemlich komplex ist.

Komplexität wird in dieser Arbeit durch die Anzahl von Strukturen definiert. Strukturen können Zelltypen sein, morphologische Strukturen wie Gehirnwindungen oder Zahnhöcker oder kleine morphologische Einheiten wie Zähne. Die Korrelation von Komplexität mit der Größe von Organismen ist sicherlich, wie BONNER (1988) sagt, im Groben richtig, wenn beispielsweise ein Bakterium mit einem Hund verglichen wird. Aber stimmt sie auch beim Vergleich von Säugetieren untereinander – ist eine Maus weniger komplex als ein Elefant? Noch fraglicher erscheint dies innerhalb einer Art. Ein großer Mensch ist sicherlich nicht komplexer als ein kleiner. Die Zu- oder Abnahme der Körpergröße einzelner Arten einer Evolutionslinie wird hier daher nicht als Kriterium für Komplexität hinzugezogen. Anders ist es jedoch bei Organen. Wenn Organe in der Evolution relativ an Größe zu- oder abnahmen, dann hat das eine andere Relevanz. Selbst wenn bei einem Organ bei Änderung der relativen Größe keine Strukturveränderungen zu erkennen sind, dann verändern sich dennoch die Strukturen, mit denen das Organ mit dem Organismus verbunden ist. Diese nehmen in der Regel bei kleiner werdenden Organen an Komplexität ab. So werden, wenn der Kiefer kleiner wird, auch die Flächen der Kaumuskelansätze am Schädel kleiner. Weiterhin nimmt meistens die funktionelle Leistung des Organs für den Organismus mit dem Kleinerwerden ab. Anders herum ist es, wenn ein Organ relativ größer wird. Die Verbindungen zum Rest des Organismus werden komplexer und die Leistung nimmt in der Regel zu. Die relative Größenzu- oder -abnahme von Organen wurde hier daher als Maß der Komplexität mit einbezogen.

In der Evolution der frühen Säuger gibt es Bereiche von Körperteilen oder Organen, in denen Komplexitätsaufbau und andere, in denen Komplexitätsabbau stattfindet. Dieser Auf- bzw. Abbau vollzieht sich in der Regel in lang anhaltenden Trends (KÜMMELL 2008). Trends sind gerichtete Veränderungen über eine lange Zeit (COLLINS 1999). In der Linie der frühen Säuger zu den Primaten lässt sich feststellen, dass generell distal, in der Körperperipherie, Komplexität abgebaut und körpernah, das heißt proximal oder im Inneren, Komplexität aufgebaut wird. In der Evolution des menschlichen Kopfes setzt sich dieser Trend fort. Komplexität wird hier in der Peripherie, in der Kieferpartie, wo der Umweltkontakt über die Nahrung stattfindet, abgebaut und proximal bzw. innen, beim Gehirn, aufgebaut. Wie entwickeln sich diese Trends und was entsteht, indem auf der einen Seite Komplexität abgebaut und auf der anderen aufgebaut wird?

Die Evolution des menschlichen Kopfes wurde hier ausgewählt, um der Frage nach der Komplexitätsveränderung in der Evolution nachzugehen. Der Mensch ist uns besonders gut bekannt, auch aus der Innenperspektive. Hier gibt es eine Fülle von Material, um auch die Faktoren, die bei diesen Trends eine Rolle spielen, zu beleuchten. Zudem gibt es eine Reihe von Hinweisen, dass sich der menschliche Organismus heute noch in Evolution befindet. Ein Beispiel dafür ist der zunehmende Verlust des Weisheitszahnes. Durch sein Verschwinden nimmt die Komplexität in der Kieferregion ab. Wir können beim Menschen also die Evolution aktuell beobachten. Aus diesem Grund soll der Verlust der Weisheitszahnanlage besonders in den Fokus gerückt werden.

Ein großer Teil der Arbeit widmet sich den Faktoren, die zu den Trends beitragen. Es ist leicht vorstellbar, dass Komplexitätsveränderungen mit Verschiebungen in der Individualentwicklung (**Ontogenese**) zu tun haben können. Bleibt ein Organ auf einem jugendlichen Stadium (**Pädomorphose**) stehen, so resultiert wahrscheinlich ein Strukturabbau und somit eine Komplexitätsabnahme. Wächst es weiter aus als bei der Vorläuferform (**Peramorphose**), so folgt vermutlich ein Komplexitätszuwachs. Entsprechen die Komplexitätsveränderungen also zeitlichen Verschiebungen (**Heterochronie**) in der Ontogenese?

Zur Heterochronie der Evolution des menschlichen Kopfes gibt es eine unermessliche Fülle an Literatur (McNamara 2002a, Gould 1977, Schad 1992, weitere Literatur dort). Die Autoren kommen allerdings zu sehr unterschiedlichen Einschätzungen über die heterochrone Evolution des menschlichen Kopfes, insbesondere des Gehirns. Während zum Beispiel Bolk (1926) und Gould (1977) die Evolution des menschlichen Kopfes als neoten (Pädomorphose) ansehen, sprechen sich McNamara (2002b) und McKinney & McNamara (1991) für eine Peramorphose aus. Hier muss einige Begriffsklärung geleistet werden.

West-Eberhard (2003) hat mit ihrem bahnbrechenden Buch über Plastizität die plastische Reagibilität des Organismus zu einem der führenden Faktoren in der Evolution erklärt. Jeder kennt Plastizität zum Beispiel vom Muskeltraining, bei welchem der Muskel plastisch auf die Anforderung reagiert und kräftiger wird. Auch Knochen reagieren plastisch auf Anforderung durch Aufbau und auf Stilllegung durch Abbau. Dies lässt vermuten, dass auch plastische Prozesse beispielsweise im Komplexitätsabbau der Kieferpartie beteiligt sind. Wenn hier West-Eberhard Recht hat, dann bedeutet dies, dass die konkrete Lebensweise der Menschen in die Evolution mit hineinspielt und dass sie auch auf die Verschiebungen in der Ontogenese (Heterochronie) Einfluss nimmt.

Die Komplexität beschreibt erst einmal nur Strukturänderungen im Morphologischen. Aber letztlich äußern sich diese in der Regel in Veränderungen der Bewegungsmöglichkeiten, in Funktionen von Organen oder Gliedmaßen und in Fähigkeiten des Individuums. So ist die äußere Erscheinung der Komplexitätszu- oder

-abnahme meist mit qualitativen Änderungen von Fähigkeiten und Verhalten der Art bzw. des Individuums verbunden. In Bezug auf den Kopf des Menschen entwickelten sich ein komplexes Gehirn mit einem enormen Lernpotenzial und eine zurückgenommene Kieferpartie, die neben der Nahrungsaufnahme auch der Sprache dient. ROSSLENBROICH (2014) hat mehrere Autonomieschritte in der Evolution des Menschen beschrieben. Sie lassen sich an den Funktionen im Organischen und an den organisch gebundenen Fähigkeiten, insbesondere aber auch an den zunehmenden geistig-seelischen Fähigkeiten ablesen. Hängen diese Autonomieschritte nun mit der Komplexitätssteigerung zusammen? Sind sie auch mit der Komplexitätsabnahme verbunden? Wenn dies der Fall ist, spielt es dann eine Rolle, wann während der ontogenetischen Wachstumsphase Komplexitätsänderungen stattfinden? – Diesen Fragen soll im Folgenden nachgegangen werden.

Aspekte der Zahn- und Kieferentwicklung des Menschen

Die Sache mit dem Weisheitszahn

Jeder kennt heute die Probleme mit dem Weisheitszahn, oft werden sie am eigenen Leibe erfahren oder man begegnet ihnen bei Freunden und Verwandten. Das Durchbrechen der Weisheitszähne mit etwa 21 Jahren – so sie vorhanden sind – ist häufig mit Komplikationen verbunden, sie bleiben stecken oder drücken massiv auf die vordere Zahnreihe, in welcher sich dann der Schmerz diffus verteilt. In einem solchen Falle werden die Weisheitszähne meist entfernt. Im Kiefer vieler Menschen ist offensichtlich zu wenig Platz für die Achter, die Weisheitszähne.

Die Weisheitszähne sind die dritten Molaren (M3). Molaren gehören mit den Prämolaren zu den Mahlzähnen. Während die Prämolaren Ersatzzähne sind, kommen jedoch bei allen Säugern die Molaren nur in einer Generation im Kiefer hervor. Unter den Molaren zeigen speziell die Weisheitszähne eine erstaunlich hohe Variationsbreite, zum Beispiel in der Höckerzahl (1–8) oder Wurzelzahl (1–3), und übertreffen darin die meisten anderen Bereiche des Organismus (ROZKOVCOVÁ & AL. 2004, JORDAN & AL. 1992).

Der Keim der Krone des Weisheitszahns wird etwa mit 10 Jahren angelegt. Dem folgt mit 12–13 Jahren der Beginn der Wurzelbildung. Die Weisheitszähne brechen zwischen 17 und 27 Jahren durch, selten auch noch später (HELLMAN 1936, JORDAN & AL. 1992). Ein problemloser Durchbruch findet sich beim heutigen Europäer nur bei einer Minderheit. Bei der Mehrheit bleiben die dritten Molaren entweder im Kiefer (impaktiert) oder auf halbem Wege (retiniert) stecken oder sie fehlen ganz *(Abb. 1)*.

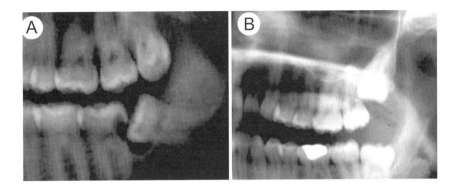

Abb. 1: Durchbruchsschwierigkeiten des unteren (A) und oberen (B) Weisheitszahnes.
(Aus Celikoglu & al. 2010, verändert)

Bei einer nicht unerheblichen Anzahl der Menschen sind die Weisheitszähne
nicht angelegt. Im Mittel der deutschen Bevölkerung fehlen nach Bredy & al.
(1991) bei 20,7% wenigsten einer der Weisheitszähne, nach Hölzl (1972) bei
16% *(Tab. 1)*. Die Unterschiede, je nach Ethnie, sind sehr hoch: Bei Ostasiaten
finden sich die höchsten Raten an fehlenden Weisheitszahnanlagen; Europäer zeigen
mittlere Werte und Afrikaner weisen geringe Werte auf *(Tab. 1)*.

Die unterschiedlich hohe Verteilung des Verlustes der Weisheitszahnanlage bei
den verschiedenen Ethnien legt nahe, dass Vererbung ein Faktor bei diesem Phänomen ist. In den verschiedenen Ethnien ist es – offensichtlich ohne Vermischung weit
entfernter Ethnien – zu unterschiedlich hohen Verlustanteilen der Weisheitszahnanlage in der Evolution von *Homo sapiens* gekommen (Bianchi & al. 2007, Hölzl
1972).Weiterhin spricht für den Vererbungsfaktor eine familiengebundene Häufung
des Verlustes der Weisheitszahnanlage (Hölzl 1972, Parkin & al. 2009). So konnte
Hölzl (1972) in Deutschland bei Eltern und Geschwistern von Menschen mit
Nichtanlage der Weisheitszähne in 32 bzw. 34% der Fälle das Fehlen wenigsten
eines Weisheitszahnes nachweisen, also etwa doppelt so häufig wie in dem von ihm
ermittelten Bevölkerungsdurchschnitt. Im Falle der zweieiigen Zwillinge auf *Abbildung 2* ist die Vererbung der Nichtanlage – hier des zweiten Schneidezahnes –
sehr wahrscheinlich, denn bei einem Elternteil waren sie auch nicht angelegt.

Parkin & al. (2009) betonen, dass diese familiengebundene Häufung der Nichtanlage von Zähnen zwar vorhanden ist, sich jedoch weder auf die Anzahl der
Zähne noch auf den Zahntyp bezieht – es können sehr unterschiedliche Zähne fehlen, und dies in unterschiedlicher Anzahl. Da hier keine klare Genotyp-Phänotyp-
Relation herrscht, nehmen sie zusätzlich epigenetische Faktoren beim Verlust von
Zahnanlagen an. Weitere Faktoren können eine Rolle spielen, wie unten näher
ausgeführt wird.

heutige Menschheit	Anz	F M3	F M3	Bemerkung	Autoren
Land	Ind	w in %	m in %		
Korea	1129	45	36	16–24-jährig	Lee & al. 2009
Korea	883	30,0		>10 Jahre	Chung & al. 2008
China, Beijing	1000	36,6			Liu & Zheng 1996
Singapur, Chinesen	786	29,8	27,0	12–16-jährig	Mok & Ho 1996
Malaysia, Chinesen	244	32,0		10–19-jährig	John & al. 2012
Malaysia, Malaien	228	25,4		10–19-jährig	John & al. 2012
Malaysia, Inder	262	21,4		10–19-jährig	John & al. 2012
Eskimo, Ost Grönland	257	36,6		adult	Pedersen 1949
Eskimo, Südwest Grönland	210	29,9	28,9	25–50-jährig	Pedersen 1949
Indianer, Texas	173	21,5	18,1	Schädel, um 1300–1600 n. Chr.	Goldstein 1948
Türkei	351	18,4	15,8	20–26-jährig	Celikoglu & al. 2010
Tschechien	1000	19,4	25,6	12–21-jährig	Rozkovcová & al. 2004
Rumänien	250	30,4	22,8	11–25-jährig	Golovcencu & Geletu 2012
Deutschland	2061	23,3	17,6	12–36-jährig	Bredy & al. 1991
Deutschland	486	16,9	15,0	20–30-jährig	Hölzl 1972
England	2500	13,53	11,69	>14 Jahre	Shinn 1976
Schweden	1064	24,6		17–43-jährig	Grahnén 1956
Amerika (Memphis)	1100	16,73		Weiße, 12–18-jährig	Harris & Clark 2008
Amerika (Memphis)	600	5,83		Schwarze, 12–18-jährig	Harris & Clark 2008
Ost-Afrika	188 Uk	1,6% pro M3, Uk		Schädel	Chagula 1960
Angola	1000	0,7		vermutlich adult	de Almeida 1949
Südafrika	136 Ok	4,4 Ok		Schädel	Shaw 1931
Südafrika	137 Uk	4,4 Uk		Schädel	Shaw 1931

Tab. 1: Abwesenheit von 1–4 Weisheitszahnanlagen in Prozent der untersuchten Individuen. Die Angabe 1,6% von CHAGULA (1960) ist vermutlich zu niedrig, da sie sich auf %-Anteile an den Weisheitszähnen und nicht an den Individuen bezieht. Auch in den Fällen, an denen die Untersuchungen nur an Ober- oder Unterkiefer gemacht wurden, sind die Prozentangaben niedriger als in den Fällen, in denen sie sich auf einzelne Individuen beziehen, da hier nur zwei statt der vier Weisheitszähne fehlen können. Im Falle der Daten von SHAW (1931) für die südafrikanischen Schwarzen könnte, bei Messung pro Individuum und nicht pro Unter- und Oberkiefer, maximal ein Wert von 8,8% stehen. Dieser Maximalwert ist aber unwahrscheinlich, da sicherlich bei einem Teil der Individuen im Unter- und im Oberkiefer gleichermaßen die Weisheitszahnanlage fehlte. Die Prozentangabe pro Individuum muss daher zwischen 4,4 und 8,8% liegen und ähnelt damit dem Wert, welcher für die Schwarzen Amerikas (5,83%) gemessen wurde (s. in dieser *Tabelle*). Abkürzungen: Anz = Anzahl, F M3 = Fehlen der M3-Anlage, Ind = Individuum, m = männlich, Ok = Oberkiefer, Uk = Unterkiefer, w = weiblich.

Abb. 2: Verlust der zweiten Schneidezahnanlagen bei einem Schwesternpaar zweieiiger Zwillinge. Bei einem Elternteil von ihnen sind sie auch nicht angelegt. (Foto mit freundlicher Genehmigung der Probanden)

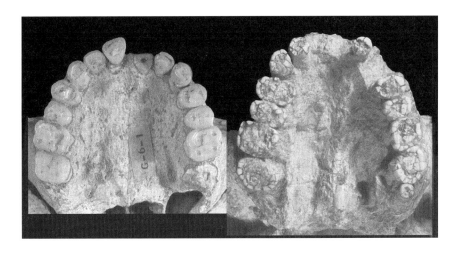

Abb. 3: Früher *Homo sapiens* aus Liujiang (links) und archaischer *Homo sapiens* aus Yunxian (rechts), China. Beim Liujiang-Menschen fehlen im Oberkiefer beide Weisheitszähne, beim Yunxian-Menschen fehlt der linke, der rechte ist sehr klein. (Aus SCHWARTZ & TATTERSALL 2003: 434 u. 545, verändert)

21

Die Frage, wann der Verlust der Weisheitszahnanlage in der menschlichen Evolution vermehrt auftrat, ist nicht einfach zu beantworten, da Studien an prähistorischen Funden naturgemäß keine großen Datenmengen enthalten. Es ist jedoch wahrscheinlich, dass das Phänomen erst mit dem Neolithikum (Jungsteinzeit, etwa ab 10.000 vor heute) bei *Homo sapiens* in deutlichem Ausmaß zur Geltung kam *(Tab. 2)*. Wie die *Tabelle 2* zeigt, tritt die Nichtanlage der dritten Molaren auch bei Menschenaffen auf, ist hier jedoch mit 1,2% beim Schimpansen und 0,2% beim Gorilla sehr untergeordnet. Da die Schimpansen in ihrem Zahnwachstum den grazilen Australopithecinen ähneln, die als die Vorläufer der Linie *Homo* gelten, kann ein sehr geringes Vorkommen der Weisheitszahn-Nichtanlage auch bei Australopithecinen erwartet werden. Bisher ist mir das Phänomen bei ihnen jedoch nicht bekannt. Beim *Homo erectus* und dem frühen *Homo sapiens* gibt es auch schon vor dem Neolithikum mit den Fossilien des Lantian-, Yunxian- und des Liujiang-Menschen – alles Funde aus dem heutigen China – eindeutige Belege des Verlustes der Weisheitszahnanlage *(Abb. 3, Tab. 2)*. Beim Neandertaler, der sich vermutlich ebenso wie der Sapiens über den *Homo heidelbergensis* aus dem frühen *Homo erectus* entwickelt hat, tritt der Verlust der Weisheitszahnanlage nicht auf (BROTH-WELL & AL. 1963), im Gegenteil, hinter dem dritten Molaren bleibt bei ihm im Unterkiefer noch eine erhebliche Lücke, die sogenannte Neandertalerlücke *(Abb. 25* D oben). Im Neolithikum jedoch kam es beim *Homo sapiens* zum zunehmenden Verlust der Weisheitszahn-Anlage, mit besonders hohen Werten in der Region des heutigen Chinas. Die Werte von EULER (1936) von Skeletten aus Gräbern in Schlesien weisen auch sehr hohe Werte auf. Die Datenmenge ist allerdings sehr klein und die Schädel stammen von einer Fundstelle (»einheitliches Material«), und so lässt sich hier eine familiengebundene Häufung des Fehlens der Weisheitszahnanlage nicht ausschließen. Noch weitere Datenerhebungen werden gebraucht, um das Bild zu vervollständigen. Die vorhandenen Werte weisen jedoch darauf hin, dass in der Regel bei den neolithischen Funden nicht so hohe Werte vorhanden sind wie bei den heutigen Populationen desselben Ortes.

Die Frage liegt nahe, ob außer dem Weisheitszahnverlust, in der Evolutionslinie zum Menschen weiterer Zahnverlust oder Zahnzuwachs stattgefunden hat. Die ursprüngliche Zahnformel des Menschen mit zwei Schneidezähnen (Incisivi), einem Eckzahn (Caninus), zwei Prämolaren und drei Molaren (I2, C1, P2, M3) ist tatsächlich evolutiv lange sehr stabil geblieben. Sie lässt sich anhand der Fossilien bis ins untere Oligozän (mittleres Tertiär) bis zu einem frühen Vertreter der Altweltaffen *Aegyptopithecus* zurückverfolgen, welcher vor etwa 30 Mio. Jahren lebte. Mit den Altweltaffen, in die auch der Mensch zusammen mit den Menschenaffen und Meerkatzenverwandten eingereiht wird, teilt sich der Mensch die obige Zahnformel. Davor jedoch, bei den früheren Primaten aus dem Eozän (frühes Tertiär), treten höhere Zahnzahlen auf, zum Beispiel bei *Pronycticebus*, welcher vier Prämolaren aufweist. Auch bei diversen heute lebenden Halbaffen, so den Lemuren, sind mit drei Prämolaren mehr Zähne als bei den Altweltaffen vorhanden. Beim Betrachten der Stammlinie der Säuger zu den Primaten hin fällt ein kontinuierlicher Zahnverlust seit der Trias/Jura-Grenze auf. Eventuell steht der Weisheitszahnverlust des heutigen Menschen daher in einem sehr lange anhaltenden evolutiven Trend des Zahnverlustes (THENIUS 1989).

Taxon	Alter und Vorkommen	Anz	F M3	Autoren
		Ind	in %	
Gorilla	rezent	546	0,2	Coyler 1936
Schimpanse	rezent	467	1,5	Coyler 1936
Altsteinzeit				
Homo erectus	Chenjiawo, China, zw. 500.000 u. 650.000	1 Uk	2 M3 fehlen	Wu & Poirier 1995
archaischer *H. s.*	Yunxian, China, ~400.000	1 Ok	1 M3 fehlt, 1 sehr klein	Schwartz & Tattersall 2003
Homo sapiens	Liujiang, China, zw. 30.000 u. 153.000	25,4	2 M3 fehlen	Liu & Zheng 1996, Curnoe & al. 2012
Jungsteinzeit				
Homo sapiens	China	167	27,5	Liu & Zheng 1996
Homo sapiens	Schweden, 3.000–1.500 v. Chr.	98 Ok	11,22	Holmer & Maunsbach 1956
Homo sapiens	Schweden, 3.000–31.500 v. Chr.	134 Uk	14,18	Holmer & Maunsbach 1956
Homo sapiens	Deutschland, Grabfunde, ~2.000 v. Chr.	41 Uk	26,8	Euler 1936
Homo sapiens	Mesopotamien, 3.000 v. Chr.	36 Uk	2,6	Brothwell & al. 1963

Tab. 2: Daten zur Nichtanlage von dritten Molaren bei Menschenaffen und Frühmenschen der Steinzeit. Einige Daten sind nur am Oberkiefer (Ok) oder Unterkiefer (Uk) erhoben. Die Prozentangaben beziehen sich auf die Anzahl der Individuen, bzw. auf die Anzahl an Ober- oder Unterkiefer, wenn nicht ganze Schädel vermessen wurden. Abkürzungen: Anz = Anzahl, F M3 = Fehlen der M3-Anlage, *H. s.* = *Homo sapiens*, Ind = Individuum, Ok = Oberkiefer, Uk = Unterkiefer.

Für die Einbindung des Verlustes der Weisheitszahnanlage in einen evolutiv größeren Zusammenhang spricht auch, dass der Verlust der Weisheitszahnanlage in der Regel nicht alleine, sondern im Konzert mit einer ganzen Reihe anderer Charakteristika in Gebiss und Kiefer auftritt. Wenn also die Weisheitszahnanlagen fehlen, dann kommen die folgenden Charakteristika häufiger vor als bei Menschen, bei denen die Weisheitszahnanlagen vollständig sind:

1. Es fehlen weitere Zahnanlagen. Dabei handelt es sich meist um die oberen zweiten Schneidezähne oder die zweiten Prämolaren (GOLOVCENCU & GELETU 2012, HÖLZL 1972, GARN & AL. 1963). Diese Nichtanlage ist dabei umso häufiger, je mehr Weisheitszähne bei einem Individuum fehlen (BREDY & AL. 1991).

2. Die ersten und zweiten Molaren sind weniger ausgereift, so ist zum Beispiel ihre Höcker-Anzahl geringer (KEENE 1965).

3. Die Zähne allgemein zeigen ein verzögertes Wachstum und sind am Ende der Wachstumsphase kleiner (BROOK & AL. 2009, GOLOVCENCU & GELETU 2012, GARN & AL. 1963, BROTHWELL & AL. 1963, HELLMAN 1928).

4. Die Oberkiefer sind signifikant kürzer (KAJII & AL. 2004, TAVAJOHI-KERMANI & AL. 2002, ANDERSON & AL. 1975). Der Verlust der M3-Anlage ist so mit der Oberkiefergröße, jedoch in der Regel nicht mit der Unterkiefergröße korreliert, so dass es beim Weisheitszahndurchbruch im Unterkiefer zu Platzmangel kommen kann, bei welchem der M3 aus dem aufsteigenden Kieferast des Unterkiefers waagerecht hinauswächst *(Abb. 1)*. In einigen Studien konnte jedoch auch eine Korrelation der fehlenden Weisheitszahnanlage mit der Unterkiefergröße aufgezeigt werden (TAVAJOHI-KERMANI & AL. 2002, SÁNCHEZ & AL. 2009).

Diese Begleiterscheinungen des Verlustes der Weisheitszahnanlage zeigen die Einbindung des Phänomens in einen größeren evolutiven Zusammenhang. Es findet gleichzeitig mit dem Verlust des Weisheitszahns ein verstärkter Merkmals- und Strukturabbau an den übrigen Zähnen statt, sie werden kleiner und weniger und die Kieferregion, zumeist der Oberkiefer, wird verkürzt. Mit dem Verlust der Weisheitszahnanlage geht eine allgemeine Komplexitätsabnahme im Kiefer einher. Damit wurden die Annahmen von DARWIN (1871), BOLK (1926) und HELLMAN (1936), dass die Nichtanlage des dritten Molaren mit Zahnverkleinerung, mit anderen Formen von Hypodontie (Nichtanlage von Zähnen) und die Verkürzung der Kiefer einhergeht, durch neuere Studien untermauert. Was die Zahn- und Kieferverkleinerung angeht, handelt es sich nun um lang anhaltende Trends in der Menschenvorfahrenreihe. Der Verlust der Weisheitszahnanlage stellt sich damit als die momentane Fortsetzung dieser Trends dar. Zahn- und Kieferverkleinerung sollen im Folgenden näher erläutert werden.

Zahnverkleinerung und Kieferreduktion

Brace & al. (1987, 1991) beschreiben für *Homo sapiens* eine markante Abnahme der Zahngröße im Post-Pleistozän, also den letzten 10.000 Jahren direkt nach der Eiszeit bis heute. In dieser Zeit nimmt die Kaufläche um 1% in 1000 Jahren ab. In der Zeit davor von 100.000 bis etwa 10.000 konstatierten sie auch eine Zahngrößenabnahme, die aber nur etwa halb so schnell ablief wie jene seit 10.000 Jahren: 1% Kaufläche in 2.000 Jahren. Für diesen frühen Zeitabschnitt ist die von ihnen verwendete Datenmenge sehr gering, und sie beziehen den Neandertaler mit ein, der nach dem heutigen Stand der Forschung nicht der Vorläufer des Homo sapiens ist *(Abb. 4)*. So hat also beim Neandertaler eine Parallelevolution der Zahnverkleinerung zu jener des Sapiens stattgefunden (s. auch *Abb. 5*). Brace & al. (1987) weisen nach, dass die Zahngrößenabnahme nach der letzten Eiszeit im Mittleren Osten und in Südostasien zeitgleich und genauso schnell ablief wie in Europa. In China fand sie auch statt, vermutlich jedoch etwas später. Wie der Weisheitszahnverlust ist also auch die Zahngrößenabnahme nach der letzten Eiszeit ein den verschiedensten ethnischen Gruppen gemeinsames Phänomen.

Pinhasi & al. (2008) untersuchten Schädel aus der Levante am Übergang zum Neolithikum (12.000–7.000 v. Chr.), also einer Zeit, in welcher die Lebensgemeinschaften der Jäger und Sammler langsam zum Ackerbau übergingen. Auch sie finden eine Verkleinerung der Zähne und Kiefer bei den späteren Ackerbauern gegenüber den früheren Jägern und Sammlern vor, allerdings verschmälerten sich die Zähne buccolingual (wangen-zungenwärts), aber nicht mesiodistal (vorne-hinten).

Doch nicht nur seit der letzten Eiszeit, sondern schon mit dem Auftauchen des frühen *Homo erectus* beginnt die Zahngrößenabnahme in der menschlichen Evolution und ist damit ein sehr alter Trend von wenigstens 2 Mio. Jahren Dauer *(Abb. 5*; Jiménez-Arenas & Pérez-Claros 2014, McHenry & Coffing 2000, Leonard & al. 2007). Die *Abbildung 5* zeigt, dass die Kaufläche des einen Prämolaren und der ersten beiden Molaren zusammengenommen von den frühen Vertretern der Gattung *Homo* bis zu *Homo sapiens* in Relation zu ihrem Körpergewicht abnimmt. Auch die absoluten Werte der Kauflächen nehmen ab (Jiménez-Arenas & Pérez-Claros 2014). Der Neandertaler weist absolut gesehen etwas größere Kauflächen auf als *Homo sapiens*, durch seinen robusteren Körperbau sind sie relativ jedoch sogar etwas kleiner. Die robusten Australopithecinen *(Au. robustus, boisei)* – ein Nebenzweig der Linie zum *Homo sapiens* – sind in *Abbildung 5* separat dargestellt und zeigen, entsprechend ihrer starken Kaumuskulatur, sehr große Kauflächen der Molaren.

Die Zahnverkleinerung in der Linie von *Homo* geht mit einer Kieferreduktion einher, was auch aufgrund der lückenlosen Zahnstellung anzunehmen ist *(Abb. 6)*.

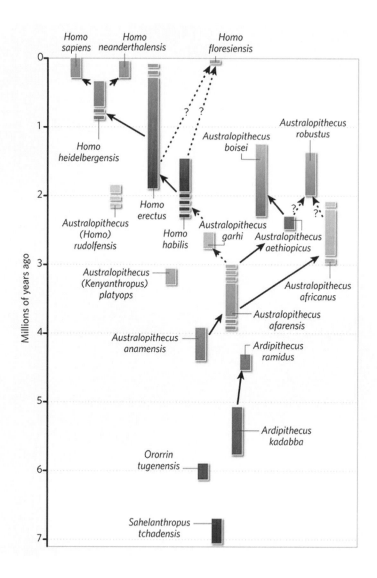

Abb. 4: Stammbaum nach Lieberman (2009). Die Validität der verschiedenen Artnamen des frühen *Homo (habilis, rudolfensis, ergaster, georgicus)* wurde von Lordkipanidze & al. (2013) und Zollikofer & al. (2014) angezweifelt, und sie plädieren dafür, alle diese Formen mit dem Artnamen *Homo erectus* zu bezeichnen (s. auch Kümmell 2014). Obwohl sehr viel dafür spricht, werden hier die alten Bezeichnungen beibehalten, bis sich unter den Fachleuten das Feld weiter geklärt hat. (Aus Lieberman 2009, verändert)

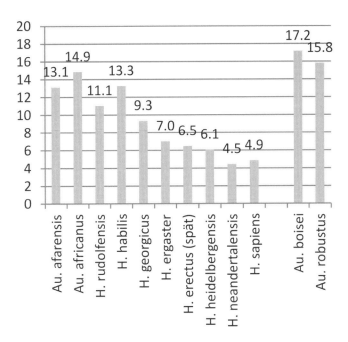

Abb. 5: Kauflächengröße von einem Prämolaren (P⁴) und den ersten beiden Molaren (M¹, M²) in Summation, angegeben in mm² im Verhältnis zum Körpergewicht (in kg). Daten von Jiménez-Arenas & Pérez-Claros (2014).

Die relative Größe der Kiefer nimmt weitgehend kontinuierlich von *Australopithecus afarensis* zum modernen Menschen hin ab. Der *Sahelanthropus* sowie der *H. rudolfensis* zeigen eine auffallend gerade Gesichtsfront in Bezug auf ihre phylogenetische Position und damit relativ kleine Werte in der *Abbildung 6*. Wir haben es bei der relativen Zahn- und Kieferverkleinerung, ebenso wie bei dem Verlust des Weisheitszahnes, mit einer Komplexitätsabnahme des Kauapparates zu tun (zur Definition von Komplexität siehe Einleitung). Die Komplexitätsabnahme wirkt sich auch auf die Form des restlichen Schädels aus, denn mit der relativen Kieferreduktion wurden auch die Kaumuskeln und deren Ansatzstellen am Schädel kleiner.

Mit der Zahngrößen- und Kiefergrößenabnahme schließt der Weisheitszahnverlust also an einen über einige Millionen Jahre anhaltenden Trend der Reduktion des Kauapparates an. Hier sei noch kurz angemerkt, dass der Umkehrschluss, ein geringer Verlust der Weisheitszahnanlage zeige einen langen, prognathen Kiefer an, nicht richtig sein muss. So konnte Jacobson (1982) bei Angehörigen der Bantu in Südafrika, bei welchen der Verlust der Weisheitszahnanlage gering ist, nachweisen, dass in dieser Ethnie die dentalen Bögen nicht stärker prognath sind als bei Nicht-Schwarzen. Jedoch sind die dentalen Bögen breiter und damit länger, und somit haben die einzelnen Zähne mehr Platz im Kiefer als zum Beispiel bei Europäern und Asiaten (JACOBSON 1982).

Im Gegensatz zu dieser langanhaltenden Komplexitätsabnahme im Kauapparat steht die Entwicklung des Kinns bei *Homo sapiens*. Hier kommt es zu Struktur-

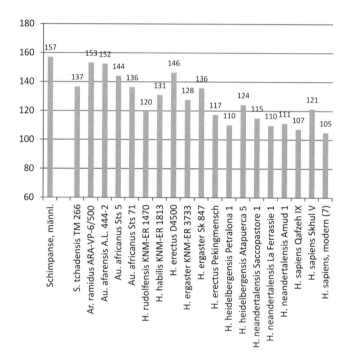

Abb. 6: Reduktion der relativen Oberkiefergröße im Laufe der Evolution zu *Homo sapiens*. Die Werte stellen die Strecke vom äußeren Gehörgang (oberster Punkt) bis zum vordersten Punkt des Oberkiefers (Basis der Zahnalveole des 1. Schneidezahns) in Prozent der Strecke vom äußeren Gehörgang zum tiefsten Punkt zwischen Oberaugenbrauenwulst und Stirn (in Seitenansicht) dar. Diese Indizes wurden anhand von Fotos aus JOHANSON & EDGAR (1998), ZOLLI-KOFER & AL. (2005) und SUWA & AL. (2009) ermittelt. Der Index des modernen Menschen stellt einen Mittelwert der Indizes von sieben Schädeln unterschiedlicher Ethnien dar (Kongo, Deutschland, Indien, China, Peru (Indio), Indianer Nordamerikas und Salomonen), ermittelt anhand von Fotos aus JOHANSON & EDGAR (1998).

neubildungen, im Zuge derer sich die weitgehend gerade Gesichtsfront des Jetzt-menschen herausbildet. Auf die Kinnentwicklung wird unten noch ausführlicher eingegangen.

Bei der Frage nach den Faktoren, die bei der Zahn- und Kieferverkleinerung eine Rolle spielen, fällt die hohe Plastizität der Kieferregion auf. Es sei daher ein kleines Kapitel über Plastizität allgemein eingeschoben.

Plastizität

Der menschliche Körper weist eine hohe phänotypische Plastizität auf. Jeder kennt die Erfahrung, dass ein Muskel trainiert werden kann und als Reaktion auf die Anforderung kräftiger und voluminöser wird. Weniger bekannt ist, dass damit auch Veränderungen in den Knochen vonstatten gehen, so dass zum Beispiel die Knochenmanschette des rechten Oberarms bei rechtshändigen Tennisprofis um 30–45 % nach innen, zur Markhöhle hin, breiter ist als im linken Arm. Entsprechend kommt es unter Nicht-Gebrauch zum Abbau der Muskeln und Knochen (HAAPA-SALO & SIEVANEN 1996, WEST-EBERHARD 2003, weitere Beispiele in KÜMMELL 2010). So baut sich unser Knochengerüst plastisch je nach der Beanspruchung fort-während um – in der Wachstumsphase in noch sehr viel größerem Ausmaß als in der erwachsenen Phase.

Schon vor 100 Jahren wurde durch WOLTERECK (1909) die Plastizität durch den Begriff der »Reaktionsnorm« mit dem Konzept der Vererbung verbunden (GILBERT & EPEL 2009). In vielen Fällen, gerade im Gliedmaßenbereich, erben wir nicht Merkmale, sondern eine Reaktionsnorm, die die Fähigkeit des Organismus kennzeichnet, auf Umweltfaktoren oder auf bestimmte Anforderungen in einer charakteristischen Weise plastisch zu reagieren. Der Mensch kommt zum Beispiel mit O-Beinen auf die Welt. Die für den aufrechten Gang optimale Beinstellung ist nicht direkt, sondern nur als Potenz ererbt. Erst durch Üben und den Akt des Laufens auf zwei Beinen kommen die Gelenke der Beine in der Lotrechte überein-ander zu liegen und bilden damit eine optimale Grundlage für den aufrechten Gang (KÜMMELL 2010).

Die Plastizität eines Organismus ist dabei kein Automatismus. Sie findet inner-halb der vorgegebenen Grenzen der Reaktionsnorm statt, in bestimmten Bereichen von Organen mehr, in anderen weniger. Bei einigen Organen ist gar keine Plastizität vorhanden, zum Beispiel bei unserer Augenfarbe, oder die Reaktionsnorm ist sehr eng. Unsere Gliedmaßen hingegen zeigen eine hohe Plastizität, insbesondere in der Kindheitsphase. Dabei kann die Plastizität auch während der Individualentwicklung sehr unterschiedlich stark sein, so ist sie beim Gehirn in der Kindheitsphase wesentlich ausgeprägter als beim Erwachsenen, während der Kieferknochen auch im hohen Alter noch eine enorme Plastizität aufweist.

Nach WEST-EBERHARD (2003, 2005a, b) kann phänotypische Plastizität sowohl durch die Umwelt ausgelöst werden als auch von Mutationen, einschließlich der dadurch bewirkten Verhaltensänderungen. In dieser Arbeit wird der Begriff »Plastizität« hingegen für den Einfluss veränderter Umwelt oder eines veränderten Bewegungs- oder Verhaltensmusters benutzt, nicht für eine plastische Reaktion, die durch Mutationen ausgelöst wird. West-Eberhard konnte nun aufzeigen, dass der durch Umwelt-Faktoren ausgelösten Plastizität ein führendes Element in der Evolution zukommt. Der Organismus reagiert auf Umwelteinflüsse oder veränderte Anforderungen aufgrund eines veränderten Verhaltens sofort durch seine hohe Plastizität. Die plastischen Änderungen betreffen viele Individuen einer Population, nicht nur ein einzelnes, wie dies bei zufälligen Mutationen der Fall wäre, deren Auftreten zudem enormer Zeiträume bedürfte. Es ist also plausibler, dass evolutive Änderungen durch umweltgebundene Plastizität initiiert werden und nicht durch zufällige Mutationen. Wenn Selektion stattfindet, setzt sie ohnehin am Phänotyp an. Mutationen erhöhen sehr wahrscheinlich nur die genetische Variabilität und haben ansonsten keinen direkten Einfluss auf die Bildung von Neuerungen (WEST-EBERHARD 2003: 158, 2005a). »Genes are followers, not necessarily leaders, in phenotypic evolution.« (WEST-EBERHARD 2003: 158). Die Frage bleibt, wie sich die plastische Reaktion vererben bzw. wie sich die Reaktionsnorm bei den Organismen in ihrer Bandbreite erweitern oder verschieben kann.

Die Vorgänge der nachträglichen genetischen Fixierung plastischer Veränderungen nennt WEST-EBERHARD (2003: 158, 2005b) »genetische Akkommodation«. Allgemein lässt sich genetische Akkommodation so beschreiben, dass entweder schon genetische Varianten in den Populationen vorhanden sind, die nach der phänotypischen Reaktion auf eine veränderte Umwelt oder ein verändertes Verhaltens- bzw. Bewegungsmuster selektiert werden können, so dass die plastische Änderung eine genetische Grundlage hat. Oder die phänotypische Reaktion wird in Nachhinein durch zufällige Mutationen oder epigenetische Vorgänge in der Zelle genetisch fixiert. Die zufälligen Mutationen und die epigenetischen Vorgänge haben also lange Zeit, sich einzustellen. Diese genetischen Änderungen betreffen sowohl die Gene, die direkt mit bestimmten Merkmalen verbunden sind, als auch die Regulatorgene. So kann sich die Reaktionsnorm erweitern, verengen oder verschieben oder es kann sich das zeitliche Auftreten des Merkmals in der Ontogenese ändern. Die einzelnen, im Folgenden aufgelisteten Autoren stellen den Vorgang der genetischen Fixierung nach einer plastischen Reaktion allerdings mit einigen Unterschieden dar, die hier aber nicht näher ausgeführt werden sollen (WEST-EBERHARD 2003, 2005a, b, GILBERT & EPEL 2009, CRISPO 2007, PIGLIUCCI 2010, JABLONKA & LAMB 2010, KULL 2014).

MAYR (1959) ging davon aus, dass Neuerungen bei höheren Tieren und dem Menschen häufig durch Lernprozesse initiiert werden. In dem Konzept von West-Eberhard ist dies noch wahrscheinlicher (LINDHOLM 2015). Es beginnt zum Beispiel mit dem Erlernen eines neuen Bewegungsablaufes, dieser wird geübt, geht in die Gewohnheit über. Das implizite Können liegt nun in den Gliedmaßen (FUCHS 2009). Der Organismus reagiert in der Folge plastisch auf den veränderten Bewegungsablauf. Durch genetische Akkommodation können phänotypische Neuerungen in den Genen fixiert und an die nächste Generation weitergegeben werden. Auf diese Weise kann Seelisches über die Gewohnheitsbildung auf die Form des Physischen Einfluss nehmen. Paläontologisch gibt es viele Beispiele, bei welchen die Morphologie verändertem Verhalten folgte. So verwachsen zum Beispiel bei einigen Gräbern der Gattung *Cistecephalus* (Perm, Südafrika) Knochenglieder der Finger erst nach dem Erlangen der grabenden Lebensweise (KÜMMELL 2010, weitere Beispiele darin; LISTER 2014 führt auch eine Reihe von Beispielen an). Und es lässt sich die hohe Diversität der Darwin-Finken auf neu erlerntes Verhalten als einem Ausgangspunkt für die Artbildung zurückführen (LINDHOLM 2015). Auch die für die Wirbeltierentwicklung so typischen langanhaltenden Trends der Proportionenverschiebungen im Skelett lassen sich auf diesem Wege durch plastische Reaktionen und anschließender Verschiebung der Reaktionsnorm darstellen; als Beispiel siehe die Entstehung der Säugerphalangenformel in KÜMMELL (2010) und KÜMMELL (2009).

Plastisches Verhalten der Kauwerkzeuge

Die Kieferpartie ist ein Körperbereich des Menschen, welcher besonders plastisch auf Anforderungen reagiert, selbst noch in einem sehr hohen Alter des Menschen. Wer einmal als Erwachsener jahrelang mit einer Zahnlücke gelebt hat, weiß sehr gut, in welchem Maße sich der Kiefer zurückbilden kann und so plastisch auf die fehlende Anforderung durch Knochenabbau reagiert. Noch deutlicher ist die plastische Reaktion an den Kiefern von völlig zahnlosen Menschen. Der Unterkiefer bildet sich hier in einem hohen Grade zurück, die Zahnalveolen, in denen die Zähne verankert waren, werden resorbiert und verwachsen dann zu einer geschlossenen Knochendecke *(Abb. 7)*. Nun ist erstaunlich, dass das plastische Verhalten des menschlichen Unterkiefers nicht in jedem Bereich gleich groß ist. So ist sein Alveolarteil viel stärker von plastischen Änderungen betroffen als der Mandibularpfeiler des Unterkiefers (BOLK 1924, KUMMER 2005). Bei völligem Zahnverlust bleibt mit der Zeit nur der Mandibularpfeiler im Unterkiefer übrig, und der Alveolarteil, aber auch ein Teil der Fortsätze, verschwinden *(Abb. 7)*.

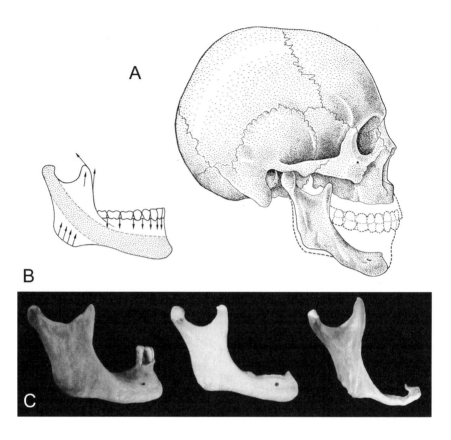

Abb. 7: Plastizität des Unterkiefers. A) Rückgang des Alveolarteils des Ober- und Unterkiefers nach Zahnverlust (aus SCHUMACHER & SCHMIDT 1976: 139, verändert). B) Der Mandibularpfeiler des Unterkiefers ist grau markiert. Bereiche stärkster Rückbildung nach Zahnverlust sind mit Pfeilen gekennzeichnet. C) Von links nach rechts Stadien der Rückbildung des Unterkiefers nach Zahnverlust. (Aus KUMMER 2005: 582 u. 584, verändert)

Die starke plastische Reaktion des Unterkiefers auf Zahnverlust macht wahrscheinlich, dass auch eine veränderte Nahrung oder veränderte Essgewohnheiten einen Einfluss auf die Kieferform und -größe haben. Im Tierversuch lassen sich deutliche plastische Veränderungen je nach der Härte der verfütterten Nahrung in der Kieferregion auffinden. So ist der Kiefer von kleinen Nagern, die mit weicherer Nahrung gefüttert wurden, signifikant zu der Kontrollgruppe verändert (ÖDMAN & AL. 2008, WIMBERGER 1991). Bei Buntbarschen gibt es Arten, die Muscheln knacken können; werden diese jedoch mit weicher Nahrung gefüttert, so entwickeln sie eine Kiefermorphologie, die nahe verwandten Buntbarschen ähnelt, welche sich gewöhnlich von weichen Insekten ernähren (GILBERT & EPEL 2009: 390). Die Veränderungen betreffen dabei nicht nur den Kiefer, sondern natürlich auch die Kaumuskeln und ihre Ansatzstellen. Zum Beispiel weist die Tüpfelhyäne *(Crocuta crocuta)* einen ausgeprägten Knochenkamm auf dem Schädeldach auf, an welchem die starken Kaumuskeln anheften. Bei Zootieren hingegen, welche nur mit weicher Nahrung gefüttert wurden, bildet sich dieser Kamm in der Individualentwicklung erst gar nicht aus (WEST-EBERHARD 2005a).

Die Zahn- und Kieferverkleinerung in der Evolution des Menschen hängt daher, neben anderen Faktoren, sicherlich auch mit der Plastizität der Kieferregion zusammen. Allerdings lässt sich die Zahngröße bei heutigen Primaten und bei den Menschenvorfahren nicht eindeutig mit einer bestimmten Nahrung korrelieren. Wirksamer waren weniger Umstellungen auf andere Nahrungsmittel, als vor allem Veränderungen der Nahrungsaufbereitung und die Benutzung des Feuers (JIMÉNEZ-ARENAS & PÉREZ-CLAROS 2014, LEONARD & AL. 2007, EMES & AL. 2011, BRACE & AL. 1987, 1991). Besonders feinskalig konnte dieser Zusammenhang in den oben zitierten Studien von BRACE & AL. (1987, 1991) und PINHASI & AL. (2008) für den Zeitraum nach der letzten Eiszeit nachgewiesen werden. So wurden in dieser Zeit viele neue Techniken der Nahrungsbearbeitung entwickelt.

Stufen der Nahrungszubereitung

Für die Primaten allgemein ist der Handgebrauch bei der Nahrungsaufnahme typisch, so führen zum Beispiel Lemuren selbst beim »Grasen« das mit der Hand abgepflückte Gras zum Mund. In den Bäumen sitzen Primaten häufig auf einem Ast und ziehen sich die Früchte mit den Händen heran oder pflücken sie und führen sie zum Mund. KIPP (1955) betont daher, dass mit der Greiftätigkeit der Hände bei den Primaten die Kiefer eine wesentliche Entlastung erfahren und so eine Möglichkeit ihres Zurücktretens entsteht. Dies ist natürlich bei den frühen Hominini, dem *Sahelanthropus* und den Australopithecinen umso mehr der Fall, da diese aufrecht gingen und so die Hände von der Lokomotion auf dem Boden völlig befreit waren. Die Funktion des Greifens mit dem Mund konnte hier noch weiter zurückgehen. Auch die Wehrfunktion des Mundes trat mit der Loslösung der Vordergliedmaßen von der Lokomotion vermutlich deutlich zurück oder verschwand völlig.

Es ist wahrscheinlich, dass *Australopithecus afarensis* Werkzeuge gebrauchte, denn diese Menschenform hatte gut entwickelte Greifmöglichkeiten mit den Händen, auch wenn die Finger im Vergleich zur Handfläche deutlich länger waren als beim Erectus und den späteren Menschenformen. Der Daumen zeigte eine mittlere Oppositionsfähigkeit, und Afarensis konnte werfen (MCHENRY & COFFING 2000,

Wilson 1998, Holloway & al. 2004). Hätten sie diese Fähigkeiten nicht gebraucht, wären die sie unterstützenden Strukturen vermutlich wieder verschwunden. Allerdings konnte der Gebrauch von Steinwerkzeugen beim Afarensis bisher nicht eindeutig nachgewiesen werden, auch wenn es Hinweise gibt wie das Ritzen von Knochen (McPherron & al. 2010) oder Steinwerkzeuge vom Turkanasee, die auf 3,3 Mio. Jahre datiert wurden (Harmand & al. 2015), deren Altersbestimmung jedoch angezweifelt wurde. Mit Stöcken und unbearbeiteten Steinen hat er aber sicherlich hantiert und vermutlich damit seine vorwiegend pflanzliche Nahrung ganz anfänglich bearbeitet. Die ersten eindeutigen Steinwerkzeuge, die dem Oldowan-Typ angehören, treten um 2,5 Mio. Jahren im südlichen Äthiopien auf und herrschten bis etwa 1,4 Mio. Jahre vor (eine genaue Beschreibung findet sich zum Beispiel bei Schad 2009). Sie wurden vermutlich von der Gattung *Homo* hergestellt, von *Homo habilis* und insbesondere von der fossil gut bekannten Art *Homo erectus*, welcher von der Beweglichkeit seiner Hand und den kurzen geraden Fingergliedern her beurteilt, zur Herstellung von Steinwerkzeugen befähigt war (Wilson 1998, McHenry & Coffing 2000).

Die sozialen Fähigkeiten des frühen *Homo erectus* waren indes sehr weit entwickelt, auch eine anfängliche Sprache war wahrscheinlich vorhanden (s. u. Kapitel »Hinweise auf Sprachfähigkeiten fossiler Menschenformen«). Wild wurde vermutlich gejagt und anschließend mitgenommen und untereinander geteilt (Leonard & al. 2007). Mit den Artefakten des Oldowan-Typs ließ sich Großwild zerlegen, wie Thot (1995) an Versuchen zeigen konnte. Auch finden sich an den fossilen Steinwerkzeugen und an fossilen Knochen Abnutzungsspuren, die auf das Schlachten von Tieren hinweisen (Thot 1995). Walker & Shipman (2011) berichten von dem Fossil einer *Homo erectus*-Frau (KNM-ER 1808), welches eine deutlich veränderte Knochenstruktur aufweist. Sie muss schwer krank gewesen sein (Hypervitaminose A), und das über Wochen oder Monate. In dieser Zeit muss sie versorgt worden sein, jemand muss ihr Nahrung und Wasser gebracht haben. Zum Tragen von Wasser könnten die Menschen Straußeneierschalen, Schildkrötenpanzer, Rindenstücke oder Tierhäute benutzt haben (Thot 1995). Dies zeigt die enorme Zuneigung und die starken Bindungen zwischen Individuen, zu denen der Erectus-Mensch fähig war (Walker & Shipman 2011). Ein anderer Fall ist der Schädel IV aus Dmanisi (Georgien, 1,8 Mio. J.). Zu Lebzeiten hatte dieser erwachsene Mann über lange Zeit nur noch einen Zahn, sonst war er zahnlos, seine Zahnalveolen sind völlig resorbiert und verwachsen (Lordkipanidze & al. 2006). Die Menschen waren also damals in der Lage, die Nahrung so zuzubereiten, dass sie ohne Zähne gegessen werden konnte, und sie konnten sich dabei gegenseitig helfen. Dies ist auch für die frühe Kindheit wichtig, da beim Erectus die Säuglings- und Kinderzeit über das Maß der Vorläuferformen verlängert war (s. u. den Kasten »Verlängerung der ontogenetischen Stadien«). Der frühe Erectus hat daher sicherlich schon begonnen, den kleinen Kindern die Nahrung in bearbeiteter Form zu geben, wodurch die Kiefer gerade in der Wachstumsphase geringer belastet wurden als bei den Vorläuferformen.

Mit der dem Oldowan folgenden Kulturstufe des Acheuléen (1,4 Mio. bis 200.000) entstehen definiertere Abschlag-Werkzeuge. Die Kernstücke hingegen, die zu Faustkeilen verarbeitet wurden, waren vermutlich vorwiegend ein Ausdruck künstlerischen Schaffens (SCHAD 2009). THOT (1995) nimmt aufgrund der Werkzeuge an, dass das Zerlegen von Großsäugern zu dieser Zeit systematischer ablief als während des Oldowan. Wichtig in der Übergangszeit zum Acheuléen ist zudem das Auftreten des Feuergebrauchs. Die ältesten Belege dafür liegen bei 1,6 Mio. Jahren vor heute in Afrika. Ab 400.000 lässt sich Feuergebrauch auch in Europa nachweisen (ROEBROEKS & VILLA 2011). Bei Fundstellen des Neandertaler und Sapiens treten ab 200.000 Feuerstellen auf, die vertieft sind und große, rußige Steine und Knochen enthalten. Dies sind sehr deutliche Hinweise auf das Vorhandensein von Erdöfen in dieser Zeit. Fleisch und Pflanzenknollen wurden darin mit Hilfe von erhitzten Steinen gegart. Diese Entwicklung geht gleichzeitig mit der Verfeinerung der Werkzeuge einher. Auch ist die Säuglingszeit und Kindheit bei *Homo sapiens* über das Maß auf der Erectus-Stufe weiter verlängert, sodass sich die Fürsorge für die Kinder sicherlich erhöht hat und damit die Anforderungen an ihren Kauapparat verringert haben.

Wie oben dargestellt, konnten BRACE & AL. (1987, 1991) und PINHASI & AL. (2008) zeigen, dass nach der letzten Eiszeit, mit dem Übergang ins Meso- und Neolithikum, mit der Entwicklung von Mühlen und Tontöpfen, sich die Zahnverkleinerung noch beschleunigte.

Ein kultureller Einfluss auf die Zahn- und Kieferentwicklung ist damit sehr wahrscheinlich. Die Hände übernehmen die ursprünglichen Greiffunktionen der Kiefer und die Werkzeuge in immer größerem Maße die Aufgabe der Zähne beim Zerkleinern der Nahrung. Die Mühlen der ersten Ackerbauern entlasten die Molaren in ihrer Mahlfunktion. Das Feuer hilft beim Aufschließen der Nahrung, macht sie weicher und steigert den Nahrungsgehalt (LEONARD & AL. 2007, WRANGHAM & CONKLIN-BRITTAIN 2003). Das Erhitzen der Nahrung durch das Feuer, sei es durch Rösten, durch die Erdöfen oder durch Kochen in Gefäßen, war ein weiterer Schritt der Vorverdauung, wie sie durch die Einspeichelung schon in der Mundhöhle beginnt. Kochen nimmt der Arbeit des Magens sehr viel ab, indem Eiweiße im Vorfeld entfaltet werden (ENDERS 2014). So wurden die Kau- und Verdauungsfunktionen der Mundhöhle und des Magens zum Teil von den kulturellen Errungenschaften übernommen und nach außen verlagert. Kiefer und Zähne wurden damit entlastet. Sie konnten daher in ihrer Form und der Feinmotorik der relevanten Muskeln den Anforderungen der Sprache besser genügen als bei den Vorläuferformen.

Der ganze Prozess der Werkzeugherstellung, des Werkzeuggebrauchs und der damit verbundenen Nahrungsaufbereitung und Kieferverkleinerung ist mit einer Reihe von Autonomieschritten verbunden: Die Befreiung der Hände durch den aufrechten Gang ist ein wichtiger Schritt, der die Flexibilität erhöht (ROSSLEN-BROICH 2014). Es kann getragen, geworfen und die Herstellung und Handhabung von Geräten verfeinert werden. Das Transportieren und Teilen der Nahrung in einer verstärkten Sozialstruktur befreit zunehmend aus den Gegebenheiten der direkten Umwelt (LEONARD & AL. 2007, THOT 1995). Autonomie entsteht mit mehr Bindung in der Gruppe und einer höheren Bindungsfähigkeit – Phasen der Hilflosigkeit wie Krankheit können dadurch überbrückt werden. Mit der zunehmenden Fürsorge und dem zunehmenden Werkzeuggebrauch können die Kinder in einem Schutzraum leben, der ihnen mehr Lernsituationen bietet (s. u. Kapitel »Fürsorge und Lernen und die sequenzielle Hypermorphose des Gehirns«). Schließlich macht der Feuergebrauch von den klimatischen Bedingungen unabhängiger und führt zu einer besseren Ausnutzung der Ressourcen (ROSSLENBROICH 2014, WRANGHAM & CONKLIN-BRITTAIN 2003). Gleichzeitig geht nun die Kieferpartie zurück. Sie ist nicht mehr in die Umwelt direkt eingebunden, sondern entwickelt sich in einem kulturellen Umfeld. Durch die Zurücknahme kann sie einer anderen Kulturleistung dienen: der Sprache.

Die großen Trends der Kieferverkürzung und Zahnverkleinerung haben in den Werkzeugen also ein kulturelles Gegenstück. Wie sieht es nun in diesem Zusammenhang mit dem Verlust der Weisheitszahnanlage aus? Das Verschwinden der Weisheitszahnanlage lässt sich sehr wahrscheinlich in den meisten Fällen in dieses Szenario eingliedern, da ihr Verlust in der Regel mit einer verminderten Oberkiefer- und Zahngröße einhergeht (s. o.). Wenn also der Oberkiefer in der Ontogenese, im Vergleich zur Elterngeneration, durch verminderten Gebrauch vermindert auswächst, so könnte in einer kritischen Wachstumsphase die Anlage des M3 nicht ausgebildet werden. Auf diese Weise hätte die plastische Reaktion des Kieferwachstums einen Einfluss auf die Anlage des M3.

So sehen auch JOHN & AL. (2012) den Verlust der Weisheitszahnanlagen mitbestimmt durch ihre plastische Reagibilität auf die Oberkiefergröße während der Individualentwicklung. Sie untersuchten in Malaysia die Volksgruppen der Malaien, Inder und Chinesen und fanden, dass die Chinesen die höchste Rate an Nichtanlage des M3 aufweisen *(Tab. 1)*. Sie nehmen an, dass durch eine plastische Reaktion ein Zusammenhang der Häufung der M3-Nichtanlage mit der Esskultur dieser Ethnien vorliegt. So essen die Chinesen mit Stäbchen, wodurch die Nahrung im Vorfeld stärker zerkleinert wird als in anderen Kulturen. Auch essen Chinesen kein rohes Gemüse wie Malaien und Inder, die zudem traditionell mit der Hand essen und daher die Nahrung häufiger abbeißen und stärker kauen müssen. So nehmen JOHN & AL. (2012) aufgrund von Plastizität einen starken kulturellen Einfluss beim Verlust des Weisheitszahnes an.

Dies wird aber kontrovers diskutiert. So ist zum Beispiel die Nichtanlage des Weisheitszahnes bei Chinesen schon in der Jungsteinzeit vergleichsweise hoch *(Tab. 2)*. Weiterhin ist sie auch bei den Eskimos sehr hoch, die ja nicht mit Stäbchen essen *(Tab. 1)*. Beide Gruppen müssten auf ihre Essgewohnheiten weiter untersucht werden. Eine andere Ansicht vertritt BERMÚDEZ DE CASTRO (1989), der den Verlust der Weisheitszahnanlage durch ein Postdisplacement erklärt, also durch veränderte Wachstumsmuster in der Individualentwicklung. Dies wird im Folgenden im Kapitel »Heterochronie in der Kieferregion« ausgeführt.

Heterochronie

Die ganze Individualentwicklung (Ontogenese) von der Zygote bis zum Tod kann sich in ihrem komplexen Verlauf zeitlich oder räumlich oder bezüglich der Art der ablaufenden Prozesse verschieben und ändern. Solche Änderungen können sich auf die Evolution auswirken. Unter der Bezeichnung Evo-Devo (»evolutionary developmental biology«) sind diese Veränderungen seit den 70er Jahren des letzten Jahrhunderts verstärkt in den Fokus der Evolutionsforschung gerückt (GILBERT & EPEL 2009). Aber eigentlich sind Überlegungen zur Interaktion von Ontogenese und Phylogenese viel älter, da sie schon in der biogenetischen Grundregel von Haeckel und bei dessen Vorläufern zugrunde gelegt wurden (GOULD 1977).

Ein Zweig von Evo-Devo ist die Heterochronieforschung, die sich im Gegensatz zu anderen Zweigen dieses Gebietes auch an Fossilien durchführen lässt. Die Heterochronieforschung untersucht zeitliche Verschiebungen in den Prozessen der Ontogenese, die letztlich zu Veränderungen in der Phylogenie führen. Nachdem in der Heterochronie-Forschung des letzten Jahrhunderts verwirrend viele Begriffe und diese zudem in einer verwirrenden Vieldeutigkeit benutzt wurden, haben MCKINNEY & MCNAMARA (1991) und MCNAMARA (2002a, b) Klarheit in dieses Feld gebracht. MCNAMARA (2002a) fasste die heterochronen Prozesse folgendermaßen zusammen:

Entwicklungs-	HETEROCHRONIE	
	PÄDOMORPHOSE	PERAMORPHOSE
	(»Verjugendlichung«)	(»Über-wachsen«)
Beginn	Postdisplacement (Verspätung)	Predisplacement (Verfrühung)
Rate	Neotenie (verlangsamte Rate)	Akzeleration (beschleunigte Rate)
Ende	Progenesis (frühes Ende)	Hypermorphose (spätes Ende)

Eine Pädomorphose (Verjugendlichung) kann in der Evolution durch drei verschiedene Prozesse hervorgerufen werden: 1. Ein Merkmal erscheint bei einem Lebewesen im Vergleich zum Vorfahren verspätet (Postdisplacement). Dabei wird die zeitliche Verschiebung in Bezug auf die entsprechenden Lebensphasen (z. B. Geburt, Stillzeit, Geschlechtsreife, Adultstadium) bestimmt. 2. Das Merkmal kann insgesamt eine verzögerte, retardierte Entwicklungsrate aufzeigen, was McNamara und McKinney »Neotenie« nennen. Da der Neotenie-Begriff in der Literatur sehr unterschiedlich benutzt wird, sei nochmal betont, dass er in dieser Arbeit für ein retardiertes Wachstum, eine Retardation, steht. 3. Es kann weiterhin gegenüber dem Vorfahren zu einem verfrühten Wachstumsende kommen (Progenesis). Der Nachfahre gleicht in dem relevanten Merkmal in allen drei Fällen einem Jugendstadium des Vorfahren.

Eine Peramorphose ist ein Hinauswachsen über das Adultstadium der Vorläuferform. Sie kann entsprechend durch eine Verfrühung eines Prozessbeginns (Predisplacement), durch ein akzeleriertes Wachstum (Akzeleration) oder durch ein verspätetes Ende (Hypermorphose) zustande kommen, jeweils in Bezug auf die entsprechenden Lebensphasen der Vorläuferform. Durch eine Peramorphose entstehen in der Regel neue oder markantere Formen bzw. Strukturen im Vergleich zum Vorfahren.

Im obigen Schema treten Hypermorphose und Progenesis am Ende der Wachstumsphase eines Organs auf. Dies muss allerdings nicht sein, sie können auch innerhalb des ontogenetischen Wachstums auftreten, nämlich dann, wenn die ontogenetischen Phasen verlängert oder verkürzt werden. Dies wird eine sequenzielle Hypermorphose oder sequenzielle Progenesis genannt. Am Beispiel der Gehirnentwicklung wird dies unten genauer dargelegt.

Da es in diesem Artikel um Komplexitätsveränderungen geht, ist die Frage wichtig, wie die Komplexitätsänderung mit der Heterochronie zusammenhängt. Auf den ersten Blick ist es relativ einfach: Wenn sich ein Organ pädomorph entwickelt, sind in der Regel seine Strukturen im Vergleich zu der Vorläuferform am Ende des Wachstums nicht so ausgereift oder noch gar nicht vorhanden. Damit nimmt seine Komplexität in der Evolution ab. Bei einem peramorph sich entwickelnden Organ werden in der Regel Strukturen weiter entwickelt oder es kommen weitere dazu. Die Komplexität wird erhöht. McNamara setzt daher die Verschiebung in der Ontogenese mit der Verschiebung in der Komplexität weitgehend gleich: »In a simplistic sense, therefore, we can consider paedomorphic species to be less complex than their ancestor, while peramorphic species will be more complex.« (McNamara 1997: 45). Dies ist jedoch nur eine grobe Orientierungshilfe und muss in den Einzelfällen konkret überprüft werden. McNamara warnt einige Zeilen später: »Degrees of specialization and degrees of complexity are not necessarily directly correlatable.« Während bei der Komplexitätsveränderung auf die phylogenetische

Wandlung der Strukturen geschaut wird, wird bei den Prozessen der Pädo- und Peramorphose auf die phylogenetische Wandlung der ontogenetischen Entwicklung dieser Strukturen geachtet, so dass sich Differenzen zu der einfachen obigen Korrelation ergeben können.

Wichtig bei der Heterochronieforschung ist zudem die Frage nach der Beurteilung von Größenzu- und -abnahmen. GOULD (1977) unterscheidet in seinem Standardwerk zur Heterochronie die sich auf die Größe beziehenden Wachstumsvorgänge von solchen, die sich auf Formveränderungen beziehen. Das bedeutet, dass für ihn ein Organ zum Beispiel neoten sein kann, selbst wenn es evolutiv sehr viel größer wird (z. B. das Gehirn des Menschen). McNamara & McKinney machen diese Unterscheidung nicht, da sie sehr subjektiv und letztlich künstlich ist: »the distinction between size and shape [...] is fundamentally artificial« (MCKINNEY & MCNAMARA 1991: 228). Sie weisen darauf hin, dass sich gewöhnlich in Organen durch Prozesse wie Neotenie oder Akzeleration sowohl die relative Größe als auch die Form bzw. Struktur verändern. Als Beispiele können die in dieser Arbeit beschriebene Kieferregion und das Gehirn des Menschen gelten.

Heterochronie in der Kieferregion

Es wurde beschrieben, dass die relative Zahn- und Kiefergröße im Laufe der Evolution zum Jetztmenschen hin abnehmen. Die Kieferregion wuchs also nicht zu der vollen relativen Größe der Vorfahren aus, sie blieb auf einem jugendlichen Stadium stehen. Bei der Entwicklung der Kieferregion handelt es sich also in der Evolution zum *Homo sapiens* um eine Pädomorphose (Verjugendlichung). Eine Sonderentwicklung vollzieht dabei das Kinn, welches auch peramorphe Eigenschaften aufweist (s. u. Kapitel »Kinnentwicklung«). Wie wir gesehen haben, spielen bei der Pädomorphose der Kieferregion plastische Prozesse zusammen mit ihren evolutiven Auswirkungen eine Rolle. In welchem Ausmaß die Plastizität zur Pädomorphose der Kieferregion beiträgt, ist schwer zu sagen, denn bei heterochronen Verschiebungen in der Ontogenese können neben der Plastizität weitere Faktoren beteiligt sein wie zum Beispiel Mutationen, hormonelle Änderungen, Endosymbiose oder bisher unbekannte Faktoren.

Um zu verstehen, um welche Form der Pädomorphose es sich in der Entwicklung der Kieferregion handelt, muss auf die Veränderungen des Merkmals in Bezug auf die verschiedenen ontogenetischen Stadien der untersuchten Form und ihrer Vorgänger geschaut werden. Bei Fossilien tritt damit die Schwierigkeit auf, dass die ontogenetischen Stadien erst rekonstruiert werden müssen. Im Falle der Menschenvorfahren ist dies anhand von Zahnuntersuchungen möglich: ANEMONE (2002) konnte zeigen, dass Schimpansen eine ähnliche Entwicklungsgeschwindigkeit ihrer

Molaren wie die grazilen Australopithecinen aufweisen. Nun ist es so, dass sowohl bei Schimpansen als auch beim heutigen Menschen die Molarendurch-brüche – falls der 3. Molar erscheint – direkt mit den ontogenetischen Stadien zu-sammenhängen. Der erste Molar bricht am Ende der frühen Kindheit (etwa zur Schulreife) durch, der zweite am Ende der Kindheit und der dritte am Ende der Adoleszenz (*Abb. 8*; SMITH 1993, nach PARKER 2002: 308). Dies nimmt man für die Menschenvorfahren auch an und hat damit ein Mittel an der Hand, mit welchem die ontogenetischen Stadien annäherungsweise rekonstruiert werden kön-nen. In der Evolution des Menschen hat sich, wie schon erwähnt, die Kindheit und Jugend deutlich verlängert (siehe *Abbildung 20* und Kasten »Verlängerung der on-togenetischen Stadien«). Die ontogenetischen Stadien des Jetztmenschen sind etwa doppelt so lang wie jene des Schimpansen und der für die grazilen Australopithe-cinen rekonstruierten Stadien. Im gleichen Maße sind also die Molarendurchbrüche des heutigen Menschen gegenüber dem Schimpansen verzögert *(Abb. 8)*. Diese Verlangsamung im Molarendurchbruch beginnt in der menschlichen Evolutions-linie bei dem frühen *Homo erectus* (bzw. *Homo ergaster*; *Tab. 3*; ANEMONE 2002, PARKER 2002).

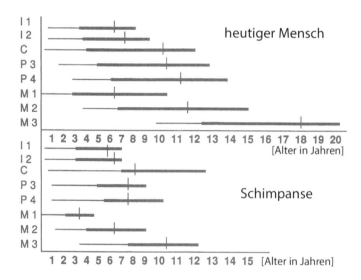

Abb. 8: Wachstum und Durchbruch der Zähne bei Mensch und Schimpanse. *Dünne horizontale Linien:* Kalzifizierung der Krone; *breite horizontale Linien:* Wurzelwachstum; *vertikale Linien:* Zahndurchbruch. Abkürzungen: I (Incisivus) = Schneidezahn, C (Caninus) = Eckzahn, P = Prämolar, M = Molar. (AUS ANEMONE 2002: 268, verändert)

Eruptionszeiten, in Jahren			
Taxon	1. Molar	2. Molar	3. Molar
Schimpanse	3,2	6,5	10,5
H. erectus	4,5	9,5	14,5
H. sapiens	5,4	12,5	18,0

Tab. 3: Alter bei Eruption der Molaren in Jahren. (Nach PARKER 2002: 308)

Indem sich die Molarendurchbrüche im gleichen Maße wie die ontogenetischen Stadien verlangsamt haben, handelt es sich bei ihrem verzögerten Durchbrechen in der Evolution zum *Homo sapiens* nicht um eine Neotenie. Allerdings sind Zähne und Kiefer im Laufe der Evolution des Menschen kleiner geworden. Ihre Wachstumsrate muss gegenüber der Verzögerung der ontogenetischen Stadien nochmals verlangsamt worden sein. Das ist auch der Fall, sowohl in der Krone als auch der Wurzel. So verläuft zum Beispiel das Wurzelwachstum der Molaren des heutigen Menschen, gegenüber jenem der Schimpansen, nicht um ein Doppeltes langsamer, wie die Molarendurchbrüche, sondern um ein Vierfaches langsamer (McNAMARA 2002b). Somit ist in der Evolution zu *Homo sapiens* zwar nicht das Durchbruchsmuster der Molaren neoten, jedoch das Wachstum der Kiefer und der Zähne.

Im Falle des Verlustes der Weisheitszahnanlage kommt BERMÚDEZ DE CASTRO (1989) zu der Einschätzung, dass sich im Zuge des verzögerten Erscheinens der Molaren in der Evolution des Menschen der dritte Molar schließlich nicht mehr ausbildet und wegfällt. Schon BROTHWELL & AL. hatten 1963 konstatiert, dass durch die Verzögerung des Molarenwachstums ein kritisches Alter in der Ontogenese erreicht werden könnte, bei dem die dritten Molaren gar nicht erst angelegt werden und so durch Wachstumsverzögerung evolutiv verschwinden. Beim Verlust der Weisheitszahnanlage handelt es sich also um ein Postdisplacement, einen verspäteten Beginn, der in diesem Fall zu einem Verlust des Merkmals führt. Wie im Kapitel »Stufen der Nahrungszubereitung« gezeigt wurde, kann auch ein solches Postdisplacement durch plastische Prozesse unterstützt werden.

41

Kinnentwicklung

In der Biologie gibt es immer Abweichungen von der Regel. So passt die Erscheinung des Kinns, welches ein charakteristisches Merkmal des *Homo sapiens* ist, nicht zu einem neotenen, auf einem jugendlichen Stadium der Vorläuferform stehen gebliebenen Unterkiefer. Wie lässt sich das Kinn im Kontext der Heterochronie erklären?

Das Kinn des *Homo sapiens* besteht aus dem Kinnvorsprung mit einer charakteristischen Protuberanz (Verdickung) in Form eines umgedrehten »T«, wird von einigen sehr frühen Vertretern unserer Art abgesehen (SCHWARTZ & TATTERSALL 2000, VLČEK 1964). Der Kinnvorsprung unterliegt beim Jetztmenschen in seiner Größe einer ziemlichen Variation, so zeichnet er sich nicht in allen Fällen durch eine vorstehende Partie des unteren Teils des Unterkiefers aus, jedoch immer durch die Protuberanz in Form des umgedrehten »T« (SCHWARTZ & TATTERSALL 2000).

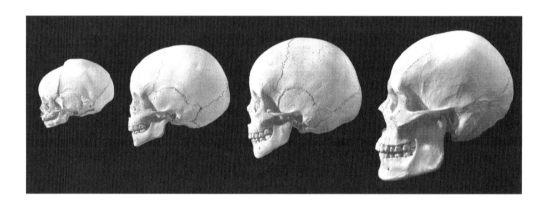

Abb. 9: Ontogenetische Entwicklung des menschlichen Schädels. Von links: Neugeborenes – dreijährig – sechsjährig – junger Erwachsener. (Aus WHITE & FOLKENS 2005, verändert)

Der Kinnvorsprung wird im Laufe des Lebens markanter *(Abb. 9)*. Dabei wächst der Mandibularpfeiler, an welchem vorne das Kinn sitzt, stärker als der Alveolarteil, in welchem die Zähne verankert sind. Mehr noch, mit einem Alter von knapp über zwei Jahren wächst das Kinn weiter aus, am Alveolarteil setzt jedoch von vorne her eine Resorption ein *(Abb. 10*; COQUERELLE & AL. 2010, 2013, PREMKUMAR 2011). Besonders zwischen dem sechsten und vierzehnten Jahr, während des Zahn-

wechsels, wird der Unterschied des hervorwachsenden Kinns und des zurück-
bleibenden Alveolarteils groß *(Abb. 10)*. Der vordere Zahnbogen mit den Schnei-
de- und Eckzähnen und den Prämolaren – nicht der Teil der Molaren – wächst
beim Sapiens ab dem zweiten Jahr gar nicht weiter aus und behält die Form und
absolute Größe eines Zweijährigen über den Zahnwechsel hinaus bis ins Erwachsenenalter (BOLK 1924, KIPP 1980). Dies ist möglich, da die gegenüber dem
Milchgebiss größeren Schneidezähne des Ersatzgebisses durch kleinere Prämolaren
im Ersatzgebiss kompensiert werden. Bedeutung hat dies für die Sprache, denn auf
diese Weise muss der Mensch die Zungenlaute mit dem zunehmenden Wachstum
nicht erneut lernen. Eine solche Zurückhaltung im Wachstum des vorderen Zahnbogens findet sich bei den Menschenaffen nicht, hier wächst der Kiefer einschließlich
des vorderen Zahnbogens nach vorne sehr weit aus. Auch beim Neandertaler ist
die Zurückhaltung im Auswachsen des vorderen Zahnbogens nicht in dem Ausmaß
wie beim Sapiens zu finden (KIPP 1980). Die Resorption am vorderen Alveolarteil
des Unterkiefers trägt weiterhin dazu bei, dass die Knochenalveolen über den
Schneidezähnen sehr dünn, gleichzeitig aber die Schneidezähne aufrechter werden
(PREMKUMAR 2011), was auch bedeutsam für das Sprachvermögen ist.

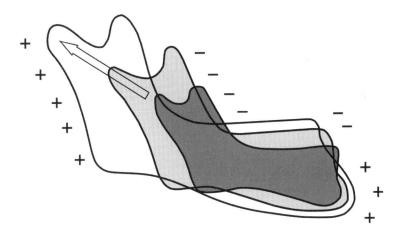

Abb. 10: Wachstum des Unterkiefers. »–« bedeutet Resorption, »+« bedeutet Knochen-
anlagerung. (Nach CARTER 2014, Abb. 4.12, und PREMKUMAR 2011: 100)

Charakteristisch für das Kinn des Sapiens sind weiterhin kleine, desmal, also aus Hautknochen gebildete Knöchelchen, die Ossicula mentalia, die wahrscheinlich eine Neubildung bei *Homo sapiens* sind. Ontogenetisch entstehen sie in unterschiedlicher Anzahl (2–6) während des 8.–10. Fetalmonates in der Symphysenspalte zwischen beiden Unterkieferknochen und verwachsen in der zweiten Hälfte des ersten Lebensjahres im Kinnvorsprung mit den Unterkieferknochen (Toldt 1905, Vlček 1964, Lenz 2013).

So ist das Kinn nicht nur eine hervorstehende Struktur, sondern auch gekennzeichnet durch seine Protuberanz im unteren Bereich des Unterkiefers und durch neue, desmal gebildeten Knöchelchen, die mit den Kieferknochen während der Schließung des Symphysenspaltes verwachsen. Sind diese deutlich neuen Strukturen des *Homo sapiens* nun eine Peramorphose am sonst weitgehend neotenen Unterkiefer?

Es wurde bereits darauf hingewiesen, dass der Alveolarteil stärker plastisch reagiert als der Mandibularpfeiler. So liegt die Ansicht von Bolk (1924) und Gould (1977) nahe, das vorspringende Kinn sei nichts weiter als das Ergebnis einer stärkeren Neotenie im Alveolarteil als im Mandibularpfeiler; das heißt der Alveolarteil wächst während der Ontogenese geringer aus als der Mandibularpfeiler, und so steht das Kinn während des Wachstums immer weiter hervor. Es ist jedoch noch komplizierter, denn das vorstehende Kinn wird »aktiv« verstärkt durch die zusätzliche Resorption am vorderen Ende des Alveolarteils. Auf der anderen Seite stellen die umgedreht »T«-förmige Protuberanz am Kinnvorsprung und die desmalen Ossicula mentalia evolutive Neubildungen bei *Homo sapiens* dar. Bei diesen beiden Neubildungen handelt es sich ganz klar um Peramorphosen, insofern, als sich hier das Wachstum über das Stadium der Vorläuferform hinaus fortsetzt.

Bei diesem komplexen Zusammenspiel von Neotenie und Peramorphose am vorderen Teil des Unterkiefers entsteht die für *Homo sapiens* so charakteristische vertikalisierte Gesichtsfront. Dabei wird der bei den Vormenschenformen hervorstehende Alveolarteil zurückgenommen und ermöglicht ein Sprachgebiss über den Zahnwechsel hinaus. Das Kinn steht hervor und gliedert sich ebenso in die ungefähr vertikale Gesichtsfront ein. Die mit der Kinnbildung zusammenhängenden Peramorphosen weisen vermutlich ebenso wie der zurückgenommene Alveolarteil einen Bezug zur Sprache auf, schließlich setzen viele der für die Sprache relevanten Muskeln und die Muskeln der Mimik, die die Sprache und das Zuhören begleitet, innen und außen am Kinn an. So verweisen einerseits Ichim & al. (2007) auf einen Zusammenhang zwischen der Form des Kinnes und seiner Protuberanz und dem Ansatz des Zungenmuskels M. *genioglossus*, der die Zunge in verschiedene Richtungen bewegen kann; auf der anderen Seite zeigen einen solchen Zusammenhang Coquerelle & al. (2013) für die Muskelgruppe, die am Zungenbein, welches auch für die Sprache relevant ist, ansetzt. Die Diskussion ist hier aber noch in vollem

Gange. Was nötig wäre, ist eine Gesamtanalyse aller innen und außen am Kinn ansetzender Muskeln mit ihrer Beziehung zur Sprache und Mimik.

Zusammenfassung der Kieferentwicklung

In der Kieferpartie des Menschen findet evolutiv vorwiegend Komplexitätsabbau statt. Dieser entsteht im Falle der Zahn- und Kieferverkleinerung durch eine Neotenie, im Falle des Weisheitszahnverlustes durch ein Postdisplacement. Bei der Neotenie der Kiefer- und Zahnverkleinerung und wahrscheinlich auch beim Weisheitszahnverlust spielen plastische Prozesse zumindest teilweise eine Rolle. Dabei ist sehr viel wahrscheinlicher, dass genetische Veränderungen den plastischen Veränderungen folgen, als dass sie diesen vorausgehen. Sekundär können die plastischen Vorgängen Veränderungen durch Akkommodation genetisch fixiert werden. Im Falle des Verlustes der Weisheitszahnanlage liegt keine klare Genotyp-Phänotyp-Relation vor, so dass im Laufe der Ontogenese vermutlich neben den plastischen Vorgängen auch epigenetische Prozesse der Zelle an seinem Verlust bzw. Erscheinen beteiligt sind. Die enorm hohe Variabilität im Aussehen des Weisheitszahnes deutet in die gleiche Richtung.

Über die Plastizität wirkt sich die menschliche Lebensweise auf die Evolution aus. Bei der Kieferregion spielt insbesondere die Art der Nahrungszubereitung eine Rolle. Die Werkzeugentwicklung und der Feuergebrauch entlasten Zähne und Kiefer. Hier wird Komplexität nach außen verlagert und damit der Weg freigegeben für die Bedingungen der Sprache. Die Peramorphosen der Kinngegend hängen wenigstens zum Teil mit der Evolution der Sprache und Mimik zusammen, ebenso wie die besonders hohe Neotenie im vorderen Alveolarbogen. Der Entwicklungskomplex aus Werkzeugherstellung, Nahrungszubereitung und Rückgang der Kieferpartie ist mit einer Reihe von Autonomieschritten in der Evolution des Menschen verbunden, indem die Nahrungsbeschaffung und Nahrungszubereitung an Flexibilität zunahmen, und die Nahrungsverteilung in der Gruppe gestärkt wurde.

Aspekte der Sprachentwicklung

Während der Unterkiefer der markante bewegliche Knochen am Kopf ist – Gehörknöchelchen und Zungenbein sind dagegen klein und von außen nicht sichtbar – und somit den »Gliedmaßenpol« des Kopfes repräsentiert, hängt die Nasenpartie mit der Lunge zusammen, indem hier die Luft rhythmisch ein- und ausströmt. Damit gehört die Nase, wie die Lunge zum rhythmischen System des Menschen.

Die Sprache hat mit beidem zu tun, mit dem Gliedmaßenpol und dem rhythmischen Part des Kopfes. Bei der Lautbildung sind die Mundwerkzeuge Zunge, Zähne, Lippen und Gaumen beteiligt. Der Kehlkopf selbst befindet sich am oberen Ende der Luftröhre, wo er während des Sprechens von der Luft durchzogen wird. Der Kehlkopf ist von vielen kleinen Muskeln umspannt, die ihn bewegen können, und in seinem oberen Teil, dem Schildknorpel, befinden sich die dehnbaren Stimmbänder. Hier wird der Grundklang der Stimme erzeugt. Der Vokaltrakt über dem Kehlkopf, zu welchem die Rachenhöhle, der Mund- und Nasenraum sowie alle pneumatischen Kopfhöhlen gehören, gibt dann der Stimme die nötige Resonanz und steuert so zum vollen Klang der Sprache oder des Gesangs bei. Der Vokaltrakt kann durch ein komplexes Zusammenspiel der Muskeln des Kehlkopfes, Rachenraumes und des Mundes verändert werden, und damit auch der Klang der Stimme. Beim Sprechen wird der Luftstrom rhythmisiert und geformt und portionsweise freigegeben. Der rhythmische Bereich der Atmung ist beim Sprechen also nochmals rhythmisch überprägt. Das Sprechen verbindet faktisch die verschiedenen Bereiche des Kopfes, indem die hörbare Sprache im Luftstrom entsteht und auf der einen Seite die Mundwerkzeuge benutzt und auf der anderen Seite Inhalte, Gefühle und Gedanken transportiert, für welche das im Kopf dominante Gehirn eine wichtige neuronale Grundlage darstellt. Das Gehirn ist damit weit über die Koordination und Regulation der Sprachwerkzeuge hinaus eine wichtige Grundlage des Sprachvermögens. Das Ohr, das mit seinen sich rhythmisch bewegenden Gehörknöchelchen auch zum rhythmischen System gehört, ist als Empfänger der Sprache der Gegenpart der Sprachwerkzeuge, und auch das Auge ist beim Lesen der Mimik und Gestik an der Sprache beteiligt.

Anmerkungen zu Lautbildungen und Signalsprachen bei Affen

Gegenüber den eher eingeschränkten Lautäußerungen von anderen Säugern, treten bei einer Reihe von Primaten gesangsartige Sequenzen auf: Brüllaffen *(Alouatta)* und Gibbons führen gesellige Brüllgesänge aus. »Unter den höheren Affen besitzen die Gibbons die modulationsfähigste Stimme. Sie bringen Tonfolgen hervor, welche zum Beispiel nach Art der Tonleiter ansteigen können; *Hylobates agilis* umfasst sogar eine ganze Oktave« (Kipp 1955: 90). Auch die monogam lebenden Indris (Lemuren) auf Madagaskar tun sich durch einen Duettgesang des Pärchens in den Morgenstunden kund. Die Menschenaffen zeigen keinen so auffälligen Stimmgebrauch; Schimpansen können grunzen, bellen und vokalische Schreie und Rufe hervorbringen (van Lawick-Goodall 1975). Mit ihren Lautbildungsfähigkeiten reichen sie keineswegs an die Nachahmungskünste von sprechenden Papageien heran, einzelne Wörter können sie aber lernen und dann auch sinngemäß anwenden, wenn der Lernprozess vor der Pupertät beginnt. So lernte die Schimpansin

»Vicky« die Wörter »Mama« für die menschliche Pflegemutter und »Cup« für Trinkgefäß und Trinken. »Beim Morgenkaffe hielt Vicky die leere Tasse an die Kaffeekanne und sagte 'Mama', darauf 'Cup'« (HEINEMANN 2000: 498). Die nicht-menschlichen Primaten können zwar akustisch komplexe Gebilde hervorbringen, die menschlichen Vokalen ähneln, diese jedoch normalerweise nicht zu langen Ketten verknüpfen, wie dies beim fließenden menschlichen Sprechen der Fall ist (ZUBERBÜHLER 2006).

Bei Meerkatzenartigen (Altweltaffen) findet sich der Gebrauch einer Signalsprache in Bezug auf spezifische Warnrufe. Die Grünen Meerkatzen *(Cercopithecus aethiops)* gebrauchen zum Beispiel drei verschiedene Warnrufe, je einen für Pythons, für Leoparden und für Adler. Je nach Gefahrenquelle ruft das wachhabende Individuum das entsprechende Wort. Diese Warnrufe sind zum Teil angeboren. So rufen junge Grüne Meerkatzen den Adler-Warnruf bei allem Fliegenden, beispielsweise auch bei Störchen und fliegenden Blättern. Sie müssen dann lernen, den Ruf speziell auf Adler einzuschränken (GHAZANFAR & COHEN 2009, ZUBERBÜHLER 2006). Es liegt im Gebrauch dieser Warnrufe auch eine gewisse intelligente Flexibilität, so wurden Grüne Meerkatzen dabei beobachtet, dass sie den Leopard-Warnruf ausstießen, obwohl gar kein Leopard in der Nähe war, so dass sie dann die Futterquelle für sich alleine hatten (WALKER & SHIPMAN 2011). In einem anderen Fall verwendeten sie, als ein Adler im Herabstoßen schon fast bei seiner Beute war, nicht den Adler-Alarm, sondern den Leoparden-Alarm. Das betreffende Individuum rannte daraufhin sofort auf den nächsten Baum zu. Bei einem Adleralarm hätte es sich erst nach oben umgesehen und wäre dann dem Angriff nicht entkommen (LEAKEY & LEWIN 1993). Dianameerkatzen, eine andere Meerkatzenart, wurden dabei beobachtet, dass sie beim Hören des Leoparden-Warnrufes des kammtragenden Perlhuhns *(Guttera pucherani)* ihren eigenen Warnruf ausstießen. Sie verstehen also die Situation auch bei einer anderen Vokalisation. Bei den Thomas-Languren (Meerkatzenartige) ist eine weitere Fähigkeit bemerkt worden: Die Männchen rufen ihre Warnrufe so lange, bis alle Gruppenmitglieder ihr Vernehmen des Warnrufs wiederum durch Warnrufe signalisiert haben. Das Männchen der Gruppe hat also gleichzeitig die Gefahrenquelle als auch die einzelnen Gruppenmitglieder im Blick (ZUBERBÜHLER 2006). Auch bei Schimpansen konnte die Verwendung einer Signalsprache, zum Beispiel in Bezug auf Nahrungsquellen, nachgewiesen werden (SLOCOMBE & ZUBERBÜHLER 2005). Neben Lautäußerungen kommen bei ihnen während der Kommunikation eine deutliche Mimik und ausdrucksstarke Gesten hinzu (VAN LAWICK-GOODALL 1975). Von Menschen aufgezogene Menschenaffen wie zum Beispiel »Kanzi«, ein Bonobo, können durch Gebärdensprache oder Lexigramme Sprachfähigkeiten erlernen, die jenen etwa zweijähriger Menschenkinder entsprechen. Kanzi konnte man sagen »Geh ins Schlafzimmer, hol den Ball und gib ihn Rose«. Dies befolgte er auch, selbst wenn ein Ball direkt vor ihm lag (LEAKEY & LEWIN 1993). Es ist anzunehmen, dass sie dieses Potenzial in freier Wildbahn zumindest ansatzweise implizit verwenden.

Beim heutigen Menschen ist im Vergleich zu den Affen eine andere Dimension an Lautbildungsmöglichkeiten vorhanden. Bis auf wenige Laute des Behagens und Missfallens beim Säugling sind alle diese Laute beim Menschen nur der Potenz nach angeboren und müssen von dem Kind aktiv erlernt und geübt werden. Damit eröffnet sich ein spielerischer, freier Umgang mit Lauten, welcher eine Voraussetzung menschlicher Sprache ist (KIPP 1980). »Erbliche Festlegung und Affektbindung sind beim Menschen fast vollständig zugunsten des freien Stimmgebrauches zurückgetreten« (KIPP 1955: 90). Von der psychischen Seite aus hängt damit zusammen, dass der Mensch die Fähigkeit zur »geteilten Aufmerksamkeit« besitzt. Diese geht über die Möglichkeiten eines »geteilten Blickes«, den man auch bei Primaten findet, hinaus. Beim »geteilten Blick« werden Objekte gemeinsam mit anderen Menschen in den Blick genommen. Bei der »geteilten Aufmerksamkeit« wird einem Objekt gemeinsam Aufmerksamkeit zugewandt, die sich im Folgen des Blickes eines anderen Menschen, durch Zeigegesten, Worte oder interagierenden Handlungen äußert. Die beteiligten Personen sind sich der Aufmerksamkeit der jeweils anderen Person bewusst. Ein Gegenstand steht durch Handlungen oder Sprache im gemeinsamen Fokus. »Dies impliziert die gemeinsame Beziehung auf ein Drittes, das übereinstimmend gesehen oder gehandhabt wird. Damit öffnet sich gleichsam der Ring der primären Zwischenleiblichkeit. In den triadischen Zeigegesten manifestiert sich nach Tomasello eine spezifisch menschliche Kommunikation [...]« (FUCHS 2009: 204). Das obige Beispiel der Thomas-Languren verweist auf eine solche Fähigkeit: Das warnende Männchen hat die Gefahr und die Gruppe im Blick, und die Gruppenmitglieder antworten spezifisch auf die Situation. Beim Menschen ist diese Fähigkeit jedoch von den Instinkthandlungen losgelöst und kann sich auf das Objekt seiner Wahl richten.

Hinweise auf die Sprachfähigkeit fossiler Menschenformen

Die Sprache lässt sich in ihrer Evolution nur schwer über Indizien rekonstruieren, da hierfür wichtige Organe zumeist nicht fossilieren, zum Beispiel der rein aus Knorpel bestehende Kehlkopf. Dennoch gibt es eine Reihe von Hinweisen über verschiedene Entwicklungsstadien der Sprache bei den fossilen Menschenvorläufern. Ein Mittel, die Sprachfähigkeit fossiler Menschenformen zu bestimmen, ist die Untersuchung der Schädelbasisknickung, da sich daraus Hinweise auf die Lage des Kehlkopfs ergeben: Ist die Basisknickung stark gekrümmt wie beim heutigen menschlichen Erwachsenen, so lag der Kehlkopf tief und gab Raum für eine große Vokalhöhle, die ein großes Spektrum an Lauten ermöglichte; ist sie klein, so lag er hoch wie bei den heutigen Affen (Abb. 11). In der Ontogenese des heutigen

Menschen ist der Kehlkopf nicht durchgängig tief gelegen, sondern senkt sich erst im Laufe der Kindheit ab. Beim Säugling hat er noch eine hohe Lage und entspricht darin dem generellen Säugetiermuster. Der Kehlkopf ragt hier so weit hinauf, dass sein Eingang auf der Höhe des Nasenrachenraums liegt und von der Mundhöhle weitgehend abgeschlossen bleibt. Dies ermöglicht dem Säugling gleichzeitig zu atmen und zu trinken, denn die Nahrung fließt seitlich um den Kehlkopfdeckel der Luftröhre herum. Mit eineinhalb oder zwei Jahren beginnt sich der Kehlkopf abzusenken und erreicht mit 14 Jahren etwa das Niveau eines Erwachsenen (KLEIN 2009, LEWIN 1992). Damit wird die Vokalhöhle zur Mundhöhle hin erweitert und ermöglicht einen großen Zugewinn im Lautspektrum. Es entsteht dadurch jedoch auch die Gefahr des Verschluckens.

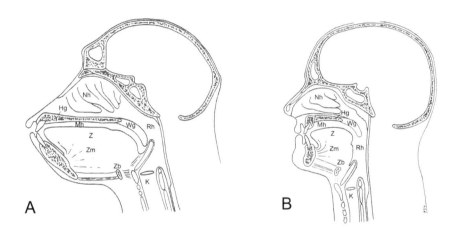

Abb. 11: Vokaltrakt bei Schimpanse (A) und Mensch (B). Abkürzungen: Hg = Harter Gaumen, K = Kehlkopf (Larynx) mit Stimmritzen, Nh = Nasenhöhle, Mh = Mundhöhle, Rh = Rachenhöhle, Wg = Weicher Gaumen, Z = Zunge, Zb = Zungenbein, Zm = Zungenmuskel. (Aus LEWIN 1992: 148, verändert)

Für die Australopithecinen wurde nun aufgrund der Schädelbasisknickung eine Kehlkopflage rekonstruiert, wie sie auch Affen aufweisen (LEWIN 1992). Dies spricht für ein eingeschränktes Lautspektrum. Der Kiefer der Australopithecinen ist aber gegenüber jenem der Menschenaffen verkürzt und die Eckzähne sind sehr viel kleiner. Beim *Australopithecus afarensis* finden sich noch geringfügig verlängerte Eckzähne und kleine Zahnlücken (Diastemata) in der gegenüberliegenden Zahnreihe. Bei den späten Australopithecinen hingegen, dem *Au. africanus* und den robusten Formen, haben alle Zähne eine etwa gleiche Höhe und die Diastemata sind verschwunden. Dies ist ein wichtiger Schritt in der Entwicklung des Sprachgebisses und weist auf mögliche lautliche Verbesserungen hin. Da Werkzeuge, die die Australopithecinen vermutlich verwendeten (s. o.), nicht erhalten sind oder nicht als solche erkannt werden, kann über das Sprachniveau nicht viel ausgesagt werden. Es werden aber Laute, Mimik und Gestik vorhanden gewesen sein. Eine flexible Signalsprache ist sicherlich möglich gewesen. Für eine symbolische Sprache, mit einem freien Gebrauch von Wörtern, gibt es bisher keine Hinweise.

Bei *H. rudolfensis* und *H. habilis* ist die Schädelbasis bisher nicht vollständig gefunden worden, und damit sind für beide Formen keine verlässlichen Aussagen möglich. Ein neues Niveau findet sich beim frühen *Homo erectus* (bzw. *ergaster*). Die Schädelbasisknickung zeigt ein mittleres Ausmaß zwischen jener der Australopithecinen und dem Jetztmenschen und spricht daher für ein gegenüber den Australopithecinen erhöhtes Lautspektrum. Zu dem Ergebnis kommen auch LIEBERMAN & MCCARTHY (2007) aufgrund von den Proportionen der Vokalhöhle. Weiterhin findet sich in Schädelabdrücken des *Homo erectus* ein deutliches Broca-Feld, das sogenannte »Sprachzentrum« der linken Gehirnhälfte *(Abb. 14)*. Dies tritt schon bei *H. habilis* auf und ist bei den Australopithecinen nicht vorhanden. Mit dem Broca-Feld sind motorische Fähigkeiten des Sprechens verbunden. Anders als man früher dachte, ist es nicht das eigentliches »Sprachzentrum« im Gehirn. Am Sprechen sind viele verschiedene Bereiche des Gehirns beteiligt (LIEBERMAN & MCCARTHY 2007). Die Anwesenheit des Broca-Feldes ist somit kein Beweis, jedoch ein zusätzlicher Hinweis auf die Sprachfähigkeit des Erectus. Aufgrund dieser Befunde sind sich Forscher wie LEAKEY & LEWIN (1993), KLEIN (2009) und HOLLOWAY & AL. (2004) einig, dass *Homo erectus* eine anfängliche (Symbol-)Sprache aufwies, andere Forscher wie WALKER & SHIPMAN (2011) lehnen dies ab.

Wie oben dargestellt, hatte der Erectus-Mensch ein relativ weit entwickeltes Sozialleben: Er stellte Werkzeuge her, und die Jüngeren lernten dies von den Älteren. Die Jäger zerlegten mit den Werkzeugen gemeinsam Tiere und brachten das erbeutete Fleisch der Gemeinschaft. Dort wurde es zubereitet und auch die kleineren Kinder wurden versorgt. Zumindest in Einzelfällen, aber vielleicht auch allgemein, wurden Kranke und Alte versorgt (s. o.). Bei all diesen Tätigkeiten ist »geteilte Aufmerksamkeit« notwendig oder zumindest sehr hilfreich. Andere Menschen oder auch Objekte traten in den gemeinsamen Fokus von zwei oder mehreren Erectus-Menschen. Und damit wurde die Benennung, der Name für das Du, der Name für das Gegenüber möglich und nötig, eine Benennung in der geteilten Erfahrung. Es gibt beim Erectus jedoch nur wenige Hinweise, dass er über die Gegenwart und die direkte Erfahrung hinausgedacht hat. Der Feuergebrauch erfordert zum Beispiel ein gewisses Maß an Planung, so muss Holz gesammelt und zur rechten Zeit nachgelegt werden, bevor das Feuer erlischt (ROSSLENBROICH 2014). Begräbnisse, die auf eine Erinnerungskultur an Menschen schließen lassen würden, sind jedoch für den Erectus bisher nicht gefunden worden. Auch die Abschlaggeräte weisen in ihrem Gebrauch nicht über sichtbare Tätigkeiten hinaus. Was mit ihnen gemacht werden konnte, konnte letztlich direkt gesehen werden. So lebte der Erectus vermutlich weitgehend im Hier und Jetzt, in der Gegenwart des phänomenalen Raumes mit seiner spirituellen Dimension. Ein künstlerischer Ausdruck dieser Unmittelbarkeit, dieser unverstellten Raumerfahrung ist der für den Erectus ab der Acheuléen-Stufe typische Faustkeil bzw. Zweiseiter *(Abb. 12)*. In ihm finden sich alle Raumdimensionen urbildlich und harmonisch ausgedrückt: die Dreidimensionalität in dem bauchigen unteren Teil, das Flächige an den zur Spitze auslaufenden Flächen, die Linie in der umlaufenden scharfen Kante und der Punkt letztlich in der Spitze (SCHAD 1988, SCHAD 2009). Raum wird aber an den Dingen um den Menschen herum erfahren. Zu diesen muss der Erectus eine konkrete Beziehung gehabt haben. Ich nehme daher mit Leakey, Klein und Holloway & al. an, dass der Erectus zu einer einfachen Sprache fähig war, mit der er aber weitgehend im Gegenwärtigen blieb.

Ein Weiteres drückt sich in der Ästhetik und Formvollendung der Faustkeile aus, was das zunehmende Wahrnehmen und Erwachen für sich und den anderen andeuten könnte. LE TENSORER (2001, 2012) beschreibt eine Fundstelle aus dem heutigen Syrien (Nadaouiyeh Aïn Askar; 500.000–150.000 J.), in welcher mehr als 13.000 Faustkeile gefunden worden sind, bei gleichzeitigem weitgehendem Fehlen anderer Steinwerkzeuge. Le Tensorer stellt dar, dass diese Faustkeile neben ihrem Werkzeugcharakter vorwiegend einen symbolischen Charakter hatten. »Freilich, der Inhalt entzieht sich uns gänzlich. Allerdings erinnert uns die ausgeprägte Symmetrie des Faustkeils und seine charakteristische Länglichkeit zwangsläufig an die Gestalt des Menschen selbst. Haben wir es also tatsächlich mit einer Art Anthropomorphisation des Stoffes zu tun? Sollte der Mensch wirklich, bewusst oder unbewusst, sein Bild und sein Ich in das Werkzeug hineingewirkt haben, damithin eine Art Bindeglied zwischen ihm und der Natur sein würde; [...]. Sind die Anfänge der symbolischen Verständigung und damit der künstlerischen Hervorbringung ein Ansinnen zur Vermenschlichung des Unbelebten, hat der Mensch das Werkzeug nach seinem Ebenbild geschaffen?« (LE TENSORER 2001: 67).

Wir sehen hier das erste Mal in der Evolution des Menschen ein Artefakt mit einem symbolischen Gehalt, möglicherweise eine Bildgebung einer vertieften Eigenerfahrung oder einem vertieften Wahrnehmen des Gegenüber, einer Erfahrung, die Nährboden für die Entwicklung der Sprache ist.

Abb. 12: Aus Basalt geschlagener Faustkeil. Hochacheuléen, oberer Jordanlauf, Israel. (Aus SCHAD 1988: 353, verändert)

Bei der nächsten Form, dem *Homo heidelbergensis* findet sich um die Zeit von 400.000 bis 300.000 eine Schädelbasisknickung, wie sie derjenigen des Jetztmenschen entspricht; auch die Gaumenwölbung, die zu einer Vergrößerung der Mundhöhle beiträgt, erreicht hier die Höhe derjenigen des modernen Menschen. Dahingegen zeigt der Neandertaler eine geringere Schädelbasisknickung und Gaumenhöhe, so dass ihm wahrscheinlich ein gegenüber dem Sapiens eingeschränktes Lautspektrum möglich war (KLEIN 2009, KIPP 1955, 1980). Mit dem Auftreten von *Homo sapiens* um 200.000 vor heute in Afrika ist die volle Schädelbasisknickung da, und mit der Entwicklung des Kinns ähneln vermutlich die Längen und Winkel der Muskelzüge der Sprachwerkzeuge, die in der Kinngegend ansetzen, jenen des heutigen Menschen (s. Kapitel »Kinnentwicklung«). Dies spricht beim frühen Sapiens für ein Lautspektrum wie beim modernen Menschen, allerdings entsprechen zu dieser Zeit die Proportionen der Vokalhöhle nicht ganz jenen des Jetztmenschen. Erst zwischen 100.000 und 50.000 wurden hier die heutigen Proportionen erreicht (LIEBERMAN & MCCARTHY 2007). Dies macht wahrscheinlich, dass das Lautspektrum des modernen Menschen sich allmählich über lange Zeit eingestellt hat und zwischen 100.000 und 50.000 das heutige Niveau erreichte.

Genau in diese Zeit zwischen 100.000 und 50.000 (spätes mittleres Paläolithikum) fallen eine ganze Reihe von Neuerungen in der Werkzeugkultur und der Kunst, die vom Gesichtspunkt der Sprache aus große Relevanz haben. Die Werkzeuge werden vielfältiger und nützlicher und in Bezug auf die Tätigkeiten spezifischer. Auch liegen sie besser in der Hand (SCHAD 2009). Damit wird deutlich, dass gegenüber der Kultur des Acheuléen eine genauere Objektkenntnis und eine genauere Kenntnis der Handhabung einer Tätigkeit vorlag. Vermutlich konnten die Menschen diese Kenntnisse auch zumindest teilweise in Worte fassen, was für die Weitergabe der Kultur an die nächste Generation von Hilfe ist.

Eindeutiger noch als diese Änderungen an den Werkzeugen verweist die Benutzung von Symbolen auf Sprache, wie WALKER & SHIPMAN (2011) betonen. Sprache, wie wir sie heute verwenden, ist selbst symbolischer Natur, sie ist ein akustisches Symbol für etwas und verweist als solches auf andere Menschen, Lebewesen, Dinge oder Nicht-Sinnliches. WALKER & SHIPMAN (2011) sind sich sicher, dass sich Sprache in unserem Sinne in dieser Zeit, im späten mittleren Paläolithikum, beim Sapiens entwickelt hat, da nun von den Menschen nicht nur Werkzeuge, sondern auch Symbole hergestellt wurden. Dies tritt erstmals in Form von Schmuck auf. Besonders beliebt als Schmuck waren Muscheln und Perlen, später auch Eckzähne von Raubtieren wie Füchse, Wölfe, Hyänen und Bären, die an ihrem einen Ende durchbohrt oder gekerbt wurden *(Abb. 13)*. Vermutlich wurden sie an einer Schnur umgehängt oder an der Kleidung befestigt. Schmuck findet sich ab 130.000 in Afrika und Israel an Fundplätzen, die vermutlich dem *Homo sapiens* angehörten. In Europa tritt Schmuck an Fundplätzen jünger als 60.000 Jahre auf, einer Zeit, zu der *Homo sapiens* aus Afrika in Europa einwanderte *(Abb. 13C*; WHITE 1995, WALKER & SHIPMAN 2011, D'ERRICO & STRINGER 2011). Hatten wir beim Faustkeil erst eine Andeutung einer Symbolik, so wird im Falle der durchbohrten Raubtierzähne die symbolische Natur der Artefakte besonders deutlich. Hier steht ein Teil für das Ganze, der Zahn symbolisiert den Fuchs oder den Wolf, seine Listigkeit oder seine Kraft (WHITE 1995). Der Mensch war nun in der Lage, den bildhaften Begriff des Fuchses, des Fuchsartigen zu denken, auch ohne ihn vor sich zu sehen, erinnert nur durch einen kleinen Zahn. Er konnte sich freie Bilder vorstellen und diese durch Denken mit Eigenschaften des Dinges oder Tieres in Verbindung bringen.

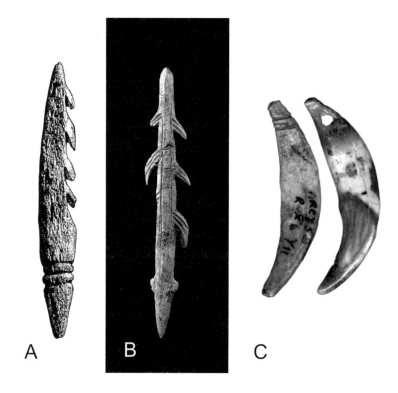

A   B   C

Abb. 13: Artefakte des mittleren und oberen Paläolithikum. A) Harpune aus Katanda,
Kongo, Grenze zu Uganda. Größe etwa 16 cm. Alter etwa 90.000 Jahre. (Aus
Brace & al. 1995: 716, verändert, Klein 2009: 527 f.). B) Harpune aus dem
obersten Paläolithikum (Magdalénien), Le Morin, Frankreich. Größe 18,5 cm.
(Aus Johanson & Edgar 1998: 261, verändert). C) Eckzähne des Fuchses,
Grenze mittleres und oberes Paläolithikum (44.000–40.000 J.) aus der Grotte
du Renne, Frankreich. Größe 3 cm. Sie wurden hier vermutlich nach dem
Vorbild des Sapiens vom Neandertaler bearbeitet[1].

Diese Loslösung des Menschen von der unmittelbaren Anschauung und die
Möglichkeit, Begriffe bildlich zu erfassen, spiegeln sich auch an einem neuen Werk-
zeugtyp, der Harpune. Eine Harpune ist eine Speerspitze mit Widerhaken *(Abb.
13* A, B*)*. Die Datierung des frühesten Harpunenfundes, welcher aus dem heutigen

---

[1] http://www.welt.de/wissenschaft/article110353724/Neandertaler-spionierten-modernen-Men-
schen-aus.html

Ostkongo stammt, beläuft sich auf 90.000 Jahre vor heute. Diese Datierung ist nicht ganz sicher. Der nächst-ältere Harpunenfund weist ein Alter um 25.000 Jahre auf. Auch er stammt aus dem Kongo. Die europäischen Funde werden zeitlich ins Magdalénien (18.000–12.000) eingestuft (KLEIN 2009). Unterstützt wird die zeitliche Einstufung des frühesten Harpunen-Fundes auf 90.000 jedoch von der Tatsache, dass symbolische Artefakte des Sapiens wie der erwähnte Schmuck und auch Begräbnisse in Afrika und Israel ab 130.000 bzw. 115.000 sehr viel früher auftreten als in Europa, wo sie mit etwa 60.000 erscheinen (D'ERRICO & STRINGER 2011). In Bezug auf die Harpunen bedarf es noch weiterer Funde, um dieses Alter zu bestätigen. Die Harpune ist nun ein Werkzeug, dessen Wirkungsweise nicht sichtbar ist. Erst einmal hat sie die Wirkung einer normalen Pfeilspitze. Wie sich jedoch, nachdem die Spitze ins Fleisch des Beutetieres eingedrungen ist, die Widerhaken im Fleisch festhaken, ist nicht sichtbar. Es lässt sich nur denken. Der Mensch bekam ein inneres Bild davon, was Hakiges ist, was hakig bedeutet. »Dass man nun fähig war, Eigenschaften von Objekten zu isolieren und in einen neuen Zusammenhang zu stellen, dürfte sich tiefgreifend ausgewirkt haben. Charakteristika wie spitz oder hakig ließen sich jetzt technisch verwerten und verbinden. Denn erst wenn man das Spitzige oder Hakenhafte an sich losgelöst vom natürlichen Objekt zu denken vermag, ist es möglich, sich Speerspitzen mit Widerhaken vorzustellen.« (WHITE 1995: 172)

Es entstanden in dieser langen Zeitspanne ab etwa 100.000 und später also Formen des bildlichen Denkens. Die Bilder und Vorstellungen konnten mit Worten als ihren Symbolen immer freier von der Anschauung im Raum und in der Zeit benutzt werden. Das Individuum trennte sich weiter ab von einer als unmittelbare Einheit erlebten Welt. Die wahrgenommene Welt ließ sich mehr und mehr in Bildern und Vorstellungen verinnerlichen und bedenken. Mit Hilfe der Sprache konnte das Innere dann wieder entfaltet werden. Dieser Vorgang war auch eine Voraussetzung für die wunderbare Höhlenmalerei ab etwa 40.000, wo der Mensch seine verinnerlichten Bilder in die Höhle mitnehmen und dort an den Wänden wiedergeben und den Umgang mit ihnen weiter erlernen konnte (ROSSLENBROICH 2012, ROSSLENBROICH & ROSSLENBROICH 2012).

In der Menschenvorfahrenreihe lassen sich also zwei Stufen der Sprachentstehung feststellen. Einmal beim Erectus eine einfache Sprachform, die sich vermutlich weitgehend auf Gegenwärtiges bezog. Der Mensch erwachte in gewissem Sinne für das Du. Bei *Homo sapiens* folgt die Entwicklung des Wortes in seiner von der Anschauung völlig losgelösten symbolischen Natur. Der Mensch war innerlich zu freien Bildern und Vorstellungen erwacht und konnte sie innerlich wahrnehmen und handhaben. »Verbale Kommunikation hat es sicherlich vor der jüngeren Altsteinzeit [Paläolithikum] gegeben, wenngleich vielleicht noch mit hauptsächlich konkreten Inhalten, die sich auf natürliche Objekte und Vorgänge bezogen. Für die dann einsetzende kulturelle Revolution war aber eine wesentliche Voraussetzung, dass man mit Imaginationen umgehen und sie abwandeln und in Beziehung bringen sowie insbesondere auch mitteilen konnte.« (WHITE 1995: 173)

Beide Schritte sind mit Autonomiezunahmen verbunden. In Bezug auf die Laut-bildungen gehen die Schritte mit der Möglichkeit des willkürlichen Stimmge-brauches einher, der nicht Instinkt- oder Affekt-gebunden ist, wie dies weitgehend für die Signalsprachen der nicht-menschlichen Primaten gilt. Im Gegensatz zu den Primaten können Menschen die Laute in Worten zu langen Satzketten verknüpft aneinanderhängen. Unsere Mundwerkzeuge erlauben es uns, ein enormes Laut-spektrum in einer Vielzahl von Kombinationen zu erlernen. Alle Laute aller Sprachen können von Säuglingen und Kleinkindern erlernt werden. Diese Fähigkeit geht jedoch mit dem Älterwerden verloren und die Flexibilität für das Erlernen ver-schiedener Laute bleibt weitgehend nur in dem Rahmen der in der frühen Kindheit erlernten Laute erhalten (FUCHS 2009). In Bezug auf den Gebrauch der Worte und Begriffe hat der Mensch eine hohe Flexibilität erlangt, was seine Autonomie auf diesem Felde kennzeichnet. Die Sprache unterstützt sicherlich den Weg des Indivi-duums zu einer inneren Autonomie und Freiheit. Die Gemeinschaft, in der der Mensch lebt, kann sich durch die Sprache verstärken und vertiefen. Auf diese Weise kann sich die Autonomie des Einzelnen und der Gemeinschaft als Ganzer gegenüber der Umwelt erhöhen. Dies geschieht zum Beispiel, indem in Zeiten der Hilflosigkeit eines Individuums, wie bei Krankheit, Geburt, Säuglingszeit etc., geholfen werden kann. Weiterhin können die gemeinsam entwickelten und zum Teil sprachlich tra-dierten Kulturleistungen wie Waffen, Wälle und Behausungen Schutz vor der Umwelt bieten.

Komplexität und Heterochronie der Sprachwerkzeuge

In der Evolution des Sprachapparates des Menschen findet sich eine starke Durchflechtung sowohl von Komplexitätszunahmen als auch von Komplexitäts-abnahmen, wie sie schon in der Kinnpartie des Menschen deutlich wurden. Dies ist typisch für Bereiche, in denen eine Funktion zugunsten einer anderen zurückgeht, hier die Kaufunktion zugunsten der Sprachfunktion (KÜMMELL 2009). Die Stimme nimmt, durch die Veränderungen in der Vokalhöhle, im Laufe der Sprachevolution an Klangqualität zu. Dies liegt an der Absenkung des Kehlkopfes und der damit einhergehenden Erweiterung des Rachenraumes, womit auch Funktionswechsel bei verschiedenen Muskeln des Kehlkopfes zusammenhingen (BENNINGHOFF & GOERTLER 1960). Die Klangqualität wird zudem von den sich neu entwickelnden Proportionen der Vokalhöhle und von ihren Formveränderungsmöglichkeiten durch die Muskeln des Kehlkopfes, Rachenraumes und Mundraumes unterstützt.

Hier fand also evolutiv eine deutliche Komplexitätszunahme statt. Auf der anderen Seite wurde die Struktur im Rachenraum, die den nicht-menschlichen Primaten und den menschlichen Säuglingen erlaubt, gleichzeitig zu atmen und zu schlucken, abgebaut. Wir haben es hier gleichzeitig also mit einer geringen Komplexitätsabnahme zu tun. Die Zunge wird in der Evolution des Menschen einerseits kleiner, andererseits viel beweglicher. Hier liegt auch eine Durchdringung von Komplexitätsabnahme und -zunahme vor. Beim Kinn ist ebenfalls eine solche Signatur vorzufinden: Komplexitätsabnahme am Zahnbogen, in welchem die Zahndifferenzierung zugunsten gleichgroßer Zähne abnimmt und der Zahnbogen über den Zahnwechsel hinaus etwa die gleiche Größe beibehält und nicht weiter auswächst. Dahingegen findet sich Komplexitätszunahme im Kinn, in Form der Protuberanz und den desmalen Kinnknöchelchen. Am vorderen Zahnbogen dominiert die Komplexitätsabnahme über die Zunahme, im Vokaltrakt und Kehlkopf ist es anders herum, hier dominiert evolutiv Komplexitätszunahme. Bei den Gehirnstrukturen, die mit dem Erlernen der Sprache zusammenhängen und sich durch diese aufbauen, überwiegt in noch deutlicherem Maße die Komplexitätszunahme. Doch auch hier gibt es Komplexitätsabbau, so gehen Lernvorgänge häufig mit dem Abbau der ontogenetisch und evolutiv vorrangehenden Gehirnstrukturen einher (SCHEURLE 2013, s. u. Kapitel »Plastizität und Lernen«).

Der Abstieg des Kehlkopfes beim Menschen folgt einer klaren Peramorphose. Es handelt sich um ein hypermorphes Geschehen, die kindliche Form entwickelt sich weiter über das Adultstadium der Vorläuferform hinaus. Die Zungenbeweglichkeit zeigt auch eine peramorphe Entwicklung, ebenso – wie oben aufgezeigt – Anteile des Kinns (SCHAD 1992: 93, MCNAMARA 1997). Die Neotenie der gesamten Kieferregion wurde schon besprochen. Die deutliche Ausprägung dieser Neotenie gerade im vorderen Alveolarteil des Kiefers hängt dabei insbesondere mit der Sprache zusammen (Kapitel »Kinnentwicklung«).

Zusammenfassung der Sprachentwicklung

Der Vorgang des Sprechens ist mit fast allen Bereichen des Kopfes direkt verbunden. Im Gehirn sind Zentren und Schaltkreise beim Sprechen und Hören aktiv, der Kehlkopf sitzt in der Luftröhre, über welchem die Vokalhöhle sich im Rachenraum ausdehnt und den Nasen- und Mundraum mit umschließt. Schließlich spielen die Mundwerkzeuge eine Rolle, die den Luftstrom rhythmisieren und zum Klang der einzelnen Laute beisteuern. Am Hören und am Lesen der Mimik sind weiterhin Ohr und Auge beteiligt. In der Evolution der Sprachorgane hat sich Komplexität aufgebaut und gleichzeitig abgebaut. Der Aufbau dominierte im Bereich des Gehirns sowie am Kehlkopf, während an den Zähnen und am Alveolarteil des Kiefers der Abbau dominant war. So haben wir auf der einen

Seite (proximal) eine vorwiegend hypermorphe Entwicklung und distal eine vorwiegend pädomorphe. Die Pädomorphose im vorderen Alveolarteil ist dabei nicht nur ein Ausdruck des Rückgangs der Kautätigkeit, sondern hängt direkt mit der Sprachentwicklung zusammen – beim Menschen hat sich ein Sprachgebiss entwickelt. Für *Homo erectus* lässt sich vermuten, dass bei ihm der Beginn einer anfänglichen Symbolsprache liegt. Auf diesem Niveau war die Sprache vermutlich weitgehend gegenwartsbezogen. Ab 100.000 Jahren vor heute entwickelte sich ganz allmählich bei *Homo sapiens* die Fähigkeit, Worte als Symbole von freien Vorstellungen und Bildern zu benutzen und mit diesen Bildern innerlich frei denkerisch umzugehen. Im Zusammenhang mit dem flexiblen Umgang mit Lauten, Worten und Bildern löste sich der Mensch immer mehr aus der unmittelbaren Umweltverbundenheit. Auf der anderen Seite konnte er nun durch die Erkenntnisfähigkeit und das Gespräch wiederum einen vertieften Zugang zu seiner Umwelt und Gemeinschaft erlangen.

Aspekte der Gehirnentwicklung des Menschen

Das Gehirn ist der dominante Part des menschlichen Kopfes. Während das »Gliedmaßenartige« des Kopfes, die Kieferregion, in der menschlichen Evolution zurückgegangen ist, ist das »Kopfartige«, das Gehirn, gewachsen. Wie gezeigt wurde, steht der Verlust der Weisheitszahnanlage im Zusammenhang mit dem lang anhaltenden Trend der Kiefer- und Zahnverkleinerung und zeigt, dass die Evolution weiterhin im Gange ist. Die Frage liegt nahe, ob das Gehirn auch heute noch weiter auswächst. Auf einen relativen Größenzuwachs der Stirn verweist eine Studie aus England (ROCK & AL. 2006). Allerdings läuft – anders als beim Weisheitszahn – der Zuwachs in der Stirn in der Regel ohne medizinische Komplikationen ab, so dass er keinesfalls so gut untersucht ist wie der Weisheitszahn. Daher bedürfte es hier noch vieler weiterer Studien, um einen klaren, allgemeinen Trend zu belegen.

Evolution der Stirn

ROCK & AL. (2006) haben an mittelalterlichen Schädeln, im Vergleich mit heutigen Probanden aus England, die Veränderungen der Proportionen im Gesicht und der Schädelwölbung untersucht. In dieser Studie wurden drei verschiedene Gruppen verglichen, 30 Schädel von Pest-Opfern von 1348 aus London, 54 Schädel aus dem Wrack des englischen Schiffes Mary Rose, welches 1545 gesunken war, und 31 Cephalogramme aus dem Jahr 1992 von jungen Erwachsenen aus der Gegend von

Birmingham. Die modernen Menschen zeigen nun eine um ein Fünftel erhöhte Stirn gegenüber den mittelalterlichen Schädeln. Wird der Scheitelpunkt genommen (Senkrechte über der Sella, Grube im Türkensattel des hinteren Keilbeins), so ist der ganze vordere Gehirnschädel vom Nasenansatz an um ein Zehntel gegenüber den mittelalterlichen Schädeln verlängert. Dies ist für eine geologisch so kurze Zeit ein erheblicher Wert, der mit einer Vergrößerung des Gehirns, insbesondere des Stirnlappens *(Abb. 14)* im Zusammenhang steht. Demgegenüber war bei den mittelalterlichen Vorfahren der mittlere Bereich des Gesichtes, der Nasenbereich zwischen Augen und Mund, höher. Die Autoren vermuten, dass dabei plastische Vorgänge beteiligt sind.

Es ist jedoch schwer, einen Trend in der Stirnvergrößerung des *Homo sapiens* ausfindig zu machen, wenn größere Zeiträume und verschiedene Ethnien mit einbezogen werden. Dies liegt daran, dass die Variationsbreite in der Stirnhöhe des heutigen Menschen sehr groß ist. Im Vergleich mit *Homo sapiens*-Formen von vor 30.000 Jahren kann keine allgemeine Vergrößerung der Stirn festgestellt werden

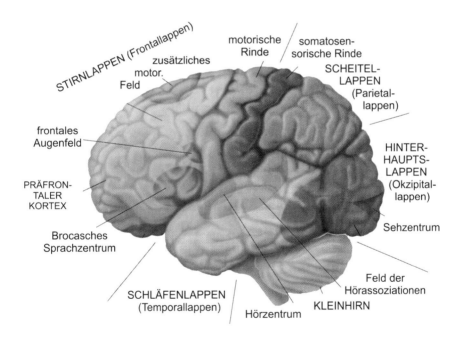

Abb. 14: Unterteilung der linken Großhirnhemisphäre. Die Großhirnhemisphären sind äußerlich gesehen (nicht funktionell) auf beiden Seiten etwa gleich, mit wenigen Ausnahmen wie dem Broca-Feld, welches nur links auftritt (ROHEN 2000). (Aus LASSEN & AL. 1988: 136, verändert)

(Sheela Athreya, pers. Komm. 2014). Die aktuelle Entwicklung der Stirn von *Homo sapiens* müsste also stärker regional, bei einzelnen Ethnien, weiter untersucht werden.

Wird nicht nur die Evolution von *Homo sapiens* betrachtet, sondern werden die Frühmenschenformen mit einbezogen, so ist ein langanhaltender Trend in der Evolution des Menschen zu einer vertikalisierten, hohen Stirn deutlich *(Abb. 15)*. Bei *Sahelanthropus* (A) ist die Stirne weitgehend flach und bei *Ardipithecus* (B) leicht gewölbt. Ab den *Homo*-Formen, *H. rudolfensis* (D) und *H. erectus* (E) findet sich

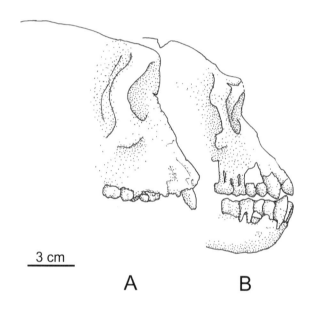

3 cm

A   B

Abb. 15: Vertikalisierung der Stirn in der Evolutionslinie zum *Homo sapiens*. A) *Sahelanthropus*, nach ZOLLIKOFER & AL. (2005), B) *Ardipithecus*, nach SUWA & AL. (2009). C) *Australopithecus afarensis*, D) *Homo rudolfensis*; der Unterkiefer[2] wurde nach einem neuen Fund ergänzt, E) *Homo erectus*, F) *Homo heidelbergensis*, G) früher *Homo sapiens*, Israel, etwa 90.000–100.000 J. vor heute, H) heutiger deutscher Mann, I) heutige chinesische Frau. C–I nach Fotos aus JOHANSON & EDGAR (1998).

schon eine deutlich höhere Stirn als bei den Australopithecinen (C), allerdings weist der Erectus einen starken Oberaugenwulst auf. Die letzten drei Formen der *Abbildung 15* (G–I) gehören alle der Art des *Homo sapiens* an. Bei der ersten (G) handelt es sich um einen sehr frühen Vertreter aus dem heutigen Israel aus Schichten, die auf etwa 90.000–100.000 Jahre datiert sind. Der Vergleich des modernen *Homo sapiens* (H, I) mit der frühen Form des *Homo sapiens* (G) zeigt, dass sowohl die Aufrichtung der Stirn als auch der Rückgang der Kieferpartie sich innerhalb unserer Art noch weiterentwickelt hat. Allerdings unterliegt nicht nur die Höhe – wie oben schon gesagt – sondern auch die Aufrichtung der Stirn heute einer hohen Variation.

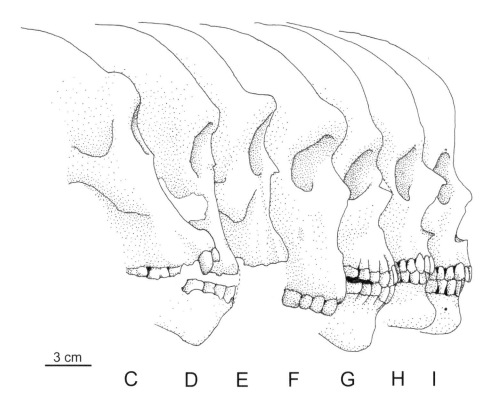

3 cm

C   D   E   F   G   H   I

---

[2] http://www.zeit.de/wissen/2012-08/homo-fossilien-koobi-fora

Während der Kiefer in der Evolution des Menschen zurückging, ist das Gehirn ausgewachsen und hat an Komplexität (s. u.) zugenommen. Um den Vorgang der Gehirngrößenzunahme besser zu verstehen, wird im Folgenden insbesondere die heterochrone Evolution des menschlichen Gehirns ins Auge gefasst, da sie sehr gut untersucht worden ist. Hierfür soll eine kurze Beschreibung der Phylo- und Onto-genie des menschlichen Gehirns sowie die Verlängerung der ontogenetischen Stadien vorangestellt werden.

Gehirnentwicklung phylogenetisch

Anders als die unteren Gliedmaßen gehört die Gehirnentwicklung in der mensch-lichen Evolution nicht zu den progressiven Bereichen. *Sahelanthropus*, welcher nach der heutigen Datierung vor 7 Mio. in der Gegend des heutigen Tschad lebte, erhielt seinen Namen nicht aufgrund seiner Gehirngröße (gemessen an der Schädelkapa-zität) – die etwa im Rahmen derjenigen des heutigen Schimpansen liegt –, sondern wegen seiner relativ steilen Gesichtsfront und dem aufrechten Gang. Die Motorik läuft in der Evolution der Entwicklung des Gehirns voraus (SCHAD 1992), was unten noch ausführlicher beschrieben wird. Gerade das Gehirnvolumen weist die frühen Vertreter der menschlichen Linie nicht als Menschen aus *(Tab. 4, Abb. 16)*. Gegenüber *Sahelanthropus* und dem Afarensis nimmt die Gehirngröße der späteren Formen zu. Während sie sich jedoch bei den robusten Australopithecinen allein durch die zunehmende Körpergröße erklärt, tritt ab der Gattung *Homo* eine kör-pergrößenunabhängige Gehirngrößenzunahme auf *(Abb. 17)*. Wie die *Tabelle 4* und *Abbildung 16* zeigen, kommt es im Fossilbericht zu einem deutlich steilen An-stieg der absoluten Schädelkapazität seit etwa 2 Mio. Jahren, die bis zu *Homo sapiens* weiter zunimmt. Der Beginn dieses Anstiegs könnte sich jedoch noch er-heblich nach vorne verschieben, denn in Ledi-Geraru in der Afar-Senke (Süd-Äthiopien) wurde kürzlich ein Unterkieferfragment eines *Homo* gefunden, das die Entstehungszeit der Gattung *Homo* nun auf 2,8 Mio. Jahre vorverlegt (VILLMOARE & AL. 2015). Für genaue Daten zur Schädelkapazität bedarf es allerdings weiterer Fossilien. Parallel zur Hauptlinie zum *Homo sapiens* findet sich auch in verschie-denen Nebenlinien eine Zunahme der Schädelkapazität, so beim späten *Homo erectus* von Java (in *Abb. 16* als *H. soloensis* bezeichnet) und beim Neandertaler. Während der Trend der absoluten Gehirngrößenzunahme zum *Homo sapiens* sehr deutlich ist, steigt die Schädelkapazität relativ zum Körpergewicht nicht ganz so steil an wie die absoluten Werte *(Abb. 16, 17)*. Bei Herausrechnen der Körpergröße ist die Gehirngröße des heutigen Menschen etwa drei Mal größer als jene des Schim-pansen (ROSSLENBROICH 2014).

Innerhalb der letzten 100.000 Jahre lässt sich für das Gehirnvolumen von *Homo sapiens* ein Plateau feststellen. Das Gehirn ist in dieser Zeit, absolut gesehen, nicht größer geworden. Allerdings ist in dieser Zeit die Körpergröße um 11–12% zurückgegangen (vermutlich unter Auslassung der modernen Körpergrößenzunahme), einhergehend mit einem Trend zu einem grazileren Körperbau, so dass für diese Zeit innerhalb der Art des *Homo sapiens* eine zum Körpergewicht relative Gehirngrößenzunahme vorliegt (STRIEDTER 2005: 316 f.).

Schädelkapazität (brain endocast)				
	Anzahl	mittel	maximal	minimal
Menschenaffe		cm^3	cm^3	cm^3
Schimpanse *(Pan troglodytes)*			395	
Hominini		5,4	12,5	18,0
Sahelanthropus tchadensis	1	365	370	360
Australopithecus afarensis	5	446	550	387
Australopithecus africanus	9	461	560	400
Australopithecus boisei	6	508	545	475
Au. robustus & boisei	9	503	545	450
Homo rudolfensis	2	789	825	752
Homo habilis	6	610	687	510
Homo ergaster	3	801	848	750
Homo georgicus	2	715	780	650
Homo erectus	20	952	1220	727
Homo heidelbergensis	12	1263	1450	1150
Homo neandertalensis	28	1427	1700	1200
Homo sapiens (& idaltu*)	23	1497	1730	1250

Tab. 4: Absolute Werte der Schädelkapazität vom Schimpansen, *Homo sapiens* und verschiedenen Frühmenschenformen. Nach HOLLOWAY & AL. (2004: 305), außer KLEIN (2009) für den Schimpansen, ZOLLIKOFER & AL. (2005) für den *Sahelanthropus.* HOLLOWAY & AL. grenzen den *Homo georgicus* von *Homo ergaster* bzw. *erectus* ab. Wie bereits erwähnt, handelt es sich nach LORD-KIPANIDZE & AL. (2013) bei diesen Formen um eine Art. Man beachte, dass die Angaben der Schädelkapazität auf Ausgüssen des Gehirnschädels beruhen und um etwa 10% größer sind als Angaben zum Gehirnvolumen (HOLLOWAY & AL. 2004: 8).
* früher *Homo sapiens* zwischen 600.000 u. 130.000, Afrika (KLEIN 2009)

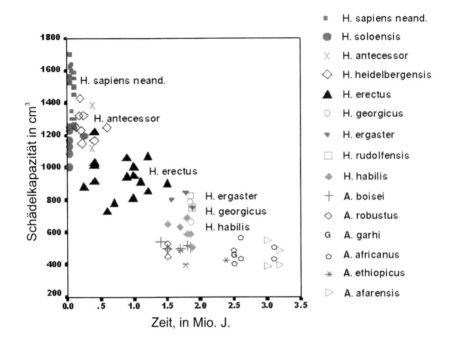

Abb. 16: Schädelkapazität der Frühmenschen, eingetragen nach ihrem geologischen Alter. (Aus HOLLOWAY & AL. 2004: 286, verändert)

Die Gehirngrößenzunahme in der Evolution des Menschen findet vorwiegend durch die Vergrößerung des Neokortex statt, der multisensorischen und motorischen äußeren grauen Substanz des Gehirns. Sie besteht aus sechs tangential zur Gehirnoberfläche liegenden Lagen von Neuronen. Der Neokortex ist schon für die Säugetiere sehr charakteristisch und vergrößerte und veränderte sich im Laufe der Säugerevolution – von einigen basalen Formen abgesehen. Die Vergrößerung fand innerhalb der Säugerevolution insbesondere bei den Primaten statt (CAMPBELL & REECE 2003, JERISON 2009). »Das meiste der Größenzunahme des Neocortex im Verlauf der Säugerevolution betraf die Expansion der assoziativen Areale, welche die höheren kognitiven Funktionen integrieren und damit komplexeres Verhalten und Lernen ermöglichen.« (CAMPBELL & REECE 2003: 1251). In der Evolution des Menschen setzt sich dieser Trend fort. So beträgt das Verhältnis der neokortischen Grauen Substanz zur Medulla (Teil des Rautenhirns) bei Schimpansen 30:1, beim Menschen hingegen 60:1 (STRIEDTER 2005). Neben der Größenzunahme hat beim Menschen insbesondere die Oberfläche des Neokortex durch den erhöhten Win-

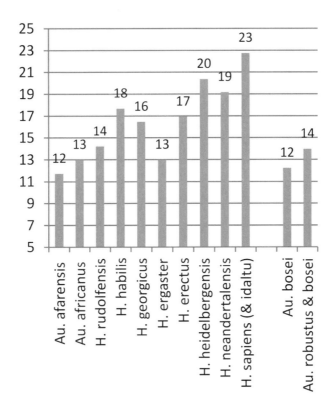

Abb. 17: Relative Schädelkapazität. Schädelkapazität (cm^3; nach Holloway & al. 2004: 305) im Verhältnis zum Körpergewicht (kg; nach Jiménez-Arenas & Pérez-Claros 2014). Die Zunahme der Schädelkapazität zum modernen Menschen ist klar sichtbar, auch wenn sie nicht so deutlich ausfällt wie in absoluten Zahlen *(Tab. 4)*. Die Gehirngrößenzunahme in der Evolution des Menschen wird noch unterstrichen durch die Tatsache, dass bei Wirbeltieren kleine Formen in der Regel einen höheren Prozentsatz an Gehirnvolumen in Relation zum Körpervolumen aufweisen, der Anstieg hier also dieser Regel zuwiderläuft.

dungsreichtum zugenommen. So ist seine Oberfläche beim heutigen Menschen viermal größer als beim Schimpansen. Die neokortikale Oberfläche unterstützt die funktionelle Plastizität des Gehirns, welche beim heutigen Menschen besonders groß ist (s. u.; Rosslenbroich 2014). Innerhalb des Neokortex entwickelten sich verstärkt der hintere Teil des Hinterhauptlappens und der vordere Teil des Frontallappens, der präfrontale Kortex *(Abb. 14)*. Letzterer ist beim heutigen Menschen um 202% größer, als dies für einen Affen (Anthropoidea) gleicher Größe zutreffen würde (DEACON 1990b: 696). Seine Evolution hängt, wie beschrieben, mit der Aufrichtung der Stirne zusammen. STRIEDTER (2005) geht davon aus, dass der präfrontale Kortex eine physische Grundlage dafür bildet, neue Lösungen zu finden, die nicht einem alten Muster folgen. Er ermöglicht eine höhere Flexibilität und Freiheit im Verhalten, insbesondere indem er bei der Unterdrückung reflexiver Antworten auf Reize beteiligt ist. Der präfrontale Kortex unterstützt damit auch die Evolution der symbolischen Sprache (STRIEDTER 2005).

Weiterhin verstärkte sich, beginnend bei den Australopithecinen, die Asymmetrie der beiden Gehirnhälften. Dies verweist auf eine zunehmende Dominanz einer Hand beim Handeln und dem Beginn der funktionellen Differenzierung zwischen den Gehirnhälften, in eine mehr mit der Sprache und dem analytischen Denken verbundene linke Gehirnhälfte und eine stärker dem raumerfassenden, synthetisch-ganzheitlich Denken verbundene, rechte Gehirnhälfte (ROHEN 2000, HOLLOWAY & AL. 2004).

Einige Bereiche des menschlichen Gehirns haben im Vergleich zu den nichtmenschlichen Primaten an Größe verloren. Es handelt sich hier zum Beispiel um den Riechkolben, einen Teil des Gehirns, der mit dem Riechen zusammenhängt, und den oberen Nucleus Cochlearis (Schneckenkern), welcher mit dem Ohr zusammenhängt. Die zunehmende Gehirngröße in der Evolution des Menschen zeigt aber, dass die Größenabnahme dieser Bereiche sehr viel geringer ist als die Größenzunahme in der Großhirnrinde.

Rekapitulation

Im Gegensatz zur Phylogenese, in welcher sich das Gehirn vergleichsweise langsam und eher spät entwickelte, entwickelt sich in der Ontogenese des Menschen das Gehirn sehr früh und vergleichsweise schnell. Die Bewegungsorganisation kommt erst sehr viel später im pubertären Wachstumsschub zur vollen Reife. – Dieser Unterschied wird unten genauer ausgeführt.

Auch wenn die Entwicklung des Gehirns in der Ontogenese früh und in der Phylogenese spät abläuft, so ähneln sich Onto- und Phylogenese des Gehirns doch in verschiedenen Stadien, die dabei durchschritten werden. So werden in der embryonalen Entwicklung des Gehirns der äußeren Form nach bis zu einem gewissen Grade Stadien der Wirbeltierevolution rekapituliert, was in dem berühmten »biogenetischen Grundgesetz« von Haeckel seinen Niederschlag gefunden hat. Erben formuliert dies so: »In den ontogenetischen Frühstadien der Lebewesen werden sehr oft einzelne Merkmale oder Formzustände ihrer phylogenetischen Vorfahren rekapituliert« (ERBEN 1990: 84). Auch Rohen schreibt, dass sich »[...] die Entwicklung der Großhirnrinde, wie sie sich evolutiv wahrscheinlich abgespielt hat [...] in ähnlicher Weise während der Ontogenese wiederholt [...]« (ROHEN 2000: 85–86). So entsteht bei allen Wirbeltieren embryonal das Neuralrohr aus dem ektodermalen Keimblatt, und aus seinem vorderen Teil entstehen die drei Bläschen, die später zum Gehirn heranreifen. »Die Embryonalentwicklung des Wirbeltiergehirns spiegelt seine evolutive Entstehung aus drei vorderen Bläschen des Neuralrohrs wider.« (CAMPBELL & REECE 2003: 1245), bei welchen es sich um Vorderhirn (Prosencephalon), Mittelhirn (Mesencephalon) und Rautenhirn (Rhombencephalon) handelt. Diese drei Bereiche gliedern sich im Folgenden weiter auf, wobei sich das Großhirn (Telencephalon) aus einem Teil des Vorderhirns bildet. Während die einzelnen Bereiche sowohl onto- als auch phylogenetisch weitgehend hintereinander angelegt sind, überwächst das Großhirn die anderen Bereiche von vorne nach hinten und faltet sich phylogenetisch in der Evolution zum Menschen und ontogenetisch in den letzten drei Monaten der Embryonalphase stark auf. Wie in der Phylogenie, so entwickelt sich der präfrontale Kortex auch in der Ontogenie als letzter Teil des Gehirns. So liegt in der Ontogenese das Maximum seiner Synapsenbildung, mit etwa fünf Jahren, für das Gehirn sehr spät (FUCHS 2009).

Gehirnwachstum ontogenetisch

Um die heterochrone Entwicklung des Gehirns bestimmen zu können, muss man jedoch nicht nur seine ontogenetische Formentwicklung, sondern insbesondere seine ontogenetischen Wachstumsraten in Bezug auf die einzelnen Stadien in der Ontogenese betrachten. Während der Embryonalzeit und in den ersten ein bis zwei Jahren nach der Geburt weist das Gehirn sein höchstes Wachstum während der Ontogenese auf. Das Gehirn wächst in der Embryonalphase etwa mit der gleichen Geschwindigkeit wie der gesamte Körper (isometrisch), das heißt, das Verhältnis des Gehirngewichts im Vergleich zum Gewicht des gesamten Körpers bleibt ab der 5. Woche über die Embryonalzeit hin etwa gleich. Je nach Autor beträgt in dieser Zeit das Gewicht des Gehirns etwa 12% des Körpergewichts (MCKINNEY & MCNAMARA 1991: 301–302, DEACON 1990a), oder es wird von einer leichten Verschiebung des Gewichtes zugunsten des Gehirns ausgegangen (ALBA 2002, GOULD 1977). Dabei entspricht die Wachstumsrate des Gehirns im Verhältnis zum Körpergewicht jener anderer Primaten und ähnelt vielen weiteren Säugern (Abb. 18). Selbst die absolute Rate der neuronalen Mitosen während der Embryonalzeit des Menschen ähnelt jener der nicht-menschlichen Säuger. Bei der Geburt hat das Gehirn des Menschen etwa 25% seines adulten Gewichtes erreicht. Das Besondere beim Menschen ist nun, dass sich beim Gehirnwachstum postnatal die embryonale Wachstumsgeschwindigkeit fortsetzt, während sie sich bei den anderen Säugern

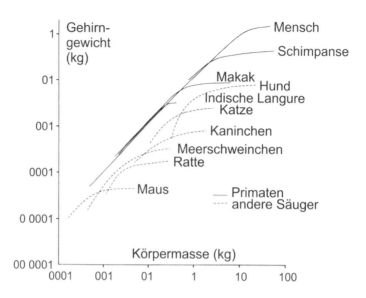

Abb. 18: Wachstumskurven des Gehirns im Verhältnis zum Körpergewicht beim Menschen, einigen Primaten und einigen Säugern. (Aus GOULD 1977: 371, verändert)

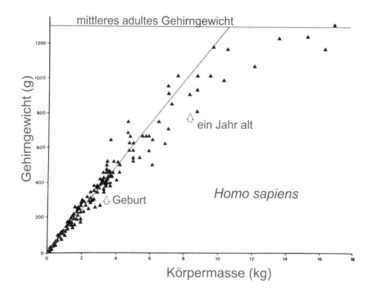

Abb. 19: Embryonales und postembryonales Wachstum des Gehirns beim modernen Menschen. (Aus MCKINNEY & MCNAMARA 1991: 302, verändert)

etwa mit dem Zeitpunkt der Geburt abschwächt *(Abb. 19)*. Diese Phase des postnatalen hohen Gehirnwachstums hält beim Menschen für ein bis zweieinhalb Jahre – je nach Autor – an (MCKINNEY & MCNAMARA 1991, GOULD 1977, VERHULST 1999). PORTMANN (1941) beschreibt dieses Phänomen beim Menschen als eine 21 Monate dauernde Fetalzeit, deren letzte 12 Monate extrauterin verlaufen. Allerdings verändert sich die Art des Gehirnwachstums in dieser Zeit des extrauterinen Wachstums. Während der Embryonalzeit bilden sich die meisten Neuronen und Gliazellen durch mitotische Teilungen. Das Gehirn eines Erwachsenen enthält im Durchschnitt 100 Milliarden Neurone und noch mehr Gliazellen (ROHEN & LÜTJEN-DRECOLL 2006). Jedoch nimmt die Mitoserate von der ersten Teilung an kontinuierlich ab (MCKINNEY 2002). So finden postnatal nur noch wenige Zellvermehrungen statt. Das Wachstum erfolgt jetzt vor allem durch Differenzierungsprozesse, die zu Vernetzungen der Zellen untereinander führen. Die vorhandenen Zellen bilden Fortsätze und Kontakte zu anderen Zellen aus. So kann ein einzelnes kortikales Neuron im ersten Lebensjahr Verbindungen mit bis zu 100.000 Neuronen auf-bauen, wobei sich bis zu etwa 1 Millionen Synapsen bilden (ROHEN & LÜTJEN-DRECOLL 2006: 145). Nach dieser starken, postnatalen Wachstumsphase, die etwa der natürlichen Stillzeit entspricht, beginnt sich das Wachstum des menschlichen Gehirns zu vermindern. So tritt die höchste Synapsendichte im Broca-Feld mit Ende des zweiten Jahres und im präfrontalen Kortex mit etwa fünf Jahren sehr spät auf (FUCHS 2009). Mit fünf Jahren weist dann das Gehirn etwa 90% und mit 10 Jahren etwa 95% seines adulten Gewichtes auf. Mit etwas mehr als 13 Jahren ist die Markscheidenbildung (Myelinisierung) um die Nervenfasern weitgehend abgeschlossen (MCKINNEY 2002). Selbst wenn nun das Wachstum im Erwachsenenalter gegen Null geht, ist die Myelinisierung mit 20 Jahren immer noch etwas im Gange, und ein Leben lang können neue Bahnverbindungen und Zellverknüpfungen entstehen, sogar Neubildungen von Neuronen konnten im erwachsenen Gehirn nachgewiesen werden (ROHEN & LÜTJEN-DRECOLL 2006, FUCHS 2009).

Plastizität und Lernen

Die Synapsenbildung des menschlichen Gehirns ist stark vom Gebrauch abhängig, was die ungeheure Plastizität des Gehirns deutlich macht. Die plastischen Möglichkeiten im menschlichen Gehirn sind so hoch, dass sie jene aller anderen bekannten Organe übertreffen (FUCHS 2009). So lässt sich zum Beispiel beim Klavierüben eine sensomotorische Kopplung der akustischen und motorischen Areale im Schläfen- bzw. Scheitellappen schon nach einer Übphase von 20 Minuten nachweisen (FUCHS 2009). Werden diese Verknüpfungen dann aber nicht mehr gebraucht, so bauen sie sich wieder ab. So ist das Gehirn in einem ständigen enormen Auf-, Ab- und Umbau begriffen, je nachdem, wie wir es beanspruchen. Diese hohe

Plastizität des Gehirns ist somit eine wichtige physische Grundlage des Lernvermögens.

Was passiert nun genau bei den plastischen Veränderungen? Es ist vor allem die Vernetzung der Nervenzellen, die plastisch auf- und abgebaut wird. Sie beginnt erst, nachdem die einzelne Nervenzelle aufgehört hat, sich zu teilen und zu wandern. Bei den Teilungen der Nervenzellen entsteht nun ein erheblicher Überschuss, welcher in der späten Embryonalzeit und in den ersten Monaten nach der Geburt mangels Nutzung wieder abstirbt, wie es ebenso den in der frühen Kindheit entstandenen Synapsen ergeht, von welchen etwa die Hälfte schließlich nicht gebraucht wird. So bildet sich erfahrungs- und gebrauchsabhängig bis zum Ende des zweiten Lebensjahres das bleibende anatomische Nervennetzwerk (Fuchs 2009, Cowan 1988). »Lebenslang veränderlich bleibt aber seine Feinstruktur in Form von Synapsensensitivität und Verschaltungsmustern, reguliert durch Veränderungen der Genexpression, der Signalübertragung und Rezeptorendichte. Auch Dendriten können sich in geringerem Maß noch ausbilden oder zurückziehen [...], ja sogar die Neubildung von Neuronen im erwachsenen Hippokampus konnte inzwischen nachgewiesen werden [...]. Durch die erfahrungsabhängige Plastizität ist das Gehirn in ständiger Umwandlung begriffen.« (Fuchs 2009: 154–155).

Beim Lernen vollzieht sich im Gehirn dabei Folgendes: »Durch die Bahnung der neuronalen Netzwerke inkorporieren sich wiederkehrende sensomotorische Interaktionen mit der Umwelt und werden zu einem *impliziten Können oder Wissen*. [...] Wer Klavierspielen oder mit einer Tastatur zu schreiben lernt, ordnet zunächst explizit jeder Taste einen Ton bzw. Buchstaben zu, um dann die Finger nach und nach an diese Verknüpfungen zu gewöhnen, das heißt zugleich: sie wieder zu *vergessen*. Das implizite Können liegt nun 'in den Händen', und man kann nicht mehr sagen, wie man tut, was man tut. Der Leib hat das Instrument in das Körperschema inkorporiert, und diese unmittelbare Koppelung operiert besser als jede bewusste Vorstellung oder Planung, so dass wir uns im Vollzug auf übergeordnete Ziele richten können.« (Fuchs 2009: 157). Fuchs betont, dass dieses implizite Können durch Lernen wesentlich durch das Gehirn ermöglicht wird, sich jedoch nicht darauf begrenzen lässt. Die Bereiche des Gehirns nun, die beim Menschen wesentlich zur Lernfähigkeit beitragen, ist die große Oberfläche des Gehirns mit ihren Assoziationsfeldern, wo vorwiegend die Synapsenverknüpfungen stattfinden. Das dabei entstehende hochkomplexe Geflecht an synaptischen Faserverknüpfungen ist in seinem Ausmaß und seiner Struktur hochgradig individuell (Kipp 1980, Rosslenbroich 2014).

Scheurle (2013) betont, dass bei Lernvorgängen alte Leistungen verschwinden müssen, um neue Leistungen lernen zu können. Zum Beispiel müssen der angeborene Steh- und Gehreflex des Säuglings erst abgebaut werden, ehe er Laufen lernen kann. Auch selbst erworbene Lernschritte müssen bei dem Erlernen neuer Abläufe

70

unterlassen werden, um Lernen möglich zu machen. Dabei werden die alten Leistungen entweder abgebaut oder gehemmt. Der Greifreflex und der Kletterreflex (Babinski-Reflex) des Neugeborenen bleiben beispielsweise im Untergrund erhalten und es entwickelt sich eine Hemmfunktion dieser Reflexe. Die Hemmung vollzieht sich auf neuronaler Ebene durch hinzukommende Hemmungsneurone, so dass sich die neue Leistung ohne das Einwirken der Reflexe entwickeln kann (SCHEURLE 2013).

Für den Lernvorgang ist jedoch nicht nur das bewusste Einüben, das Durchstehen von Lernkrisen und das anschließende »Vergessen« wichtig, sondern in bedeutendem Maße auch der Schlaf. Hier wird das Erübte verarbeitet und konsolidiert. Lernen braucht einen Rhythmus, unterbrochen durch Erholungsphasen und den verschiedenen Vorgängen im Schlaf. Das Geübte kann nach dem Schlafen am nächsten Tag besser ablaufen (KÜMMELL 2010, weitere Literatur dort).

Komplexitätszunahme

Die geringe Festlegung des Gehirns und die Möglichkeit, Erfahrung zu inkorporieren, alte Erfahrung abzubauen und auf Umweltreize nicht stereotyp, nach einem schon festgelegten Muster zu reagieren, sondern nach Maßgabe der eigenen Erfahrung, macht das Gehirn des Menschen sehr komplex. Hinzu kommt dabei noch der Strukturaufbau durch Lernen. FUCHS (2009) bezeichnet es als das komplexeste Organ, welches wir kennen. Erben nimmt dabei insbesondere auf den beim Menschen so großen Neokortex Bezug: »Im Gehirn des *Homo sapiens* haben das Vorderhirn und insbesondere sein Neocortex den bisherigen Höhepunkt an Komplexität erreicht.« (ERBEN 1990: 71). Evolutiv und ontogenetisch spielen, wie erwähnt, neben der Komplexitätszunahme auch immer wieder Komplexitätsabnahmen bei der Gehirnentwicklung eine Rolle, wie die evolutive Reduktion des Riechkolbens und der Abbau alter Strukturen im Zuge neuer Lernerfahrung. McNamara bringt die Komplexität des Gehirns mit der verlängerten Kindheit und Jugend des Menschen in Zusammenhang: »Extending infantile and juvenile phases of growth results in an even more complex brain, for it is at this time that dendritic growth of the neurons and synaptogenesis are occurring.« (MCNAMARA 2002b: 117).

Verlängerung der ontogenetischen Stadien

Die Ontogenese von *Homo sapiens* ist gekennzeichnet durch eine sehr lange Lebensdauer, einschließlich einer langen Wachstumsphase und damit einer ausgedehnten Kindheit und Jugend (GOULD 1977, KIPP 1980, VERHULST 1999). GOULD (1977: 397) beschreibt die Verlängerung der menschlichen Lebensphasen (z. B. Kindheit, Adoleszenz und Erwachsenenphase) als eines der zentralen Merkmale, die den Menschen kennzeichnen.

Bei den heutigen Primaten lässt sich eine Verlängerung der ontogenetischen Stadien über Lemur-Makak-Gibbon-Schimpanse bis zum Menschen hin feststellen (SCHULZ 1971, VERHULST 1999), wobei der Lemur eine Lebensdauer von etwa einem Viertel jener des Menschen aufweist, der Schimpanse von etwa der Hälfte. Die einzelnen ontogenetischen Stadien verlängern sich allerdings nicht jeweils um den gleichen Faktor. Die Verlängerung verläuft hingegen näherungsweise mit zunehmendem Alter exponentiell ansteigend. Je später die Phasen in der Ontogenese liegen, umso mehr sind sie verlängert (MCKINNEY 2002, VERHULST 1999).

Für die Menschenvorfahren lässt sich eine allmähliche Zunahme der mittleren Lebensdauer in der Evolution zu *Homo sapiens* rekonstruieren. Solche Rekonstruktionen werden zum Beispiel an den Molarendurchbrüchen gemacht, wie dies oben bereits dargelegt wurde. Dem liegt zugrunde, dass bei Primaten der Durchbruch des ersten Molaren das Ende der frühen Kindheit kennzeichnet, jener des zweiten Molaren den Übergang ins Jugendalter und der dritte Molar (in der Regel) beim Eintritt ins Erwachsenenalter erscheint (SMITH 1993 nach PARKER 2002). Auch die Gehirngrößenzunahme ist zur Rekonstruktion der Lebensphasen hinzugezogen worden *(Abb. 20).* Aufgrund dieser Rekonstruktionen wies der Afarensis etwa die gleichen Längen der Lebensstadien auf wie die Schimpansen. Eine Verlängerung der Kindheit und Jugend begann nach Rekonstruktionen aufgrund der Gehirngröße mit dem Auftreten vom Africanus und der Gattung *Homo*, nach Rekonstruktionen anhand der Molarendurchbrüche mit *Homo erectus* (*ergaster*; SMITH 1991, ANEMONE 2002, PARKER 2002).

Die verschiedenen Bereiche des Organismus hängen nun auf sehr unterschiedliche Weise mit der Verlängerung der ontogenetischen Stadien zusammen. Wie das generelle Eruptionsmuster der Molaren sind auch alle Bereiche der Fortpflanzung etwa im Gleichmaß der verlängerten Lebensphasen verzögert, da sie diese häufig konstituieren, wie zum Beispiel die Länge der Schwangerschaft, Stillzeit, Geschlechtsreife und postreproduktive Phase.

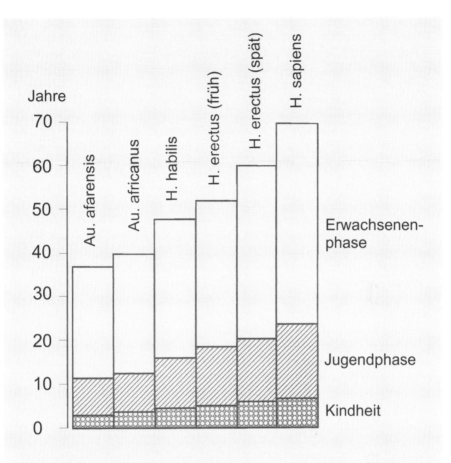

Abb. 20: Lebensstadien des Menschen und der Menschenvorläufer (aus McNamara 2002: 113, verändert). Diese Abbildung wurde nach Abschätzungen des Gehirn- und Körpergewichts erstellt. Sie stammt ursprünglich aus Smith (1991).

Unter den Organen des Menschen fällt das Gehirn insofern auf, als sein Wachstum in den einzelnen ontogenetischen Stadien nicht entsprechend der Retardation dieser Stadien retardiert ist. Die Wachstumsrate des Gehirns (Mitoserate der Neuronen) ist unter den Säugern innerhalb der einzelnen ontogenetischen Stadien relativ ähnlich und hat sich daher in der Evolution des Menschen vermutlich weder verlangsamt noch beschleunigt. Allerdings wächst das Gehirn durch die Verlängerung der einzelnen Stadien entsprechend länger aus als bei den Vorfahren. So erlangt das

Gehirn beim Menschen das typische hohe Verhältnis von Gehirngewicht zu Körpergewicht (MCKINNEY 2002). Das Gehirn wächst also hypermorph, was unten noch ausführlicher dargelegt wird. Da die Wachstumsgeschwindigkeit des Gehirns in den einzelnen Entwicklungsphasen der verschiedenen Säuger ähnlich ist und diese Phasen zusammengenommen die Lebensdauer konstituieren, lässt sich das Gehirngewicht relativ gut mit der Lebensdauer der entsprechenden Säuger korrelieren. Im Groben lässt sich sagen, je größer das Gehirn, desto länger die Lebensdauer (RICHARD 1985, KAPLAN & AL. 2003, DEANER & AL. 2003). Daher gilt die Gehirngröße auch als Schrittmacher der Lebensdauer (PARKER 2002).

Im Gegensatz zum Gehirn, welches beim Menschen im Vergleich zum Körper relativ groß ist, liegt das Herz des Menschen, von seiner momentanen Leistung und seinem Gewicht her gesehen, im Rahmen des für Säuger üblichen Bereichs (FLINDT 2006). Die Herzfrequenz ist bei Säugern gleichen Gewichts etwa gleich hoch, was auch für den Menschen gilt. Bei kleinen Säugern ist sie insgesamt sehr viel höher – so erreicht sie bei einer Spitzmaus 500–1300 Herzschläge pro Minute – bei den großen ist sie um einiges niedriger, so beträgt sie beim Elefanten 22–28 pro Minute (FLINDT 2006). Innerhalb der Lebensdauer weisen nun die unterschiedlichen Säuger, ob groß oder klein, eine ähnliche Anzahl an Herzschlägen auf. Ein großes Tier mit einem langsamen Herzschlag lebt länger als ein kleines mit einem schnellen Herzrhythmus. Die Ausnahme von der Regel sind Säuger, einschließlich des Menschen, mit einem relativ großen Gehirn und einer zu ihrem Körpergewicht relativ langen Lebenszeit. Bei ihnen tritt eine höhere Anzahl an Herzschlägen pro Lebenszeit als bei den meisten Säugern auf. Bei der Berechnung gibt es natürlich viele Unsicherheiten – so ist die Lebenserwartung der Säuger in freier Wildbahn schwer zu bestimmen und die Herzfrequenz vom Aktivitätsgrad des Individuums abhängig. Nach LEVINE (1997) beträgt die mittlere Anzahl der Herzschläge pro Lebenszeit bei Säugern 730 Mio., beim Menschen 3 Mrd. Nach LIVINGSTONE & KUEHN (1979) sind die Werte etwas höher: 1 Mrd. Herzschläge pro Lebenszeit bei Säugern, 4,31 Mrd. beim Menschen; Delphin und Rhesusaffe zeigen Werte zwischen jenem des Menschen und dem mittleren Säugerwert. Die momentane Leistung des Herzens des Menschen unterscheidet sich also nicht von jener der Säuger gleichen Gewichts, aber am Ende des Lebens hat sein Herz etwa vier Mal mehr geschlagen.

Die Stoffwechselleistung auf der anderen Seite ist nun beim Menschen reduziert, entsprechend seines zurückgenommenen Kauapparats. Trotz der längeren Wachstumszeit des Menschen wächst der Verdauungstrakt geringer aus als bei Säugern gleichen Gewichts. Diese Reduktion findet sich tendenziell auch schon bei den nicht-menschlichen Primaten im Vergleich zu den anderen Säugern. Der Ruhestoffwechsel der Primaten gleicht zwar jenem anderer Säuger gleichen Gewichts, jedoch geht ein großer Teil der Energie bei den Primaten an das Gehirn, während der Rumpf und die Gliedmaßen unterdurchschnittlich viel Energie verbrauchen. Beim erwachsenen Menschen macht das Gehirn etwa 2% der Körpermasse aus, verbraucht aber 20% der Energie (ROSSLENBROICH 2014). Wenn der Energieverbrauch unter Aktivität gemessen wird, so wird der geringe Energiebedarf des Rumpfes und der Gliedmaßen sichtbar, denn das komplette Energiebudget von Primaten pro Tag ist nur etwa halb so hoch wie jenes anderer Säuger (PONTZER & AL. 2014). Pontzer & al. vermuten hier einen geringeren Zellenmetabolismus bei Primaten, nicht geringere Aktivität der Individuen. Im Vergleich zu den nicht-menschlichen Primaten ist nun das Stoffwechselsystem des Menschen noch stärker reduziert. So ist beim Menschen, im Vergleich zu anderen Primaten gleicher Körpergröße, der Magen kleiner, der Darm kürzer, und insgesamt weist der Körper weniger Muskelmasse auf, dafür aber mehr Fett (LEONARD & AL. 2007). Dies macht deutlich, dass beim ganzen Verdauungstrakt und Stoffwechselvorgang in der Evolution zum Menschen, ebenso wie bei den Zähnen und beim Kiefer, eine Pädomorphose vorliegt (MCNAMARA 1997, 2002b).

Im Gliedmaßenbereich treten dagegen sowohl Pädomorphosen als auch Peramorphosen in der Evolution zum *Homo sapiens* auf. So sind die Zehen pädomorph reduziert, und die Verlängerung der Ferse und des Oberschenkels entwickelten sich peramorph (MCNAMARA 1997, BERGE 2002).

Heterochronie in der Gehirnentwicklung und die Verlängerung der ontogenetischen Stadien

Wie verhält sich nun das Gehirnwachstum zur Verlängerung der ontogenetischen Stadien? Es wurde bereits dargestellt, dass beim Menschen die Mitoserate der Neuronenbildung in den entsprechenden ontogenetischen Stadien nicht von jener anderer Säuger abweicht. Die verschiedenen Phasen des Gehirnaufbaus halten jedoch durch die Verlängerung der ontogenetischen Stadien viel länger an. Da die Mitoserate im Laufe des Lebens in allen Geweben abnimmt, lässt sich auch sagen, dass die Abnahme der Mitoserate, im Vergleich mit anderen Säugern, beim Gehirnwachstum des Menschen verlangsamt ist. Die Verlangsamung verläuft dabei entsprechend der Verlängerung der ontogenetischen Stadien. Auch die Phasen der Gliazellbildung, des Dendritenwachstums, die Synaptogenese und die Markscheidenbildung (Myelinisierung) sind beim Menschen, gegenüber diesen Prozessen bei allen anderen Primaten, erheblich verlängert. Durch das verlängerte Wachstum innerhalb der einzelnen Phasen wächst das Gehirn des Menschen viel weiter aus als bei nicht-menschlichen Primaten. In jeder Phase findet eine kleine Hypermorphose statt, eine Hypermorphose, die jetzt nicht am Ende des Wachstums das Organ beim Nachfahren im Vergleich zu seinem Vorfahren weiterwachsen lässt, sondern welche schon frühontogenetisch jeweils in den einzelnen ontogenetischen Phasen einsetzt und diese erweitert (McNamara 2002b, McKinney 2002). McNamara (1997, 2002b) nennt dies eine sequenzielle Hypermorphose. Die Hypermorphose tritt nicht einmalig auf, sondern sequenziert, in einzelnen Stadien der Ontogenese. Wir haben es hier mit einer **frühontogenetischen sequenziellen Hypermorphose** zu tun.

Nun betrifft der Grad der Hypermorphose nicht alle Teile des Gehirns gleich. Finley & Darlington (1995) konnten zeigen, dass sich eine Region des Gehirns umso stärker im Laufe der Evolution vergrößert, je später sie sich in der Ontogenese entwickelt. So entwickelt sich gerade der beim Menschen ontogenetisch am spätesten auftretende Teil des Gehirns, der präfrontale Kortex, am stärksten hypermorph, das heißt, er ist beim heutigen Menschen gegenüber jenem der Vorläufer besonders groß. Dies hängt damit zusammen, dass sich die einzelnen ontogenetischen Stadien exponentiell erweitern und daher umso länger werden, je später sie auftreten. Da in den einzelnen Stadien die Mitoseraten der Neuronen innerhalb der Säuger etwa gleich bleibt, hat dies zur Folge, dass sich in den spät entwickelnden Bereichen die Strukturen besonders lange auswachsen (McKinney 2002). Die späteren Phasen führen bei der sequenziellen Hypermorphose im Gehirn daher zu einer gegenüber den frühen Phasen gesteigerten Hypermorphe, worauf auch Verhulst (1999: 371) aufmerksam macht.

Neben der sequenziellen Hypermorphose gibt es eine weitere Form der Peramorphose des sich in der Evolution zu *Homo sapiens* vergrößernden Gehirns. Diese betrifft ein schon zu Beginn erhöhtes Verhältnis der initialen Gehirnzellen gegenüber den somatischen Körperzellen beim menschlichen Embryo im Vergleich zu dem Verhältnis, welches bei den nicht-menschlichen Primaten vorgefunden wird (Deacon 1997, zitiert nach McKinney 2002). Dabei ist die Vermehrung der initialen Gehirnzellen innerhalb der Gehirnbereiche unterschiedlich hoch. So fallen auf die sich stärker hypermorph, also sich ontogenetisch später entwickelnden Bereiche, schon zu Beginn der Entwicklung mehr Zellen als auf jene Bereiche, die weniger hypermorph auswachsen. Der menschliche Neokortex wächst also schon von Anfang an mit verhältnismäßig vielen initialen Zellen heran. Die evolutive Vermehrung der initialen Gehirnzellen ordnet McKinney (2002) als ein Predisplacement, als eine heterochrone Verfrühung, ein.

An der Vergrößerung des Gehirns sind also verschiedene Prozesse beteiligt: Schon in der frühen Embryonalzeit ist die Zellenanzahl des Gehirns im Verhältnis zu den sonstigen Körperzellen evolutiv erhöht (Predisplacement). Der entscheidende Prozess ist jedoch die sequenzielle Hypermorphose, die sich am stärksten ausprägt, je später sie auftritt. Zu ihr zählen auch die beim Menschen ausgedehnten Phasen, in welchen er durch Gebrauch, Aktivität und Lernen selbst am Erhalt und Aufbau von Verbindungen im Gehirn beteiligt ist.

Fürsorge und Lernen und die sequenzielle Hypermorphose des Gehirns

Das frühontogenetische Wachstum des Gehirns durch sequenzielle Hypermorphose steht nun in engem Zusammenhang mit der Entwicklung der körperlichen, seelischen und geistigen Fähigkeiten des Menschen. Anders als der Kiefer und die Gliedmaßen, die ihr bedeutendstes Wachstum in der Auseinandersetzung mit der Umwelt entfalten, ist das Wachstum des Gehirns, soweit es um die Zellteilungen und Zellwanderungen geht, weitgehend auf den Schutzraum der embryonalen Phase angewiesen. Die Funktion des Gehirns, die Koordination und Regulation der verschiedenen Organe des Körpers und die Koordination und Regulation der Interaktionen mit der Umwelt können sich durch Vernetzung erst ausbilden, wenn Zellteilung und Zellwanderung zu einem Ende gekommen sind. Bei der Zellvermehrung des Gehirns ist also der embryonale Schutzraum von essenzieller Bedeutung. Durch die hohe Plastizität des Gehirns und das hohe Lernvermögen des Menschen, an welchem das Gehirn neben den Sinnen und den Erfolgsorganen beteiligt ist, sind postnatal auch elterliche Fürsorge und Liebe als Schutzraum für eine gesunde Entwicklung notwendig. Beim Säugling sind Berührungen, liebevolle Zuwendung und angemessene Anregung und Beruhigung durch die Bezugsperson für die emotionale und soziale Entwicklung und die Ausreifung des Gehirns als deren Vermittlungsorgan unerlässlich. Fuchs (2009) beschreibt, dass dieses Verhalten der Bezugsperson für die emotionale und soziale Entwicklung des Säuglings die gleiche Rolle spielt wie die visuellen Reize für die Ausreifung des Sehvermögens. Auch Walker & Shipman (2011: 262) betonen die Hilflosigkeit menschlicher Neugeborener und die Liebe und Aufmerksamkeit, die sie benötigen, die eine »'Gebärmutter' außerhalb der Gebärmutter kreieren«. Dabei ist natürlich nicht nur die Fürsorge der Eltern verstärkt, sondern auch die Bindung der Kinder an ihre Eltern. Alexander Pope formulierte schon 1733: »A longer care man's helpless kind demands, that longer care contracts more lasting bands.« (Gould 1977: 404)

In der weiteren Entwicklung des Kindes und des Jugendlichen, vor allem in Bezug auf die Ausreifung des präfrontalen Kortex, muss das Kind bzw. der Jugendliche, neben der Teilnahme, Liebe und Unterweisung durch die Eltern, sich mehr und mehr auch in sozialen Kontexten und in der Umwelt erproben. »Mit fortschreitender Entwicklung des präfrontalen Kortex gelangen die Strukturen des limbischen Systems immer mehr unter kortikale Kontrolle. Dessen Ausreifung bedarf freilich in besonderem Maß geeigneter Sozialisationserfahrungen – ohne das Erlernen und die Einübung der Willensfunktionen, von Selbstkontrolle, Ausdauer und Aufmerksamkeit in sozialen Kontexten kann auch der Präfrontallappen seine Funktionen nicht ausbilden und erfüllen.« (Fuchs 2009: 213). Dies wird an weiteren Lernprozessen geübt und erfahren. Dabei decken die Lernprozesse des Menschen eine Vielzahl von Feldern ab, wozu auch die Bewegungsabläufe gehören.

Sie müssen beim Menschen durch das Lernvermögen und den Schutzraum der frühen Kindheit für ein Überleben nicht angeboren sein, sondern können unter Nachahmung und Kreativitätsentfaltung im Spiel erprobt werden. Auch bei anderen Lernfeldern wie Kunst, Sprachen und Fachbereichen spielt Nachahmung und spontane Kreativität mit hinein. Diese Üb- und Lernprozesse bilden eine Basis für autonome, selbstbestimmte Handlungen (ROSSLENBROICH 2014, KIPP 1980).

Die Fürsorge und Liebe der Bezugspersonen ist somit eine Grundvoraussetzung für die Verlängerung der ontogenetischen Stadien und die damit verbundene lange Reifezeit des Gehirns. »Die verstärkte Betreuung ist zweifellos ein wichtiger Faktor für die Zerebralisationsfortschritte in der Primatenreihe« (KIPP 1980: 54). Kipp führt an, dass dies schon für die gesteigerte Jugendfürsorge und das Säugen in der Evolution der Säugetiere gilt: »Die effektive Bedeutung dieser Fürsorge liegt darin, dass der Organismus der Jungen nicht schon bei der Geburt sich in voller Leistungsfähigkeit befinden muss. Die *verlängerte Entwicklungszeit* kommt insbesondere der Gehirnentwicklung zugute. Speziell das Großhirn bedarf zu seiner differenzierten Ausreifung einer langen Wachstumszeit. Somit scheint der Schluss berechtigt, dass das Säugen und das Betreuen der Jungen zu den wichtigsten Voraussetzungen für die Großhirnevolution gehört.« (KIPP 1980: 53–54). Der Zusammenhang zwischen der erhöhten Betreuung durch die Eltern und der Großhirnevolution gilt insbesondere für den Menschen, welcher innerhalb der Säuger am längsten auf Fürsorge, Unterstützung und Unterrichtung durch die Eltern angewiesen ist (FUCHS 2009). Wie dargestellt wurde, tritt innerhalb der Evolution der Hominini die Verlängerung der ontogenetischen Stadien spätestens mit dem Erectus auf. Mit der gleichzeitig sich entwickelnden Werkzeugkultur und Sprache kann sich gerade hier die Fürsorge erheblich erweitern. Die weitere kulturelle Entwicklung in der Evolution des Menschen, die durch zunehmende Fürsorge ermöglicht wird, geht dabei Hand in Hand mit der Verlängerung der ontogenetischen Stadien.

Der Schutzraum ermöglicht eine geringere Instinktgebundenheit des Heranwachsenden, als wenn dieser sich unmittelbar mit der Umwelt auseinandersetzen müsste. Gleichzeitig sorgt die verlängerte Kindheit und Jugend für eine längere Lernphase. Das Kind bzw. der Jugendliche kann nun durch das Lernen im sozialen Kontext, in welchem es bzw. er Bindungsfähigkeit, Selbstkontrolle, Bewegungsabläufe, Sprache(n) und künstlerisch-kognitive Bereiche lernen kann, ein hohes Maß an Selbstbestimmung und Autonomie erlangen, wie das für die Teilgebiete der Sprache und des Werkzeuggebrauchs schon dargestellt wurde.

Wenn wir nun die Zunahme der Lernprozesse in der Evolution des Menschen auf ihre Heterochronie hin anschauen, so lässt sich feststellen, dass hier, ebenso wie bei der Gehirngrößenzunahme, eine peramorphe Entwicklung vorliegt. Gegenüber Stadien der Lernfähigkeit bei Makaken und Schimpansen und gegenüber entsprechenden Rekonstruktionen für die Frühmenschen, sind die Stadien der verschiedenen Lernphasen bei *Homo sapiens* akzeleriert und hypermorph. Das heißt, die Lernprozesse haben sich im Laufe der Evolution zu *Homo sapiens* beschleunigt und vertieft und neue Stufen des Lernens sind entstanden, die sich beim heutigen Menschen teilweise bis ins hohe Alter ausdehnen (PARKER 2002).

Zusammenfassung der Gehirnentwicklung

Im Laufe der Evolution der Hominini hat sich das Gehirn, relativ zum Körpergewicht, etwa um das Dreifache vergrößert und ist sehr viel komplexer geworden. Auf dem evolutiven Wege zu einem komplexeren Gehirn wurden immer wieder Strukturen, die beispielsweise mit Spezialisierungen, Instinktgebundenheit oder alten Lernstadien zusammenhängen, abgebaut. Einige Bereiche, wie der Riechkolben, wurden deutlich verkleinert. Die Größenzunahme erfolgt nicht durch ein akzeleriertes Wachstum, sondern einerseits durch die Erhöhung der anfänglichen Zellenzahl (Predisplacement) und andererseits durch die Verlängerung der ontogenetischen Phasen bei einer, im Vergleich zu den entsprechenden ontogenetischen Phasen der Vorläuferformen, gleichbleibenden Wachstumsrate. In jeder Phase wächst damit das Gehirn über das Stadium der Vorläuferform hinaus; es wächst also durch sequenzielle Hypermorphose. Die Verlängerung der Phasen erfolgt annähernd einer exponentiellen Zunahme, und damit wachsen die sich ontogenetisch spät entwickelnden Bereiche, wie der Neokortex und insbesondere der präfrontale Kortex, in der Evolution zu *Homo sapiens* besonders stark aus. Insgesamt läuft das Wachstum des Gehirns vorwiegend in der Embryonalphase und Kindheit ab, es handelt sich also um eine frühontogenetische sequenzielle Hypermorphose.

Die Verlängerung der ontogenetischen Stadien steht dabei in Zusammenhang mit einer erhöhten Fürsorge der Bezugsperson und einer Stärkung des sozialen Kontextes. Sie ermöglicht dem Heranwachsenden weitgehend, vorgeprägtes Verhalten zurückzunehmen und durch intensivere und längere Lernprozesse zu ersetzen und einen, im Vergleich zur Vorläuferform, höheren Grad an Flexibilität und Kreativität zu erlangen. Die Lernstadien sind dabei in der Evolution des Menschen peramorph, sie laufen gegenüber der Vorläuferform akzeleriert ab und sind hypermorph vertieft. Die Autonomiezunahme hängt über das Lernen mit der zunehmenden Plastizität des menschlichen Gehirns zusammen.

Komplexitätsverschiebung

Es wurde besprochen, wie in der Evolution zu *Homo sapiens* in der Kieferregion vorwiegend Komplexität abgebaut wird und in der Gehirnentwicklung vorwiegend eine Zunahme der Komplexität stattfindet. Die Evolution der Sprache mit ihren Sprachwerkzeugen liegt in der Mitte und bildet einen Gradienten mit vorwiegendem Komplexitätsaufbau proximal und Komplexitätsabbau distal.

Hängt nun der Komplexitätsabbau distal und der Komplexitätsaufbau proximal in der Evolution des menschlichen Kopfes zusammen? Schon im Organismus selbst hängen sie über die Sprache zusammen, denn die Evolution der Sprache trägt einerseits zum Strukturaufbau im Gehirn bei und verstärkt auf der anderen Seite die Neotenie in der Kieferregion. Auf indirektem Wege sind sie auch mit einer zweiten großen Säule der Kultur verbunden, dem Werkzeuggebrauch. Die Werkzeuge entlasten einerseits die Kieferregion. Andererseits erfordern ihr Gebrauch und ihre Herstellung zusätzliche Lernprozesse. Diese regen das Gehirn an und können zu Strukturaufbau führen. Bei den Komplexitätsänderungen handelt es sich also um zumindest in Teilen voneinander abhängige Komplexitätsverschiebungen. Auf einer tieferen Ebene hängt der Komplexitätsabbau und -aufbau jedoch mit den Autonomietendenzen in der Phylogenese des Menschen zusammen. In der Evolution der drei besprochenen Regionen, der Kieferpartie, der Sprache und des Gehirns mit seiner Lernkapazität, findet jeweils eine Loslösung aus der direkten Umweltgebundenheit und damit einhergehend eine Zunahme an Autonomie statt. Dies geschieht mit der Nahrungsauf- und -zubereitung; es geschieht, indem sich gegenüber einer Signalsprache eine Symbolsprache mit hoher Flexibilität entwickelt und indem durch Lernvorgänge autonome Handlungsabläufe möglich werden. Die Zunahme an Autonomie ist damit die eigentliche Kopplung der verschiedenen Bereiche in der Evolution des menschlichen Kopfes.

Auch McNamara (1997, 2002b) macht auf die Koinzidenz der Kieferzurücknahme und Gehirnzunahme aufmerksam und nennt diese einen »Trade-off« (Abtausch). Er verweist hier nicht nur auf die Rücknahme der Kieferpartie, sondern insbesondere auch auf die Reduktion des gesamten Verdauungstraktes. Der »Trade-off« besteht für ihn vorwiegend in einer Energiebilanz: Dem weit entwickelten, viel Energie verbrauchenden Gehirn steht kompensatorisch ein reduzierter Stoffwechselbereich gegenüber. Die beiden, im Grunde sich widersprechenden evolutiven Trends werden, nach McNamara, im Zuge zunehmender Kulturleistungen durch hochwertige und verarbeitete Nahrung ausgeglichen.

Die Organe des Kopfes im organismischen Kontext

Bisher wurden die einzelnen Bereiche des menschlichen Kopfes in Bezug auf ihre phylo- und ontogenetische Entwicklung gesondert betrachtet. Wie jedoch angedeutet wurde, hängen sie zusammen. Im Folgenden soll ihre gemeinsame Entwicklung beleuchtet und in den organismischen Kontext mit dem ganzen Körper gestellt werden. Es wurde bereits dargestellt, dass das Gehirn sich ontogenetisch sehr früh entwickelt, sich evolutiv jedoch relativ spät zu seiner vollen Größe entfaltet. Hat diese unterschiedliche Zeitgestalt in Phylo- und Ontogenese eine Bedeutung für den Vorgang der Evolution? Und wie ist dies bei der Kieferpartie?

Gegenläufigkeit von Ontogenie und Phylogenie

Schad (1992, 2012) verweist für die Evolution des Menschen auf die Progressivität der Bewegungsmotorik gegenüber der Gehirnentwicklung. So sind der aufrechte Gang, und damit die von der Fortbewegung befreiten Hände, bei *Sahelanthropus, Ardipithecus* und den Australopithecinen gegeben (Zollikofer & al. 2005, Lovejoy & al. 2009, Schad 1992). Wie dargestellt wurde, war Werkzeuggebrauch bei den Australopithecinen wahrscheinlich vorhanden, aber vermutlich keine Erstellung von Steinwerkzeugen, und es gibt keine Anzeichen für eine symbolische Sprache. Beim Gehirn fand auf dieser evolutiven Stufe eine Reorganisation statt und nur ein sehr geringes Wachstum (Holloway & al. 2004). Das Charakteristische dieser Stufe (Stufe 1) ist daher die Zweibeinigkeit. Gerade in Bezug auf den aufrechten Gang gibt es einen Fund, der die Menschlichkeit dieser frühen Zweibeiner darlegt: die Spuren von Laetoli. Hier wurde der Gang von drei Afarensis-Menschen in Vulkanasche (auf ~3,7 Mio. J. datiert) konserviert. Bei den Spuren ist die Großzehe angelegt und der Fuß zeigt ein doppeltes Fußgewölbe, welches demjenigen des heutigen Menschen ähnelt. Es laufen zwei Spuren parallel und – was sehr überraschend ist – völlig synchron *(Abb. 21)*. Sie liegen so eng aneinander, dass sich die beiden Afarensis-Menschen, adult und subadult, im Arm oder an der Hand gehalten haben müssen. In der Spur des größeren Menschen ist eine weitere Spur zu sehen – hier geht offensichtlich ein gleich großer Erwachsener in den Fußstapfen des Vorgängers (Robbins 1987, Lockley & al. 2008, Tuttle 1987). Die Spuren verweisen also nicht nur auf den aufrechten Gang bei dieser frühen Form hin. Die beiden Afarensis-Menschen, die nebeneinander gingen, zeigen Zuneigung an und ein gewisses Maß an Empathie – wie könnte sonst der größere Mensch auf den kleineren mit seiner kleineren Schrittlänge Rücksicht nehmen? Der in den Spuren des Vorgängers Laufende äußert zudem die Fähigkeit von Nachahmung oder Spiel.

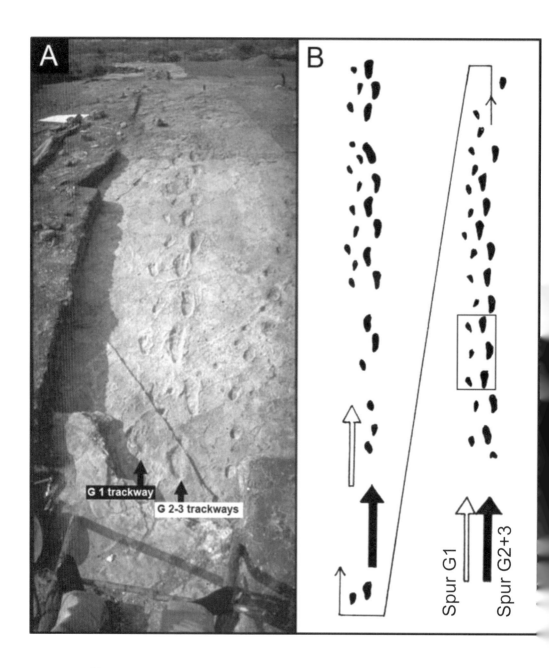

Abb. 21: Die Spuren von Laetoli, Tansania. Das Alter wurde auf ~3,7 Mio. Jahre datiert. (Bild aus LOCKLEY & AL. 2008, verändert)

Für die evolutive Stufe des frühen *Homo erectus* (Stufe 2) wurde bereits über die Herstellung von Steinwerkzeugen und die mit ihrem Gebrauch verbundene Verkleinerung der Kieferregion, die anfängliche Symbolsprache und das zunehmende Gehirngewicht, bei welchem sich die Asymmetrie verstärkt, berichtet. Das Charakteristische dieser Stufe ist, dass Arme und Hände sowie die Bereiche des respiratorischen Systems (der Brustkorb und die Nase) ein dem heutigen Menschen weitgehend entsprechendes Aussehen erlangt haben. Die Arme haben sich deutlich gegenüber den bei dieser Form sehr langen Beinen verkürzt. Die Fingerglieder sind im Gegensatz zu *Homo habilis* und den grazilen Australopithecinen kurz und gerade und spiegeln darin den verstärkten Gebrauch der Hände für die Werkzeugnutzung und Werkzeugherstellung (MCHENRY & COFFING 2000, WALKER & SHIPMAN 2011).

In der evolutiven Stufe des *H. sapiens* (Stufe 3) dominiert das weitere Auswachsen des Gehirns, insbesondere des präfrontalen Kortex. Mit der Evolution der Stirn und des Kinns wird die Gesichtsfront vertikalisiert. Wie dargestellt, treten hier das erste Mal deutliche Hinweise für die Fähigkeit von bildhaftem Denken und einer entwickelten Symbolsprache auf.

Die charakteristischen Schritte in der Evolution des Menschen begannen also in der Gliedmaßenmotorik, insbesondere den Füßen und Beinen. Dem folgten die mittlere Organe, die Hände und das respiratorische System und die Fähigkeit zur Sprache, die mit dem respiratorischen System verbunden ist. Schließlich kam es zur Vertikalisierung des Kopfes, das Gehirn wuchs weiter aus und die Fähigkeit des bildhaften und später auch des begrifflichen Denkens entstand (SCHAD 1992, 2012).

Diese Reihenfolge in der Phylogenese entspricht der Reihenfolge in der frühen postnatalen Ontogenese, wenn allein die aktiven Lernschritte des kleinen Kindes berücksichtigt werden: Zuerst lernt das Kind gehen, dann ahmt es die Sprache nach und kommt schließlich zu einem verinnerlichten, eigenen Denken (Wolfgang Schad, persönliche Mitteilung 1996). Morphologisch steht die phylogenetische Reihenfolge jedoch in deutlichem Gegensatz zu jener in der postnatalen Ontogenese des Menschen, wie dies oben schon angedeutet wurde. Es wurde dargelegt, wie sich das Gehirn in der Ontogenese besonders früh entwickelt. Seine Größenzunahme ist hier mit etwa 5 Jahren beinahe und mit etwa 10 Jahren fast völlig abgeschlossen. Die Bewegungsorganisation hingegen kommt in der Ontogenese erst sehr viel später zur vollen Ausreifung. Etwa um die Zeit der Schulreife der Kinder verlangsamt sich sogar das Körperwachstum deutlich, im Vergleich zu seiner embryonalen und frühkindlichen Wachstumsgeschwindigkeit. Mit der beginnenden Pubertät, mit etwa 12 Jahren, setzt dann ein pubertärer Wachstumsschub ein, welcher typisch für die menschliche Entwicklung ist und bei Menschenaffen nur sehr schwach ausfällt. Im pubertären Wachstumsschub des Menschen akzeleriert besonders das Wachstum der unteren Gliedmaßen und der Körper wächst zu seiner vollen Länge aus *(Abb. 22)*.

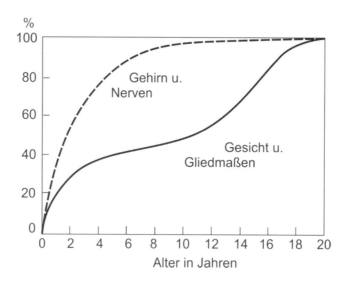

Abb. 22: Wachstumskurven von Gehirn/Nerven und Gesicht und Gliedmaßen. (Aus CARTER 2014, verändert)

Die Entwicklung des Gesichtes, insbesondere dessen unteren Teiles, geht nun mit dem Wachstum der Gliedmaßen einher, sodass es im pubertären Wachstumsschub zu einem Auswachsen des Kiefers kommt. Dieses Auswachsen betrifft vorwiegend eine Streckung in die Vertikale *(Abb. 23).* Das Wachstum endet für den Oberkiefer bei Frauen mit ~15 Jahren, für den Unterkiefer mit ~17, und bei Männern entsprechend mit ~17 und ~19 (CARTER 2014). Im pubertären Wachstumsschub zieht sich damit das Gesicht in die Länge und verliert das kindliche, gerundete Aussehen.

So lässt sich also in Bezug auf die Dynamik der Organentstehung eine Umkehr in der postnatalen Ontogenese in Bezug auf die Phylogenese feststellen (SCHAD 1985, SCHINDEWOLF 1972, 1928). In der Ontogenese läuft die Entwicklung der Nervenorganisation der Motorik voraus, in der Phylogenese entwickelt sich die Motorik vor dem Nervenpol.

Diese beiden gegensätzlichen Reihenfolgen sind nun bedeutsam, wenn man sie im Hinblick auf die Verlängerung der ontogenetischen Stadien betrachtet, welche eine Grundbedingung für das Auswachsen des Gehirns in der Evolution ist. Es sind nämlich gerade die charakteristischen Neuerungen in den einzelnen Stufen der

Abb. 23: John Kerry als Sechsjähriger[3] und heute[4].

menschlichen Evolution (der aufrechte Gang, die Werkzeugherstellung und Sprache und das bildhafte Denken), die die Verlängerung der Kindheit und Jugend und damit die Gehirnentwicklung unterstützen. Dies geschieht, indem die psychisch-geistigen Korrelate der verlängerten Kindheit und Jugend – die Zuwendung der Erwachsenen und das Lernen der Heranwachsenden – durch diese evolutiven Neuerungen gesteigert werden können. In der ersten Stufe *(Sahelanthropus, Ardipithecus* und *Australopithecus)* werden die Hände frei. Das Kind kann beispielsweise herumgetragen werden, und Gestik intensiviert den sozialen Kontakt. Weiterhin ergeben sich mit dem anfänglichen Werkzeuggebrauch viele Lernsituationen für das Kind. Zur Zeit der zweiten Stufe (Erectus) werden diese Möglichkeiten gesteigert durch die Herstellung der Steinwerkzeuge und die anfängliche Sprache. Die Sprache kann die Beziehung zwischen Erwachsenem und Kind intensivieren. Die Werkzeuge machen vermehrte Zuwendung zum Kind beispielsweise durch Nah-

---

[3] Aus: http://www.dailymail.co.uk/news/article-2284792/John-Kerry-says-Americans-right-stupid-tells-lost-diplomatic-passport-age-12-sneaking-Soviet-controlled-East-Berlin-1950s.html

[4] Aus: http://en.wikipedia.org/wiki/John_Kerry

rungszubereitung möglich. Die Tradition der Werkzeugherstellung wurde gelernt und gab so Anreize für das praktische Lernen mit den Händen und für das sich entwickelnde Gehirn und das Denken. In der dritten Stufe (Sapiens) können sowohl die Fürsorge als auch die verschiedensten Lernsituationen nochmals durch die weiterentwickelte Sprache, das entstehende bildhafte Denken und die verfeinerten Werkzeuge erweitert werden. So wirken sich die Neuerungen in den verschiedenen Stufen der menschlichen Evolution ermöglichend auf die psychisch-geistigen Korrelate der verlängerten Kindheit und Jugend aus, die Zuwendung und das Lernen. Im Zuge dessen können sich die ontogenetischen Stadien in der Evolution verlängern und das Gehirn zunehmend auswachsen. Das Gehirn reift damit in der Folge der motorischen und emotionalen Entwicklung und der Sprachentwicklung. Dabei hatte die Ausweitung der ontogenetischen Stadien mit ihren Lernpotenzialen und Flexibilisierungen sehr wahrscheinlich auch wiederum Rückwirkungen auf die sich entwickelnden evolutiven Neuerungen (Werkzeugentwicklung, Sprachfähigkeit und Denken), bei denen es aber selbstverständlich mehr bedurfte als des reinen Lernens (Tobias 2015, Leakey & Lewin 1993, Tomasello 2002).

Die verschiedenen Evolutionsschritte und die Verlängerung der ontogenetischen Stadien hängen also zusammen. Diese evolutive Abfolge ist jedoch kein Automatismus. Die einzelnen Schritte wirken begünstigend und ermöglichend aufeinander, nicht determinierend. Sicherlich spielten neben den sich gegenseitig ermöglichenden und begünstigenden Entwicklungen weitere Faktoren eine Rolle. Auch waren immer andere Evolutionswege vorhanden, wie die vielen Abspaltungen von der Linie zum *Homo sapiens* zeigen. Kipp äußert sich in einem ähnlichen Zusammenhang folgendermaßen: »Ein Evolutionsweg, der aus der umwelt- und instinktgebundenen Daseinsform herausführte und bei dem es auf die Steigerung der individuellen Aktivitäten ankam, mußte notwendigerweise von Widerständen bedroht sein. Macht man sich dies klar, so versteht man, daß die menschliche Evolution immer auch mit Krisen und Abirrungsmöglichkeiten verbunden war.« (Kipp 1980: 73–74)

Mit der Verlängerung der ontogenetischen Stadien kann nun evolutiv das Gehirn auswachsen. Was dabei passiert, ist, dass sich Charakteristika der frühkindlichen Phase, in welcher das Gehirnwachstum vorwiegend stattfindet und zu welchen die hohe Wachstumsrate, die hohe Plastizität und das hohe Lernpotenzial gehören, verstärken, hypermorph ausdehnen und sogar teilweise bis ins Erwachsenenalter wirksam bleiben. In der Gehirnentwicklung wird so evolutiv das Kindliche gesteigert. Dies geschieht eben im Gleichmaß mit der zunehmenden Fürsorge und der Verlängerung der ontogenetischen Stadien. Auf der anderen Seite steht dem gegenüber die Neotenie, die Zurücknahme der Kieferregion. Da die Kieferregion vorwiegend in der späten Wachstumsphase, im pubertären Wachstumsschub auswächst, setzt auch ihre evolutive Zurücknahme vorwiegend in der späten Wachstumsphase an. Es werden also am menschlichen Kopf Merkmale, die sich im pubertären Wachstumsschub ausbilden und damit einen adulten Charakter haben, nämlich eine kräftig entwickelte Kieferregion, evolutiv zurückgenommen. Im Laufe der Evolution des menschlichen Kopfes werden also eine Reihe von kindlich-kreativen Qualitäten (hohe Wachstumsrate des Gehirns, seine hohe Plastizität und das hohe Lernpotenzial) verstärkt und adulte Charakteristika, das Auswachsen der Kieferregion, vermindert.

Die menschliche Kopfform und die Gegenläufigkeit von Phylogenie und Ontogenie

Die eben beschriebene Durchdringung von Onto- und Phylogenese ist unmittelbar an der Gestalt des menschlichen Kopfes zu sehen. So zeigt sich sehr früh in der Ontogenese ein hohes Verhältnis des Gehirnschädels zum Kieferbereich, während dieses in der evolutiven Abfolge spät erscheint (SCHAD 1985). Bei einem Neugeborenen des heutigen Menschen liegen zum Beispiel die Augen etwa in der Mitte des Gesichtes. Die Stirn darüber und die Nasen- und Kieferpartie darunter machen jeweils etwa die Hälfte der Gesichtshöhe aus. Bei dem Erwachsenen geht, vor allem wenn die Kieferpartie im pubertären Wachstumsschub auswächst, der relative Anteil der Stirn auf etwa ein Drittel der Gesichtshöhe zurück. In der Phylogenese nimmt dagegen, wie gezeigt wurde, der Stirnanteil zum *Homo sapiens* hin zu *(Abb. 15)*. Wegen dieser Gegenläufigkeit von Phylo- und Ontogenese verweisen die Kinder- und Jugendschädel früher Menschenformen ihrer Gestalt nach etwa auf die sich in der Zukunft entwickelnde Menschenart hin *(Abb. 24)*.

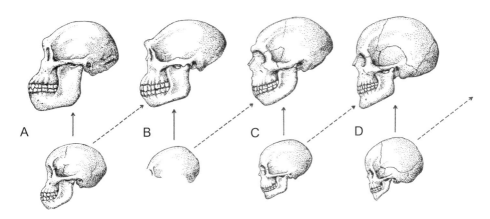

Abb. 24: Vergleich von Kinder- und Erwachsenenschädeln verschiedener Menschenarten. A) *Australopithecus*, B) *Homo erectus*, C) *Homo neandertalensis* und D) *Homo sapiens*. (Aus SCHINDEWOLF 1972: 261, verändert)

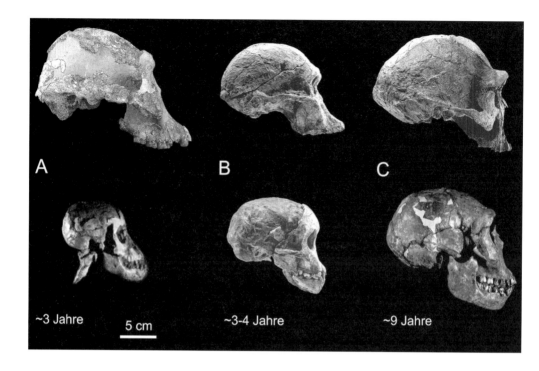

A   B   C

~3 Jahre   5 cm   ~3-4 Jahre   ~9 Jahre

Abb. 25: Fotos von Kinder- und Erwachsenenschädeln verschiedener Menschenarten. A) *Australopithecus afarensis,* unten das »Dikika-Kind«, B) *Australopithecus africanus,* unten das »Kind von Taung«, C) *Homo erectus (ergaster),* unten der »Junge von Turkana«, D) *Homo neandertalensis;* die Kinderschädel wurden in folgenden Orten gefunden (von oben nach unten): Tešik-Taš, La Quina, Roc de Marsal, Pech, E) *Homo sapiens.* Die Photos stammen aus JOHANSON & EDGAR 1998, photographiert von David Brill, außer A) unten: »Dikika-Kind«[5], C) unten »Junge von Turkana«[6], D) Erwachsenenschädel aus BAR-YOSEF & VANDERMEERSCH (1995), Kinderschädel von La Quina, Roc de Marsal und Pech aus SCHWARTZ & TATTERSALL (2002), E) Kinderschädel des Sapiens aus WHITE & FOLKENS (2005). Bilder verändert.

SCHINDEWOLF (1972) hat in einer inzwischen weithin bekannten Zeichnung die bis 1972 bekannten Kinderschädel der Frühmenschen mit den Erwachsenen-Schädeln der gleichen Art zusammengestellt. Er hat darin den Neandertaler noch als Vorstufe des Sapiens beschrieben, der heute als Nebenzweig gesehen wird *(Abb. 4).*

---

[5] http://ngm.nationalgeographic.com/2006/11/dikika-baby/sloan-text

[6] http://visualsunlimited.photoshelter.com/image/I00005gx.4aCaGsE

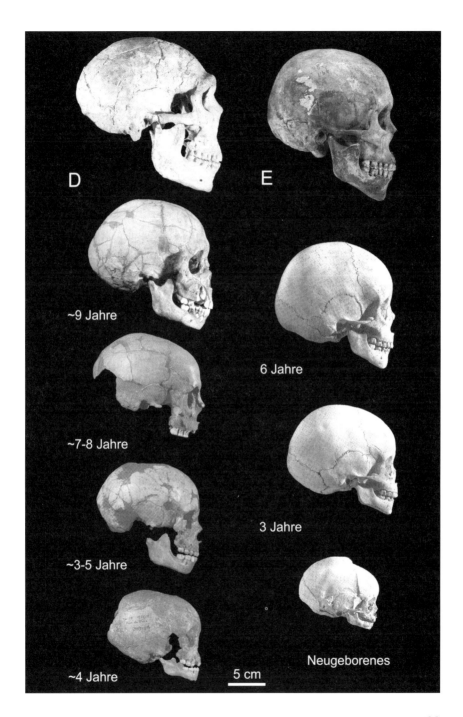

D

E

~9 Jahre

~7-8 Jahre

6 Jahre

~3-5 Jahre

3 Jahre

~4 Jahre

5 cm

Neugeborenes

Trotzdem ähneln auch beim Neandertaler die Kinderformen dem erwachsenen Sapiens mehr als ihren eigenen Eltern. Mit Fotos der heute bekannten Kinder- und Erwachsenenschädel wurde die Schindewolf'sche Darstellung in der *Abbildung 25* auf einen neuen Stand gebracht. Die Kinderschädel zeigen im Vergleich zu den Schädeln der Erwachsenen derselben Art deutlich den runderen, relativ großen Gehirnschädel und die zurückgenommene Kieferpartie. Selbst die vertikalisierte Gesichtsfront des *Homo sapiens* lässt sich bei den frühen Kinderschädeln des Neandertalers entdecken *(Abb. 25)*.

In Bezug auf ihre heterochrone Entwicklung könnten diese kindlichen Proportionen evolutiv rein durch ein neotenes Wachstum erhalten bleiben. Dann wäre aber der Kopf in der Folgeform kleiner (s. u.). Kindliche Proportionen bleiben ebenso erhalten, wenn die bereits geschilderten Prozesse ablaufen: eine starke Zunahme der Gehirngröße und ein Rückgang der Kieferpartie. Die kindlichen Proportionen einer gegenüber der Erwachsenenform höheren Stirn, einem größeren Gehirnschädel und einer zurückgenommene Kieferpartie werden gerade durch die sequenzielle Hypermorphose im Gehirn und die Neotenie im Kiefer beibehalten. Wie geschildert wurde, bleiben jedoch nicht nur die kindlich-jugendlichen Proportionen im Laufe der Evolution zu *Homo sapiens* erhalten. Indem die Gehirngrößenzunahme frühontogenetisch erfolgt, werden auch kindliche Qualitäten wie die hohe Plastizität des Gehirns und das Lernvermögen in der Folgeform gesteigert. Und da der Rückgang der Kieferpartie vorwiegend in der späten Wachstumsphase erfolgt, werden die adulten Merkmale vermindert. SCHINDEWOLF (1928, 1972) benutzt für diesen Zusammenhang den Begriff der »Proterogenese«, der sowohl Formmerkmale als auch die kindlichen funktionellen Qualitäten umfasst. Damit meint er, dass im Jugendstadium ein Merkmalskomplex erworben wird, der sich im Laufe der Phylogenese mehr und mehr auf die Altersstadien ausdehnt. Der Begriff der »Proterogenese« ist aber damit sehr komplex und wurde meines Wissens in der späteren Literatur nach Schindewolf nicht mehr verwandt. Schindewolf hat aber sicherlich Recht, die frühe Kindheit als einen wichtigen Quell für neue Potentialität in der Evolution des menschlichen Kopfes anzusehen. Ist es doch gerade die Säuglingszeit und frühe Kindheit, in welcher sich bei der Gehirnentwicklung mehrere Linien verschränken: Die Rekapitulation einzelner Wirbeltierstadien kommt zu einem Abschluss, während die sequenzielle Hypermorphose, die zu der Rekapitulation immer auch etwas Neues hinzufügt, ihren Höhepunkt erreicht. Und gleichzeitig beginnt die im Vergleich zum Körpergewicht langsame relative Gehirngrößenabnahme der kindlichen und jugendlichen Wachstumsphase.

Die Schädelevolution des Menschen wird in der Literatur häufig als Neotenie dargestellt (z. B. BOLK 1926, GOULD 1977; Bolk spricht von »Fötalisation«, meint damit aber, was Gould als »Neotenie« bezeichnet, VERHULST 1999). Wenn man die Begrifflichkeit der Heterochronie von MCNAMARA (2002a, b) und MCKINNEY

& McNamara (1991) zugrunde legt, kann es sich nicht um eine Neotenie handeln. Eine neotene Evolution entsteht durch ein retardiertes Wachstum, was beim Gehirn und Gehirnschädel nicht vorliegt. Eine neotene Evolution müsste auch durch das retardierte Wachstum zu einer Verkleinerung des Schädels führen. Weiterhin müssten die Proportionen aller verschiedenen Anteile des Schädels auf einem jugendlichen Niveau erhalten bleiben. Dies ist jedoch nicht der Fall: Bei den Kinderschädeln sind die Augen und Ohren in Relation zum ganzen Schädel durchgängig viel größer als bei allen Erwachsenenformen, egal auf welcher evolutiven Stufe. Auch ist bei den Kindern aller Formen die Schädelbasisknickung gering und der Kehlkopf sitzt hoch, wie dies im Kapitel über die Sprache ausgeführt wurde. Während in der Evolution zu *Homo sapiens* sich die erwachsene Form gerade durch einen zunehmend tiefer liegenden Kehlkopf und eine zunehmende Basisknickung auszeichnet (Kummer 1953, Starck 1962, Starck & Kummer 1962). Die Folgeform in der Evolution ist also nicht eine ausgewachsene Kinderform der Vorläufer. Dennoch bewahrt bzw. steigert sie eindeutig kindliche Qualitäten, die gerade durch die beschriebene frühontogenetische Peramorphose in der Gehirnentwicklung und die spätontogenetische Pädomorphose in der Kieferpartie manifest werden (s. auch Kummer 1953).

Warum benutzen Bolk (1926) und Gould (1977) den Begriff der Neotenie? Bei beiden bezieht sich der Begriff der Neotenie auf zweierlei: Einerseits beschreibt ihr »Neotenie«-Begriff die Beibehaltung einer kindlichen oder fetalen Form durch retardiertes Wachstum wie im Falle des Kiefers. Andererseits beschreibt er gleichzeitig die Beibehaltung einer frühkindlichen Wachstumsgeschwindigkeit wie im Falle des Gehirns. Gould trennt hier zwischen einem Wachstum, verbunden mit reiner Größenzunahme und Wachstumsvorgängen mit Form- und Strukturzunahme. Für ihn ist das Gehirn einfach größer geworden, ohne sich formmäßig und strukturell zu verändern. Wie gezeigt wurde, ist dies jedoch nicht der Fall. Das Gehirn hat sich von seiner Form und insbesondere seiner Feinstruktur weiterentwickelt. Der Begriff der »Neotenie« wird also von Bolk und Gould völlig anders verwendet als von McNamara (2002a, b) und McKinney & McNamara (1991). Seine Verwendung ist bei letzteren konsistenter, indem er allein die Beibehaltung kindlicher oder embryonaler Formmerkmale durch ein retardiertes Wachstum beinhaltet, nicht die Beibehaltung einer frühontogenetischen Wachstumsgeschwindigkeit. Letzteres ist eben die sequenzielle Hypermorphose.

Die Begriffe der Pädomorphose (= »**Verkindlichung**«, griechisch paidos = Kind, morphosis = Gestaltung) und Peramorphose (= »**Über-wachsen**«, griechisch pera = darüber hinaus, morphosis = Gestaltung) sind letztlich irreführend. Durch Pädomorphose wird zwar evolutiv eine kindliche Gestalt bewahrt. Bei dem Prozess jedoch, welcher dazu führt, handelt es sich um ein vermindertes oder retardiertes Wachstum. Nicht von der Gestalt, aber vom Prozess her gesehen hat die Pädomorphose einen unkindlichen Charakter, typisch für eine ausklingende Wachstumsphase. Die Peramorphose weist von der Formveränderung her über das kindliche Stadium hinaus. Vom Prozess her gesehen hat sie jedoch mit ihrem akzelerierten oder verlängerten Wachstum eine kindliche Qualität. Es kommt bei der Zunahme kindlicher oder adulter Qualitäten in der Evolution daher nicht darauf an, ob vorwiegend eine Pädomorphose oder eine Peramorphose stattgefunden hat, sondern vielmehr darauf, wann im ontogenetischen Wachstum die Pädomorphose bzw. Peramorphose stattfindet. Setzt die Peramorphose frühontogenetisch ein, so steigert sie kindliche Qualitäten, in der späten Wachstumsphase werden adulte Merkmale durch Peramorphose gesteigert oder vermehrt. Eine frühontogenetische Pädomorphose hingegen vermindert kindliche Qualitäten, während eine Pädomorphose in der späten Wachstumsphase adulte Merkmale zurücknimmt. So nehmen, wie geschildert wurde, kindliche Qualitäten wie das hohe Gehirnwachstum, die Plastizität des Gehirns und das Lernvermögen im Zuge einer frühontogenetisch einsetzenden Peramorphose (sequenzielle Hypermorphose und Predisplacement) im Gehirn zu. Gleichzeitig bleibt das kindliche Aussehen durch eine vor allem in der späten Wachstumsphase wirksame Pädomorphose (Neotenie und Postdisplacement) in der Kieferregion evolutiv weitgehend bewahrt.

Beim Blick auf die unteren Gliedmaßen des Menschen wird deutlich, dass es sich hier andersherum verhält. Hier führt eine frühontogenetische Pädomorphose zu einer Wachstumshemmung des sich früh entwickelnden Bereichs, der Zehen, während eine Peramorphose am Ende der Wachstumsphase zum verstärkten Auswachsen eines sich spät entwickelnden Bereichs, des Oberschenkels, führt (McNamara 2002b, Berge 2002). Bei den unteren Gliedmaßen werden also kindliche Merkmale zu Beginn der Entwicklung durch vermindertes Wachstum zurückgenommen, und am Ende der Wachstumsphase nehmen durch starkes Wachstum adulte Qualitäten zu. So unterstützen die langen, kräftigen Beine die Selbstständigkeit der Menschen.

Dies macht deutlich, dass nicht die Prozesse der Pädo- oder Peramorphose als solche für die Zunahme kindlicher oder adulter Qualitäten maßgeblich sind, sondern der Zeitpunkt ihres Auftretens in der Ontogenese. Beim Menschen führt die gegenläufige zeitliche Verteilung der Pädo- und Peramorphose in der Ontogenese zu den zunehmend kindlichen Qualitäten in der Evolution des Kopfes und den zunehmend adulten Qualitäten in der Evolution der unteren Gliedmaßen. In beiden Bereichen verstärken sich evolutiv damit genau die Charakteristika, die die zunehmende Autonomie des Menschen unterstützen.

Zusammenfassung

In der Evolution des menschlichen Kopfes findet eine Komplexitätsverschiebung statt. Komplexität wird vorwiegend in dem Bereich, in welchem der Organismus über die Nahrung direkt mit der Umwelt in Kontakt tritt (distal), in der Kieferregion, abgebaut. Proximal im Innern, im Gehirn, wird, neben auch vorhandenen Abbauvorgängen, Komplexität vorwiegend aufgebaut. Die Evolution der Sprache, mit ihren Sprachwerkzeugen, steht vermittelnd dazwischen und bildet einen Gradienten mit vorwiegendem Komplexitätsaufbau proximal und Komplexitätsabbau distal. Der Komplexitätsabbau in der Kieferregion findet durch Pädomorphose (Neotenie und Postdisplacement) statt, der Komplexitätsaufbau des Gehirns durch Peramorphose (sequenzielle Hypermorphose und Predisplacement). Bei beiden Prozessen spielt – neben anderen Faktoren – Plastizität eine Rolle. Sowohl die Kieferpartie als auch das Gehirn reagieren hochgradig plastisch auf Anforderungen. Die Kieferpartie wird dabei durch die Kulturleistungen entlastet, das Gehirn hingegen weiter angeregt, was zu seinem Strukturaufbau beiträgt. Es ist wahrscheinlicher, dass die Gene den plastischen Änderungen folgen, als dass sie evolutive Änderungen auslösen. Über seine hohe Plastizität auf biologischer Ebene und durch den Gebrauch und die Entwicklung von Werkzeugen, die Sprache und den sozialen Umgang ist der Mensch mit seiner Lebensweise an seiner eigenen Evolution beteiligt.

Im Laufe der Evolution ist der Mensch mit seinem neotenen Kieferapparat immer weniger in die Umwelt eingebunden. Mit der Werkzeugkultur und dem Feuer wurde er zunehmend unabhängiger von einzelnen Nahrungsquellen. Gleichzeitig verlängerte sich im Zusammenhang mit dem zunehmenden Schutzraum der elterlichen Fürsorge die Kindheit und Jugend. Dies stand in Wechselwirkung mit einem ausgedehnteren Wachstum des Gehirns und einer Zunahme an Lernprozessen. Im Zuge dessen konnte angeborenes und vorgeprägtes Verhalten durch intensivierte und längere Lernvorgänge weitgehend ersetzt werden und die Individuen konnten eine höhere Flexibilität und Kreativität entwickeln als ihre Vorläufer. Der Mensch wurde autonomer. Bei der Evolution des Kopfes werden gerade die kindlichen Qualitäten des Kopfes – das Lernvermögen, die hohe Plastizität des Gehirns, das hohe Gehirnwachstum und die geringe Ausreifung der Kieferpartie – durch die frühontogenetisch einsetzende Peramorphose beim Gehirn gesteigert und durch die vorwiegend gegen Ende der Wachstumsphase wirkende Pädomorphose des Kauapparates bewahrt. Im Kopf ist es die Zunahme kindlicher Charakteristika, die zu der menschlichen Autonomie beiträgt, in den unteren Gliedmaßen hingegen die Zunahme adulter Qualitäten.

Besonderer Dank gilt Prof. Wolfgang Schad für viele hilfreiche Anregungen, Vorschläge, Literaturhinweise und Diskussionen. Einige Punkte, wie die heterochrone Einstufung der Gehirnevolution, sind noch weiterhin in Diskussion. Herzlicher Dank gilt auch PD Bernd Rosslenbroich und Herrn Heinrich Brettschneider für wertvolle Korrekturen, Kommentare und Diskussionen. Dr. Roselies Gehlig und Dr. Hans-Joachim Strüh sei gedankt für die genaue Durchsicht des Manuskripts.

Literatur

ALBA, D. M. (2002): Shape and stage in heterochronic models. In: Minugh-Purvis, N., McNamara, K. J. (Eds.), Human Evolution through Developmental Change, pp. 28–50. Baltimore, London

ALMEIDA, R. DE (1949): Contribuição para o estudo de alguns Caracteres Dentários dos Indígenas da Lunda. Publicacões Culturais 3: 6–51

ANDERSON, D. L., THOMPSON, G. W., POPOVICH, F. (1975): Evolutionary dental changes. American Journal of Physical Anthropology 43: 95–102

ANEMONE, R. L. (2002): Dental development and life history in hominid evolution. In: Minugh-Purvis, N., McNamara, K. J. (Eds.), Human Evolution through Developmental Change, pp. 249–280. Baltimore, London

BAR-YOSEF, O., VANDERMEERSCH, B. (1995): Koexistenz von Neandertaler und modernem *Homo sapiens*. In: STREIT, B. (Hrsg.), Evolution des Menschen, S. 110–117. Heidelberg

BENNINGHOFF, A., GOERTLER, K. (1960): Lehrbuch der Anatomie des Menschen, Bd. 2 (Eingeweide). München, Berlin

BERGE, C. (2002): Peramorphic processes in the evolution of the hominid pelvis and femur. In: MINUGH-PURVIS, N., McNAMARA, K. J. (Eds.): Human Evolution through Developmental Change, pp. 381–404. Baltimore, London

BERMÚDEZ DE CASTRO, J. M. (1989): Third molar agenesis in human prehistoric populations of the Canary Islands. American Journal of Physical Anthropology 79: 207–215

BIANCHI, F. J., DE OLIVEIRA, T. F., SAITO, C. B. P. (2007): Association between polymorphism in the promoter region (G/C-915) of PAX9 Gene and third molar agenesis. J. Appl. Oral Sci. 15(5): 382–386

BOLK, L. (1924): The chin problem. Proc. Koninkl. Akad. Wetensch. Amsterdam 27: 329–344
– (1926): Das Problem der Menschwerdung. Jena

BONNER, J. T. (1988): The Evolution of Complexity by Means of Natural Selection. Princeton, New Jersey

BRACE, C. L. (1995): Biocultural interaction and the mechanism of mosaic evolution in the emergence of 'modern' morphology. American Anthropologist, New Series 97(4): 711–721
– , ROSENBERG, K. R., HUNT, K. D. (1987): Gradual change in human tooth size in the Late Pleistocene and Post-Pleistocene. Evolution 41(4): 705–720
– , SMITH, S. L., HUNT, K. D. (1991): What big teeth you had grandma! Human tooth size, past and present. In: Kelley, M. A., Larsen, C. S. (Hrsg.), Advances in Dental Anthropology, pp. 33–57. New York

BREDY, E., ERBRING, C., HÜBENTHAL, B. (1991): Häufigkeit der Zahnunterzahl bei Anlage und Nichtanlage von Weisheitszähnen. Dtsch. Zahn-Mund-Kieferheilkd. 79: 357–363

BROOK, A. H., GRIFFIN, R. C. & al. (2009): Tooth size patterns in patients with hypodontia and supernumerary teeth. Archives of Oral Biology 54s: s63–s70

BROTHWELL, D. R., CARBONELL, V. M., GOOSE, D. H. (1963): Congenital absence of teeth in human populations. In: Brothwell, D. R. (Hrsg.), Dental Anthropology, pp. 179–190.

Oxford, London, New York, Paris

CAMPBELL, N. A., REECE, J. B. (2003): Biologie. 6. Auflage. Heidelberg, Berlin

CARTER, N. E. (2014): Facial growth. http://fx.damasgate.com/facial-growth-n-e-carter/

CELIKOGLU, M., MILOGLU, O., KAZANCI, F. (2010): Frequency of agenesis, impaction, angulation, and related pathologic changes of third molar teeth in orthodontic patients. J. Oral Maxillofac. Surg. 68: 990–995

CHAGULA, W. K. (1960): The age at eruption of third permanent molars in male East Africans. American Journal of Physical Anthropology 18: 77–82

CHUNG, C. J., HAN, J.-H., KIM, K.-H. (2008): The pattern and prevalence of hypodontia in Koreans. Oral Diseases 14: 620–625

COLLINS, A. G. (1999): Evolutionary trends. In: Singer, R. (Hrsg.): Encyclopedia of Paleontology 1: 431–434

COQUERELLE, M., BOOKSTEIN, F. L. & al. (2010): Fetal and infant growth patterns of the mandibular symphysis in modern humans and chimpanzees *(Pan troglodytes)*. Journal of Anatomy 217: 507–520

– , PRADOS-FRUTOS J. C. & al. (2013): Infant growth patterns of the mandible in modern humans: a closer exploration of the developmental interactions between the symphyseal bone, the teeth, and the suprahyoid and tongue muscle insertion sites. Journal of Anatomy 222(2): 178–192. doi: 10.1111/joa.12008

COWAN, W. M. (1988): Die Entwicklung des Gehirns. In: Gehirn und Nervensystem, S. 101–110. Heidelberg

COYLER, F. (1936): Variations and Diseases of the Teeth of Animals. London

CRISPO, E. (2007): The Baldwin effect and genetic assimilation: Revisiting two mechanisms of evolutionary change mediated by phenotypic plasticity. Evolution 61(11): 2469–2479

CURNOE, D., JI, X. & al. (2012): Human remains from the Pleistocene-Holocene transition of Southwest China suggest a complex evolutionary history for East Asians. PLoS ONE 7(3): e31918. doi:10.1371/journal.pone.0031918

DARWIN, C. (1871): Die Abstammung des Menschen. Übersetzung der Originalausgabe. Hamburg (2009)

DEACON, T. W. (1990a): Problems of ontogeny and phylogeny in brain-size evolution. International Journal of Primatotogy 11(3): 237–282

– (1990b): Rethinking mammalian brain evolution. Amer. Zool. 30: 629–705

– (1997): The Symbolic Species. Co-Evolution of Language and the Brain. London

DEANER, R. O., BARTON, R. A., VAN SCHAIK, C. P. (2003): Primate brains and life histories: renewing the connection. In: Kappeler, P. M., Pereira, M. E. (Hrsg.), Primate Life Histories and Socioecology, pp. 233–265. Chicago

D'ERRICO, F., STRINGER, C. B. (2011): Evolution, revolution or saltation scenario for the emergence of modern cultures? Philosophical Transactions of the Royal Society B 366: 1060–1069

EMES, Y., AYBAR, B., YALCIN, S. (2011): On the evolution of human jaws and teeth: a review. Bull. Int. Assoc. Paleodont. 5(1): 37–47

ENDERS G. (2014): Darm mit Charme. Alles über ein unterschätztes Organ. Berlin

ERBEN, H. K. (1990): Evolution. Stuttgart

EULER, H. (1936): Der untere Weisheitszahn vor 4000 Jahren und heute. Deutsche Zahnärztliche Wochenschrift 39: 809–815

FINLAY, B. L., DARLINGTON, R. B. (1995): Linked regularities in the development and evolution of mammalian brains. Science 268(5217): 1578–1584

FLINDT, R. (2006): Amazing Numbers in Biology. Berlin, Heidelberg

FUCHS, T. (2009): Das Gehirn – ein Beziehungsorgan. Eine phänomenologisch-ökologische Konzeption. Stuttgart

GARN, S. M., LEWIS, A. B., VICINUS, J. H. (1963): Third molar polymorphism and its significance to dental genetics. J. Dent. Res. 42, Supplement to No. 6: 1344–1362

GHAZANFAR, A. A., COHEN, Y. E. (2009): Primate Communication: Evolution. In: Squire, L. R.

(Hrsg.), Encyclopedia of Neuroscience, pp. 1037–1044. Oxford

GILBERT, S. F., EPEL, D. (2009): Ecological developmental biology. Integrating epigenetics, medicine, and evolution. Sunderland/USA

GOLDSTEIN, M. S. (1948): Dentition of Indian crania from Texas. American Journal of Physical Anthropology 6: 63–84

GOLOVCENCU, L., GELETU, G. (2012): Correlation between third molar agenesis and particular dental conditions. Romanian Journal of Oral Rehabilitation 4(3): 5–9

GOULD, S. J. (1977): Ontogeny and phylogeny. Cambridge (MA), London

GRAHNÉN, H. (1956): Hypodontia in the permanent dentition. A clinical and genetical investigation. Odontologisk Revy 7, Suppl. 3. Lund

HAAPASALO, H., SIEVANEN, H. & al. (1996): Dimensions and estimated mechanical characteristics of the humerus after long-term tennis loading. Journal of Bone and Mineral Research 11(6): 864–872

HARMAND, S., LEWIS, J. E., FEIBEL, C. S. & al. (2015): 3.3-million-year-old stone tools from Lomekwi 3, West Turkana, Kenya. Nature 311. doi:10.1038/nature14464

HARRIS, E. F., CLARK, L. L. (2008): Hypodontia: An epidemiologic study of American black and white people. American Journal of Orthodontics and Dentofacial Orthopedics 134(6): 761–767

HEINEMANN, D. (2000): Die Menschenaffen. 485–499. In: GRZIMEK, B. (Hrsg.), Grzimeks Tierleben, Bd. 10 (Säugetiere 1). Augsburg

HELLMAN, M. (1936): Our third molar teeth; their eruption, presence and absence. Dental Cosmos 78: 750–762

– (1928): Racial Characters in Human Dentition. Part I. A racial distribution of the *Dryopithecus* pattern and its modifications in the lower molar teeth of man. Proceedings of the American Philosophical Society 1928: 157–174

HOLLOWAY, R. L., BROADFIELD, D. C., YUAN, M. S. (2004): The Human Fossil Record, Bd. III (Brain endocasts). The Paleoneurological Evidence. New Jersey

HOLMER, U., MAUNSBACH, A. B. (1956): Odontologische Untersuchung von Zähnen und Kiefern des Menschen aus der Steinzeit in Schweden. Odontologisk Tidskrift 64: 437–521

HÖLZL, F. (1972): Zur Hypodontie des Weisheitszahnes. Dissertation der Rheinischen Friedrich-Wilhelms-Universität, Bonn

ICHIM, I., KIESER, J., SWAIN, M. (2007): Tongue contractions during speech may have led to the development of the bony geometry of the chin following the evolution of human language: A mechanobiological hypothesis for the development of the human chin. Medical Hypotheses 69: 20–24

JABLONKA, E., LAMB, M.J. (2010): Transgenerational epigenetic inheritance. In: PIGLIUCCI, M., MÜLLER, G. B. (Hrsg.), Evolution. The Extended Synthesis, pp. 137–174. Cambridge (MA), London

JACOBSON, A. (1982): The Dentition of the South African Negro. A Morphological and Metrical Study of the Teeth, the Jaws and the Bony Palate of Several Large Groups of South African Bantu-Speaking Negroes. Anniston, Alabama

JERISON, H. J. (2009): Allometric analysis of brain size. In: SQUIRE, L. R. (Hrsg.): Encyclopedia of Neuroscience, Band I, pp. 239–244. Oxford

JIMÉNEZ-ARENAS, J. M., PÉREZ-CLAROS, J. A. (2014): On the relationships of postcanine tooth size with dietary quality and brain volume in primates: implications for hominin evolution. Bio Med Research International. http://dx.doi.org/10.1155/2014/406507.

JOHANSON, D., EDGAR, B. (1998): Lucy und ihre Kinder. Heidelberg, Berlin

JOHN, J., NAMBIAR, P. & al. (2012): Third molar agenesis among children and youths from three major races of Malaysians. Journal of Dental Sciences 7: 211–217

JORDAN, R. E., ABRAMS, L., KRAUS, B. S. (1992): Kraus' Dental Anatomy and Occlusion. St. Louis

KAJII, T. S., SATO, Y. & al. (2004): Agenesis of third molar germs depends on sagittal maxillary jaw dimensions in orthodontic patients in Japan. Angle Orthodontist 74(3): 337–342

Kaplan, H. S., Mueller, T. & al. (2003): Neural capital and life span evolution among primates and humans. In: Finch, C. E., Robine, J.-M., Christen, Y. (Hrsg.), Brain and Longevity, pp. 69–110. Berlin, Heidelberg

Keene, H. J. (1965): The relationship between third molar agenesis and the morphologic variability of the molar teeth. Angle Orthod. 35(4): 289–98

Kipp, F. A. (1955): Die Entstehung der menschlichen Lautbildungsfähigkeit als Evolutionsproblem. Experientia 11(3): 89–128

– (1980): Die Evolution des Menschen im Hinblick auf seine lange Jugendzeit. Stuttgart

Klein, R. G. (2009): The Human Career. Human Biological and Cultural Origins. Chicago, London

Kull, K. (2014): Adaptive evolution without natural selection. Biological Journal of the Linnean Society 112: 287–294

Kümmell, S. B. (2008): Zeitmuster in der Evolution der Säugetiere und ihrer Vorläufer. In: Jahrbuch für Goetheanismus 2008/2009: 41–78. Niefern-Öschelbronn

– (2009): Die Digiti der Synapsida: Anatomie, Evolution und Konstruktionsmorphologie. Dissertation. Aachen

– (2010): Form und Bewegung und die Entstehung von Neuerungen in der Evolution, Teil I. Elemente der Naturwissenschaft 92: 5–38

– (2014): Rauschen im Blätterwald der Arten. Zu den Frühmenschenfunden aus Dmanisi. Elemente der Naturwissenschaft 101: 114–117

Kummer, B. (1953): Untersuchungen über die Entwicklung der Schädelform des Menschen und einiger Anthropoiden. Abhandlungen zur exakten Biologie, Heft 3 (44 Seiten). Gebrüder Borntraeger, Berlin-Nikolassee

– (2005): Biomechanik. Form und Funktion des Bewegungsapparates. Köln

Lassen, N. A., Ingvar, D. H., Skinhøj, E. (1988): Hirnfunktion und Hirndurchblutung. In: Gehirn und Nervensystem, S. 135–144. Heidelberg

Lawick-Goodall, J. van (1975): Wilde Schimpansen. Hamburg

Leakey, R., Lewin, R. (1993): Der Ursprung des Menschen. Frankfurt am Main

Lee, S.-H., Lee, J.-Y. & al. (2009): Development of third molars in Korean juveniles and adolescents. Forensic Science International 188: 107–111

Lenz, J.-H. (2013): Morphometrische und histologische Untersuchungen von 10 Unterkiefer bei Foeten im Alter von 16 bis 26 Schwangerschaftswochen. Dissertation, Universität Rostock

Leonard, W. R., Snodgrass, J., Robertson, M. L. (2007): Effects of brain evolution on human nutrition and metabolism. Annu. Rev. Nutr. 27: 311–27

Levine, H. J. (1997): Rest heart rate and life expectancy. JACC 30(4): 1104–1106

Lewin, R. (1992): Spuren der Menschwerdung. Die Evolution des *Homo sapiens*. Heidelberg, Berlin

Lieberman, D. E. (2009): Palaeoanthropology: *Homo floresiensis* from head to toe. Nature 459: 41–42

Lieberman, P., McCarthy, R. (2007): Tracking the evolution of language and speech. Comparing vocal tracts to identify speech capabilities. Expedition 49(2): 15–20. http://www.penn.museum/documents/publications/expedition/PDFs/49-2/Lieberman.pdf

Lindholm, M. (2015): DNA dispose, but subjects decide. Learning and the extended synthesis. Biosemiotics. DOI 10.1007/s12304-015-9242-3

Lister A. M. (2014): Behavioural leads in evolution: evidence from the fossil record. Biological Journal of the Linnean Society 112: 315–331

Liu, W., Zheng, X. L. (1996): The Degeneration of third molars and its significance to human evolution. Acta Anthropologica Sinica 15(3): 185–198 [In Chinesisch]

Livingstone, S. D., Kuehn, L. A. (1979): Similarity in the number of lifespan heartbeats among non-hibernating homeothermic animals. Aviation, Space, Environmental Medicine 50(10): 1037–1039

LOCKLEY, M., ROBERTS, G., KIM, J. Y. (2008): In the footprints of our ancestors: An overview of the hominid track record. Ichnos 15:106–125

LORDKIPANIDZE, D., PONCE DE LEÓN, M. S. & al. (2013) A Complete Skull from Dmanisi, Georgia, and the Evolutionary Biology of Early *Homo*. Science 342: 326–331. doi: 10.1126/science.1238484

– , VEKUA, A. & al. (2006): A fourth hominin skull from Dmanisi, Georgia. The Anatomical Record, Part A 288A: 1146–1157

LOVEJOY, C. O., LATIMER, B. & al. (2009): Combining prehension and propulsion: The foot of *Ardipithecus ramidu*s. Science 326: 72e1–8. DOI: 10.1126/science.1175832

MAYR, E. (1959): The emergence of evolutionary novelties. In: Tax, S. (Hrsg.), Evolution after Darwin, Bd. I: The Evolution of Life. Its Origin, History and Future, pp. 349–380. Chicago

McHENRY, H., COFFING, K. (2000): *Australopithecus* to *Homo*: transformations in body and mind. Annu. Rev. Anthropol. 29: 125–46

McKINNEY, M. L. (2002): Brain evolution by stretching the global mitotic clock of development. In: Minugh-Purvis, N., McNamara, K. J. (Hrsg.), Human Evolution through Developmental Change, pp. 173–188. Baltimore, London

McKINNEY, M. L., McNAMARA, K. J. (1991): Heterochrony. The Evolution of Ontogeny. New York

McNAMARA, K. J. (1997): Shapes of Time. The Evolution of Growth and Development. Baltimore, London

– (2002a): What is heterochrony. In: Minugh-Purvis, N., McNamara, K. J. (Hrsg.), Human Evolution through Developmental Change, pp. 1–4. Baltimore, London

– (2002b): Sequential hypermorphosis. Streching ontogeny to the limit. In: Minugh-Purvis, N., McNamara, K. J. (Hrsg.), Human Evolution through Developmental Change, pp. 102–121. Baltimore, London

McPHERRON, S. P. ALEMSEGED, Z., MAREAN, C. W. & al. (2010): Evidence for stone-tool-assisted consumption of animal tissues before 3.39 million years ago at Dikika, Ethiopia. Nature 466: 857–860

McSHEA, D. W. (1993): Evolutionary change in the morphological complexity of the mammalian vertebral column. Evolution 47(3): 730–740

– (1996): Metazoan complexity and evolution: is there a trend? Evolution 50(2): 477–492

MOK, Y. Y., HO, K. K. (1996): Congenitally absent third molars in 12 to 16 year old Singaporean Chinese patients: A retrospective radiographic study. Annals Academy of Medicine 25(6): 828–830

ÖDMAN, A., MAVROPOULOS, A., KILIARIDIS, S. (2008): Do masticatory functional changes influence the mandibular morphology in adult rats. Archives of Oral Biology 53: 1149–1154

PARKER, S. T. (2002): Evolutionary relationships between molar eruption and cognitive development in anthropoid primates. In: Minugh-Purvis, N., McNamara, K. J. (Hrsg.), Human Evolution through Developmental Change, pp. 305–316. Baltimore, London

PARKIN, N., ELCOCK, C. & al. (2009): The aetiology of hypodontia: The prevalence, severity and location of hypodontia within families. Archives of Oral Biology 54s: s52–s56

PEDERSEN, P. O. (1949): The East Greenland Eskimo dentition. Meddelelser om Grønland 142(3): 1–244, 30 Tafeln

PIGLIUCCI, M. (2010): Phenotypic plasticity. In: Pigliucci, M., Müller, G. B. (Hrsg.), Evolution. The Extended Synthesis, pp. 355–378. Cambridge (MA), London

– , MÜLLER, G. B. (2010): Evolution. The Extended Synthesis. Cambridge (MA), London

PINHASI, R., ESHED, V., SHAW, P. (2008): Evolutionary changes in the masticatory complex following the transition to farming in the Southern Levant. American Journal of Physical Anthropology 135: 136–148

PONTZER, H., RAICHLEN, D. A. & al. (2014): Primate energy expenditure and life history. PNAS 111(4): 1433–1437

PORTMANN, A. (1941): Die Tragzeiten der Primaten und die Dauer der Schwangerschaft beim Menschen: ein Problem der vergleichenden Biologie. Revue Suisse de Zoology 48: 511–518

PREMKUMAR, S. (2011): Textbook of Craniofacial Growth. New Delhi, St. Louis, Panama City

RICHARD, A. F. (1985): Primates in Nature. New York

ROBBINS L.M. (1987): Hominid footprints from site G. In: Leakey M. D., Harris J. M. (Hrsg.), Laetoli. A Pliocene site in Northern Tanzania, pp. 497–502. Oxford

ROCK, W. P., SABIEHA, A. M., EVANS, R. I. W. (2006): A cephalometric comparison of skulls form the fourteenth, sixteenth and twentieth centuries. British Dental Journal 200: 33–37

ROEBROEKS, W., VILLA, P. (2011): On the earliest evidence for habitual use of fire in Europe. PNAS 108(13): 5209–5214

ROHEN, J. W. (2000): Morphologie des menschlichen Organismus. Stuttgart
– , LÜTJEN-DRECOLL, E. (2006): Funktionelle Embryologie. Stuttgart

ROSSLENBROICH, B. (2012): Die Biologie der Freiheit. Die Drei 10/2012: 15–34
– (2014): On the Origin of Autonomy. A New Look at the Major Transitions in Evolution. Cham, Heidelberg, New York
– , ROSSLENBROICH, M. (2012): Die französisch-spanische Höhlenkunst. Die Drei 11/2012: 25–41

ROZKOVCOVÁ, E., MARKOVÁ, M. & al. (2004): Agenesis of third molars in young Czech population. Prague Medical Report 105(1): 35–52

SÁNCHEZ, M. J., VICENTE, A., BRAVOC, L. A. (2009): Third Molar Agenesis and Craniofacial Morphology. Angle Orthodontist 79(3): 473–478

SCHAD, A. (2009): Die leibliche und kulturelle Entwicklung des Menschen. In: Schad, A., Schmelzer, A., Guttenhöfer, P. (Hrsg.), Der Kulturmensch der Urzeit. Vom Archaikum bis an die Schwelle zur Sesshaftwerdung, S. 37–109. Gerlingen

SCHAD, W. A. (1985): Gestaltmotive der fossilen Menschenformen. In: Goetheanistische Naturwissenschaft, Bd. 4 (Anthropologie), S. 57–152. Stuttgart
– (1988): Urgeschichtliches Israel – Schwelle und Durchgangsland der Menschheitsentwicklung. In: Suchantke, A., Schmutz, H.-U. & al. (Hrsg.), Mitte der Erde. Israel im Brennpunkt natur- und kulturgeschichtlicher Entwicklungen, S. 315–415. Stuttgart
– (1992): Der Heterochronie-Modus in der Evolution der Wirbeltierklassen und Hominiden. Dissertation, Universität Witten/Herdecke
– (2012): Säugetiere und Mensch. Ihre Gestaltbiologie in Raum und Zeit, Bd. 2. Stuttgart

SCHEURLE, H. J. (2013): Das Gehirn ist nicht einsam. Resonanz zwischen Gehirn, Leib und Umwelt. Stuttgart

SCHINDEWOLF, O. H. (1928): Das Problem der Menschwerdung, ein paläontologischer Lösungsversuch. Jahrbuch der Preußischen Geologischen Landesanstalt zu Berlin 49: 716–766
– (1972): Phylogenie und Anthropologie aus paläontologischer Sicht. In: Gadamer, H., Vogler, P. (Hrsg.), Neue Anthropologie, Bd. 1 (Biologische Anthropologie), S. 230–292. Stuttgart

SCHULZ, A. (1971): Die Primaten. Lausanne

SCHUMACHER, G.-H., SCHMIDT, H. (1976): Anatomie und Biochemie der Zähne. Stuttgart, New York

SCHWARTZ, J. H., TATTERSALL, I. (2000): The human chin revisited: what is it and who has it? Journal of Human Evolution 38: 367–409
–, – (2002): The Human Fossil Record. Vol. I: Terminology and Craniodental Morphology of Genus I Homo/I (Europe). New York
–, – (2003): The Human Fossil Record, Vol. II (Craniodental morphology of Genus Homo [Africa and Asia]). New York

SHAW, J. C. M. (1931): The Teeth, the Bony Palate and the Mandible in Bantu Races of South Africa. London

SHINN, D. L. (1976): Congenitally missing third molars in a British population. Journal of Dentistry 4: 42–44

Sidor, C. A. (2001): Simplification as a trend in synapsid cranial evolution. Evolution 55(7): 1419–1442
– (2003): Evolutionary trends and the origin of the mammalian lower jaw. Paleobiology 29(4): 605–640
Slocombe, K. E., Zuberbühler, K. (2005): Functionally referential communication in a Chimpanzee. Current Biology 15: 1779–1784
Smith, B. H. (1991): Dental development and the evolution of life history in Hominidae. American Journal of Physical Anthropology 86: 157–174
– (1993): The physiological age of KNM-WT 15000. In: Walker, A., Leakey, R. (Hrsg.), The Nariokotome Homo erectus skeleton. Cambridge (MA)
Starck, D. (1962): Der heutige Stand des Fetalisationsproblems. Hamburg, Berlin
–, Kummer, B. (1962): Zur Ontogenese des Schimpansenschädels. Anthropologischer Anzeiger 25: 204–215
Striedter, G. F. (2005): Principles of Brain evolution. Sunderlan/USA
Suwa, G., Asfaw, B. & al. (2009): The Ardipithecus ramidus skull and its implications for hominid origins. Science 326: 68–68e7. DOI 10.1126/science.1175825
Tavajohi-Kermani, H., Kapur, R., Sciote, J. J. (2002): Tooth agenesis and craniofacial morphology in an orthodontic population. American Journal of Orthodontics and Dentofacial Orthopedics 122(1): 39–47
Tensorer, le, J.-M. (2001): Ein Bild vor dem Bild? Die ältesten menschlichen Artefakte und die Frage des Bildes. In: Boehm, G. (Hrsg.), Homo Pictor. Colloquium Rauricum Band 7, S. 57–75 u. XI Tafeln. München, Leipzig
– (2012): Faustkeile. In: Floss, H. (Hrsg.), Steinartefakte vom Altpaläolithikum bis in die Neuzeit, S. 209–218. Tübingen
Thenius, E. (1989): Handbuch der Zoologie, Bd. 8 (Zähne und Gebiss der Säugetiere). Herausgegeben von Niethammer, J., Schliemann, H., Starck, D. Berlin, New York
Thot, N. (1995): Die ersten Steinwerkzeuge, S. 138–148. Heidelberg, Berlin
Tobias, P. V. (2015): The emergence of man in Africa and beyond. Phil. Trans. R. Soc. Lond. B 292: 43–56 (Neudruck von 1981)
Toldt, C. (1905): Die Ossicula mentalia und ihre Bedeutung für die Bildung des menschlichen Kinnes. Sitzungsberichte der Akademie der Wissenschaften, Mathematisch-Naturwissenschaftliche Klasse, Abteilung 3, Bd. 114(6–7): 657–692
Tomasello M. (2002): Die kulturelle Entwicklung des menschlichen Denkens. Frankfurt am Main.
Tuttle, R. H. (1987): Kinesiological inferences and evolutionary implications from Laetoli bipedal trails G–1, G–2/3, and A. In: Leakey, M. D., Harris, J. M. (Hrsg.), Laetoli. A Pliocene site in Northern Tanzania, pp. 503–520. Oxford
Verhulst, J. (1999): Der Erstgeborene. Mensch und höhere Tiere in der Evolution. Stuttgart
Villmoare, B., Kimbel, W. H. & al. (2015): Early Homo at 2.8 Ma from Ledi-Geraru, Afar, Ethiopia. Science 347(6228): 1352–1355
Vlček, E. (1964): Einige in der Ontogenese des modernen Menschen untersuchte Neandertalmerkmale. Z. Morph. Anthrop. 56: 63–83
Walker, A., Shipman, P. (2011): Turkana Junge. Auf der Suche nach dem ersten Menschen. Etsdorf am Kamp
West-Eberhard, M. J. (2003): Developmental plasticity and evolution. Oxford, New York
– (2005a): Phenotypic accommodation: Adaptive innovation due to developmental plasticity. Journal for experimental zoology (mol dev evol) 304B: 610–618
– (2005b): Developmental plasticity and the origin of species differences. PNAS 102 Suppl. 1: 6543–6549
White, R. (1995): Bildhaftes Denken in der Eiszeit. In: Streit, B. (Hrsg.), Evolution des Menschen, S. 166–173. Heidelberg, Berlin
White, T. D., Folkens, P. A. (2005): The human bone manual. Amsterdam, Boston, Heidelberg

WILLISTON, S. W. (1914): Water reptiles of the past and present. Chicago, Illinois

WILSON, F. R. (1998): Die Hand – Geniestreich der Evolution. Ihr Einfluss auf Gehirn, Sprache und Kultur des Menschen. Hamburg

WIMBERGER, P. H. (1991): Plasticity of jaw and skull morphology in the neotropical cichlids *Geophagus brasiliensis* and *G. steindachneri*. Evolution 45(7): 1545–1563

WOLTERECK, R. (1909): Weitere experimentelle Untersuchungen über Artveränderung, speziell über das Wesen quantitativer Artunterschiede bei Daphniden. Versuch. Deutsch. Zool. Ges. 1909: 110–172

WRANGHAM, R., CONKLIN-BRITTAIN, N. L. (2003): Cooking as a biological trait. Comparative Biochemistry and Physiology Part A 136: 35–46

WU, X., POIRIER, F. E. (1995): Human Evolution in China. A Metric Description of the Fossils and a Review of the Sites. New York, Oxford

ZOLLIKOFER, C. P., PONCE DE LEÓN, M. S. & al. (2014): Response to Comment on 'A Complete Skull from Dmanisi, Georgia, and the Evolutionary Biology of Early *Homo*'. Science 344: 360b. doi:10.1126/science.1250081

–, – & al. (2005): Virtual cranial reconstruction of *Sahelanthropus tchadensis*. Nature 434: 755–759

ZUBERBÜHLER, K. (2006): Language Evolution: The origin of meaning in primates. Current Biology 16(4). DOI: 10.1016/j.cub.2006.02.003

Die Autorin

Dr. SUSANNA KÜMMELL, Studium der Geologie/Paläontologie und Mongolistik in Bonn, Taipeh und Hohhot. Danach Ausbildung zur Oberstufenlehrerin am Lehrerseminar für Waldorfpädagogik, Stuttgart. Zweijährige Lehrtätigkeit als Geographie- und Biologielehrerin. Derzeit tätig als wissenschaftliche Mitarbeiterin am Institut für Evolutionsbiologie der Universität Witten/Herdecke. Arbeitsschwerpunkt sind die Hände und Füße der Säugervorläufer und frühen Säuger in dem Zeitraum vom Perm (270 Mio. J.) bis zur Ober-Kreide (65 Mio. J.). Es werden Bewegungsrekonstruktionen erstellt, um den Zusammenhang von Bewegung und Form und den Einfluss der Plastizität in der Evolution näher zu beleuchten. Des Weiteren werden großer Muster (pattern) in der Evolution wie die hier besprochene Komplexitätsverschiebung und die Heterochronien erarbeitet. Andere Arbeitsgebiete sind die Dynamik der Erde als Ganzes und der Klimawandel.

RUTH MANDERA, CHRISTOPH M. SCHEMPP

Die Blutwurz, *Potentilla erecta* (L.) Räuschel. Über die Fähigkeit, Polaritäten miteinander zu verbinden

Die Blutwurz, *Potentilla erecta (Abb. 1)*, gehört zu der Familie der Rosengewächse. Goetheanistische Charakterisierungen dieser Familie verfassten PELIKAN (1958) und GÖBEL (1988). Obwohl die Blutwurz eine seit dem Altertum geschätzte Heilpflanze ist (LATTÉ 2006, SCHEMPP & AL. 2015), wurden ihre botanischen Besonderheiten bis heute wenig gewürdigt.

Irritierend ist der bereits von Linné gewählte Artname *erecta*, übersetzt: »aufrecht, emporstehend«. Er verwundert deshalb, weil die Triebe der Blutwurz gerade *keine* eigene Aufrichte haben, ganz im Gegensatz zur straffen, bis 70 cm hoch werdenden *Potentilla recta* L. (rectus = aufrecht), zu deutsch »Hohes Fingerkraut«. *Erectus* ist vom Verb *erigere* (= aufrichten) abgeleitet, das in »erigiert« fortlebt. Im Lateinischen wurde »erectus« auch im übertragenen Sinn verwendet: *erhaben, munter, lebendig, mutvoll* – die drei letzteren Eigenschaften vor allem in Verbindung mit *animus*, der Seele. Offensichtlich geht es um ein »Sich-Aufrichten« in Widrigkeiten oder gegen Widerstände. Das aktive Sich-Aufrichten entgegen der Erdenschwere ist bei der Blutwurz nun tatsächlich zu bemerken: Die Triebspitzen und die langen Blütenstiele erheben sich in die pflanzentypische Vertikale, so dass die geöffneten Blüten zum Himmel gerichtet sind *(Abb. 2)*. Erst nach dem Verblühen und ihrer zunehmenden Verlängerung sinken die Triebe in die Horizontale ab, falls sie sich nicht irgendwo anlehnen können. Die blühenden Spitzen bleiben jedoch immer »munter aufgerichtet«.

103

Der heutige botanische Name *Potentilla erecta* (L.) Räuschel wurde 1797 von dem deutschen Botaniker Ernst Adolph Räuschel festgelegt, da ihm die Einordnung der Blutwurz in die Gattung der Fingerkräuter wichtig erschien. Angesichts des Augenmerks auf die umfangreiche Verwandtschaft traten die spezifischen Eigenschaften der Blutwurz notgedrungen in den Hintergrund. In der fast 700 Seiten starken »Monographie der Gattung Potentilla« von WOLF (1908), in der 306 *Potentilla*-Arten beschrieben sind, wird die Blutwurz (allerdings noch unter ihrem »altertümlichen« Namen *Potentilla Tormentilla*, mit großem T!) auf 2 Seiten bota-

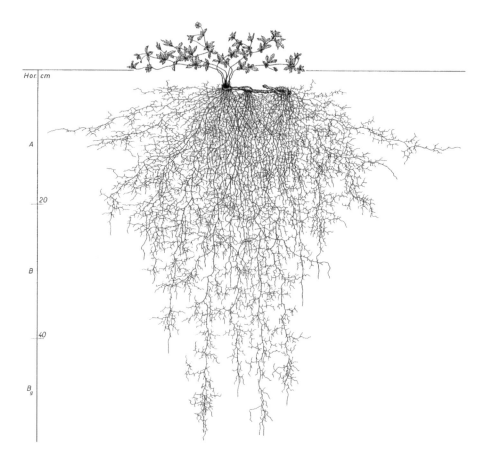

Abb. 1: Wurzelbild von *Potentilla erecta*, freigelegt Anfang September in einer mageren Standweide bei Keutschach, Kärnten, 512 m Höhe. (Aus KUTSCHERA & LICHTENEGGER 1992: 307)

104

nisch abgehandelt, unter anderem mit dem Satz: »P. Tormentilla, in früheren Jahrhunderten ein hochgeschätztes Arzneimittel, ist die einzige Spezies der Gattung, welche noch heutzutage beim Volk eine, wenn auch bereits sehr beschränkte, Anwendung als Hausmittel findet.« Dann folgen 7 Seiten Beschreibungen diverser Varietäten der Blutwurz.

GÖBEL (1988) entwarf ein eindrucksvolles Panorama der Rosengewächse unter Einbezug der Gestaltentwicklung, der Blattformen und der Fruchtformen. Sein leitender Gesichtspunkt war dabei die Unterscheidung zwischen der ausdauernden, vegetativ wachsenden Pflanze und ihren generativen Bereichen, das heißt den blühenden und fruchtenden Trieben, die nach der Fruchtreife absterben. Er schreibt: »Das Wesen des Rosentypus ist dadurch gekennzeichnet, dass er alle denkbaren Formen des Zusammenwirkens der vegetativen mit der generativen Pflanze durchspielt.« Die Vergleichbarkeit der verschiedenen Rosengewächse untereinander wird dadurch erleichtert, dass Göbel diese beiden Bereiche in seinen Schemata unterschiedlich einfärbt: Wurzeln, vegetative Triebe und vegetative Knospen sind grün dargestellt, generative Triebe mit Knospen und Blüten rot.

Die Blutwurz findet sich in seiner Übersicht zwischen *Sibbaldia procumbens*, dem Alpengelbling, und *Fragaria vesca*, der Walderdbeere (S. 158). Die Auszweigung der Blütentriebe aus den Blattachseln der Grundblätter ist korrekt dargestellt, der stark abstrahierte Blütenstand entspricht jedoch nicht der Wirklichkeit. Außerdem berücksichtigt er nicht das markante Rhizom der Blutwurz.

Die Aussagen Rudolf Steiners über das Blühen erweitern das Verständnis von vegetativer und generativer Pflanze. Eine der vielen sei hier zitiert:

»Die pflanzliche Natur zeigt sich so, dass sie das Seelische auch nicht in sich hineinlässt, aber sich in ihren obersten Partien in gewisser Weise, ich möchte sagen, berührt mit dem Geistig-Seelischen. Denn für die geisteswissenschaftliche Forschung zeigt sich bei der Pflanze das Folgende: Wenn ich unten die Wurzel, in der Mitte den Stengel und oben die Blüte der Pflanze habe, so habe ich diese Blüte so anzusehen, dass sich in der Blüte die nach oben strebende Pflanze mit dem Astralischen berührt, das nicht in sie eindringt, aber sie berührt. Dadurch entsteht die Blüte, dass eine Berührung zwischen dem obersten Teil der Pflanze und dem Astralischen, das die Erde umhüllt, eintritt.« (STEINER 1922)

Göbel spricht deshalb bei den grün gezeichneten Organen von terrestrischen Wirkungen, bei den rot gezeichneten von kosmisch-seelischen Wirkungen. PELIKAN (1958) nennt das von oben her wirkende Astralische »das eigene kosmisch-periphere Astralwesen«. Die Blutwurz öffnet sich den vegetativen Prozessen und auch den »seelisch-astralisch berührenden« Prozessen ungewöhnlich und unverwechselbar.

Abb. 2: Blühende Blutwurz, 10.07.2010, Karawanken, Österreich, 1600 m Höhe.

Abb. 3: Keimpflanze, 27.05.2014.

Die Keimpflanze und die ersten drei Monate

Eine Keimpflanze der Blutwurz zeigt *Abbildung 3* (27.05.2014, insgesamt ca. 3,3 cm lang). Die beiden ersten Blättchen haben rosa-bräunlich getönte Stiele und eine ungegliederte, aber gebuchtete Spreite. Die Stiele der beiden Keimblättchen sind basal zu einem kleinen Becherchen verwachsen. Auffällig ist die kräftige rosa-rote Farbe, die sich von den Stielchen über dieses Becherchen noch ein Stückchen weiter hinab in den Bereich des Hypokotyls erstreckt. Wir werden sehen, weshalb die Blutwurz dieses Gebiet schon jetzt durch eine markante Färbung auszeichnet. Darunter folgt eine weißliche Zone, die in die braune Primärwurzel übergeht.

Auf *Abbildung 4* ist die Laubblattfolge einer jungen Blutwurz über drei Monate zu sehen (Aussaat 24.06.2008, danach fortlaufende Blattabnahme zum Pressen, Kopie der gesamten Pflanze am 01.10.2008). Auf die zwei winzigen Keimblättchen folgen 5 Blättchen mit der schon bekannten gekerbten Spreite. Ab dem 6. Blatt bildete diese Blutwurz die charakteristischen dreizähligen Blättchen, die für einige *Potentilla*-Arten und für die Erdbeere so typisch sind. Da es sich um Blätter aus der Familie der Rosengewächse handelt, sind unten, an der Basis des Blattstiels, Nebenblätter (Stipeln) zu erwarten. Bei diesen ersten Blättern sind sie so fein und klein, dass sie auf der Abbildung nicht mehr zu sehen sind. Etwas deutlicher wahrnehmbar ist eine leichte Verdickung des Bereichs unterhalb der jüngsten Blättchen, am Übergang zur Primärwurzel.

Aus den Blattachseln der Blättchen 4, 5 und 6 wuchsen Seitentriebe heran, die eine abweichende Blattform zeigen. Der letzte Trieb bildete sogar zwei Blüten, die zum Zeitpunkt des Pressens bereits junge Früchtchen trugen. Beim Trieb aus Achsel 4 hat das unterste Blättchen ein Stielchen und drei kleine Fiederblättchen – diese gegliederte Gestalt hatte das eigene Tragblatt noch gar nicht erreicht! An den folgenden Blättern ist dann der Blattstiel so verkürzt, dass die drei Fiedern »sitzend« erscheinen. Gleichzeitig nehmen die Nebenblätter beträchtlich an Größe zu. Da sie aufgrund ihrer Herkunft bereits direkt am Stängel entspringen, entsteht eine fünfstrahlige Blattform, die den Stängel umgibt. Auch bei den beiden folgenden Seitenästchen ist eine Verschmälerung der drei Fiedern und ihr Heranrücken an den Stängel bei gleichzeitiger Betonung der zwei Stipeln zu bemerken.

LIESCHE (1988, 1990) konnte durch ihre langjährigen Beobachtungen an Nelkenwurz, *Geum urbanum*, und der Walderdbeere, *Fragaria vesca*, zeigen, dass eine aus Samen gezogene Nelkenwurz erst zu Beginn des zweiten Lebensjahres – im Frühling – zum Blühen kommen kann, eine aus Samen gezogene Walderdbeere sogar erst zu Beginn des dritten Lebensjahres. Im Vergleich dazu muss das Blühen der Blutwurz etwa drei Monate nach der Keimung als eine bemerkenswerte *Verfrühung des Blütenimpulses* angesehen werden. Auch wenn die zwei ersten Seitentriebe nicht zum Blühen kamen, zeigen doch die zusammengezogenen Blätter ohne Stielchen, dass Achsenorgane und Blättchen bereits auf ein Blühen hinorientiert waren. Im Sinne Göbels sind diese drei Seitentriebe generative Triebe. Schon wenige Wochen nach der Keimung klingt demnach ein zentrales Motiv der Blutwurz an: die »Durchdringung« von vegetativen und generativen Prozessen, da das Vegetative eine frühe und tiefe »kosmisch-seelische Berührung« zulässt.

Abb. 4: Laubblattfolge einer jungen Blutwurz mit drei generativen Seitenzweigen. Aussaat 24.06.2008, Pflanze vollständig gepresst am 01.10.2008.

Das Rhizom: Dreifiedrige Rosettenblätter und Schuppenblätter

Einjährige Pflanze

Eine ebenfalls im Juni 2008 ausgesäte Blutwurz überwinterte in einem Blumentopf im Haus. Im Juni 2009 war oberirdisch nichts außer einer Fülle von dreiteiligen Blättchen zu sehen. Die im Dunkeln verborgenen Aktivitäten der Blutwurz wurden erst nachvollziehbar, als die ganze Pflanze aus dem Topf gehoben und vorsichtig von der Erde befreit wurde: Eine junge Rhizomknolle war entstanden *(Abb. 5, 6)*.

Die bräunliche Rhizom-Anschwellung oberhalb der Primärwurzel entlässt zahlreiche weiße Wurzeln und an *vier* verschiedenen Stellen Blätterbüschel. Die Primärwurzel dieser Pflanze ist inmitten der übrigen weißen Wurzeln anhand der noch teilweise vorhandenen Braunfärbung und ihrer Dicke zu erkennen. Sie verläuft zunächst ein Stück weit waagerecht (auf *Abb. 5* nach links, auf *Abb. 6* nach rechts), bevor sie nach unten abbiegt. Im Vergleich mit der Keimpflanze von *Abbildung 4* ist deutlich, dass sich die Rhizomknolle in dem ehemals rot gefärbten Bereich bildete. Alle Blättchen entstehen immer dicht gedrängt oberhalb der Keimblätter, während ihrer Vervielfältigung schwillt die Achse unter ihnen an. Inwieweit diese Rhizomknollenbildung nur das Epicotyl umfasst oder ob auch Anteile des Hypocotyls beteiligt sind, muss derzeit offen bleiben. Während des Verdickens verlagert sich die kleine Knolle in die Horizontale und beeinflusst dadurch auch die Orientierung der Primärwurzel. Der Übergang zwischen der Primärwurzel und dem Rhizom ist immer erstaunlich abrupt, da sich die Knolle an diesem Ende kugelig abrundet.

An der Rhizomspitze – dem Austritt der Primärwurzel direkt gegenüber – befindet sich die üppigste Ansammlung von Blättern, vgl. *Abbildung 6*, links. Insgesamt 19 Blättchen stehen hier in einem dichten Bündel zusammen. Es wächst – vom liegenden Rhizomknöllchen abgewinkelt – vertikal nach oben, zum Licht hin. Die langen Stiele, die oben die typische dreifiedrige Spreite tragen, verbreitern sich basal in den weiß-fleischigen Blattgrund, der rechts und links von zwei dünnhäutigen Stipeln begleitet wird. Diese weißlich-rosafarbenen Nebenblätter sind anhand ihrer pointierten hellgrünen Spitzen gut zu erkennen *(Abb. 6)*. Umgeben sind die vitalen Blätter von mehreren braunen, bereits verrotteten Blattresten.

Ein »typischer grüner Spross« einer Pflanze umfasst den in Knoten und Internodien gegliederten, grünen Stängel, der sich über die Erde erhebt und an seinen Knoten die grünen Blätter trägt. Diese normalerweise *vertikale Hauptachse* kann aus den Achselknospen ihrer Blätter zahlreiche Seitentriebe in den Lichtraum hineinbilden. *Bei der Blutwurz ist diese Sprossachse dagegen in die Erde hinein verlagert, horizontal orientiert und außerdem noch knollig gestaut.* Sie wird *Rhizom* oder auch *Wurzelstock* genannt und bleibt oberirdisch immer unsichtbar.

Abb. 5:
Einjährige Blutwurz aus Zimmerkultur. Aussaat Juni 2008, Foto Juni 2009. Oberirdisch Büschel gestielter, dreifiedriger Rosettenblätter, unterirdisch junge Rhizomknolle. Die bräunliche Hauptwurzel weist nach links, ehe sie nach unten abbiegt.

Abb. 6:
Nahaufnahme der Rhizomknolle von *Abb. 5*, die bräunliche Hauptwurzel weist hier nach rechts. Die dünnen Nebenblätter am weißen oder rosafarbenen, fleischigen Blattgrund haben feine, hellgrüne Spitzen.

Die eigentliche Sprossspitze der Blutwurz – der Quellort der dreifiedrigen Blätter – ist nicht nur durch die Versenkung in die Erde dem Sonnenlicht entzogen, sie bleibt zusätzlich auch immer von der Basis der Blättchen (Blattgrund und Nebenblätter) bedeckt. Die Internodien dieser Hauptachse sind an der Spross-/Rhizomspitze extrem verkürzt, so dass die Blättchen und ihre langen Stiele in einer engen Spirale, dicht an dicht, zusammenstehen, siehe *Abbildung 6*. Deshalb nennt man diese Anordnung auch eine »Rosette«, obwohl sie mit den bekannten breitblättrigen Rosetten von Königskerzen oder Disteln keine große Ähnlichkeit hat. Die Blutwurz-Rosette aus dreifiedrigen Blättchen erinnert an die Rosette der Walderdbeere – wobei deren Vegetationskegel jedoch knapp oberhalb der Erdoberfläche liegt, nicht so tief in die Erde hineingezogen wie bei der Blutwurz.

Die Hauptrosette an der Rhizomspitze ist bei jungen Pflanzen immer die älteste, die dickste und kräftigste, die die meisten Blättchen umfasst. Auf *Abbildung 6* ist zu sehen, dass die jüngeren, näher dem Wurzelpol entspringenden Rosetten kleiner sind und eine schmalere, noch weiße Basis haben sowie stärker rosafarbene Stiele. Sie sind jeweils basal von einem bereits verbräunten, abgestorbenen Blattrest und oft auch von einer weißen Wurzel begleitet, die in der Nähe des Büschels direkt aus dem Rhizomknöllchen entspringt.

Im Laufe des Jahres wird der jetzt noch weiße Bereich direkt unterhalb jeder jungen Blatt-Rosette anschwellen, sich verlängern und eine braune Korkschicht ausbilden: So entstehen braune, feste, neue Rhizom-Auswüchse, die in engster Verbindung zur ursprünglichen Knolle bleiben.

Mehrjährige Rhizome

Die oberirdische Variabilität der Blutwurz wird in der Literatur breit beschrieben (WOLF 1908, GERSTBERGER 2003), die viel größere unterirdische Variabilität wurde bis jetzt kaum beachtet. Sogar die Differenzierung der unterirdischen Organe in Rhizom und Wurzeln handhaben die Autoren nicht immer konsequent. So schreibt MADAUS (1938): »Der Name Blutwurz rührt von der blutroten Farbe der Wurzel her« – obwohl er einige Zeilen später von der Rhizomstaude und dem sich rotfärbenden *Wurzelstock* spricht. Auch FISCHER-RIZZI (2002) nennt in ihrer Darstellung das Rhizom durchgängig Wurzel. Es ist nachvollziehbar, dass der deutsche Name Blut*wurz* die Assoziation zur Wurzel herausfordert – goetheanistisch angeschaut, sind ein Rhizom und eine Wurzel ganz unterschiedliche Organe, auch wenn sie sich beide in der Erde befinden. Eine Wurzel ist auf den Substanzaustausch mit der Umgebung hin organisiert und lebt im Prozess des Sich-Streckens, im Längenwachstum. Sie hat keine Knoten und keine Blätter. Durch Substanzanreicherung kann sie an Umfang zunehmen. Ein Rhizom ist dagegen ein mehrjähriger, meist horizontal wachsender *Spross*, der in Knoten und Internodien gegliedert ist und deshalb an den Knoten wenigstens Schuppenblätter trägt, von denen man an älteren Abschnitten Narben findet.

Es ist erstaunlich, wie selten charakteristische Zeichnungen oder Fotos von Blutwurz-Rhizomen veröffentlicht wurden. Üblicherweise wird ein unverzweigtes, walzenförmiges, mal längeres, mal kürzeres, mal auch angeschnittenes Gebilde gezeigt, das tatsächlich auch von einer krumm gewachsenen Rübe, also einer Wurzel, stammen könnte. Man bekommt den Eindruck, die Zeichner hätten, ausgehend von Fuchs, voneinander abgezeichnet (Fuchs 1543, Köhler 1887, Staesche 1968, Fischer-Rizzi 2002, Hagerrom 2004). Reisigl & Keller (1994) schreiben in ihrem Buch über Alpine Rasen, Schutt- und Felsvegetation: »Die Blutwurz *Potentilla erecta* kriecht mit Ausläufern über die Streudecke. Wo sich Lücken finden, wachsen Wurzeln nach unten zum Boden durch«. Ein so dünnes, langes Rhizom, wie sie es abbilden, ist ungewöhnlich. Auch das von Kutschera & Lichtenegger (1992) gezeichnete Rhizom aus Kärnten (512 m Höhe) ist ausgesprochen langgestreckt, vgl. *Abbildung 1*.

In Rhizom-Beschreibungen tauchen jedoch auch die Begriffe »vielköpfig«, »knotig« oder »knollig« auf. Brunner (1944) erklärt: »Meist sind es einzelne, unregelmäßig knollige 1–3 cm dicke und 3–12 cm lange Rhizome, oft mit knolligen Wülsten oder Seitenrhizomen, die komplizierte Systeme mit bis 12 miteinander verwachsenen Achsen bilden.« Eine systematische Untersuchung der Rhizomentwicklung der Blutwurz sowie der verschiedenen Erscheinungsformen war im Rahmen dieser Studie nicht möglich – wesentlich sind uns drei Aspekte: das *knollige Anschwellen* des Rhizoms, die *dichte Abfolge von Knoten* an der Rhizomspitze, auf die ihre büschelige Blattrosette hinweist, und eine *unermüdliche Verzweigungsaktivität*, die auch Brunner erwähnt.

Sobald sich eine junge Blutwurz mit einer kleinen Blattrosette und einer darunterliegenden Rhizomknolle etabliert hat, werden im Laufe der Weiterentwicklung aus dieser Knolle neue Blattrosetten heraustreiben – immer *unterhalb* der Hauptrosette. Zuweilen ist eine gewisse Spiegel-Symmetrie bei den Neutrieben wahrzunehmen, meistens erscheinen sie willkürlich, mal rechts, mal links, weiter oben, weiter unten – ohne eine nachvollziehbare Gesetzmäßigkeit. Im Gegensatz zu Rhizomen anderer Pflanzen sind bei der Blutwurz die Narben der ursprünglichen Beblätterung nur selten zu erkennen, so dass auch keine Zuordnung von Blattansätzen zu Verzweigungen möglich ist. Manchmal sind Reste der abgestorbenen Blütentriebe zu sehen, die stellenweise eine kleine Grube hinterlassen. Aber auch sie ergeben kein durchgängiges Ordnungskriterium. Das Verzweigen am Rhizom folgt eher der Art und Weise, in der Wurzeln wachsen: Seitenwurzeln entstehen in unmittelbarer Wechselbeziehung mit Umgebungsverhältnissen und folgen keiner geometrisch fassbaren Gesetzmäßigkeit. Möglicherweise trug auch dies mit zu dem Eindruck bei, dass das unterirdische Organ doch eine Wurzel sein müsse.

Unterschiedliche Umgebungsbedingungen äußern sich auch in divergierenden Rhizomformen, siehe *Abbildung 7a* und *b*. Die Pflanze von *Abbildung 7a* ist im Südschwarzwald auf ca. 1300 m Höhe auf steinigem, wenig humosem, wechselfeuchtem Granitboden gewachsen, ihr Rhizom ist kompakt, die Verzweigungen konzentrieren sich auf den Bereich dicht unter der Erdoberfläche. Das Rhizom von *Abbildung 7b* stammt von einer Blutwurz, die in einem Gartenbeet mit viel Laubkomposterde gedeihen konnte. Oberirdisch entstanden deshalb weit verzweigte Blütentriebe, unterirdisch sind die Rhizomspitzen zu langen »Fingern« ausgezogen. Das Rhizom lag schräg in der Erde.

Gräbt man im Sommer ein Rhizom aus, dann sind keine gestielten, dreifiedrigen Blättchen vorhanden. Die aktiven Rhizomspitzen entlassen scheinbar nur die nackten Achsen der Blütentriebe *(vgl. Abb. 7a)*. Bei genauerem Nachforschen sind jedoch im Übergangsbereich 5–10 mm lange häutige Gebilde zu entdecken. Sie werden *Schuppenblätter* genannt, weil sie nur aus dem Blattgrund und den zwei Stipeln bestehen. Die äußeren sind immer bereits abgestorben und deshalb dünn und braun. Die zarte Blattnarbe, die sie beim endgültigen Verrotten hinterlassen, wird durch das weitere Anschwellen der Rhizomknolle nivelliert. Die nach innen folgenden Schuppenblätter sind dagegen weiß und prall, manche umfassen einen Blütentrieb. Sie alle liegen der Rhizomspitze eng an.

In den Übergangszeiten des Jahres, das heißt im Frühjahr und im Herbst, werden einige wenige der ganz innen liegenden Schuppenblätter empfänglich für vegetative Impulse: Bei ihnen werden die Bereiche ihres »Oberblattes« aktiv. Aus der Spitze einer solchen Schuppe wächst dann ein typisches, gestieltes, dreifiedriges Blättchen heran, das sich über der Erde entfaltet. Ebenso gibt es hin und wieder ein Schuppenblatt, das mit dem Bilden eines kurzen Stielchens beginnt, der dann abrupt endet. Die ausgewachsenen Blattstiele sind nicht markerfüllt, sondern hohl, was auf ihre geringe Lebensdauer hinweist. Unabhängig davon, ob sie im Frühjahr oder im Herbst erscheinen, sind diese oberirdischen Stiele und Fiederblättchen nach wenigen Wochen bereits wieder vergangen. Ihre unterirdisch verbleibenden Stipeln leben jedoch unverändert und prall weiter, bis sie durch neue Schuppenblätter, die weiter innen entstanden sind, so weit nach außen/unten rücken, dass sie dort vergehen.

Nach einigen Jahren stellen die ältesten Rhizom-Auswüchse ihr Wachstum gänzlich ein: An ihren Spitzen sind keine Schuppenblätter mehr zu finden, entlang ihrer Flanken bilden sich weder weitere Verzweigungen noch Wurzeln. Die gesamte Kuppe bleibt kahl, später beginnt sie zu erodieren. Ein solches »vergreistes« Gebiet ist beispielsweise auf dem Rhizomverbund von *Abbildung 8* zu sehen, ausgegraben im März aus einer Waldwiese. Die dicht unter der Erdoberfläche liegende Knolle

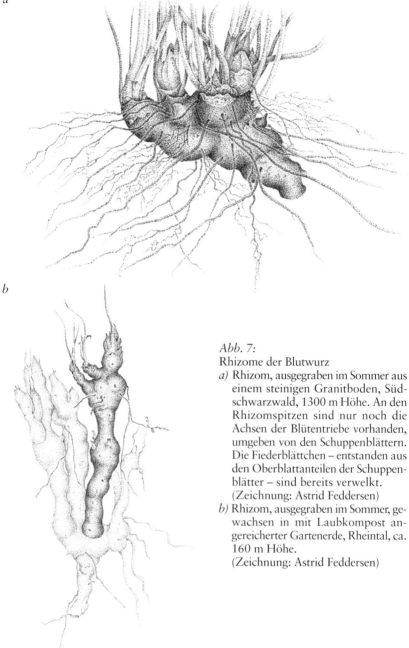

a

b

Abb. 7:
Rhizome der Blutwurz
a) Rhizom, ausgegraben im Sommer aus
   einem steinigen Granitboden, Südschwarzwald, 1300 m Höhe. An den
   Rhizomspitzen sind nur noch die
   Achsen der Blütentriebe vorhanden,
   umgeben von den Schuppenblättern.
   Die Fiederblättchen – entstanden aus
   den Oberblattanteilen der Schuppenblätter – sind bereits verwelkt.
   (Zeichnung: Astrid Feddersen)
b) Rhizom, ausgegraben im Sommer, gewachsen in mit Laubkompost an-
   gereicherter Gartenerde, Rheintal, ca.
   160 m Höhe.
   (Zeichnung: Astrid Feddersen)

114

war 2 cm dick, ca. 5,5 cm lang und maximal 3 cm breit. Deutlich sind an diesem Rhizom drei »aktive« Bereiche zu erkennen, die sich durch viele Blättchen und eine dichte Bewurzelung auszeichnen und die ein zentrales, dunkelbraunes Gebiet von etwa 7 nicht mehr tätigen Kuppen umgeben. Die vermeintlich regellos entspringenden dreifiedrigen Blättchen gehörten – bei genauerer Betrachtung – zu insgesamt 15 (!) kleinen Rosetten, oft nur aus zwei oder drei Blättchen bestehend. Sechs dieser Rosetten krönten bereits ältere Rhizomspitzen, neun Rosetten waren ganz jung und stammten aus der aktuellen Vegetationsperiode *(Abb. 9)*. An den kräftigsten Rhizomspitzen gaben die gestielten Rosettenblättchen bereits ihr Geheimnis preis: Zwischen ihnen drängen die hellgrünen Blattspitzen der Blütentriebe ans Licht *(Abb. 9)*.

Die Blütentriebe: fünfzählige Blätter, vierzählige Blüten und dichasialer Blütenstand

BRETTSCHNEIDER (2015) verdanken wir den Hinweis, dass die Stauchung der Internodien an den Rhizomspitzen ebenfalls ein Einwirken von kosmisch-seelischen Kräften ist. Anders als bei *Gentiana lutea*, dem Gelben Enzian (BRETTSCHNEIDER 1980), werden bei der Blutwurz jedoch nie die Vegetationskegel der Rhizomspitzen selber zu Blüten umgebildet. Sie bleiben immer vegetativ proliferierend, bis sie gealtert absterben. Die zurückgehaltene Vitalität drängt zunächst in weiteren Rhizomverzweigungen nach außen: Es entstehen die Büschel dreifiedriger Blättchen, die sich zu neuen Rhizomkuppen verdicken werden. Erst wenn sich das vegetative Wachstum in *generativen Seitentrieben* Bahn bricht, kann sich die »seelische Berührung« auch in farbigen Blüten äußern. Diese Seitentriebe können nur in den Achseln rhizomständiger Blätter entstehen, also im Zusammenhang mit den Schuppenblättern.

Bereits im Herbst sind bei einigen der dicken, weißen Schuppenblätter auf der Innenseite ca. 2 mm lange, gestauchte Triebe zu entdecken, die nicht nur einige Blattanlagen, sondern bereits mindestens eine Blütenknospe zeigen. Dies entspricht der Entwicklung anderer Rosengewächse: In den ober- oder unterirdischen Herbstknospen von Birnbaum, Brombeere oder Erdbeere sind stets Blütenanlagen enthalten (ZELLER 1983). Bei der Blutwurz überwintern diese zukünftigen Blütentriebe in der Erde, nicht von echten Knospenschuppen umgeben, aber gut geschützt durch die breiten, fleischigen Schuppenblättchen. Es konnte noch nicht endgültig geklärt werden, ob nur in den Achseln der Schuppenblätter Blütentriebe angelegt werden, deren Oberblatt sich im Herbst oder Frühjahr oberirdisch als dreifiedriges Blättchen entfaltet – was zu vermuten ist. Es bleibt die Frage offen, ob auch Schup-

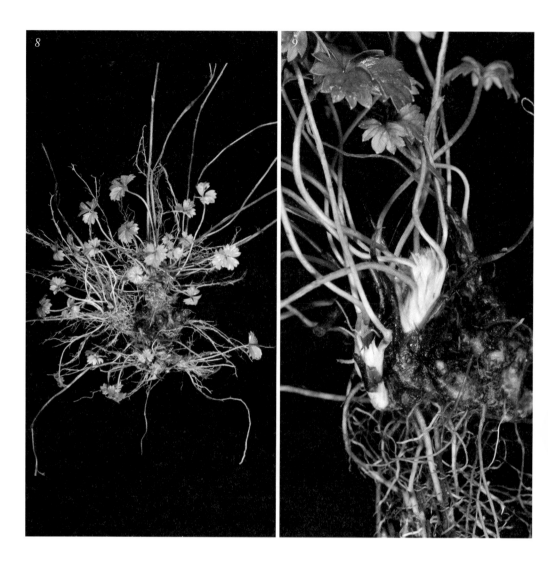

Abb. 8: Rhizomverbund, ausgegraben im März aus einer Waldwiese, Westerwald, Höhe 180 m. Es sind ausschließlich langgestielte, dreifiedrige Blätter zu sehen.

Abb. 9: Nahaufnahme zweier Rhizomspitzen von Abb. 8. Rechts drängt ein junger, hellgelber Blütentrieb aus der Mitte der rosettig stehenden Schuppenblätter heraus.

116

penblätter zur Blütentriebanlage fähig sind, die immer gänzlich unterirdisch verbleiben und auch keinerlei minimale Stielbildung zeigen.

Im Frühjahr wachsen die Blütentriebe schnell heran. Nicht die frühe Anlage der generativen Seitenzweige ist ungewöhnlich, sondern ihre weitere Entwicklung im folgenden Jahr. Die Blätter der Blütentriebe sind immer fünfzipflig. Es gibt keinen vermittelnden Übergang zwischen den gestielten Rosettenblättern und den sitzenden Stängelblättern. Das erste, unterste Blatt eines jungen Blütentriebs (17.4.) zeigt *Abbildung 10*. Noch sind die drei Fiedern des Oberblattes an der Spitze am breitesten, zum Stängel hin ziehen sie sich zusammen und gehen gemeinsam in ein etwa 1 mm langes Stielchen über, das sich dem Stängel eng anschmiegt. Die beiden Stipeln sind noch ausgesprochen »füllig«. Sie fächern sich hier breit in mehrere Zipfelchen auf und umfassen zu zweit mehr als die Hälfte des Stängels. An sonnigen Standorten tragen die Blattzähnchen rote Spitzen. Bei den folgenden Blättern werden die fünf

Abb. 10: Das erste Blatt eines Blütentriebs. Rechts die drei Fiedern des Oberblattes, links die zwei vergrößerten Nebenblätter. Gemeinsam formen sie einen grünen Strahlenkranz um den Knoten herum.

117

Zipfel schmaler und spitzer. Die drei Oberblatt- und die zwei Unterblatt-Anteile gleichen sich also in Größe und Form immer mehr aneinander an und umgeben jeden Knoten gemeinsam »wirtelig« – als ob es fünf einzelne Blättchen wären. Alle Blätter sind immer kräftig grün, glatt, glänzend und fest. Durch die Anordnung der Zacken und Zipfel entsteht ästhetisch der Bildeindruck eines aktiven Auseinander-sprühens, das von einem Zentrum ausgeht.

Blüten und Früchte

Eine Blutwurz erkennen wir an ihren fünfzipfligen Blättern und an ihren vier-zähligen Blüten. Innerhalb der Rosengewächse sind Arten, deren Blüten dem Prinzip der *Vier* anstelle der *Fünf* folgen, selten. Wer weiß schon, dass die Blüten der Gat-tungen Frauenmantel *(Alchemilla)* oder Wiesenknopf *(Sanguisorba)* ebenfalls kreuz-förmig gestaltet sind? Bei ihnen sind die kleinen vierzähligen Blütchen, die nur mit der Lupe deutlich zu sehen sind, zu dichten Blütenständen vereinigt.

Die Blüten der Blutwurz dagegen stehen immer einzeln. Mit ihren 10–12 mm Durchmesser sind sie im Vergleich mit anderen *Potentilla*-Arten eher klein, fallen aber durch ihre leuchtend warm-gelbe Farbe auf. Diese *eine Art, Potentilla erecta*, nimmt dadurch eine Sonderstellung in der großen Gattung *Potentilla* ein, für die fünfzählige Blüten typisch sind. *Potentilla anglica*, entstanden durch eine natürliche Kreuzung von *Potentilla erecta* mit *Potentilla reptans* – bei Wolf *Potentilla pro-cumbens* genannt – soll zu 75% vierzählige Blüten zeigen (WOLF 1908). Das vege-tative Wachstum von *P. anglica* orientiert sich indessen mehr an *P. reptans*, indem sich die langen, am Boden liegenden Stängel im Herbst bewurzeln. Bei krautigen Rosengewächsen weisen die Vegetationskegel bei der Blütenanlage noch eine ge-wisse Plastizität auf, weshalb immer wieder Abweichungen von der typischen Blü-tenblattanzahl beobachtet werden können: So gibt es vierzählige Erdbeerblüten oder sechszählige Blüten von *Geum urbanum*. Desgleichen sind in einem Bestand von Blutwurz öfters auch fünfzählige Blüten zu finden.

Die Blüten von *Potentilla erecta* bestehen eigentlich aus zwei Kreuzen, vgl. die *Abbildungen 2* und *11*. Über einem grünen Kreuz, gebildet aus den zwischen den Kronblättern hindurchschauenden Kelchblättern, liegt – um 45° verdreht – das goldgelbe Kreuz der Blütenblätter. Die Kronblätter zeigen meistens eine herzförmige Einbuchtung am äußeren Rand. Sie ist charakteristisch für die *Potentilla*-Arten und fehlt zum Beispiel den Erdbeerblüten. Durch die breiten Blütenblätter wirken die Blüten der Blutwurz insgesamt quadratisch oder sogar achteckig.

Ebenso typisch für *Potentilla*-Arten (auch für Nelkenwurz und Erdbeere) sind die »doppelten« Kelchblätter. Alle Kelchblätter sind miteinander zu einer Art

Abb. 11: Die zwei Kreuze der Blutwurz-Blüte. Die nach außen geweiteten, nach innen schmal zusammengezogenen Blüttenblätter berühren sich nicht und geben den Blick frei auf die vier Kelchblätter.

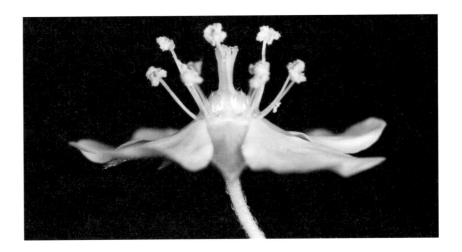

Abb. 12: Blüte von der Seite gesehen. Kronblätter, Staubblätter und Griffel strecken sich geordnet in den Raum.

»Kelchbecher« verwachsen. Diese Kelchblätter zeigen ihre Verwandtschaft mit den Laubblättern nicht so wie die Rosen, die ja an ihren fünf Kelchzipfeln sukzessive ihre Fiederchen verlieren, sondern dadurch, dass sie noch Stipeln besitzen. Je zwei benachbarte Stipeln verwachsen miteinander und bilden gemeinsam ein »Außenkelchblatt«. Diese vier »Außenkelchblätter« sind immer schmaler als die vier eigentlichen Kelchblätter und entspringen etwas tiefer am Kelchbecher. Sie liegen unter der Mediane der Kronblätter.

Zum Zentrum der Blüte hin verdichtet sich das Goldgelb der Kronblätter zu einem warmen Goldorange[1], während ihre Fläche sich zu dem typischen »Nagel« zusammenzieht. Auch die Staubblätter und Griffel sind goldgelb, an sonnigen Plätzen zu goldorange vertieft. Die 16 Staubblätter stehen einzeln, in zwei Kreisen zu je 8 Staubblättern. Sie entspringen einem eigenen, leicht erhöhten, wulstigen Gewebering, der sich durch gelbe Färbung und eine glänzende Textur von den Kelchzipfeln abhebt. Die Filamente sind dünn und werden bis 3,5 mm lang, erreichen somit die halbe Länge der Kronblätter.

Der Blütenboden ist nur minimal aufgewölbt und mit kurzen, steifen, weißen Haaren bedeckt, in denen die 5 bis 15 grünen Fruchtknoten eingebettet sind. Sie orientieren sich interessanterweise nicht an der Vier- oder Achtzahl der übrigen Blütenorgane. Die Haare sind beim Blick von oben in die Blüte hinein nicht zu bemerken, sie werden nur von der Seite und beim beginnenden Verwelken sichtbar. Die 5 bis 7 innersten Fruchtknoten ordnen sich so an, dass ihre Griffel genau in der Blütenmitte eng aneinanderstoßen und sich dort in die Höhe recken. Sie bilden das vertikale Zentrum, während die Staubblätter in verschiedene Richtungen versprühen *(Abb. 12)*. Im Garten sind die Blüten etwa zwei Tage und Nächte geöffnet. In der ersten Nacht neigen sich die Kronblätter noch einmal leicht zusammen, in der zweiten Nacht bleiben sie ausgebreitet offen. Die Blüten der Walderdbeere schließen sich nachts ebenfalls nicht (wohl aber beispielsweise diejenigen von *Potentilla aurea*).

Jeder Fruchtknoten besteht aus einem einzigen Fruchtblatt, das sich zu einem kleinen Nüsschen entwickelt und einen Samen enthält. Alle Nüsschen bleiben zunächst gemeinsam am Blütenboden sitzen. Wegen der vielen Fruchtblätter spricht man von polykarpiden Früchten (Troll 1957). Sie gehören zu den einfachsten Sammelfrüchten der Rosengewächse, da die trockenen Früchtchen weder mit dem Blütenboden noch untereinander verwachsen sind und schlussendlich einzeln abfallen. Wie bei der Erdbeer-Sammelfrucht bleiben die beiden Kelchblattkreise der Blutwurz während der Reife der Nüsschen erhalten. Sie bekommen eine neue Aufgabe und formen gemeinsam eine »grüne Blüte«, die scheinbar aus Kelch- und

---

[1] Dies sind übrigens die einzigen Stellen in den Blütenblättern, die bei UV-Bestrahlung das Licht nicht reflektieren, sondern absorbieren. Harborne & Nash (1984) identifizierten verschiedene Flavonoide, die für die UV-Absorption verantwortlich sein sollen.

Kronblättern besteht *(Abb. 13)*. Die schmalen Nebenkelchblätter stehen annähernd waagerecht, die breiteren echten Kelchblätter stellen sich in einer umhüllenden Geste um die innen liegenden Früchtchen. Auch wenn sie sich verfärben, variieren die Grün-, Gelb- oder Rottöne zwischen den beiden Kreisen. Göbel (1988) bezeichnet die kugelige Ansammlung der Früchte von *Geum urbanum* als *Fruchtstand*, in diesem Text verwenden wir den Begriff *Nüsschenstand* oder *Früchtchenstand*, um der Zierlichkeit der Gebilde Ausdruck zu verleihen. Die Früchtchen stecken zwischen den weißen, steifen Haaren und überdecken durch ihr Größenwachstum den erhalten bleibenden basalen Wulst der abgefallenen Staubblätter. Sie verhärten im Laufe ihrer Reifung und färben sich dunkelbraun. Ausgewachsen erreichen sie eine Länge bis 1,7 mm. Sie sind unbehaart, leicht längsrunzelig und haben eine sogenannte »Kielleiste«. Beschrieben wird eine Ameisenverbreitung (Gerstberger 2003). Das weichere Gewebe in der Nähe der Abbruchstelle des Früchtchens wird deshalb als Elaiosom bezeichnet.

An allen untersuchten Standorten waren auch alte Blüten zu finden, die gar keine Früchtchen entwickelt hatten. Im Innern der Kelche ist dann nur der Haarpelz des Blütenbodens zu sehen, in dem manchmal noch einige vertrocknete, nicht entwickelte Fruchtknoten hängen. Die echten Kelchblätter strecken sich dann oft waagerecht und färben sich rötlich, stärker als die eigenen Nebenkelchblätter. Das Fehlen der Nüsschen lässt die Kelchblätter schon im Sommer in einer »Herbstfärbung« aufleuchten.

Verzweigungen im Blütenstand, Asymmetrie und Symmetrie

Zum Blütenstand der Blutwurz schreibt Gerstberger: »Im oberen Teil des Blühsprosses rücken die Blätter fast gegenständig aufeinander zu; die sympodial verzweigte, 20-45-blütige Infloreszenz erscheint daher annähernd dichasial.« Ein dichasialer Blütenstand ist eine Spezialisierung eines Sympodiums, das heißt einer *aus verschiedenen Achsengliedern zusammengesetzten* Infloreszenz. Ein *typisches Dichasium* krönt eine aufrechte, beblätterte Sprossachse. Die *1. Blüte* beendet das Wachstum dieser Achse. Unterhalb dieser Endblüte stehen zwei kleine, gegenständige Blätter. Aus beiden wächst jeweils ein kurzer Seitenzweig heraus, der ebenfalls eine endständige Blüte trägt – und so fort. Die jeweils neuen, gabeligen, blütentragenden Triebe strahlen – immer um 90° gedreht – schräg nach oben aus. Sie entwickeln sich spiegelsymmetrisch zueinander. Die gegenständigen Blätter an den Gabelungen sind meist unscheinbar, oft nur noch schuppenförmig, und werden »Vorblätter« genannt. So wächst allmählich ein sich nach oben weitender Blütenstand heran, in dem die Blätter optisch unauffällig sind und an dessen Basis, der *1. Gabelung*, die *1. Frucht* heranreift.

Eigene Beobachtungen bestätigen, dass der Blütenstand der Blutwurz sympodial und dichasial verzweigt ist, das heißt der Stängel, der vom Rhizom ausgeht, beendet seine Entwicklung durch die Bildung einer Blüte, die auch als Erste aufblüht. Da sich das Achsenwachstum dann in der Regel durch *zwei* Seitentriebe fortsetzt, die wieder mit einer Blüte abschließen, trifft auch die Bezeichnung »Dichasium« zu.

Die Blutwurzblüten stehen auf erstaunlich langen, dünnen Stielen, die nicht hohl sind. Sie recken sich wirklich in die Höhe, ihrem Artnamen *»erecta«* alle Ehre machend. Auf *Abbildung 14* ist zu sehen, dass der Blütenstiel Fortsetzung und Ab-

Abb. 13: Junger Fruchtstand. Die rötlichen Nebenkelchblätter stehen fast horizontal, die echten Kelchblätter deuten eine Umhüllung an.

Abb. 14: Dichasiale Verzweigung der Blutwurz. Die Blüte beendet das Wachstum der vertikalen Achse, die beiden Seitenzweige aus den beiden fünfstrahligen, gegenständigen Blättern sind unterschiedlich kräftig.

schluss des vorhergehenden Stängelabschnitts ist, während sich zwei neue Seiten-zweige aus den Achseln der beiden gegenständigen Blätter entwickelt haben. Es ist typisch für die Blutwurz, dass diese beiden Fortsetzungstriebe rechts und links der Blüte *nicht symmetrisch* angelegt sind, stets ist einer kräftiger und weiter entwickelt als der andere. An kargen Standorten oder später im Jahr, wenn sich die vegetative Kraft erschöpft hat, fällt der schwächere Seitentrieb oft aus. Wahrscheinlich führte diese Beobachtung zu der oben genannten Formulierung »annähernd dichasial«.

Einige aus dem Unterengadin mitgebrachte Blutwurz-Pflanzen fanden im Garten (160 m Höhe) so günstige Wachstumsbedingungen, dass sie sich im Laufe der Jahre zu üppigen Rhizomen entwickelten und sich auch oberirdisch sehr stark verzweig-ten. Einer dieser Blütentriebe wurde abgenommen (29.6.) und fotografiert *(Abb. 15)*, dann gepresst, erneut fotografiert und grafisch bearbeitet *(Abb. 16)*. Unter Idealbe-dingungen entstanden, soll er hier dazu dienen, die Verzweigungsprinzipien zu erläu-tern, um ihn dann mit einem Blütentrieb eines mageren Standorts zu vergleichen.

Ausgehend von der *1. Gabelung* sind auf *Abbildung 16* der *1. Früchtchenstand* und 7 bzw. 8 weitere Nüsschenstände und Blüten/Knospen rot markiert. Dieser ausgewachsene, gepresste, generative Trieb zeugt von einer starken geometrischen Durchgestaltung und einem Streben nach Symmetrie. Er ist aus zahlreichen Ver-zweigungen zusammengefügt, die sich in der Länge ihrer Achsen und deren Öffnungswinkeln aufeinander beziehen. Unterhalb jeder Gabelung entspringen in der Regel zwei gegenständige, fünfzipfelige, grüne Blätter. Jeder Achsenabschnitt endet in dem langen, zarten Stiel des Früchtchenstandes, der in die Gabelung mittig hineinragt. Eine Blutwurz blüht immer nur ganz außen, an den Triebspitzen, die sich in die Vertikale richten. Wie beschrieben, sind in diesem Bereich die Fortset-zungstriebe nie gleichartig. Umso erstaunlicher ist die Tatsache, dass die Achsen nach dem Verblühen weiterwachsen und dabei bemüht sind, die anfängliche Asym-metrie zu überwinden. Während der langsamen Reife der Nüsschen strecken sich beide Achsen in gegenseitiger Abstimmung so, dass ein möglichst gleichschenkliger Winkel entsteht. Die Triebe unterliegen dabei immer mehr der Schwere und sinken deshalb allmählich in die Horizontale. Rechts und links von einem Früchtchenstand entsteht auf diese Weise eine harmonisch geordnete »dichasiale Verzweigungs-Ein-heit«. Im Idealfall ist sie spiegelsymmetrisch und besteht aus den zwei großen, jeweils fünfzipfligen, gegenständigen Blättern, ihrem heranreifenden Fruchtstand in der Mitte (mit dem Stiel als Spiegelachse) und den zwei nahezu identischen Fort-setzungstrieben *(Abb. 17)*. Jede »Verzweigungs-Einheit« weist nach außen – in Richtung der Triebspitzen und Blüten. Bei guten Wachstumsbedingungen werden möglichst viele dieser spiegelsymmetrischen Einheiten gebildet, nicht nur an den beiden *2. Gabelungen*, sondern auch an den *3.* oder *4. Gabelungen*.

Abb. 15: Blütentrieb, geschnitten am 29.06.2008. Pflanze aus dem Garten, Rheintal, 160 m Höhe.

Abb. 16: Blütentrieb von *Abb. 15*, gepresst und grafisch bearbeitet.
Es wurden maximal 8 Blütenetagen erreicht, die heranreifenden Früchtchenstände sind mit roten Zahlen markiert. Rot: Basis-Winkel, von der *1. Gabelung* des Triebes bis zu den beiden 2. *Gabelungen* reichend. Der *1. Früchtchenstand* steht am längeren Schenkel und weist in den Winkel hinein. An jeder Gabelung wurde der sich jeweils stärker verzweigende Seitenast orange gekennzeichnet. So setzt sich der *Basis-Winkel* innerhalb der fächerförmigen Verzweigung fort.

124

1. Blüte und »Basis-Winkel«

Die Verzweigungsaktiviät im Bereich der *1. Gabelung* folgt nicht diesem Prinzip und lässt deshalb Rückschlüsse auf die innewohnende Gesetzmäßigkeit zu. Bei der Blutwurz ist auch die Anzahl der *vor* der *1. Blüte* angelegten Blätter in der Rhizom-knospe relativ beständig. Unabhängig vom Standort sind es meist 6 (4–7) Blätter bis zur *1. Blüte*. Ihr langer Stiel beendet das Wachstum dieses Seitentriebs, Troll würde sie »E« (von Endblüte) nennen (TROLL 1957). Auffällig ist, dass nach dem Verblühen der *1. Blüte* die beiden *2. Blüten* zeitlich versetzt erblühen, immer ist eine rascher als die andere. Erst wenn sich während der Früchtchenreifung die Achsen verlängern, ist zu bemerken, dass die *1. Gabelung unterhalb der 1. Blüte* entstanden ist. Entspringt also die *1. Blüte* dem *6. Blatt* (wie auf *Abbildung 16*), dann lässt bereits das *5. Blatt* nach dem Blühen einen kräftigen Seitenzweig heran-wachsen. Die beiden Schenkel der dabei entstehenden Verzweigung entstammen aus botanischer Sicht verschiedenen Generationen: Der linke Schenkel ist das letzte Internodium des dem Rhizom entspringenden Seitenzweigs, der rechte Schenkel ist bereits eine Auszweigung der 5. Blattachselknospe. Da sich nun auch der Fortset-zungstrieb aus dem *6. Blatt* an der geradlinigen Verlängerung des linken Schenkels beteiligt, entsteht ein asymmetrischer Winkel, der *Basis-Winkel* genannt sei. Er ist in *Abbildung 16* rot gekennzeichnet. Eine Überprüfung verschiedenster Blütentriebe der Blutwurz ergab, dass dieser *Basis-Winkel* immer zu finden ist, wenn sich Blü-tentriebe uneingeschränkt entfalten können. Er hat stets einen längeren und einen kürzeren Abschnitt, oft im Verhältnis 3:2 zueinander, wobei der *1. Früchtchenstand* am längeren steht und sich von dort mit seinem langen Stiel in den »Winkel-Raum« hineinneigt. Es ist nachvollziehbar, dass die *2. Blüte* des kürzeren Schenkels eher aufblüht als die *2. Blüte* des längeren Schenkels – auch wenn die realen Längen der Achsen zur Blütezeit noch minimal sind. Diese vorgegebene Asymmetrie des *Basis-Winkels* setzt sich an jeder folgenden Blüte fort. Die rechts und links des Blütenstiels heranwachsenden Fortsetzungstriebe entwickeln sich immer unterschiedlich: Einer eilt voran, ist länger, blättriger, hat mehr Knospen und ist aktiver im Bezug auf das weitere Verzweigen (vgl. *Abb. 14*).

Im Kleinen, in der vorne beschriebenen »Verzweigungs-Einheit«, die im Laufe der Reifungsphase entsteht, kann die Blutwurz die ursprüngliche Asymmetrie an vielen Gabelungen wieder ausgleichen. Der gesamte Blütentrieb wird jedoch nie wirklich spiegelsymmetrisch, da in der Regel nach der *2.* oder *3. Gabelung* bereits Teilbereiche zurückbleiben. Auf *Abbildung 16* reicht der rot gekennzeichnete *Ba-sis-Winkel* bis zu den *2. Gabelungen*. Von dort an wurde an jeder weiteren Ver-zweigung der im weiteren Verlauf kräftiger verzweigte Seitenzweig orange markiert. Man sieht, dass die Öffnung des *Basis-Winkels* einen Einfluss auf den gesamten Blütentrieb hat, denn seine beiden Schenkel setzen sich durch die jeweils geförderten Fortsetzungstriebe in einer sich weitenden Bewegung fort. Die Winkelgröße variiert am Standort zwischen 90° und 45°, vgl. die *Abbildungen 15* und *18*. Bei geringer vegetativer Kraft schränkt die Blutwurz zusätzliche Blüten und Verzweigungen abseits dieser Grundform ein, wie auf *Abbildung 18* zu erkennen ist. Bei diesem Trieb aus den Karawanken (1600 m Höhe) fallen die rot gefärbten Internodien und die kompakte, gedrungene Gestalt auf. Der *Basis-Winkel* ist spitzer und die beiden nahezu gleich langen und dadurch beinahe symmetrischen Schenkel der Gesamt-Infloreszenz liegen enger beieinander.

Abb. 17: Spiegelsymmetrische Verzweigung rund um einen Nüsschenstand. Pflanze aus den Karawanken; wegen der intensiven Sonneneinstrahlung sind die Internodien dunkelrot.

Abb. 18: Gepresster Blütentrieb, Juli 2008, Karawanken, 1600 m Höhe. Es haben sich
5 Blütenetagen gebildet. Die *1. Gabelung* ist blau gekennzeichnet, die folgenden Früchtchenstände sind grün markiert. Der *1. Früchtchenstand* entspringt
hier am rechten Schenkel des B*asis-Winkels*.

Das Durchdringungsprinzip

Aus den beschriebenen Phänomenen ist abzuleiten, dass die Blutwurz oberirdisch nach dem »Durchdringungsprinzip« wächst (BRETTSCHNEIDER 1980, MANDERA 1985). Das Blühen beendet eben nicht die vegetative Phase, sondern *Blühen und Weiterwachsen wechseln rhythmisch miteinander ab*. Die »kosmisch-seelische Berührung« reicht bei der Blutwurz tief hinein in die aufbauenden, vegetativen Prozesse. Nur dort, wo sich der Vegetationskegel zu einer Blüte umbildet, wird die Vitalität gebremst und verwandelt – um danach durch neue Seitenzweige weiterzudrängen, die wieder von Blüten begrenzt werden. Auf diese Weise entstehen bei kräftigen Pflanzen durch mehrere Wochen hindurch viele Blüten sowie dichasiale Verzweigungen mit auffälligen Blättern. Dies erinnert an die Wachstumsverhältnisse bei Nachtschattengewächsen, vor allem bei denen mit Tropanalkaloiden, wie Stechapfel *(Datura stramonium)*, Tollkirsche *(Atropa belladonna)* oder Bilsenkraut *(Hyoscyamus niger)*. Auch bei ihnen veranlasst die zeitige erste Blüte eine reiche Verzweigungsaktivität und die symmetrisch gegliederten, mächtigen Blütenstände tragen große Laubblätter.

Ein genauer Vergleich offenbart jedoch wesentliche Unterschiede. Die Nachtschattengewächse bilden keine Dichasien, sondern Trichasien, das heißt rund um jede Blüte bzw. Frucht entstehen nicht nur *zwei*, sondern *drei* vegetative Achsen (MANDERA 1985). Außerdem kommt es zu rekauleszenter Verwachsung von Vertikal- und Horizontalorganisation. Diese morphologischen Phänomene weisen ebenso wie die Bildung von Alkaloiden auf eine ausgesprochen tiefe Verbindung mit dem »Kosmisch-Seelischen« hin:

> »Bei der Giftpflanze liegt das Eigentümliche vor, dass das Astralische in das Pflanzliche eindringt und sich mit dem Pflanzlichen verbindet. So dass, wen wir die *Belladonna* haben, oder sagen wir das Bilsenkraut, *Hyoscyamus*, dann saugt gewissermaßen solch eine Pflanze das Astralische stärker oder schwächer auf und trägt ein Astralisches in sich, natürlich auf eine ungeordnete Weise, denn trüge sie es in geordneter Weise in sich, müsste sie ja Tier werden.« (STEINER 1923)

Potentilla erecta saugt also das Astralische *nicht so tief ein*, dass sie giftig wird. Trotzdem ist die »seelische Berührung« früh und intensiv. Die im Herbst in der Erde, am Rhizom, angelegten Blütentriebe enthalten schon die *1. Blüte*. Ihre Stellung wird durch den Gesichtspunkt des Durchdringungsprinzips verständlich. Diese *1. Blüte* hat noch nicht die Kraft, das *5.* und *6. Blatt* des Triebes durch Internodienstauchung auf eine Ebene zu bringen. Die Vitalität ist hier – zu Beginn des Blühens – noch so groß, dass sie (während der Früchtchenreife) das *6. Blatt* mit der *1. Blüte* vom *5. Blatt* wegdrängt, doch bereits derart abgewinkelt, dass der gemeinsame *Basis-Winkel* entstehen kann. Erst ab den *2. Gabelungen* sind die Blütenbildung und das vegetative Wachstum so gut aufeinander abgestimmt, dass die beiden Laubblätter wirklich gegenständig werden können, weil der zwischen ihnen liegende Achsenabschnitt extrem verkürzt wird.

Im Vergleich mit anderen *Potentilla*-Arten, mit der Erdbeere oder anderen krautigen Rosengewächsen werden die spezifischen Fähigkeiten der Blutwurz deutlich: Sie kann in rhythmischer Wiederholung besonders viele einzelne Blüten bilden, indem sie das Blühen immer wieder dem vegetativen Strom entgegensendet. Während der Fruchtreife kann sie die ursprüngliche Asymmetrie der Verzweigungen zu symmetrischen Dichasien ausgleichen. Alles dies ist jedoch nur durch den Verzicht auf die eigene Aufrichte möglich. Die markerfüllten Stängel sind zwar zäh, bleiben aber dünn und ohne Spannung. Deshalb lassen sich die verzweigten Triebe auch leicht in die Fläche ausbreiten und problemlos pressen. Sie verholzen nicht, sondern entwickeln im Laufe des Sommers sogar einen Hohlraum. Im Gegensatz zu vielen anderen Fingerkräutern ist zu betonen, dass die liegenden Triebe einer Blutwurz *niemals Wurzeln schlagen*! Ihre einzige Verbindung zur mineralischen Welt verläuft über das unterirdische Rhizom.

Die beeindruckende Ordnung eines ausgewachsenen, gepressten Triebes vermittelt eine nahezu »erfrorene, kristalline Schönheit« (BULDMANN 2011). Von dieser Fähigkeit zur Strukturierung ist an der lebenden Pflanze wenig zu bemerken, da die Triebe scheinbar chaotisch durcheinander wachsen. In der Natur treten die Achsen optisch zurück, da sie teilweise von den Blättern bedeckt sind. Unser Blick fällt von oben auf die vielstrahligen Blätter, die zum Licht gerichtet ist. Üblicherweise wachsen aus *einer* Rhizomspitze (zwei) drei bis sechs blühende Äste heran, es können aber auch bis zu zehn sein. Bedenkt man, dass die meisten Rhizome aus mehreren aktiven Spitzen bestehen, erhöht sich die Zahl der Blütentriebe pro Pflanze um ein Vielfaches – wobei jeder einzelne Ast seine Verzweigungsaktivität jedoch mehr oder weniger einschränkt. An günstigen Standorten breiten sich alle Blütentriebe oberirdisch nahezu radiär um das in der Mitte verborgene Rhizom aus. So entsteht eine gemeinsame große, grüne Schale aus Trieben, deren blühende Spitzen sich aufrichten.

Eine ausgegrabene Pflanze aus den Bergen (Karawanken, 1600 m) zeigt *Abbildung 19*. Hier sind die Achsen relativ lang, die Blätter nicht sehr groß. Nur ein Trieb (links) ist charakteristisch verzweigt, der *Basis-Winkel* und die beiden symmetrischen *2. Gabelungen* sind zu erkennen. Die übrigen ebenfalls blühenden Triebe zeigen verschiedenste Reduktionen des ursprünglichen Dichasiums.

Abb. 19: Ausgegrabene Pflanze, 25.07.2008, Karawanken (1600 m Höhe). Aus mehreren Rhizomkuppen sind zahlreiche Blütentriebe herangewachsen. Geöffnete
Blüten stehen immer nur an den Triebspitzen.

Standorte und Jahreslauf der Blutwurz

Um sich gut entwickeln zu können, braucht *Potentilla erecta* einen ganz offenen,
sonnigen Standort und einen feuchten Untergrund. Sie bevorzugt magere Heiden,
Waldränder und Moorwiesen mit basenarmem Boden und besiedelt alle Höhen-
stufen (Kutschera & Lichtenegger 1992, Schempp & al. 2015).

Am Abhang des Westerwalds zum Rheintal, Höhe ca. 180 m, haben sich auf
einer (im Herbst gemähten) Waldwiese zahlreiche Pflanzen angesiedelt. Im Winter
sind dort oberirdisch keine grünen Blätter der Blutwurz zu sehen. Sie zieht sich

ganz und gar in das unterirdische Rhizom zurück. Im zeitigen Frühjahr (je nach Witterung im Februar/März) erscheinen dann an verschiedenen Stellen die Büschel der dreifiedrigen Rosettenblätter. Wenn die Walderdbeeren blühen, etwa Anfang/Mitte Mai, sind auch die Blütentriebe der Blutwurz so weit herangewachsen, dass sich die ersten Blüten öffnen. Die Blüten beider Pflanzen befinden sich annähernd auf einer Höhe und leuchten, bodennah, aus dem frischen Grün heraus – eine lichte Frühlingsstimmung verbreitend. Einen Monat später zeigen die Walderdbeeren größere Blätter und dicke rote Früchte, während die Blutwurz weiterhin zart blüht und ihre glänzenden, strahligen Blätter unverändert in die Umgebung streckt. Eine Fruchtreife bei der Blutwurz ist nur mit einer Lupe zu verfolgen, auf dem Boden kauernd.

Alle folgenden Monate waren irgendwo in diesem Gebiet Blutwurz-Blüten zu entdecken. Selbstverständlich ist es nicht ein einzelner Blütentrieb der Blutwurz, der den ganzen Sommer über blüht. Offensichtlich können aus den verschiedenen Rhizomspitzen über Monate hinweg neue Blütentriebe aus den unterirdischen Rhizomspitzen heranwachsen. In den heißen Sommermonaten ist das Blühen zurückhaltender, um gegen den Herbst wieder zuzunehmen. Selbst Anfang Oktober, in einer Jahreszeit des Rückzugs, wenn die stattlichen Königskerzen und Fingerhüte nur noch vertrocknete Gerippe präsentieren, leuchten auf der Waldwiese *immer noch* die warmgelben Kreuze der Blutwurz. Inmitten von Brauntönen und vermodernden Blättern vermittelten sie einen Nachklang von jugendlicher Aufbruchsstimmung. Generative Triebe, bei denen alle Nüsschen gereift waren, zeigten im Herbst manchmal kräftig rot gefärbte Blätter, oft waren sie aber bereits ganz vertrocknet. Neben ihren braunen verdorrten Ästen sind dann an manchen Pflanzen bereits erneut die dreifiedrigen Oberblätter der unterirdischen Rhizomschuppen herangewachsen, in denen bereits die Blütentriebe für das kommende Jahr angelegt sind.

Innere Qualitäten des Rhizoms: Gerbstoffe und Verholzung

Mit einem Gerbstoffgehalt bis zu 25% gehört das Rhizom der Blutwurz zu den gerbstoffreichsten Pflanzenorganen. Übertroffen werden sie nur von den verschiedenen Pflanzengallen, in denen 40–75% Gerbstoffe gefunden werden (SCHEMPP & AL. 2015). Die aktiven Partner sind in diesem Fall die Insekten, die verschiedene Gewebe anstechen, woraufhin die Pflanzen mit der Bildung von »Hüllen« für die junge Brut antworten, die eben einerseits kugelig und oft farbig (gelb, rot) werden, andererseits ungewöhnlich große Mengen von Gerbstoffen bilden. PELIKAN (1958) leitet von diesem Phänomen ab, dass auch bei der »normalen« Gerbstoffbildung das »kosmisch-periphere Astralwesen« eine bedeutende Rolle spiele: »Dieses formt sich in der Gerbsäure das Werkzeug, durch das es in den Pflanzenleib einwirken kann. Die Gerbsäure schiebt sich gleichsam wie ein plazentares Vermittlungsorgan zwischen Astralsphäre und Ätherleib« (S. 225). An anderer Stelle formuliert er: Die Gerbstoffe »sind gleichsam das Vermittlungsorgan der astralischen Impulse an den pflanzlichen Ätherleib« (S. 50).

Nicht nur getrocknete Rhizome von Blutwurz sind extrem hart, auch frisch ausgegrabene Wurzelstöcke sind so fest und massiv, dass eine deutliche Verholzung der inneren Gewebe vermutet wurde. Brunner beschreibt den Querschnitt durch ein Rhizom folgendermaßen: »Das Rhizom hat eine sehr schmale Rinde und einen breiten Holzkörper und ebenso ein großes Mark, das allein mindestens 1/3 des Durchmessers des Querschnitts einnimmt«. Zwischen sekundärer Rinde und Holzkörper liege ein dünnes Kambium. Staesche zeichnete die Querschnitte zweier verschiedener Typen von *Potentilla*-Rhizomen, siehe *Abbildung 20*.

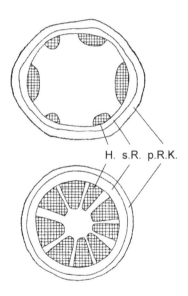

Abb. 20: Querschnitt durch Rhizome von *P. erecta* und *P. procumbens* (oben) und *P. speciosa* und *P. clusiana* (unten). Oben: Der »Holzkörper« besteht aus kurzen, flach abgerundeten Holzsträngen und breiten Markstrahlen, die in das große, zentrale Mark übergehen. Unten: Der »Holzkörper« besteht aus vielen keil-förmigen Holzsträngen, die durch schmale Markstrahlen getrennt sind. Das zentrale Mark ist klein. H. = Holzstränge, s.R. = sekundäre Rinde, p.R.K. = primäre Rinde und Kork. (Aus STAESCHE 1968: 331)

133

Um die tatsächliche Verholzung der Rhizome zu prüfen, wurden im März Querschnitte durch verschiedene Rhizome angefertigt und für den Lignin-Nachweis mit Phloroglucin-HCl angefärbt *(Abb. 21a, b)*. Die helle geschwungene Zone unterhalb der äußersten Korkschicht auf beiden Abbildungen ist die dünne sekundäre Rinde. Das nach innen folgende Gewebe ist der mächtige sogenannte Holzkörper, dessen breite »Keile« durch schmalere, hellere Markstrahlen voneinander getrennt sind. Das innere Mark ist hier nicht sehr ausgeprägt. Beim Anschneiden der Rhizome war unmittelbar die rosa Färbung der Holzkeile und des Marks sichtbar, sie muss also bereits im Innern vorhanden gewesen sein. Innerhalb weniger Minuten verdunkelte sich die gesamte Schnittfläche durch Oxidation zu einem bräunlichen Orange. Nach dem Anfärben mit Phloroglucin-HCl zeigte sich, dass die tatsächlich verholzten Gebiete im Holzkörper nur minimal sind, vgl. *Abbildung 21b*. Auf diesem Bild heben sich die hellen Markstrahlen noch deutlicher von den »Holzkeilen« ab, die – entgegen ihrem Namen – eben nur wenige leuchtend rot gefärbte Holzfaser- und Gefäßgruppen enthalten. Diese verholzten Bereiche würden auf konzentrischen Kreisen liegen und »scheinen Jahreszuwachszonen (Jahresringe) anzudeuten« schreibt Brunner. Staesche bildet in ihrem Artikel einen Holzkeil von *Potentilla erecta* mit drei »Ringen« ab, die Zeichnung von Karsten & Weber (1956, übernommen in Hagerrom 2004) weist vier Ringe auf. Eigene Schnitte zeigten höchstens zwei Ringe.

Als mikroskopisch wahrnehmbare Inhaltsstoffe führt Brunner auf: In den Parenchymzellen des Marks finde man Stärke, Oxalatdrusen und »Gerbstoffmassen«. Die Gerbstoffe seien jedoch »meistens im Zellsaft gelöst, selten gekörnt in Idioblasten«. Die deutliche Rosafärbung der Parenchymzellen der Holzkeile lässt vermuten, dass sie sich dort anreichern. Das Gewebe von aktiven Rhizomspitzen war übrigens beim Anschnitt hell und nicht rosa, das von alten Rhizomen enthielt stark verbräunte Gewebepartien, die mit Phlobaphenanreicherung (Brunner) erklärt wird. Wässrige Auszüge von Blutwurz-Rhizomen entwickeln innerhalb weniger Tage einen deutlichen Rosenduft. Es bleibt zu untersuchen, welche stofflichen Umwandlungen zu diesem Duft führen – ätherische Öle sind bis heute nicht nachgewiesen (Latté 2006).

Brunner berichtet ein Abnehmen des Gerbstoffgehalts des Rhizoms der Blutwurz im Tagesgang, von 24,4% morgens um 7.30 Uhr auf 21% um 18.00 Uhr. Ebenso variiere sein Gerbstoffgehalt zwischen April und Oktober, mit einem Maximum im Juli und einem deutlichen Abfall im Herbst. Seine Angaben müssten überprüft werden, ehe man aus ihnen Schlüsse ziehen darf. Auffällig ist auf jeden Fall, dass nicht zu allen Jahreszeiten und nicht bei allen Rhizomen die oft beschriebene *blutrote* Färbung bei einem frischen Anschnitt sichtbar wird.

Nachdem sich zeigte, dass die vermutete Verholzung der Rhizome gar nicht existiert, kann man sich wirklich fragen, wie die Blutwurz die enorme Stabilität und

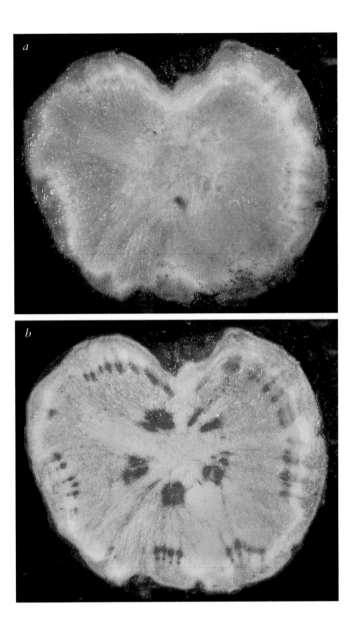

Abb. 21: Querschnitte durch ein Rhizom der Blutwurz, März.
  a) Direkt nach dem Anschnitt: Die helle, geschwungene sekundäre Rinde umgibt den rosa gefärbten »Holzkörper«.
  b) Der gleiche Schnitt, angefärbt mit Phloroglucin-HCl. Die ligninhaltigen Holzfasern rund um das zentrale Mark und direkt unter der sekundären Rinde färben sich dunkelrot. Die Markstrahlen heben sich nun auch deutlicher ab.

Festigkeit ihres Rhizomgewebes zustandebringt. Sie verhärtet und verholzt eben gerade nicht ihre Zellwände, sondern hält alle ihre unterirdischen Prozesse so weit wie möglich im Lebendigen.

Die *Abbildung 22* geht auf ein Experiment von WÖLFLE (2011) zurück: Wird ein Rhizom im Frühjahr in dünne Scheiben geschnitten und – abgedeckt – auf feuchtes Papier gelegt, dann entwickeln sich innerhalb weniger Wochen *aus der Rindenzone* kleine grüne Pflanzen. Immer entstehen als Erstes die typischen dreizähligen Blättchen, werden die Rhizomstückchen danach in Erde gesetzt, können sich auch Blütentriebe entwickeln. Es ist verständlich, dass das Austreiben von jungen Pflänzchen und auch Wurzeln umso leichter gelingt, je mehr sich die Scheiben den aktiven Rhizomspitzen nähern.

Abb. 22: 14 Tage, nachdem die Rhizomscheibe auf feuchtes Papier gelegt worden war, hatte sich aus der Rindenregion diese kleine Pflanze mit vier Blättchen entwickelt (Februar).

Die Wurzeln

Gräbt man Rhizome der Blutwurz aus, reißen die zarten Wurzeln rasch ab und es entsteht der Eindruck, diese Pflanze verbinde sich nicht stark über die Wurzeln mit der Erde. Im Topf gezogene Pflanzen offenbaren aber eine intensive Wurzeltätigkeit und ein sehr dichtes Wurzelwerk feiner und feinster Würzelchen. Die Tiefe und Intensität der Bewurzelung wird auch auf *Abbildung 1* sichtbar. Kutschera gibt eine Dicke von 0,3 bis 1 mm an. Außer der nicht langlebigen Hauptwurzel (vgl. *Abb. 3, 5, 6*) sind es sprossbürtige Wurzeln, die aus der Unterseite und aus den Flanken des Rhizoms hervorgehen. Wie im Rhizom ist die Rindenregion der Wurzeln schmal, was Kutschera als geringe Speicherkraft deutet. Ganz im Gegensatz zum Rhizom ist jedoch bei älteren Wurzeln der gesamte innere (allerdings dünne) Holzkörper verholzt und färbt sich deshalb mit Phloroglucin-HCl vollständig dunkelrot an.

Im Vergleich mit der raschen Blattentwicklung an aufgeschnittenen Rhizomscheiben ist es interessant, dass ausgegrabenen und wieder eingepflanzten Blutwurz-Rhizomen eine erneute Erdverbindung schwerfällt und sie relativ lange dafür brauchen. Während ebenfalls versetzte *Alchemilla xanthochlora*- oder *Potentilla aurea*-Pflanzen nach wenigen Tagen neue Blätter trieben, ließen die Blutwurzpflanzen zunächst alle ihre Blütentriebe völlig vertrocknen und zeigten erst nach mehreren Wochen zaghaft wieder erste dreizählige Blättchen.

Charakteristische Prozesse und Gesten

Potentilla erecta, die Blutwurz, entwickelt sich nach dem Durchdringungsprinzip. Kräftige vegetative Prozesse treten in intensive Wechselwirkung mit dem »eigenen kosmisch-peripheren Astralischen«: die Blutwurz lässt eine tiefe »astralisch-seelische Berührung« in ihren ober- und unterirdischen Organen zu. Die hier noch einmal kurz zusammengefassten Phänomene sollen verdeutlichen, wie unterschiedlich sich eine »astralisch-seelische Berührung« äußert – angefangen von den konkreten Blüten bis hin zu Gestalt und Substanz des unterirdisch verborgenen Rhizoms. Die Blutwurz kann uns eine Lehrmeisterin werden, um Durchdringungsphänomene zu bemerken und uns anregen, gegenläufige Prozessrichtungen denkend nachzuvollziehen – wenn möglich *gleichzeitig*.

Blüten

- Die Blutwurz kann bereits wenige Monate nach der Keimung blühen.

- Sie kann viele Monate hindurch blühen (Mai bis September/Oktober).

- Eine Pflanze bildet viele Blütensprosse, die bereits im Herbst unterirdisch am Rhizom angelegt werden.

- Die *1. Blüte* beendet nach etwa 6 Blättern ihren Trieb. Jeder weitere Fortsetzungstrieb endet wieder mit einer Blüte.

- Die Blüte ist vierzählig, abweichend vom Typus der Rosengewächse.

Achsen und Blätter im oberirdischen Lichtraum

- Die oberirdisch sichtbaren Triebe sind Blütenstände, also generative Triebe.

- Ihre Blätter haben keine Stiele, sie sind sitzend und überformt, Stipeln und Fiedern (Unterblatt und Oberblatt) bilden eine neue höhere Einheit, die fünfzählig die Achse umgibt.

- Jeder neue Fortsetzungstrieb nach der *1. Blüte* entspringt der Blattachsel eines Blattes und trägt im Idealfall nur ein einziges Blatt.

- Nach der *1. Blüte* stehen die anfangs spiralig inserierten Blätter gegenständig, weil jeweils ein Seitentrieb so gestaucht wird, dass sein Blatt mit dem vorherigen auf einer Ebene liegt. Es entwickelt sich ein dichasialer Blütenstand mit relativ großen Blättern.

- Während der Reife der Früchtchen strecken sich die Achsenabschnitte rechts und links eines Früchtchenstands zu einem möglichst gleichschenkligen, spiegelsymmetrischen Winkel. Bei nachlassender Vitalität fällt der eine Gabelast aus.

- Zusammengesetzt aus diesen kleinen »Verzweigungs-Einheiten« entsteht ein durchstrukturierter Blütentrieb, in dem sich Achsen, Blätter, Blüten und Früchtchenstände in festgelegten Verhältnissen begegnen und durchdringen.

- Die Kelchblätter umgeben die reifenden Nüsschen wie grüne Blütenblätter, die Nebenkelchblätter übernehmen die Rolle von Kelchblättern.

- Die Achsen sind zäh, aber dünn und kraftlos, sie richten sich nur an den blühenden Spitzen auf, danach liegen sie mehr oder weniger *horizontal*.

- Im Winter sterben die oberirdischen Triebe ab.

Achsen und Blätter im unterirdischen Dunkelraum

- Der unterirdische Trieb ist ein Rhizom, also ein vegetativer Trieb, der *horizontal* wächst. Er ist knollig gestaucht und meistens verzweigt.

- Seine Schuppenblätter bestehen im Sommer und im Winter nur aus dem fleischigen Blattgrund und den beiden Nebenblättern, die die aktiven Rhizomspitzen wie Knospenschuppen umgeben. Nach dem Verrotten hinterlassen sie kaum sichtbare Narben am Rhizom.

- Die Schuppenblätter stehen sehr zahlreich in einer engen Spirale, was auf eine große Anzahl von übereinanderliegenden Knoten an der Rhizomspitze hinweist.

- Unterhalb der ersten, ursprünglichen Rhizomspitze treiben weitere Rosettenbüschel aus dreifiedrigen Blättern aus. Ihre basalen Achsenbereiche schwellen allmählich zu weiteren Rhizomkuppen an. Eine Gesetzmäßigkeit in den Verzweigungen ist nicht erkennbar.

- Es entsteht ein gemeinsamer Rhizom-Verbund, unregelmäßig verzweigt und ungleichmäßig knollig oder länglich verdickt, aus verschieden alten, unterschiedlich großen Rhizomkuppen. Sie brechen auseinander, wenn die ältesten Bereiche absterben und zerfallen.

- In den Achseln einiger Schuppenblätter werden im Herbst die Blütentriebe angelegt.

- Diese Schuppenblätter (auch andere?) entwickeln aus ihrem Oberblattbereich im Herbst oder im zeitigen Frühjahr gestielte, dreifiedrige Blättchen, die die Erde durchbrechen. Die Stiele mitsamt ihren Fiedern vergehen nach wenigen Wochen, die unterirdischen Schuppenblätter leben weiter.

- Frische Rhizome sind erstaunlich kompakt, druckfest und hart. Das steigert sich noch beim Trocknen.

- Im Innern der Rhizome reichern sich unter anderem große Mengen von unterschiedlichen Gerbstoffen an, die die innerhalb des Kambiums liegenden Bereiche bei älteren Rhizomen rosa- bis blutrot färben.

- Dieser sogenannte »Holzkörper« enthält bemerkenswert wenige Gewebepartien, die tatsächlich verholzt und damit abgestorben sind. Der überwiegende Anteil der Zellen verbleibt im Lebendigen.

Wurzeln

- Nach dem Absterben der Primärwurzel sind alle Wurzeln sprossbürtig, da sie ausschließlich dem Rhizom entspringen.

- Durch die sehr feinen, stark verzweigten Wurzeln entsteht ein ausgesprochen dichtes Wurzelwerk rund um das Rhizom.

- Die Wurzeln sind zunächst dünn und zart, ihr Holzkörper verholzt jedoch beim Altern stark.

- Sie enthalten keine nennenswerten Mengen an Gerbstoffen.

Lichtraum und Dunkelraum

Hält man eine ausgegrabene Blutwurz in der Hand, so beeindruckt der enorme Gegensatz zwischen dem dicken, kompakten, harten Rhizom und den dünnen, schlaffen Blütentrieben. Es fehlt ein aufrechter, straffer Spross, der sich über die Erde erhebt. Diese rhythmisch gegliederte Mitte einer krautigen Pflanze ist bei der Blutwurz in zwei verschiedene Richtungen hin abgewandelt: einerseits horizontal in die Erde verlagert und als Rhizom gestaut, andererseits oberirdisch als dichasial verzweigte Seitenzweige gabelig durchstrukturiert, die auch weitgehend horizontal wachsen. Die Blutwurz überformt ihre eigentliche Mitte. Alle ihre Lebensprozesse sind daraufhin ausgerichtet, *eine starke Polarisierung zwischen ihrem ober- und ihrem unterirdischen Lebensbereich aufzubauen.* Beiden Achsensystemen gemeinsam ist ihr Bezug zur Erdoberfläche, sie sind jeweils nur wenige Zentimeter von ihr entfernt.

Im *Lichtraum* wird jede Ansammlung von Substanz eingeschränkt, die Triebe sind zierlich und dünn, Anordnung und Anzahl von Blättern, Blüten und Achsen folgen geometrischen Gesetzmäßigkeiten. Es überwiegt das *Formprinzip*. Die Blüten folgen nicht mehr dem rosentypischen, in sich beweglichen Fünfstern, sondern dem Kreuz, das durch die Überkreuzung der Achsen (E-Gebärde in der Eurythmie) eine zu Ende gekommene Bewegung darstellt. Die Blüte ist bilateralsymmetrisch und nahezu quadratisch, somit »ein echtes Rosen-Kreuz« (WILKENS 2009). Über der Erde sind die vegetativen und generativen Prozesse sichtbar zu unterscheiden. Nach der *1. Blüte* durchdringen sie sich rhythmisch und wechseln sich ab, Blühen und Weiterwachsen bedingen sich gegenseitig. Direkt neben einer Blüte prescht ein Seitentrieb voran, in der Asymmetrie der beiden Achseltriebe zeigt sich das Überwiegen der vegetativen Impulse. Während des langsamen Reifens der Früchtchen setzen sich die strukturierenden Aspekte des Blütenstandes wieder durch, indem gleichschenklige Winkel der Achsen angestrebt werden. Die Blütentriebe leben den ganzen Sommer über in einem »blütenhaften« Ausstrahlen, eurythmisch dem A entsprechend. Auch hier finden wir wieder die Gegentendenz, indem nämlich die Pflanze äußerst beweglich und spielerisch mit ihren eigenen Bildeprinzipien umgeht: Benachbarte Triebe wachsen ungestüm über- und untereinander, ohne aufeinander Rücksicht zu nehmen, oder es entstehen fünf anstelle von vier Blütenblättern.

Im unterirdischen *Dunkelraum* wachsen die Achsen der Blutwurz nicht aus, sie werden stattdessen an den Rhizomspitzen gestaut und zurückgehalten. Gleichzeitig werden Substanzen eingelagert und konzentriert, die Rhizome schwellen knollig an. Die *»seelische Berührung«, die an den Blütentrieben morphologisch sichtbar wird, äußert sich im Rhizom physiologisch:* Es überwiegt der *Substanzaspekt.* Im Innern der gestauten Rhizome reichert sich, neben Stärke, eine wechselnde Komposition von ineinander umwandelbaren, zuckerhaltigen Gerbstoffen an, die sich erstaunlicherweise auch noch rötlich färben. All dies erinnert – von der Geste, nicht von der Morphologie her – an die Gebärde von farbigen, saftigen Früchten – oder eben auch von Galläpfeln. Eurythmisch entspricht das dem Vokal O. Trotz der enormen Festigkeit der Rhizome und ihrer Mehrjährigkeit ist die Verholzung minimal – auch hier zeigt sich das Überwiegen des lebendigen Substanzstromes, der sich von der »astralen Berührung« nicht überwältigen lässt.

Die weißen, fleischigen Schuppenblätter sind »Dunkelblätter«, die grünen, strahligen Blätter der Blütentriebe sind »Lichtblätter«. Die dreifiedrigen Blättchen, mit denen die Blutwurz ihre *Potentilla*-Verwandtschaft offenbart, gehören beiden Bereichen an: Unterirdisch verbleibt ihr schuppiger Blattgrund, oberirdisch entfalten sich Stiel und Spreite. Es ist bemerkenswert, dass gerade sie, die die beiden Welten verbinden, ausschließlich in den Übergangszeiten des Jahres, im Frühling und im Herbst, und nur für eine sehr kurze Zeit sichtbar sind.

Rudolf Steiner regte an, man solle Bewegung und Leben in das Wahrnehmen hineinbringen, und »symbolisieren«, das heißt, sich die Phänomene verbildlichen (STEINER 1920, siehe *Anmerkung S. 146*). In diesem Sinne entstand die *Abbildung 23*, um den fundamentalen Unterschied zwischen den oberirdischen und den unterirdischen Lebensprozessen der Blutwurz zusammenfassend »ins Bild zu bringen«. Notgedrungen mussten wir uns dabei auf das uns Wesentlichste beschränken und dabei die Pflanze auch stark abstrahieren. Die Farben sind als Bewegungsströme anzusehen, sie sollen schaffende Kräfte darstellen.

Zunächst wird die unterschiedliche Orientierung von drei verschieden gefärbten Bereichen deutlich: Die mehrjährigen, vegetativen Organe (grün, das Rhizom und seine Schuppenblätter) leben horizontal unterirdisch, die »seelisch berührten«, generativen Blütentriebe (rot) leben flächig oberirdisch, und der blau gehaltene Wurzelraum breitet sich sphärisch unterirdisch aus. Die Blutwurz kann diese drei Bereiche also sehr eindeutig *räumlich auseinanderhalten*, sie voneinander trennen.

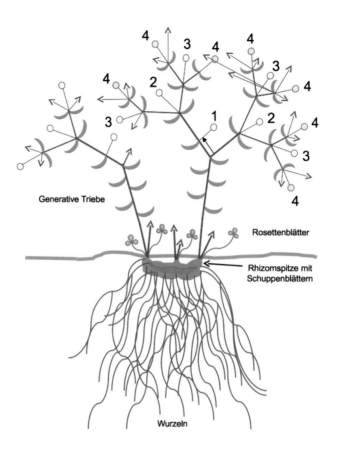

Generative Triebe

Rosettenblätter

Rhizomspitze mit
Schuppenblättern

Wurzeln

Abb. 23: Schematisierte Zeichnung der drei verschiedenen Organbereiche der Blutwurz
mit der doppelten »Durchdringung«.
Rot = »seelisch berührte« Organe, hier: oberirdische, generative Triebe, Seitenzweige des Rhizoms. Grün = vegetative Hauptachse, hier: unterirdisches
Rhizom mit einigen aktiven Rhizomspitzen. Aus ihren Schuppenblättern
entwickeln sich die kurzlebigen dreifiedrigen Blättchen. Blau = Wurzeln.
Jede Blüte (gelb, ganz außen) gibt Anlass für eine dichasiale Verzweigung, die
unterschiedliche Entwicklungsdynamik der beiden Seitenzweige ist durch die
Asymmetrie der roten Pfeile angedeutet. Heranreifende Früchtchenstände
weiß, durch die Zahlenmarkierung der gleichwertigen Dichasien wird die sich
sukzessive durchsetzende Tendenz zur Spiegelsymmetrie verdeutlicht. Nur der
1. Früchtchenstand steht immer exzentrisch am längeren Schenkel des *Basis-
Winkels* (Pfeil).
Die sitzenden Blätter sind schematisiert, ihre grüne Färbung ist ein Hinweis
auf ihre vegetative Aktivität an den generativen Blütentrieben. Polar dazu
deutet die rote Färbung im Innern des vegetativen Rhizoms auf die »kosmisch-
seelische Berührung«, die sich in der Bildung von unterschiedlichen Gerbstoffen äußert, wodurch sich das lebende Rhizom rötlich verfärben kann.
(Zeichnung: Christoph M. Schempp)

142

Der Übergang vom unterirdisch-vegetativen zum oberirdisch-generativen Bereich erscheint krass und abrupt, er wird aber doch auf ganz subtile Art, kurzzeitig, durch die dreifiedrigen Blätter vermittelt.

Das Rhizom *verbindet* auf engstem Raum morphologisch die drei Organbereiche (die drei Farben). Von den verschiedenen Durchdringungen, die im Text beschrieben sind, wurden nur zwei ausgewählt. Im grünen Rhizom wird durch die rote Farbe in seinem Innern die »seelische Berührung« dargestellt, die sich in der Ansammlung der verschiedenen, rötlich gefärbten Gerbstoffe äußert. Oberirdisch soll mit der grünen Färbung der Blätter an den roten, »seelisch berührten« Blütentrieben auf ihre Größe und ihre vegetativen Aspekte hingewiesen werden.

Zentripetale und zentrifugale Prozesse

Neben der *Vereinseitigung* in den oberirdisch betonten *Form-Pol* und den unterirdisch ausgelebten *Substanz-Pol* hat die Blutwurz auch die Fähigkeit, zentrifugale und zentripetale Gesten zu verbinden. Einige sind in *Tabelle 1* zusammengestellt.

	Zentrieren, Zusammenziehen	Verstrahlen
Blüte	Quadratische Kreuze, Verdichtung der Farbigkeit zum Zentrum hin	Ausstrahlen der farbigen Staubblätter, Emporstehen der farbigen Griffel
Blätter der Blütentriebe	Ohne Blattstiele am Knoten sitzende Fiederblätter	Fünfzähliges Ausstrahlen der Fiedern und der beiden vergrößerten Stipeln
Blätter des Rhizoms	Unterblatt als fleischiges Schuppenblatt, das im Winter auch die Blütenknospen trägt und umhüllt	Oberblatt als kurzlebiges, dreifiedriges Blatt mit langem, hohlen Stiel, nur in den Übergangsjahreszeiten
Achsenorgane	Unterirdische Vereinigung und Ballung von Substanzen und Farbigkeit in der vegetativen Hauptachse, dem Rhizom	Oberirdische dichasiale Verzweigung der dünnen, beblätterten, generativ überprägten Blütentriebe, Annäherung an eine Spiegelsymmetrie während des Fruchtens
	SUBSTANZ-POL O-GEBÄRDE	FORM-POL A-GEBÄRDE

Tab 1: Zentripetale und zentrifugale Prozesse in verschiedenen Organen der Blutwurz. Blüten und Blätter verbinden die gegensätzlichen Qualitäten und steigern sie zu charakteristischen Organformen. Die Achsenorgane betonen dagegen jeweils einen Aspekt.

In jeder Blüte, dem offensichtlichsten Organ einer »astralisch-seelischen Berührung«, sind *gegensätzliche* Eigenschaften der sie konstituierenden Blätter direkt nebeneinander zu bemerken. Kronblätter breiten sich flächig aus, die Filamente der Staubblätter sind fädig zusammengezogen. In den Staubbeuteln löst sich das Gewebe in einzelne Zellen auf, die Fruchtblätter schließen sich zu umhüllenden Organen zusammen und so fort. Diese Gabe, *antagonistische Prozesse gleichzeitig zu leben*, wurde auch bei Heilpflanzen gesucht und von verschiedenen Autoren bei unserer einheimischen Mistel *(Viscum album)* beschrieben (Zusammenfassung in MANDERA 2010).

Die Blutwurz formt nicht so eindrückliche Raumgestalten über der Erde und so bedeutende Gifte wie die Mistel oder die Nachtschattengewächse – sie reichert jedoch sehr viel mehr Gerbstoffe an als alle ihre Verwandten. Diese Arbeit ist ein Beitrag zu der Aufgabe, die Bildung und Qualität von pflanzlichen Gerbstoffen im Zusammenhang mit der Gestaltentwicklung und den Lebensprozessen einer Heilpflanze zu beschreiben.

Zur medizinischen Verwendung

Die botanische Betrachtung zeigt, dass die Blutwurz zentripetale und zentrifugale Prozesse verbindet. Das Zentrum der Blutwurz liegt in der Mitte, im horizontalen Rhizom, von dem aus sie sowohl nach oben als auch nach unten ausstrahlt. Das Rhizom von *Potentilla erecta* enthält bis zu 25% Gerbstoffe. Nach dem Hinweis Rudolf Steiners beruht die Heilwirkung von »Gerbsäuren« auf der Fähigkeit, das Astralische geneigt zu machen, sich mit dem Ätherischen zu verbinden (STEINER 1924). Zusammen mit dem Bild der intensiven Durchdringung von auflösenden und verdichtenden Prozessen, die im Rhizom ihren Mittelpunkt haben, ergibt sich ein Verständnis für die Heilwirkung der Blutwurz. Sie vermittelt Formung und Festigung sich auflösender, aus der Ordnung gefallener Stoffwechselprozesse, wie sie bei Blutungen und akuten Entzündungen vorhanden sind. So dient die Blutwurz zur Behandlung von Entzündungen und Blutungen der Haut und Schleimhaut, der Fortpflanzungsorgane der Frau und des Darmes (ausführliche Literaturhinweise in SCHEMPP & AL. 2015).

BRETTSCHNEIDER (2015) beteiligte sich an den Bemühungen um ein Verständnis der Bildeprozesse der Blutwurz und verfasste folgende Charakterisierung:

Die gegenseitige Durchdringung polarer Bildekräfte trifft vor allem den mittleren Bereich dieser Pflanze, also den Bereich, der die polaren Kräfte beim allgemeinen Pflanzentypus durch den Vollzug der Laubblattmetamorphose und der rhythmischen Streckung und Stauchung des Spross-Systems, bzw. des Blütenstandes, so abbildet, dass der irdische Wurzelpol und der kosmische Blütenpol räumlich und qualitativ weit auseinandergelegt werden. Bei der Blutwurz wird aber infolge der gegenseitigen Durchdringung der Bildekräfte weder eine vollständige Laubblattmetamorphose, noch eine oberirdische Aufrichtung des ausdauernden Anteiles des Sprosssystems vollzogen. Stattdessen wird ein Rhizom gebildet, das primäre Achsensystem dieser Pflanze, homolog zum Sprosssystem der Bäume, das aber weder seine Internodien streckt noch sich vertikal auf den Erdmittelpunkt einstellt, sondern horizontal unter der Erde wachsend sich mehrfach verzeigt, ohne je seine Endknospen der Blütenbildung zu öffnen. Diese bleiben deshalb vegetativ. In die Vertikale kommt die Blutwurz dennoch, aber jeweils sekundär. Erst sekundär kann sich das waagerecht wachsende Rhizom durch Ausbildung von sprossbürtigen Wurzeln seitlich und nach unten mit dem Erdreich verbinden. Doch auch die Verbindung zur kosmischen Licht- und Insektenwelt kommt erst sekundär zustande: Sekundär bilden sich um die Endknospen des Rhizoms herum dichasiale Blütenstände, das heißt, Blütenstände, deren zentrale Achsen sich nicht allmählich strecken, sondern sich mehrfach in der Bildung von dichasialen Verzweigungen stauen. So zeigt sich auch keine typische Laubblattmetamorphose, da die Blattbildung immer nur gefiederte Laubblätter hervorbringt und somit bei einem mittleren Formwert verharrt. Zu Recht trägt diese Pflanze den Namen »Blutwurz«, denn ihr Rhizom (im Volksmund als »Wurz« bezeichnet) erzählt das tiefste Rätsel ihres Wesens. Dort, im Rhizom, bildet sie die Hauptmasse ihrer rostfarbenen Gerbstoffe.

Und so, wie sie in ihrem Rhizom ihre »Mitte« ausbildet, nämlich ohne den irdischen und den kosmischen Kräften Zutritt zu gewähren, wirkt sie auch im Menschen: Sie wirkt stabilisierend auf die rhythmische Monatsblutung der Frau, also auf die zweite Mitte im Menschen unterhalb des Herzens, auf die Schleimhäute des Sexualtraktes. Die Gebärmutter verbindet nicht das Obere mit dem Unteren, sondern schirmt den Embryo von den Einflüssen des Gesamtorganismus ab.

Anmerkung:

»Dieser Weg in die Imagination hinein, er kann so vollzogen werden, angemessen unserer abendländischen Zivilisation, dass man versucht, sich ganz nur der äußeren phänomenologischen Welt hinzugeben, diese unmittelbar auf sich wirken zu lassen mit Ausschluss des Denkens, aber so, dass man sie doch aufnimmt. Nicht wahr, unser gewöhnliches Geistesleben im wachen Zustand verläuft ja so, dass wir wahrnehmen und eigentlich immer im Wahrnehmen schon das Wahrgenommene mit Vorstellungen durchtränken, im wissenschaftlichen Denken ganz systematisch das Wahrgenommene mit Vorstellungen verweben, durch Vorstellungen systematisieren und so weiter.« Man müsse, so Steiner, »so scharf innerlich seelisch arbeiten« können, »dass man das Vorstellen unterdrückt, dass man sich bloß dem äußeren Wahrnehmen hingibt.« […] »Dadurch, dass man gewissermaßen das Wahrnehmen in Fluss bringt, dadurch dass man Bewegung und Leben in das Wahrnehmen hineinbringt, aber in einer solchen Weise, wie es nicht im gewöhnlichen Vorstellen geschieht, sondern im symbolisierenden oder auch künstlerisch verarbeitenden Wahrnehmen, dadurch kommt man viel eher zu der Kraft, sich von der Wahrnehmung als solcher durchdringen zu lassen.« (STEINER 1920, Vortrag vom 03.10. 1920)

Wir danken Frau Angelika Heinze, Herrn Heinrich Brettschneider und Herrn Michael Kalisch für ihre kompetenten Kommentare, sowie Frau Dr. Roselies Gehlig für ihre Unterstützung bei Bild- und Textbearbeitung.

Literatur

BRETTSCHNEIDER, H. (1980): Die Metamorphose der Enziangewächse. In: Der Heilmittelbegriff bei Rudolf Steiner 1979. Stuttgart
– (2015): email-Korrespondenz Mai/Juni 2015
BRUNNER, J. (1944): Pharmakognostische Untersuchungen über die in der Schweiz arzneilich verwendeten Potentilla-Drogen. Dissertation ETH Zürich, Hochdorf
BULDMANN, J. (2011): Diskussionsbeitrag zum Thema »Blutwurz« am 23.09.2011, Michaeli-Tagung der Regionalgruppe Nord der Gesellschaft Anthroposophischer Ärzte in Deutschland, Arbeitsgruppe Hannover
FISCHER-RIZZI, S. (2002): Medizin der Erde, 4. Aufl. München
FUCHS, L. (1543): Das Kräuterbuch von 1543. Nachdruck 2001, Taschen GmbH, Köln
GERSTBERGER, P. (2003): Potentilla. In: Hegi, G., Illustrierte Flora von Mitteleuropa, Band IV, Teil 2C (Rosaceae), 2. Aufl. Berlin

GÖBEL, T. (1988): Die Pflanzenidee als Organon. Niefern-Öschelbronn

HAGERROM (2004): *Potentilla erecta* (L.) Räuschel. Springer Verlag, Heidelberg (2005)

HARBORNE, J. B., NASH, R. J. (1984): Flavonoid pigments responsible for ultraviolet patterning in petals of the genus *Potentilla*. Biochemical Systematics and Ecology 12(3): 315–318

KARSTEN, G., WEBER, U. (1956): Lehrbuch der Pharmakognosie, 8. Aufl., S. 89–91. Stuttgart

KÖHLER, F. E. (1887): Potentilla Tormentilla Schrnk. In: Köhler's Medizinal-Pflanzen in naturgetreuen Abbildungen mit kurz erläuterndem Texte, Band 1. Gera-Untermhaus

KUTSCHERA, L., LICHTENEGGER, E. (1992): Wurzelatlas mitteleuropäischer Grünlandpflanzen, Band 2, Teil 1. Stuttgart, Jena, New York

LATTÉ, K. P. (2006): Potentilla erecta. Zeitschrift für Phytotherapie 27: 198–206

LIESCHE, C. (1988): Zur Gestaltbiologie der Echten Nelkenwurz (*Geum urbanum* L.). Tycho de Brahe-Jahrbuch für Goetheanismus 1988: 166–198. Niefern-Öschelbronn

– (1990): Die Gestaltbiologie der Walderdbeere (*Fragaria vesca* L.). Tycho de Brahe-Jahrbuch für Goetheanismus 1990: 44–67. Niefern-Öschelbronn

MADAUS, G. (1938): Lehrbuch der biologischen Heilmittel, Band 11, S. 2716–2720. Nachdruck Mediamed Verlag, Ravensburg (1990)

MANDERA, R. (1985): Die Nachtschattengewächse und das Bilsenkraut. Tycho de Brahe-Jahrbuch für Goetheanismus 1985: 164–209. Stuttgart

– (2010): Die Besonderheiten von *Viscum album* im Vergleich mit ihren Verwandten. In: Rippe, O. (Hrsg.), Die Mistel – Eine Heilpflanze für die Krankheiten unserer Zeit. München

PELIKAN, W. (1958): Heilpflanzenkunde I, 3. Aufl. 1975. Dornach

REISIGL, H., KELLER, R. (1994): Alpenpflanzen im Lebensraum. Stuttgart, Jena, New York

SCHEMPP, C. M. & Al. (2015): Die Blutwurz, *Potentilla erecta* (L.) Räuschel – ein kleines Rosengewächs mit großer Heilwirkung. Der Merkurstab 68(4): 296–304

STAESCHE, K. (1968): Vergleichende anatomische Untersuchungen an Drogen, Rhizoma Tormentillae und Rhizome verwandter Rosaceae. Deutsche Apotheker-Zeitung 108: 329–332

STEINER, R. (1920): Grenzen der Naturerkenntnis (GA 322), Vortrag 03.10.1920. 5. Aufl., Dornach (1981)

– (1922): Das Verhältnis der Sternenwelt zum Menschen und des Menschen zur Sternenwelt. Die geistige Kommunion der Menschheit (GA 219), Vortrag 31.12.1922. 6. Aufl., Dornach (1994)

– (1923): Die Impulsierung des weltgeschichtlichen Geschehens durch geistige Mächte (GA 222), Vortrag 22.03.1923. 4. Aufl., Dornach (1989)

– (1924): Physiologisch-Therapeutisches auf Grundlage der Geisteswissenschaft (GA 314), Vortrag vom 02.01.1924. 3. Aufl., Dornach (1989)

TROLL, W. (1957): Praktische Einführung in die Pflanzenmorphologie. Zweiter Teil: Die blühende Pflanze. Jena. Reprint, Königstein (1975)

WILKENS, J. (2009): persönl. Mitteilung am 27.09.2009

WÖLFLE, U. (2011): Forschungszentrum skinitial, Universitäts-Hautklinik Freiburg, email-Korrespondenz Mai 2011

WOLF, T. (1908): Monographie der Gattung Potentilla. Bibliotheca Botanica, Heft 71. Stuttgart

ZELLER, O. (1983): Blütenknospen. Verborgene Entwicklungsprozesse im Jahreslauf. Stuttgart

Die Autoren

Dipl. Biol. RUTH MANDERA, * 1953, Botanikerin. Nach dem Studium der Biologie in Frankfurt/M. 1980–1983 Ausbildung und Forschung an der Naturwissenschaftlichen Sektion der Freien Hochschule für Geisteswissenschaft, Goethenanum, Dornach/CH. 1983–1998 wissenschaftliche Mitarbeiterin der WALA Heilmittel GmbH, Bad Boll: Grundlagenforschung zur Steigbildmethode, zum Goetheanismus und zur Heilpflanzenerkenntnis. Seit 1998 freiberufliche Dozentin für Botanik und goetheanistische Heilpflanzenbetrachtungen, vorwiegend in der Aus-, Fort- und Weiterbildung von Ärzten, Heilpraktikern und Apothekern. Publikationen zu verschiedenen Heilpflanzen vor allem in anthroposophischen Zeitschriften und im (Tycho de Brahe-)Jahrbuch für Goetheanismus.

Prof. Dr. med. Dipl. Biol. CHRISTOPH M. SCHEMPP, Biologe und Dermatologe. 1982–1987 Biologiestudium in Tübingen, Abschluss mit einer geobotanischen Diplomarbeit. 1987–1994 Medizinstudium an der Freien Universität Berlin. Promotion an der Universitäts-Hautklinik in Berlin-Steglitz bei Prof. Orfanos über Borreliosen der Haut. Ab 1994 Arzt im Praktikum und Facharztausbildung an der Universitäts-Hautklinik in Freiburg/Br., 2001 Fachkunde für Dermatologie und Venerologie und Zusatzbezeichnung Allergologie. Im Jahr 2002 Habilitation im Fach Dermatologie mit Publikationen über Hypericin und Hyperforin aus *Hypericum perforatum* (Johanniskraut). Ab 2003 Oberarzt an der Universitäts-Hautklinik Freiburg. 2005 Ernennung zum außerplanmäßigen Professor für Dermatologie. Seit 2007 Leiter des Forschungszentrums »skinitial« an der Klinik für Dermatologie und Venerologie, Universitätsklinikum Freiburg/Br., Forschungsschwerpunkte: Dermopharmazie, Photodermatologie und Naturstoff-Forschung.

MICHAEL KALISCH

Die Chinarinde und das atavistische Wesen des Malaria-Erregers.
Ein Brückenschlag zwischen goetheanistischer Naturwissenschaft und geisteswissenschaftlicher Menschenkunde

EINLEITUNG

Die Malaria scheint die Menschheit zu begleiten, ungezählte Millionen Leben hat sie schon gefordert. Erste Berichte über Malariainfektionen erwähnen den »gelben« Kaiser Huang Ti (2700 v. Chr.), seitdem ist bereits der Zusammenhang zwischen Malaria und Milzvergrößerung bekannt. Auch Tutenchamun soll unter Malaria gelitten haben. Nach jüngsten Meldungen der WHO ist die Mortalität durch Malaria dank Prävention und Kontrolle seit dem Jahr 2000 um 45% gesunken; 2012 gab es zwischen 135 und 287 Millionen Neuerkrankungen und es starben zwischen 473.000 und 789.000 Menschen. Dennoch bleibt die Malaria eine der Krankheiten mit den meisten Todesopfern. In Afrika sind Kinder unter 5 Jahren die häufigsten Opfer, jede Minute stirbt dort ein Kind an Malaria. – Um 1633 entdeckten Jesuiten in Südamerika die Chinarinde als hochwirksames Mittel gegen das »Wechselfieber«, später wurde der Wirkstoff Chinin zum wichtigsten Therapeutikum, bis man es im 20. Jahrhundert weitgehend durch synthetische Mittel ersetzte. Mittlerweile nehmen jedoch Resistenzen überhand, so dass Chinin – das ohnehin bei den schweren Verlaufsformen immer das wirksamste Mittel geblieben ist – wieder an Bedeutung gewinnt. – Im Folgenden sollen zunächst Wesensbilder der Malaria in ihren verschiedenen Formen und der auslösenden Parasiten (*Plasmodium*-Arten) entwickelt werden. Anschließend werden Bilder der morphologischen, sekundärstofflichen sowie homöopathischen Charakterzüge der Chinarinde entwickelt und zu gegenseitiger Beleuchtung gebracht, um schließlich eine Brücke zwischen der Krankheit und dem Parasiten einerseits, dem Wirkstoff Chinin sowie dem homöopathischen Mittel »China« andererseits zu finden.

DIE MALARIA

Verbreitung, Überträger und Parasit[1]

Parasitosen und die dazu gehörenden Parasiten zeigen gewisse Tendenzen ihrer geografischen Verbreitung: Wurmparasitosen reichen bis in die Arktis; von Bakterien und Protozoen ausgelöste Erkrankungen konzentrieren sich im tropischen und subtropischen Bereich (»Tropenkrankheiten«), Virenerkrankungen gibt es global (MEYER 2007). Das ergibt ein Bild: Je jünger eine Parasitengruppe evolutiv ist, desto weiter dringt sie in Richtung der Pole vor.[2] – Der Malariaerreger *Plasmodium* (erstmals 1880 von C. L. Laveran beschrieben) gehört zum Stamm der tierischen Einzeller (*Protozoa*, Klasse Sporozoa, heute »Apicomplexa«). Er ist Auslöser einer zyklischen Infektionskrankheit, die mit über einer halben Million Todesopfern jährlich als *die* Tropenkrankheit schlechthin angesehen wird. Die Malaria umfasst ein riesiges Gebiet: tropisches Afrika nördlich bis zur Sahelzone, südlich bis Südafrika; Madagaskar, die Südküsten von Türkei, Arabien und Iran; Indien, Südostasien bis Neuguinea, Südchina; nördliches Südamerika, Mittelamerika. Es ist offenbar in Vergessenheit geraten, dass sie auch in Europa vorkam und somit gar keine ausschließlich tropische Krankheit ist: Sie war von der Antike bis zur Mitte des 20. Jahrhunderts nicht nur im Mittelmeerraum, sondern nördlich der Alpen bis Nordeuropa aufgrund weiträumiger *Moor- und Sumpflandschaften* verbreitet, zum Beispiel im Oberrheintal. In Norddeutschland nannte man sie »Marschenfieber«;

---

[1] Nach HOF & DÖRRIES 2005, www.gigers.com/..., www.infektionsbiologie.ch/..., Wikipedia zu »Malaria«, SHERMAN 1998, REITER 2000, LOMBORG 2007, MEYER 2007, KAYSER 2009, PRINZ 2013. Den 200 *Plasmodium*-Arten können nahezu alle Wirbeltiere als Zwischenwirte dienen. Man kennt mittlerweile 5 humanpathogene Arten: *Plasmodium falciparum* (Erreger der Malaria tropica), *P. ovale* und *P. vivax* (Malaria tertiana), *P. malariae* (Malaria quartana) und, erst 2008 entdeckt, *P. knowlesi* (Knowlesi-Malaria).

[2] *Viren* finden sich in allen Klimazonen und sind gesondert zu betrachten. Wie ich im Zusammenhang mit einer Arbeit über HIV bereits Ende der 1980er vermutete (KALISCH 1993), kann man Viren nicht als *Vorformen* von Leben ansehen, denn sie setzen Leben bereits voraus und müssen *aus ihm* entsprungen sein (ROHDE & SIKORSKI 2011). Man könnte sie als »Abkapselungen« von Teilprozessen innerhalb der Prozesse der DNA und RNA betrachten, die in den Lebensreichen der Prokaryonten (→ Phagen) und Eukaryonten (→ Viren) stattfinden und die in die Lage versetzt wurden, nicht nur wie Parasiten zwischen Individuen übertragen zu werden, sondern sogar zwischen fremden Arten, womit sie auch als »Genfähren« wirksam wurden. Aus Viren konnten dann wieder organismuseigene DNA-Abschnitte (Gene) werden. Dabei müssen diese Vorgänge so früh eingesetzt haben, dass es für Pro- und Eukaryonten gemeinsame Gene gibt, die man für *viralen* Ursprungs hält. – Neue »Arten« von Viren bzw. Phagen entstehen offenbar gerade beim Übergang auf eine neue Wirtsart. – Viren sind oft gegen extreme Hitze wie Kälte resistent. Ein Beleg ist der jüngste Fund eines in Amöben persistierenden Riesenvirus im sibirischen Permafrost, das reaktiviert werden konnte (LEGENDRE & AL. 2014). Manche Viren sind aber kältesensibel (Warzenvirus) oder wasserempfindlich (Tollwutvirus).

152

in Shakespeares Dramen wird sie mehrfach als englische »ague« erwähnt. Sie trat in London, in Ostpreußen und Südfinnland auf. Erst durch Sumpftrockenlegungen, die sogenannte Tulla-Begradigung des Oberrheins und den systematischen Einsatz von Insektiziden wurde die Malaria in den 1960er Jahren bei uns ausgerottet.[3] – Die Nordgrenze für die Vermehrung von *Plasmodium* wird etwa durch die 16°C-Jahresisotherme markiert. Übertragungsfähige Mücken (ca. 60 von weltweit 400 lebenden *Anopheles*-Arten) erreichen den Polarkreis. Optimal ist für sie eine Temperatur von 20–30°C mit hoher Luftfeuchtigkeit. Mücken sind sehr zarte luftige Insekten ohne Panzerung, die gerne im *Sonnenlicht* tanzen (JULIUS 1970). Ihre Lebenssphäre ist eine wärmedurchglühte Sommerluft in der Nähe von stehenden Gewässern, in denen sich dann die Larven entwickeln. Durch ihre *Saugtätigkeit* (Erzeugen von Unterdruck) zeigen sie ihre besondere Beziehung zum Luft-Element. – Wir werden später sehen, welche Bedeutung gerade die Sonne beim Malariaparasiten und dem Heilmittel Chinarinde hat. – Das afrikanische Areal endet abrupt südlich der Sahara: die Wärme ist vorhanden, aber die *Feuchte* fehlt. In Südamerika ist die Malaria im Amazonasgebiet verbreitet. Am Aufstieg der Regenwälder in die Ostabhänge der Anden liegt ihre Verbreitungsgrenze etwa bei 1500 m (generell in tropischen Gebirgen), außerhalb der Tropen entsprechend in geringerer Höhe. Man weiß, dass es zwischen dem erst in größerer Berghöhe beginnenden Verbreitungsareal der *Chinarindenbäume* (s. unten) und der Malaria keine Überschneidung gab, weshalb sie von den Eingeborenen zwar als Heilmittel verwendet wurde, zum Beispiel bei Fieber, aber nicht gegen Malaria.[4] Die *Anopheles*-Mücke als Malaria-Übertragerin erkannte erst der Brite R. K. B. Ross (1897). Auch Stechmückenarten der Gattungen *Aedes* oder *Culex* können bei uns als Wirte fungieren. Überträger sind nur Weibchen, die die warme Blutmahlzeit etwa alle zwei Tage für die Entwicklung ihrer Eier benötigen, und die suchen sie ab Einbruch der Dämmerung bis gegen Mitternacht, vom Kohlendioxid unserer Atemluft von weitem angelockt. Die Männchen saugen dagegen nur Gewebeflüssigkeit. – Eine Übertragung ist übrigens auch durch Spritzen, Blutkonserven und sogar diaplazentar möglich.

Der *Lebenszyklus* des Malaria-Erregers durchläuft 4 Generationsformen, 3 dienen der vegetativen Vermehrung. Da die Reduktionsteilung sofort nach der Zygoten-

---

[3] Dass die Malaria sich aufgrund des *Klimawandels* weiter nach Norden ausbreiten werde, ist also unzutreffend (REITER 2000, LOMBORG 2007, REICHHOLF 2007), denn sie ist im strengen Sinne keine Tropenkrankheit. Selbst während der Kleinen Eiszeit reichte ihr potenzielles Verbreitungsgebiet ja bis in den Norden Eurasiens.

[4] Im 20. Jh. traten am Andenwesthang und im angrenzenden Hochland in Ecuador in großer Höhe (bis 3200 m) anomale Malariafälle auf (PINAULT & HUNTER 2012). Günstige Bedingungen für die Mückenlarven müssen unbeabsichtigt durch den Eisenbahnbau zwischen Pazifikküste und Hochanden geschaffen worden sein. Mückenlarven fand man dort in sauerstoffreichen, sonnendurchfluteten Bächen, aber auch in Pfützen in Wagenspuren. Auch das zeigt die Beziehung der Mücke zur *Sonne*.

bildung stattfindet, spricht man von »haplohomophasischem Generationswechsel«. Mit einem Tier vergleichbar wäre nur diese kurze Phase der Zygote. Die drei folgenden Stadien sind *haploid*, man könnte an niedere Pflanzen denken, etwa primitive Algen *(Ulothrix, Cladophora)*, wo eigenständige haploide Generationen noch auftreten. *Plasmodium* beherbergt sogar einen Chloroplasten als sekundären Endosymbionten, der nicht mehr fotosynthesefähig ist, aber physiologische Bedeutung hat. *Plasmodium* bleibt einzellig und ist dennoch von tierischer Natur: alle Generationen sind mit einem aus mehreren Organellen aufgebauten »Werkzeug« für die Invasion von Wirtszellen ausgestattet, dem sogenannten Apikalorgan. Abweichend von vielen pathogenen Mikroorganismen, die auch frei in der Umwelt oder in sogar nützlicher Form als Endosymbionten auf Schleimhäuten leben, ist *Plasmodium* ausschließlich auf ein Leben in der Mücke und im Menschen oder anderen Säugetieren angewiesen.[5]

Beginnen wir die Betrachtung mit der Befruchtung (Gamogonie), die normalerweise der Anfang eines vielzelligen Organismus ist. Es zeigt sich schnell, um was für einen ungewöhnlichen Organismus es sich handelt. Die Vereinigung der männlichen Mikro- mit den weiblichen Makrogameten findet nach dem Stich und der Aufnahme eines Blutstropfens in der Mücke statt (der Mensch ist so gesehen nur »Nebenwirt«). Die wurmförmige, aktiv bewegliche Zygote (der sog. Ookinet) bohrt sich in die Darmwand der Mücke. Hier reift sie zur rundlichen Oozyste, die sofort die Reduktionsteilung vollzieht. Danach setzt bereits die erste ungeschlechtliche Vermehrung ein: Nachdem sich eine synzytialer Sporoblast mit Tausenden von Kernen entwickelt hat, entstehen durch Spaltung bis zu 10.000 sichelförmige Sporozoiten. Sie wandern zu den Speicheldrüsen und werden so beim nächsten Stich wieder auf den Menschen übertragen. Dieser Entwicklungsabschnitt benötigt je nach Außentemperatur 4–15 Tage.

Nach Eintritt in die menschliche Blutbahn geschieht etwas Erstaunliches: Innerhalb von nur 30 Minuten sind alle Sporozoiten aus dem Blut verschwunden und damit dem Zugriff des Immunsystems entzogen, denn sie haben sich in Parenchymzellen der Leber eingenistet. Dabei genügt eine einzige befallene Zelle zur

---

[5] In vitro lässt sich *Plasmodium falciparum* nur züchten, indem man die Verhältnisse des venösen Kapillargebiets (pH 7,2–7,4, Sauerstoff-arm) imitiert. Es glückt bis zur Gametenbildung, dann stirbt die Kultur ab.

[6] Bei der HIV-Infektion finden wir einen *polaren* Gestus: Nach der intrazellulären Vervielfältigung der Viren werden diese durch Knospung aus der Zellmembran, mit einer Lipidhülle umgeben, freigesetzt.

[7] Der *Zellkern* ist das Kopfverwandteste der Zelle und liegt normalerweise in ihrem Zentrum, von den Stoffwechselprozessen umgeben. Beim »Siegelring« der Leberschizonten kommt es zu einer Umstülpung, wie sie für *vielzellige* Organismen charakteristisch wäre: das Kopfartige nach außen, im Innern der Stoffwechselschwerpunkt. Es scheint, als wollte *Plasmodium* einen Vielzeller nachahmen.

Entwicklung der Krankheit. In der Leber entsteht in sehr kohlendioxidreichem Milieu das nächste Stadium, der *Schizont*, der sich in Abertausende identischer *Merozoiten* spaltet. Nach 1–6 Wochen betreten sie nach Zerreißen der Leberzelle wieder die Blutbahn und nisten sich nun in kürzester Zeit in *Erythrozyten* ein, wo sich das dritte ungeschlechtliche Stadium entwickelt. Nur bei den zwei *Plasmodium*-Arten der Malaria tertiana verbleiben Schizonten auch während dieses dritten Stadiums latent in der Leber (»Hypnozoiten«) und können Jahre später zu einem Rezidiv führen. – Bei der Kontaktaufnahme mit dem Erythrozyten reagiert dieser mit einer Einstülpung, die sich zur Vakuole abschnürt.[6] An deren Membran sind wahrscheinlich auch Substanzen beteiligt, die das Apikalorgan ausscheidet. Wirt wie Parasit sind also gemeinsam an diesem Vorgang beteiligt. Im Innern des Erythrozyten wandelt sich die Gestalt des Parasiten zum sogenannten *Trophozoiten* mit der typischen »Siegelring«-Form: einer großen zentralen Nahrungsvakuole mit umgebendem dünnem Plasmasaum, in dem der Zellkern liegt. Das Apikalorgan geht dabei verloren.[7] Die Trophozoiten nähren sich von der Glucose im Blutstrom, die sie zu Laktat fermentieren (Glykolyse). Und zur Gewinnung von *Aminosäuren* verbrauchen sie das Hämoglobin, und zwar dessen *Eiweißanteil* (zu 80%), den sie in sauren Lysosomen verdauen. Das dabei freiwerdende Häm mit dem *Eisen* ist *toxisch* für die Parasiten, sie entgiften es deshalb durch Polymerisation zu einem kristallinen braunschwarzen Pigment, *Hämozoin*, und lagern es in ihrer Vakuole ab. Die erforderliche Sauerstoffarmut finden die Parasiten ebenfalls im Binnenmilieu der Erythrozyten, da diese nur von Milchsäuregärung leben und keine Mitochondrien besitzen.

Die Trophozoiten gehen auch wieder in ein Schizontenstadium über, das sich in Merozoiten spaltet, die nach Zerstörung des Erythrozyten erneut freigesetzt werden. Im Blutausstrich lassen sich die *Plasmodium*-Arten anhand der charakteristischen Formen der »Siegelringe«, Schizonten und Merozoiten diagnostizieren. Die nun einsetzende zyklische Wiederholung von Invasion, Vermehrung, Zellzerstörung und erneuter Invasion macht das »Wechselfieber« der Malaria tertiana und quartana verständlich: Mit den Wellen des synchronen Erythrozytenzerfalls treten alle 48 bzw. 72 Stunden Fieberschübe ein, also jeden zweiten (»tertiana«, *Plasmodium vivax* und *ovale*) bzw. dritten Tag (»quartana«, *P. malariae*).[8] Gegenüber diesen beiden meist nicht tödlichen[9], dafür aber jahrelang fortbestehenden Formen verläuft

---

[8] Die verwirrenden Bezeichnungen »Malaria tertiana« und »quartana« entstanden in der Römerzeit, als bemerkt wurde, dass der zweite Fieberschub beim zweitägigen Fieberrhythmus erstmalig am dritten und beim dreitägigen Rhythmus erstmalig am vierten Tag des Krankheitsverlaufes auftritt, wobei es damals bei Zeitangaben üblich war, den ersten Tag mitzuzählen.

[9] Bei der Tertiana kann es zu einer raschen Milzvergrößerung kommen, die zu einem Milzriss führt. Da er häufig nicht diagnostisch erkannt wird, verlaufen solche Fälle zu 80% auch tödlich (KAKKILAYA 1999).

die Malaria tropica *(P. falciparum)* als unregelmäßiges Wechselfieber mit täglichen Schüben oder als fast durchgehendes Fieber (HOF & DÖRRIES 2005), was eine rasche Diagnose erschwert, und endet oft tödlich, wenn sie nicht rechtzeitig behandelt wird. Die Maximalzahl an Merozoiten in den Erythrozyten steigt von der zeitlich gedehntesten Malariaform der Quartana bis zur täglich oder mehr unregelmäßig und krisenhaft fiebernden Tropica: Bei *Plasmodium malariae* können (6–)12 Merozoiten gebildet werden; bei *P. ovale* nur 8, bei *P. vivax* (12–)24, bei *P. falciparum* (8–)32. – Die Leberschizonten sind vielkernig und ziemlich groß (30–70 µm), sie spalten sich je nach Art in die unglaubliche Zahl von 30.000–50.000 Tochtermerozoiten. Die Blutmerozoiten sind viel kleiner (1,5 µm) und aktiv beweglich.

Parallel zu den Vermehrungszyklen im Blut entstehen in Erythrozyten etwa nach 2–3 Zyklen auch erstmals Vorstadien männlicher und weiblicher Gameten, die aber im Menschen zugrunde gehen, sollten sie nicht von einer stechend-saugenden Mücke wieder aufgenommen werden. Gelingt dies, vollzieht sich ihre Ausreifung in einer Überlagerung des Wirtsmilieus von Mensch und Mücke: Die menschlichen Erythrozyten werden erst im Mückenmagen von den Gameten gesprengt. Die Vorstufen der männlichen Geschlechtszellen (Mikrogamonten) durchlaufen dabei noch eine zusätzliche Spaltungsphase: Zunächst entstehen stachelig aussehende Zellen, die würmchenförmige Gameten abstoßen. Anschließend kommt es zur Befruchtung, und damit ist der Lebenszyklus der Malariaerreger geschlossen.

Zusammenfassung: Gamogonie (in der Mücke) → aktiv beweglicher Ookinet (in der Darmwand der Mücke) → Reduktionsteilung und 1. ungeschlechtliche Vermehrung: Sporoblast → Sporozoiten (Speicheldrüsen der Mücke) ‖ Übertragung auf den Menschen → Leberschizonten → 2. ungeschlechtliche Vermehrung: Merozoiten (daneben auch Hypnozoitenbildung bei Tertiana) → Übergang in Erythrozyten, Bildung der Trophozoiten → 3. ungeschlechtliche Vermehrung: Merozoiten, parallel auch Bildung von Vorstufen weiblicher/männlicher Gameten in Erythrozyten ‖ Rückübertragung auf die Mücke mit Blutmahlzeit → Ausreifung der Gameten in Erythrozyten (zusätzlich bei Bildung der männlichen Mikrogameten: 4. ungeschlechtliche Vermehrung) → Freisetzung durch Sprengen der Erythrozyten → Gamogonie.

---

[10] Nach BRETTSCHNEIDER (1984), HOF & DÖRRIES (2005), PRINZ (2013).

Der Krankheitsverlauf der Malaria[10]

Die *Inkubationszeit* der Malaria ist variabel und von verschiedenen Bedingungen abhängig. In der Regel dauert sie 7–14 Tage, bei der Quartana sogar etwa 4–5 Wochen. Dann beginnt bei Tertiana und Quartana der klassische Rhythmus wiederkehrender Schübe von Schüttelfrost und hohem Fieber. Bei beiden kann es eine anfängliche *Latenzphase* geben, die bei der Tertiana bis 6 Monate, bei Quartana sogar bis zu 20 Jahre währen kann. Bei der Tropica kommt es am raschesten zum Leberzellzerfall, die Inkubation ist die kürzeste, eine Primärlatenz und auch die Hypnozoitenbildung fehlen. – Die Prodromalsymptome sind zunächst unspezifisch: Fieber, Kopfschmerzen, Gliederschmerzen (»atypische, schwere Grippe«), eventuell Durchfall. Der Anfall, übrigens meist in den Nachmittags- und Abendstunden einsetzend, zeigt einen typischen Verlauf: Er beginnt mit Zentralisierung des Kreislaufs (verringerte Durchblutung der Peripherie durch Vasokonstriktion), gefolgt von Schüttelfrost, der 20 Minuten bis 2 Stunden anhält. Dann tritt das Fieber ein, die Temperatur steigt auf 40–41°C und hält 2–6 Stunden an (die sog. Kontinua). Es folgt die periphere Gefäßerweiterung und ein Schweißausbruch, das Fieber klingt ab und Erholung tritt ein. – Die korrekte Diagnose einer Malaria tropica, die etwa 15% aller Fälle ausmacht, ist erschwert durch Mehrfachinfektionen mit Mutanten von *P. falciparum* sowie Mischinfektionen mit verschiedenen *Plasmodium*-Arten (etwa 4% der Fälle). Daher gehen die schweren und tödlichen Verläufe auf *P. falciparum* zurück. Dennoch verläuft nur etwa ein Fünftel der Tropicafälle maligne, und alle Übergangsformen zwischen Kontinua über unregelmäßige Fieber bis zum angedeuteten 48-Stundenrhythmus kommen vor. Besonders anfällig sind *Kleinkinder, Schwangere* und *abwehrgeschwächte Menschen*.

Zur schweren Verlaufsform der Tropica gehört eines oder mehrere der folgenden Symptome:

- Zerebrale Malaria (Patient kann nicht geweckt werden), besonders gefährlich mit Koma
- Zentrale Atemlähmung
- generalisierte Krampfanfälle
- schwere Anämie (auch bei *Plasmodium vivax*) durch Zerstörung von Erythrozyten und Eisenverlust
- Ikterus
- Hypoglykämie
- Metabolische Azidose mit respiratorischem Distress
- Störungen des Flüssigkeits- und Elektrolythaushaltes
- Akutes Nierenversagen

- Lungenödem und akutes Lungenversagen
- Pneumonie oder Harnwegsinfektionen durch zusätzliche bakterielle Infektion
- Kreislaufkollaps und Schock
- Disseminierte intravasale Gerinnungsstörung
- Hämoglobinurie (»Schwarzwasserfieber«)
- Hohes Fieber (Kontinua)
- Hyperparasitämie (>5%)
- Bei Kindern häufig Husten (nicht bei Erwachsenen)
- Seh- und Koordinationsstörungen
- Hämorrhagien
- Kreislaufschock

Die von *P. falciparum* befallenen Erythrozyten neigen zu Aggregation (»Rosettenbildung«) und Anlagerung an Gefäßendothelien, dort können sie entzündliche Mesenchymwucherungen und Mikroabszesse auslösen (selbst wenn nur wenige Prozent der Erythrozyten zerstört wurden). Viele der typischen Komplikationen der Tropica sind Folge von *Störungen der Mikrozirkulation* im Gehirn und am Herzen und der Schädigung der Darmschleimhaut mit nachfolgendem Übertritt von Darmbakterien ins Blut mit Sepsis und Pneumonie.

Übersteht man die Komplikationen und das sich über Wochen hinziehende Fieber, so heilt die Tropica nach einem Jahr aus und kehrt nicht wieder. Da aber *P. vivax* 80% aller Infektionen ausmacht, sind Rückfälle bis 3 Jahre nach Erstinfektion häufiger. In den Tropen kommt es so häufig zu Superinfektionen, dass daraus eine primär chronische Malaria als Kinderkrankheit hervorgeht. Zum spontanen Erlöschen der Krankheit kommt es bei Tropica nach etwa ½ Jahr, bei Tertiana nach 1 ½ Jahren, bei Quartana meist erst nach mehr als 5 Jahren. Überlebt man die Tropica, tritt eine *spezifische Immunität* gegen den jeweils an der Infektion beteiligten *Plasmodium*-Stamm ein, die allerdings nur von begrenztem Schutz ist (sog. Parimmunität). denn bei allen Stämmen ist eine hohe Mutationsrate die Regel, so dass sogar erneute Infektionen mit *P. falciparum nicht ausgeschlossen* sind. Diese hohe Mutationsrate ist auch der Grund dafür, dass es noch keine wirksame Impfung gegen Malaria gibt.

Medizinhistorisch sowie für die Erkenntnis der Heilprinzipien ist noch interessant, dass man Malaria erfolgreich als »Gegenkrankheit« zur Behandlung einer *Geschlechtskrankheit* eingesetzt hat, der progressiven Paralyse bei *Spätsyphilis* (mit bis zu zwei Dritteln Besserung).[11]

Es gibt einen natürlichen Schutz gegen Malaria: Menschen mit erblicher *Sichelzellenanämie* sind gegen *P. falciparum* widerstandsfähiger; merkwürdig (und bisher wohl unbeachtet) ist die Tatsache, dass die Blutkörperchen hierbei eine sichelförmige

Gestalt besitzen, die im Lebenslauf des Parasiten (nur bei *P. falciparum*) bei den Gameten auftritt. Die erbliche Stoffwechselkrankheit *Glukose-6-Phosphat-Dehydrogenase-Mangel* schützt ebenfalls vor der Tropica, weil hier der oxidative Stress in den Erythrozyten für die Parasiten erhöht ist.

Lange bevor im Schüttelfrost erstmals die Eigenwahrnehmung des Kranken erwacht,[12] hat der Parasit schon im »Untergrund« agiert, unbemerkt gelangte er in die Leber, von dort in die Erythrozyten, so als ginge das alles den Organismus gar nichts an – seine Immunabwehr wird nämlich anfangs »unterlaufen«, die sequestrierten Blutkörperchen, die die Kapillaren verstopfen, werden dem natürlichen Mauserungsprozess in der Milz entzogen. Viele Vorgänge werden durch den Parasiten auf biochemischem Wege gesteuert.[13] Die Fieberanfälle nach dem Erythrozytenzerfall als erstes Zeichen einer Aktivität des menschlichen Organismus werden vermutlich durch das freiwerdende *Hämozoin* ausgelöst, an dessen Oberfläche *Plasmodien-DNA* gebunden ist. Dies aktiviert nun verschiedene Immunreaktionen (HILLE-REHFELD 2007). Bis zum Fieber verläuft die Malaria so, als sei der Organismus ein Stück *Außenwelt* (vgl. BRETTSCHNEIDER 1984); das Besondere der Leber im Vergleich zu anderen Organen ist ja, dass sie schmerzlos bleibt, auch wenn sie erkrankt ist oder durch schädliche Einflüsse »gekränkt« wird. Und gerade dieses Organ hat der Malaria-Parasit als ersten Brückenkopf eingenommen, um sich unbemerkt zu vermehren! – Man kann sich vorstellen, dass für die menschliche Konstitution in der *tropischen* Zone anders als in einer kalten, unwirtlicheren Lebensumgebung nur ein geringer Anlass besteht, sich von der Umwelt *abzugrenzen*. Die Bildung von Eigenwärme ist nicht so wichtig. Die Atmungstätigkeit sei nicht so stark herausgefordert, sagt STEINER (GA 312/8.4.1920), während die Lebertätigkeit verstärkt sei. Hingegen ist es in kalten Zonen genau umgekehrt: Die »Lungenbildung« sei vergrößert – es muss ja auch viel mehr Eigenwärme erzeugt werden, und dazu wird die Atmung verstärkt –, dafür sei die »Leberbildung« reduziert (STEINER GA 351/13.10.1923). In diesem Zusammenhang erfahren wir auch, womit die verstärkte Lebertätigkeit zusammenhängt: »Sonnentätigkeit fördert Lebertätigkeit« – ein weiterer Hinweis, der für das Verständnis des Malaria-Parasiten und der Heilpflanze Chinarinde von Bedeutung sein wird. – In einem tropischen

---

[11] Julius Wagner-Mauregg setzte die »Impfmalaria« 1917 erstmals erfolgreich ein; die Idee hatte er schon vor 30 Jahren konzipiert. Er erhielt 1927 dafür den Medizin-Nobelpreis. (Vgl. auch BRETTSCHNEIDER 1985)

[12] Schüttelfrost: Über den Wärmesinn erwacht an der Außentemperatur plötzlich das Bewusstsein (Ich-Organisation), dass der Körper »zu kalt« ist, um der Krankheit trotzen zu können. Das *Kältezittern* ist dann wie ein starkes Aufraffen des Astralleibs zu einer »Abwehrreaktion« gegen die (relative) Untertemperatur des eigenen Organismus.

[13] Näheres zur komplizierten und im Einzelnen noch nicht aufgeklärten Immunbiologie der *Plasmodium*-Infektionen findet man auf http://www.infektionsbiologie.ch/seiten/modellparasiten/seiten/plasmodium/...

Klima muss eher *Kühlung* verschafft werden, damit die gesunden 37° C nicht überschritten werden. Weniger die *Ich-Organisation*, dafür umso mehr der Astralleib wird in den Tropen angeregt (regulierende Schweißabsonderung). Daher sei die Arbeitshypothese aufgestellt, dass die Ich-Organisation in der Konstitution eines in den Tropen lebenden Menschen weniger aktiv ist und so auch weniger aufmerksam für das Eindringen von fremdem Leben (Immunreaktion).[14] Durch die Malaria-Anämie verliert der physisch-ätherische Leib nun in höchstem Maße die Funktion eines Widerparts für ein Bewusstsein des inkarnierten Ichs – es ist, wie wenn »das Selbstgefühl überall in der Leiblichkeit […] ins Bodenlose hinein« greifen wollte (STEINER 120/19.5.1910).

Die drei Malaria-Formen im Vergleich

1. Die Tropica ist die hitzigste, heftigste Form und verläuft eher unregelmäßig. Wird sie überlebt, mündet sie in eine lebenslange Immunität.

2. Die Quartana bildet den Gegenpol: verlangsamt, der Zeitbezug zwischen Infektion und Ausbruch ist unerkennbar, nur wenige Erythrozyten werden befallen und der Charakter der Sepsis ist zurückhaltend. Sie neigt aber zur Chronifizierung mit Spätfolgen. Andererseits ist die Zahl der zyklischen Anfälle im Anfangsstadium am größten: bis zu 20 Wiederholungen sind möglich, was sich 6 Monate hinziehen kann. Die Neigung zu Rezidiven kann bis zu 10 Jahre nach der Erstinfektion anhalten.

---

[14] Es gibt hierzu verschiedene Ansichten. Markus Sommer (persönl. Mitteilung) meint, die immunologische Abwehr sei in den Tropen besonders aktiv, während Friedwart Husemann (persönl. Mitteilung) meiner These insofern zustimmt, als der Astralleib auch im *Sommer* sich weniger um Heilungsprozesse im Organismus kümmere (was man mit der Situation in den Tropen vergleichen kann), eine auf Rudolf Steiner zurückgehende Äußerung, die aber noch gefunden werden muss. Vielleicht gilt dies aber nur für die gemäßigten Zonen. Wäre das Immunsystem bei in den Tropen Lebenden konstitutionell aktiver, so wäre die schwächende Wirkung von *Plasmodium*, die dem Ich den Boden entzieht, noch eine gesteigerte. (Anmerkung: die aktive BCG-Impfung wirkt z. B. nicht in den Tropen!) Die folgende Aussage spricht dafür, dass das Immunsystem in den Tropen konstitutionell von geringerer Aktivität ist, wenn man den Sommer mit dem Tropenleben und die Aktivität des Stoffwechsels mit der des Immunsystems in Parallele setzen darf: »[…] Wenn nämlich Sommer ist, warme Jahreszeit, da ist es so, dass die Leber außerordentlich wenig arbeitet. Da kommt die Leber und die Niere mehr in eine Art von seelischer Schlaftätigkeit, verrichtet nur ihre äußerlichen körperlichen Funktionen, weil der Mensch mehr an die Wärme der Außenwelt hingegeben ist. Es fängt das im Inneren an, mehr Stillstand zu haben. Das ganze Verdauungssystem ist im Hochsommer stiller als im Winter; aber im Winter fängt dieses Verdauungssystem an, sehr geistig-seelisch zu sein« (STEINER GA 347/13.9.1922). Allerdings stellt sich nun die Aufgabe, den scheinbaren Widerspruch zur Aussage über die größere Leber in den Tropen (STEINER GA 351/13.10.1923) zu klären.

3. Die rhythmisierte Tertiana steht in der Mitte, sie verläuft rascher als die Quartana, ist aber ebenfalls nicht tödlich.

Diese Differenzierung scheint im Kräfteringen des ungleichen Paares Mensch/Parasit begründet: 1. Der Parasit dominiert, seine abbauende und verbrauchende Kraft obsiegt – oder es siegt der menschliche Organismus und erringt Immunität. Die Hitzigkeit dieses Ringens macht das eher Unregelmäßige, Sprunghafte des Verlaufs verständlich (Tropica). 2. Eine andere Modifikation des Parasiten weckt nur mäßige »Aufmerksamkeit« und geringe Gegenwehr, da er sich scheinbar harmlos gebärdet, die akute Krankheit setzt erst nach längerer Zeit ein, verläuft rhythmisch – kann aber nicht zur Ruhe kommen und neigt so zu Spätrezidiven (Quartana). 3. Der Organismus hat seine Gegenkraft gestärkt, es entwickelt sich der typische Fieberrhythmus (Ausdruck eines wechselweisen Überwiegens von Astralleib-Ich und Ätherleib-physischem Leib) und es kommt zu einem Abschluss. – Erscheint innerhalb der Malariaformen die Tropica eher »luziferisch« agitiert, dem Typus der Entzündung zugehörig, so kann man die Quartana eher als »ahrimanisch« retardiert und im späteren Verlauf als krebsähnlich erleben: im Unerkannten »dahinschleichend«. Die Tertiana hält die Mitte. Das zeigt der Vergleich der Malariaformen untereinander – aber selbst die Quartana führt immer noch zu einer kräftigen »Durchwärmung« und vermag in Einzelfällen – quasi als »Heil-Entzündung« – sogar Krebsgeschwülste zur Auflösung zu bringen (M. Sommer, persönl. Mitteilung).

Die Evolution der Plasmodium-Arten

Der Stamm der Protozoen mit der Klasse der *Sporozoa = Apicomplexa* ist älter als die vielzelligen Tiere, Pflanzen und Pilze, aber Fossilien von Apicomplexa existieren nicht. *Plasmodium* trat erst nach der Entstehung von Vögeln und Säugetieren in Erscheinung, als es bereits die Dipteren gab (Mücken und Fliegen). Wann es seine blutparasitische Lebensweise entwickelte, ist ungeklärt. Zuerst wurden Fledermausarten befallen, später Nagetiere und Primaten (MPI 2013). Eine molekularbiologische Analyse legt folgenden evolutiven Entwicklungsablauf nahe: Die älteste Art ist *Plasmodium falciparum*, dann entstand *P. malariae* mit verzögerter Pathogenität, das mäßig pathogene *P. vivax* ist die jüngste (ESCALANTE & AYALA 1995). Die Evolution begann also mit der vom menschlichen Organismus noch »ungezähmten« Art, die die akzelerierte, gefährliche Tropica auslöst. Es folgte der retardierte Quartana-Auslöser, man könnte sich vorstellen, dass er durch die Auseinandersetzung des menschlichen Immunsystems mit *Plasmodium* ein Stück weit abgelähmt, aber nicht wirklich »gezähmt« wurde; schließlich pendelt die Entwicklung zurück zu einer mittleren, rhythmisierten und am meisten »humanisierten«

Form. Es begann also mit einem aggressiven Luziferischen (gesteigerter Entzündungspol), schwenkte zum Ahrimanischen (Verlangsamung, Chronifizierung, Neigung zu unerwarteten Spätrezidiven) und pendelte schließlich zurück in eine rhythmisierte Mittellage. Eine solche Sichtweise steht nicht in Widerspruch zu der konventionell evolutionstheoretischen, dass es im Verlauf dieser Entwicklung zu einer Anpassung des Erregers kam, für den die rasche tödliche Schädigung des Wirtes selbst ungünstig ist. Ein in seiner Virulenz »gemäßigterer« Parasit vermag länger in dem durch ihn nur noch moderat geschädigten Wirt zu persistieren. Aber auch der menschliche Organismus scheint sich angepasst zu haben, indem er die tödliche Selbstschädigung durch eine übersteigerte Reaktion des Immunsystems vermeidet. (ESCALANTE & AYALA 1995)

Der Malaria-Parasit aus geisteswissenschaftlicher Perspektive

Plasmodium ist ein Einzeller ohne die Fähigkeit, einen auch nur primitiven mehrzelligen Körper zu bilden. Dennoch ist es nicht nur ein Ätherorganismus, sondern ein *tierisches* Wesen, von einer »genialen« Astralwirkung überformt: Das zeigt vor allem das hochspezialisierte *Apikalorgan* für die Invasion von Wirtszellen, ferner die biochemische Raffinesse seiner Tarnung und die Inkorporation und Umfunktionierung eines Chloroplasten *(Abb. 1)*. In Werkzeugen wie dem Apikalorgan manifestiert sich noch eine höhere als nur astralische Wirksamkeit; es muss eine Form der »Ich«-Wirkung sein, wobei das Ich sich auf dieser Evolutionsstufe natürlich noch nicht inkarniert.[15] Die Mächtigkeit des Gruppen-Ichs von *Plasmodium* können wir uns an der Größe des Verbreitungsareals der Malaria veranschaulichen! Und das *warme rote Blut* des Menschen ist *sein* ersatzweises Ich-Organ zur Verankerung seines Wollens – dieses Blut, der »ganz besondere Saft«, scheint die geheime Anziehung zwischen dem Parasiten und dem Menschen zu begründen.[16]

Was drückt sich in den Wegen und Schritten der Entwicklung des Parasiten aus? Er zielt als Erstes – in nur 30 Minuten nach der Injektion durch das Insekt – auf die *Leber*, ein Organ, nur gering vom Astralleib durchdrungen, in dem die aufbauenden Kräfte im Mittelpunkt stehen, die in der Nacht insgesamt gesteigert sind. Sie erträgt vieles, vor allem die Gifte, die sie ständig überwinden muss, und bleibt dennoch *schmerzlos*.[17] Daher entgeht die Leberbesiedlung durch *Plasmodium* dem Bewusstsein; allenfalls beeinflusst sie das Gefühlsleben. Dieser Bereich des Organismus bleibt im Grunde zeitlebens am meisten mit der Außenwelt verwandt; hinzu kommt, dass der Mensch in der Wärme der Tropen sowieso stärker in der *Außenwelt* aufgeht als in kalten Gebieten. Die Leber bringt aber die *Galle* hervor, und darin

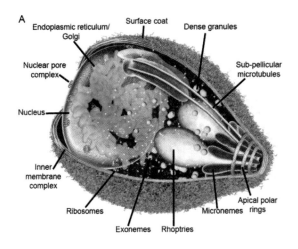

Abb. 1: Merozoit (aus Cowman 2012). (http://jcb.rupress.org/content/198/6/961/F2. large.jpg)

Abb. 2: Glänzendes Dickicht von *Cinchona pubescens*. (Foto: Forest & Kim Starr, Makawao/Hawaii, mit freundlicher Genehmigung)

Abb. 3: Blütenstand von *Cinchona succirubra*. (Foto: Forest & Kim Starr, Makawao/ Hawaii, mit freundlicher Genehmigung)

wirkt im Verborgenen eine »belebende Feuerkraft« der *Sonne*. Die Leber gehört eindeutig nicht in die Domäne des bewussten Ichs. Aber dennoch haben ihre Prozesse auch einen Bezug zu einer *verborgen* wirkenden Seite des menschlichen Ichs (STEINER GA 221/11.2.1923): Beim Aufbau der Eigensubstanz aus der abgetöteten Stofflichkeit, die die Verdauung bereitstellt, greift mittels des Wasserstoffs die eigene Ich-Organisation in der Leber ein (STEINER GA 218/22.10.1922). – Zunächst entsteht das Bild, dass der Parasit gezielt die Leber aufsucht, um sich aus ihrem schier unerschöpflichen Reservoir von *Ätherkräften* tausendfach vervielfältigen zu lassen (es wird sich zeigen, dass die *Aufzehrung der Ätherkräfte* im homöopathischen Arzneimittelbild der Chinarinde im Zentrum steht); aber es ist ein Organ, dass darüber hinaus die Eigensubstanz auf die Stufe der Ich-Tauglichkeit hebt!

Nun kann *Plasmodium* im nächsten Schritt das rote Blut erobern, das unmittelbar der Herrschaft der *Ich-Organisation* untersteht – und dieser Schritt wirkt sich für den Kranken so aus, dass ihm selbst als Ich-Wesen der Boden entzogen wird. Die Erythrozyten sind dieser Herrschaft so weit angepasst, dass sie ihre astralische Funktion der Atmung (Mitochondrien) geopfert haben und kernlos sind. Hier bemächtigt sich nun *Plasmodium* der *Eiweißbasis* des Hämoglobins, um dessen Aminosäuren für sich auszubeuten, hingegen verwirft es den Coenzymanteil (Häm) und verdichtet ihn zu einer unbrauchbaren Schlacke (Hämozoin). Den Eiweißanteil des Hämoglobins bringt wiederum der Ätherleib hervor; das Coenzym untersteht

---

[15] Die natürliche Existenz von *physikalisch funktionierenden* »*Mechanismen*« stellt für eine nichtreduktionistische Lebenswissenschaft ein echtes Problem dar: Man kann sie nicht als Lebenserscheinungen betrachten, weil es zu Ende gekommene, aus dem Leben ausgegliederte Strukturen sind; andererseits *dienen* sie dem Leben in vielfältigster Weise und ermöglichen gerade, dass es in Kontakt und Auseinandersetzung mit den physikalischen Kräften des Toten, Mineralischen treten kann. Beispiele wären: Zähne, Bälkchenstruktur in Röhrenknochen, vielleicht auch die Ventilklappen im Säugetierherzen, aber auch Mundwerkzeuge und Stechapparate von Insekten, Bestäubungsmechanismen von Blüten (hochkomplex bei Orchideen oder Asclepiadaceen), Fangorgane »fleischfressender« Pflanzen (z. B. *Utricularia*), Hoftüpfel mit »Ventilklappen« im Holz der Bäume u. v. a. Beim Menschen werden jene Organe, durch die sein *Ich* mit der physischen Welt in Beziehung tritt, in der Geisteswissenschaft geradezu als »physikalische Apparate« charakterisiert, die *Sinnesorgane*; bei Auge und Mittelohr ist es eklatant. Und es ist gerade der *Ich*-begabte Mensch, der eine »extrakorporale« Technik entwickelt hat, die seine Körperfunktionen und -kräfte erweitert und die nicht selten etwas nachahmt, was in der Natur bereits existiert. Das zeigt, dass wir mit dem Gedanken, es bestehe eine Beziehung zwischen solchen toten Mechanismen in Lebewesen und der Ich-Wesenheit, auf einer richtigen Fährte sind. Aber ein großes Rätsel bleibt zu lösen: *Wie* hat sich diese hohe Intelligenz der Natur, die Ausdruck von gruppenumfassenden Ich-Wesenheiten sein muss, in der Evolution schrittweise verwirklicht?

[16] Über die Entstehung von Parasiten als ein Ausdruck aberranter *Elementarwesen* (Gnomen, Undinen) s. STEINER GA 230/3.11.1923.

[17] Zur Leber finden wir bei STEINER eine Fülle von Gesichtspunkten: GA 102/6.1.1908, 120/19.5.1910, 136/10.4.1912, 312/31.3.1920 und 8.4.1920, 201/23.4.1920, 305/24.8.1922, 347/9.9.1922 und 13.9.1922, 314/27.10.1922, 348/27.1.1923, 350/20.7.1923, 351/13.10.1923, 233/30.12.1923, 316/24.4.1924, 354/12.7.1924, 318/11.9.1924.

dem Astralleib. – Könnte *Plasmodium* nicht genauso gut auch anderswo »Aminosäuren abbauen«? Es taucht der Verdacht auf, dass es vor allem um einen Stoff geht: das *Eisen*. Den benötigt *Plasmodium* möglicherweise für sich selbst, jedenfalls reißt es ihn aus seiner physiologischen Funktion. Der folgende *Eisenverlust* ist eklatant, hat das Eisen im Blut doch eine zentrale Funktion: Es ist ein Werkzeug, damit Astralleib und Ich nicht in Ätherleib und physischem Leib »ertrinken«, sondern so weit frei sind, dass ein *atmender* Wechsel zwischen Eintauchen und Herausgehen möglich ist (vgl. STEINER GA 319/24.7.1924), und das ist die Grundlage einer gesunden Inkarnation. Noch markanter ist die Formulierung Steiners, dass das Blut eigentlich durch seine eigene Natur *krank* sei und durch das Eisen fortwährend geheilt werde; ohne das Eisen hätte es die Tendenz zu »vollständiger Auflösung« (STEINER GA 312/23.3.1920). Diese Heilwirkung des Eisens wird von *Plasmodium* gerade aus dem Blut fortgeschafft, und zwar in rhythmischen Schüben, die für den Organismus Fieberwellen sind.

Der Parasit bemächtigt sich solcher Kräfte, die Lebendiges mit großer Geschwindigkeit in die Vervielfältigung treiben – aber nicht in der äußeren Natur, etwa in einem Gewässer unter dem Einfluss der Sonne, sondern auf Grundlage des *Menschenleibes* und seiner Kräfte. *Plasmodium* gelingt es, vier Lebensformen oder »Generationen« zu durchlaufen, ohne ein einziges Mal die äußere Umgebungswelt betreten zu müssen, die auch eine Welt der *Atmung* (Sauerstoff) ist; das Aufsuchen *sauerstoffarmer* Verhältnisse im Erythrozyten zeigt, wie fremd ihm diese äußere Welt ist (allenfalls am Grunde von Gewässern oder in wasserüberstauten Böden würden wir vergleichbare Verhältnisse finden). Was drückt sich darin aus? Sauerstoff ermöglicht das Eingreifen des *Astralischen*, das das Ätherische zurückdrängt, indem es zu Eingrenzung, Abbau und Ausscheidung führt. Genau dem weicht *Plasmodium* aus. All diese Eigentümlichkeiten werfen die Frage auf nach dem *Wesen* des Parasiten *Plasmodium* und seiner eigentlichen »Intention«.

Über die Mistel erfahren wir aus der geisteswissenschaftlichen Evolutionsforschung, dass sie nicht unter normalen Erdenbedingungen leben kann, weil sie ihre Natur aus einer verflossenen Epoche bewahrt hat. Sie muss daher auf der *halblebendigen* Unterlage verholzter Bäume wachsen. Bei *Plasmodium* muss etwas Ähnliches vorliegen, nur noch gesteigert, denn hier ist die lebende Unterlage auch ein mit einem Astralleib und Ich begabtes Individuum. Zunächst geht *Plasmodium* so vor, dass es gerade diese höheren Wesensglieder in ihrer Wirksamkeit ausschaltet: In der Leber schläft der Mensch sozusagen permanent, hier wird aber Ich-geeignete Körpersubstanz zubereitet; hier nutzt *Plasmodium* die starken Ätherkräfte der Leber für seine eigene Vermehrung. In den Blutkörperchen zerstört *Plasmodium* die Stützfunktionen des Ich-Bewusstseins. Es schafft selbst mit an einer dem *äußeren Licht* entzogenen, *warmen beseelten* »Atmosphäre«, die nur seine zügellose Vervielfältigung mit ihrer Rhythmik fördert, während sie ihrem Eigentümer entzogen wird. Die sonnenhaften Licht- und Leichtekräfte wirken im kleinen Kind bis zum Zahnwechsel am stärksten (Steiner o. GA, 8.7.1920); bezeichnenderweise ist diese Altersgruppe besonders von der Malariainfektion betroffen.[18]

Der genauere Vergleich mit der Mistel zeigt aber auch einen Unterschied. Misteln können zum Beispiel einen Apfelbaum in großer Zahl besiedeln, ohne dass er stirbt; auch bei anderen Bäumen geschieht das offenbar nur selten, weshalb die manchmal in Zeitungen zu lesende Ansicht, die Mistel sei ein zu bekämpfender Parasit, weil sie ihre Wirtsbäume zerstöre, unzutreffend ist. Der Malariaparasit kann seinen Wirt allerdings zerstören! Das hängt wohl damit zusammen, dass die Mistel einerseits sehr stark abweicht von der Natur der Bäume, auf denen sie wächst – andererseits aber selbst eine grüne Dauerpflanze ist. Sie tritt nicht in *Konkurrenz* um den lebendigen Nahrungsstrom des Baumes (Phloëmsaft), sondern nur um dessen Mineralien-haltigen Wasserstrom im Xylem. Fotosynthese kann die Mistel selbst leisten. Sie will nur ihre stark andersartige Form des Daseins auf einer Grundlage leben, die älteren Entwicklungsphasen der Erde entspricht, und dem kommt die halblebendige Holzgrundlage des Baumes am nächsten. *Plasmodium* scheint hingegen etwas zu sein, das dem Menschen-Ich *wesensverwandt* ist: Es begegnet ihm daher konkurrierend auf dem inneren Felde seines eigenen Blutes wie ein »Gegen-Ich«.[19] Der Parasit besitzt keine Form, die außerhalb des »Biotops« Mensch ein Dasein finden könnte, außer in der ebenfalls lebendigen Mücke.

---

[18] Werden die Ätherkräfte aber von außen durch *Milchdiät* unterstützt, hemmt dies das Wachstum der Blutschizonten, was *Säuglingen* einen gewissen Malariaschutz verleiht (Kayser & al. 2009). Wie wird das verständlich? Einen Hinweis gibt vielleicht gerade der zitierte Vortrag über die gesundende Wirkung des Eisens im Blut (Steiner GA 312/23.3.1920). *Milch* ist nämlich eine Substanz, die gesund ist und dabei dennoch reich des Eisens bedarf (Steiner vergleicht in dem Vortrag tatsächlich Blut und Milch miteinander). Ein anderer Aspekt ist dieser: Man fand kürzlich, dass das Blutserum von Säuglingen infolge ihrer Milchdiät *geringere* Mengen von para-Aminobenzoesäure enthält als später nach der Abstillung. Para-Aminobenzoesäure stellt aber einen *essentiellen Wuchsstoff* der Plasmodien dar (Riley & al. 2001).

[19] Der Begriff eines »Gegen-Ich« wurde hier aus den Phänomenen abgeleitet. Kann man damit weiter arbeiten? Steiner schildert, dass Menschen, die in einem Leben aus *übermäßig starkem Selbstgefühl* bestimmte Handlungen vollzogen, dafür in einem späteren Leben einen karmischen Ausgleich suchen, indem sie eine Erdgegend zur Inkarnation aufsuchen, die ihnen die Möglichkeit einer *Malaria*-Erkrankung bietet; diese Krankheit stelle nämlich einen Zustand her, bei dem »das Selbstgefühl überall in der Leiblichkeit – wie es sich auch anstrenge – keine Schranken findet, dass es überall ins Bodenlose hinein und sich selbst ad absurdum führt« (Steiner GA 120/19.5.1910). Das wurde oben beschrieben als das »Boden-Entziehen« vor allem durch die Veränderungen im Blut. Habe ich als solch ein Mensch im vorigen Leben in meinem Handeln zu sehr auf mich selbst gehört, so habe ich dabei die anderen Wesen zu wenig zur Geltung kommen lassen; in der Liebe lasse ich das andere Wesen in mir empfindend-erkennend anwesend sein, der *Ich-Sinn* ist bereits die Naturanlage, um bis zur Wahrnehmung des fremden (Menschen) Ichs zu kommen. In diesem Licht erscheint die Malaria wie eine Kompensation durch den entgegengesetzten Pendelausschlag: Nun drängt sich ungefragt ein fremdes Ich-Artiges tief in meinen Organismus hinein! Damit werde ich tief unbewusst darüber belehrt, dass es nicht nur mich *selbst* gibt – nicht einmal in meinem eigenen Leibe.

Die Übertragung mit dem Insektenstich findet im *Grenzbereich* zwischen Tageswachheit und Schlaf statt – wenn der »Frühling« und »Sommer« des Organismus einsetzt: wenn der Aufbau beginnt, das Bewusstsein aber erlischt. Hier taucht ein weiteres Motiv auf: die *Sexualität*. Früher war diese Übergangszeit die naturgegebene Situation, wo Mann und Frau »miteinander schliefen«. Der Parasit lässt sich mit einem Stich von einem kälteren in einen wärmeren Organismus übertragen, das wirkt wie eine *Karikatur* der Befruchtung des weiblichen durch den männlichen Partner.[20] Damit werden in dem »weiblichen« Part die Ätherkräfte aufgefordert, einen *neuen Organismus* zu bilden, der sich aber schubweise nur aus Millionen identischer Einzelzellen erzeugt; die räumliche Gestaltungskraft für Gewebe fehlt ihm völlig. Simultan konnten mit dem Stich in der Gegenrichtung auch die Vorstufen der Gameten übertragen werden, worauf ihre Vereinigung zur Zygote im Magen der *Mücke* zustande kommt – aber unmittelbar darauf wird schon wieder die Reduktionsteilung (Meiose) vollzogen, die bei höheren Tieren erst in den Gonaden stattfindet, als wollte der Parasit sofort zur Bildung neuer Geschlechtszellen übergehen. Die dem Menschen »injizierten« Sporozoiten und alle folgenden Stadien sind bereits haploid wie reguläre Geschlechtszellen. All dies wirkt sozusagen nur wie die *Vorbereitung* auf eine sexuelle Befruchtung *in möglichst großer Zahl.* – Kann man gerade wegen solcher verborgenen Eigenschaften die Impfmalaria gegen ein fortgeschrittenes Stadium einer *Geschlechtskrankheit* (Syphilis) als therapeutische »Gegenkrankheit« einsetzen?[21] Auch wenn diese Therapie heute als obsolet gilt, bleibt das Phänomen doch von Interesse. Das Prinzip der heilenden Gegenkrankheit ist ja in verschiedenen Metamorphosen bekannt; so weiß man, dass eine Tumorerkrankung unter Umständen durch ein Geschwür natürlicherweise geheilt wird – Tumor und Geschwür sind polare Krankheitsprozesse. Auch eine künstliche Übererwärmung kann Tumore heilen (Hyperthermie) – wieder das polare Prinzip. Aber es lässt sich auch mit einem *Ähnlichen* heilen, das nicht ganz gleichartig ist: So ist die Therapie der Pneumonie mit *Phosphor* bekannt – die Symptome einer Phosphorwirkung *ähneln* den Pneumonie-Symptomen. Hier ist das therapeutische Prinzip eine *Gegen-Vergiftung*, durch die an die Peripherie *abgeleitet* wird, was sonst im Innern Lunge und Herz zerstören würde (BRETTSCHNEIDER 1984). Das scheint nun auch das Prinzip der Impfmalaria zu sein – nur ist die Relation wieder eine andere. Die Spätsyphilis zerstört das Rückenmark und *Nerven*, die von Gehirn

---

[20] Die Temperatur im Hoden ist durch seine Außenposition niedriger als im Leibesinnern im Eierstock. Das rote Blut als Träger der *Reproduktionskräfte* ist im *weiblichen* Organismus wichtiger (die *weißen* Blutkörperchen im männlichen Organismus, STEINER GA 347/5.8.1922).

[21] Es kommt auf das oben entwickelte *Bild* des *Plasmodium*-Parasitismus mit seinen Motiven an; natürlich gilt Malaria im herkömmlichen Sinne nicht als »Geschlechtskrankheit«. Da die Welterscheinungen immer vielschichtig und sogar widersprüchlich sind, sieht Heinrich Brettschneider dies von einem konträren Standpunkt: Die Malaria sei eine Krankheit, deren luziferischer, fiebriger Verlauf der ahrimanisch retardierten tertiären Lues, die sogar tumorartig sei, antagonistisch entgegenwirke. – Das fügt sich aber nahtlos in meine weiteren Betrachtungen oben ein.

und Rückenmark ausgehen (Folgen sind Ataxie, Erblindung, Sprachstörungen, schwindende Schmerz- und Wärmewahrnehmungsfähigkeit, Lähmungen u. a.). Die Malaria wirkt im *Blut* zerstörend – *Blut* und *Nerv* sind polare Organe, die wie Anfang und Ende der Ich-Wirkung im Organismus markieren (vgl. STEINER & WEGMAN 1925).

In welche überholte Lebenswelt versetzt uns das Bild dieses Parasiten? Liest man Steiners Schilderungen der Evolution, so herrschten zu einer Zeit, als die Erde noch nicht von Sonne und Mond getrennt war und die Menschenleiber erst reine Wärmeorganismen waren, noch Kräfte, die das Wachstum und die Vervielfältigung rasend schnell beförderten: eine Welt »sich überstürzenden Lebens« (STEINER GA 98/17.3.1908, GA 13). Das bewirkten die Kräfte der *Sonne* vom Innern dieses Weltkörpers her, der noch Sonne, Mond und Erde in sich vereinigte. Nachdem als Erstes die Sonne ausgeschieden wurde, war diese Wirkung abgemildert. Die Menschenleiber waren nun von einer Beschaffenheit wie unser heutiges *Blut* (STEINER GA 89/1904)! In der folgenden Zeit setzte sich dann eine *entgegengesetzte* Tendenz zur Verlangsamung, Verdichtung bis zur »Verhornung« durch – die Wirkung des Mondes in seiner Einheit mit der Erde. In dieser Phase wurde ein Planet ausgeschieden, dem die Erde die so bedeutende Anwesenheit des *Eisens* verdankt: der Mars. – Erst nachdem auch der Mond als eigener Körper ausgeschieden war, wurde wieder ein Gleichgewicht erreicht. Nun fand auch die Trennung der Lebewesen in *zwei Geschlechter* statt, und die allererste Grundlage individuellen Selbstbewusstseins war gelegt. – Der Parasit scheint sich zwischen zwei Polen zu bewegen: Er beginnt im Menschen mit einem rasend überstürzten Leben wie in einer Art Sonnenphase (Hyperboräa), bemächtigt sich der physischen Grundlagen des Menschen-Ichs und eignet sich vielleicht sogar das Eisen an – um schließlich an einen Punkt zu gelangen, wo eine lebenslähmende Verdichtung und Verschlackung herbeigeführt wird (Hämozoineinlagerung, Koagulation von Erythrozyten im peripheren Blutkreislauf). Der Parasit kommt sogar bis zur »Geschlechtertrennung« – aber da will oder kann er *nicht weiter*, um sich zu einem Vielzeller in einer irdischen Umgebung zu entwickeln; letztlich müsste er sich ja als ein Ich-Wesen inkarnieren! Stattdessen kehrt er rasch wieder zur Sonnenphase zurück und beginnt wieder mit einem »sich überstürzenden Leben« im reinen Vervielfältigungsprozess.[22]

---

[22] *Plasmodium* erscheint so nun als die völlige Negierung eines Ich-Wesens, das aus *intensivem Selbstgefühl* handelt, also sich sehr stark inkarniert (s. oben, STEINER GA 120/19.5.1910). Zwischen den drei Stufen von Hyperboräa, Lemuris und »atlantischer« Erden-Zeit und den drei Evolutionsetappen von *Plasmodium*, wie sie die Molekularbiologie fand, zeigt sich außerdem eine bemerkenswerte Parallele: Die älteste Art *(Pl. falciparum)* zeigt das anfängliche Überschießen der Sonnenkräfte; die anschließend entstandene Art *(Pl. malariae)* entspricht der Verlangsamung der immer mehr verdichteten Mondenwirkung der Lemuris bis zum Mondenaustritt, dem Ausschlag zum Gegenpol, und die letzten beiden Arten *(Pl. vivax, Pl. ovale)* mit der gemäßigten rhythmischen Malaria-Form entsprechen der schließlich erreichten Mittellage der eigentlichen Erdenzeit nach Sonnen- und Mondenaustritt.

Ein solches Bild kann nicht beweisend sein. Es ist ein Versuch, das »Deplatzierte« von *Plasmodium* in einer vergangenen Epoche anzusiedeln, vergleichbar der Mistel: als ein lebender Atavismus. Dies ist nur eines von vielen Beispielen, wie groß der *Forschungsbedarf* einer geisteswissenschaftlich befruchteten goetheanistischen Biologie ist. Eine bemerkenswerte Parallele zwischen diesen beiden Parasiten könnte die Frage nach einer Wesensverwandtschaft aufwerfen: Der Malariaerreger erzeugt im Menschen fieberhafte Erscheinungen; wird die Mistelsubstanz dem Menschen injiziert, setzt sie ebenfalls die Kraft des Fiebers frei. Das ist in diesem Falle beabsichtigt, denn Krebs kann nicht ohne die Hilfe des Fiebers geheilt werden (BRETTSCHNEIDER pers. Mitt.). Die Malaria hingegen kann, aus der Perspektive der Reinkarnation gesehen, bereits selbst die »Therapie« sein (vgl. Fußnote 19). Auch die Rubiaceen, zu denen der Chinarindenbaum gehört, zeigen eine ganze Reihe von rätselhaften Erscheinungen, deren Verständnis notwendig ist, um diese Pflanze als solche und als Heilmittel besser zu verstehen. Einiges davon soll uns nun beschäftigen.

DER CHINARINDENBAUM *(CINCHONA SP.)*[23]

Widmen wir uns nun dem Baum der Chinarinde, seinen Inhaltsstoffen, ihren phytopharmakologischen Wirkungen und dem homöopathischen Arzneimittelbild des Präparates »China«, um zu einem menschenkundlichen Bild seiner Wirksamkeit zu kommen. Damit wird eine Brücke zwischen der Malaria und der Heilpflanze geschlagen werden. – Das Alkaloid *Chinin* aus der Chinarinde ist vor allem bei schweren Fällen der Malaria tropica hilfreich (GROSS 2006), es verhindert nämlich die Bildung des Enzyms *Hämpolymerase*, auf welches der Parasit während der erythrozytären Lebensphase angewiesen ist, da es das abgebaute Häm zu Hämozoin polymerisiert. – Betrachten wir zunächst die Pflanze.

Die auffallend großblättrigen Sträucher oder mittelgroßen Bäume der Gattung *Cinchona*, im Habitus an unseren Flieder erinnernd, wuchsen in ihrem natürlichen Areal, bevor sie in anderen Erdregionen als Nutzpflanzen angebaut wurden, in den Anden Kolumbiens, Ecuadors und Perus zwischen 400 und max. 3900 m Höhe und zwischen 11° nördlicher bis 20° südlicher Breite im Waldbestand mit Baumfarnen und Sträuchern, wo es nachts kalt (frostfrei), tags aber sonnig und eher mild ist. Sie bevorzugen Durchschnittstemperaturen von 14–21°C und gleichmäßig verteilte Niederschläge bis 4000 mm pro Jahr, gedeihen aber auch noch bei geringeren Niederschlägen mit einer deutlichen Trockenzeit (bis 1500 mm/Jahr) (FRANKE 1994).

---

[23] BERGEN (1826), FLÜCKIGER (1883), HOWARD (1862), FLORA OF CHINA, HENRIETTES HERBAL.

Abb. 4: Wäldchen mit *Cinchona succirubra* auf Hawaii, 700–1600 m Meereshöhe.
(Foto: Forest & Kim Starr, Makawao/Hawaii, mit freundlicher Genehmigung)

Abb. 5: *Cinchona succirubra*, Schösslinge entspringen einem niederliegenden Ast (links).
(Foto: Forest & Kim Starr, Makawao/Hawaii, mit freundlicher Genehmigung)

170

CINCHONA PAHUDIANA, Howard

Cascarilla crespilla fluca

1 From Uchubamba, Peru

2 from Java

Abb. 6: *Cinchona calisaya* (»*Cinchona pahudiana*«, aus HOWARD 1862, gemeinfreies Bild).

Die Bäume sind immergrün mit oft ledrigen, glänzenden Blättern mit kräftiger Mittelrippe und zarteren Seitennerven. Der kräftige, häufig purpurne Blattstiel erreicht höchstens ein Drittel der Blattlänge. Die Blätter sind eiförmig, verkehrt eiförmig bis beinahe kreisrund (sogar am selben Baum sehr veränderlich in Form und Größe), bei einigen Arten lanzettlich, selten etwas herzförmig, zumeist glatt oder höchstens am Rande ein wenig zurückgebogen, ganzrandig. Die jungen Blätter können unterseits purpurn oder purpurviolett sein, bei mehreren Arten nehmen die Blätter unmittelbar vor dem Abfallen diese Farbe an. Die Blätter stehen kreuzgegenständig (dekussiert) wie bei allen Rubiaceen, zusammen mit zwei etwa zungenförmigen *Interpetiolarstipeln*,[24] die am Sprossgipfel wie zwei gefaltete Hände die abgeflachte Knospe einschließen und später abfallen (vgl. *Abb. 6*, wo sie sich bereits geöffnet haben). Auf der Innenfläche tragen die Stipeln an der Basis Drüsen, die bei *Cinchona* ein klares Gummi, bei anderen baumförmigen Rubiaceen (Gummi) Harz oder Wachs absondern, das wohl dem Knospenschutz dient. Grübchen auf den Blattunterseiten in den Winkeln zwischen Haupt- und Seitennerven (sog. Domatien) schwitzen manchmal einen adstringierenden Saft aus, in ihnen können *Milben* leben.

Die *Gesamtinfloreszenz* ist ein mehrstöckiges Gebilde von 4–5 Internodien in durchgehend dekussiertem Aufbau, wie die gesamte Verzweigung: In den Blattachseln stehen dichasiale zymöse (geschlossene) oder rispenförmige, vielblütige Teilfloreszenzen, das Ganze von einer gleichartigen Endfloreszenz abgeschlossen. Die unterste Etage wird noch von einem normalen Blattpaar getragen. Zur Spitze hin verkleinern und verschmälern sich die Tragblätter stark. Der von unten kommende Bereich der Laubblätter und der Impuls zur Bildung von Blütenständen *durchdringen* sich somit; dass die dekussierte Blattstellung der ganzen Familie ebenfalls auf ein (sogar verfrühtes) Durchdringen des Vegetativen mit einem Blütenprinzip hinweist, darauf kommen wir zurück. – Zwischen den letzten tragenden Laubblättern und den zipfelförmigen Brakteen weiter oben *(Abb. 3)* macht die Laubblattmetamorphose aber doch einen Sprung: Schuppenblätter fallen weg, ihre Geste und auch ihre Knospenschutzfunktion übernehmen die erwähnten *Stipeln* (vgl. *Abb. 5–7*). Die im Umriss parabolisch abgerundete pyramidenförmige Gesamtinfloreszenz ragt meistens über das Laub. Bei manchen Arten kann es zur Anhäufung der Blüten in einer angenäherten Schirmform kommen, womit aus den *vielen* Blüten die höhere Form einer »Überblüte« entstehen könnte – Ausdruck einer stauenden Kraftwirkung von außen. – Die fünfzähligen kurzstieligen *Blüten* sind zwittrig und radiärsymmetrisch. Der kurze Kelch besteht aus einer schmalen Röhre mit 5 kurzen Zipfeln. Die gelben, rosa-, purpurfarben bis roten oder weißen Blütenkronen sind fünfblättrig sympetal und stielteller- oder trichterförmig. Die

---

[24] Interpetiolarstipeln sind quer zum Blattpaar stehende Stipeln, die aus der *Vereinigung* von je einer Stipel beider Blätter hervorgehen.

eher enge Kronröhre ist außen oft deutlich fünfrippig, die 5 freien Endlappen sind meist weit aufgeschlagen oder sogar etwas zurückgebogen, an den Rändern dicht bewimpert bis zottig behaart, auch der Schlund im Übergang zur engen Röhre kann flaumig behaart sein. Fünf Staubblätter an mehr oder weniger kurzen Staubfäden sind innen an der Kronröhre angewachsen und überragen sie nicht oder kaum. Nur zwei Fruchtblätter verwachsen zu dem unterständigen, zweifächrigen Fruchtknoten, jedes Fach birgt viele Samenanlagen in zentralwinkelständiger Plazentation. Der schlanke Griffel endet in zwei Ästen mit kopfiger bis länglicher Narbe. – Die Blüten sollen oft sehr angenehm duften. Ihre Form lässt auf eine Bestäubung durch Schwärmer oder Bienen schließen (CSEKITS 2008). Die eiförmigen, zylindrischen oder elliptoiden Kapselfrüchte reißen meistens an der Scheidewand der zwei Karpelle auf (septizid) und öffnen sich von der *Basis* her. Sie sind von steif papierartiger bis holziger Konsistenz, besitzen oft Lentizellen und werden aufgrund der Unterständigkeit vom erhalten bleibenden Kelch gekrönt. Die mittelgroßen Samen sind elliptoid bis spindelförmig und etwas abgeflacht. Am Rand tragen sie einen *häutigen Flügel* für die Windausbreitung. – Rinde und Borke der Stämme schmecken charakteristisch *bitter*.

Es gibt 20–26 *Cinchona*-Arten (WCSP). Ihre Formvariabilität ist groß, außerdem kommen besonders in Kultur leicht Kreuzungen zustande. Allein für *Cinchona officinalis* existieren deshalb 33 historische Synonyme – alles Formen derselben Art.

Cinchona calisaya Weddell (Flückiger 1883)

Diese Art gilt wegen ihres höchsten Alkaloidgehalts mit dem höchsten Chininanteil (bis 80%) als die wertvollste und wird weltweit in tropischen Regionen kultiviert. Es ist ein bis 25 m hoher Baum, in Varietäten auch strauchig. Die Kronröhre ist nicht im unteren Abschnitt verengt, wie bei manchen anderen Arten; die Infloreszenzen sind dicht und oft *nickend*. Die kleinen Kapseln erreichen kaum die Länge der Blüte, sind behaart und eiförmig *(Abb. 6)*. Die dünnen, glänzenden Blätter *(Abb. 2)* sind spärlich behaart, besonders schlank (länglich-lanzettlich), verschmälert in den Stiel einlaufend, bis 21 cm lang. Die Stipeln sind bis zu 2 cm lang. Die Infloreszenzen erreichen bis 23 cm, sind dicht rauhaarig bis kahl. Die Blütenkrone ist weiß, blassgelb oder blassrosa, die Borke graubraun. – Heimat: Bolivien, Peru, südlich bis 17° s. Br. Sie wurde von Weddell zuerst nordöstlich des Titicacasees entdeckt. In Bolivien ist sie auf die heißen, waldigen Hochtäler zwischen 1500–1800 m Höhe beschränkt (sog. Yungas, NAVARRO & FERREIRA 2000). In Strauchform dringt sie bis in die höher liegenden Grasregionen vor. Die 1851 von Ledger gefundene Varietät *C. calisaya* var. *ledgeriana* (keine eigene Art) kennzeichnen

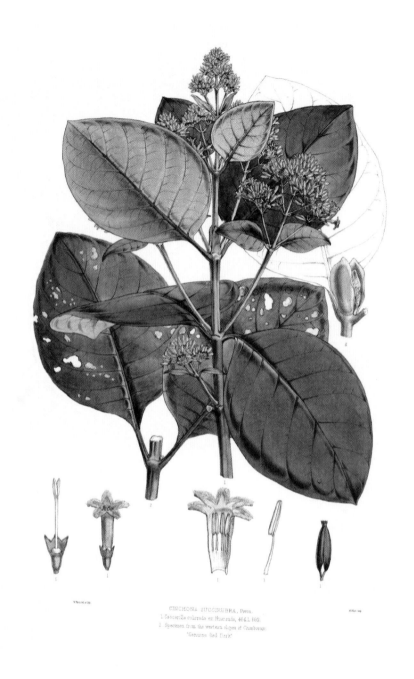

CINCHONA SUCCIRUBRA, Pavon.
1. Cascarilla colorada en Huaranda, 464.1. 1863.
2. Specimen from the western slopes of Chimborazo.
"Genuine Red Bark"

Abb. 7: *Cinchona pubescens* (»*Cinchona succirubra*«, aus HOWARD 1862, gemeinfreies Bild)

174

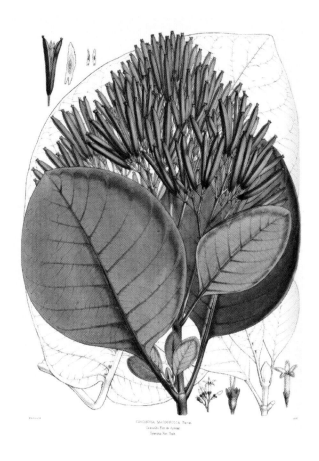

Abb. 8: »*Cinchona oblongifolia*« (= *Ladenbergia oblongifolia* (Humb. ex Mutis) L., aus Howard 1862, gemeinfreies Bild).

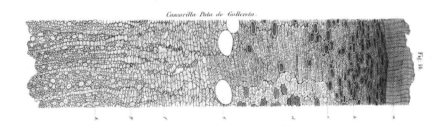

Abb. 9: Rinde »Pata de Gallereta« *von Cinchona pubescens* (»*Cinchona ovata*«, aus Howard 1862, gemeinfreies Bild).

geringere Größe, dickere, längliche und unterseits oft bläulichgrüne Blätter, rein weiße, wohlduftende Blüten und besonders dicke Rinde. Sie blüht und fruchtet zwischen Juni und Februar.

Cinchona succirubra Pavon (Flückiger 1883) *[= Cinchona pubescens]*

Abweichend von der vorigen Art hat sie sehr große Blätter: bis ½ Meter lang und 35 cm breit, kaum zugespitzt, eirund oder etwas länglich, in der Beschaffenheit dennoch papierartig dünn, gewellt, unterseits filzig und im jungen Zustand gerötet. Am Rande sind die Blätter leicht nach unten umgebogen, unterseits matt und die stark hervortretenden Adern *behaart*. Die Stipeln sind sogar bis 2½ cm lang. Auch alle Teile der Infloreszenz, die Blütenkelche wie -kronen und jungen Fruchtkapseln sind behaart *(Abb. 3, 7)*. Die Blüten haben ein intensiveres Rosa. Die Art blüht und fruchtet wie die vorige. Die jungen Äste sind vierkantig. Der Rinde entquillt bei Verletzung ein farbloser Saft, der an der Luft milchig und dann rasch rot wird (durch Oxidation der Chinagerbsäure). – Ursprünglich war sie in Zentralamerika (Costa Rica) und Südamerika (Venezuela, Kolumbien, Bolivien, Peru, in Ecuador die häufigste *Cinchona*-Art) von tiefen Tälern auf 300 m bis 3900 m Höhe verbreitet. Sie wird heute weltweit in tropischen Regionen als die häufigste Art kultiviert und eignet sich gut für Hybridisierung und Pfropfung. Der Baum gedeiht auch an landwirtschaftlichen Standorten, entlang Küsten, auf Grasländern, Buschland und gestörten Flächen, auf letzteren besonders nach vorherigen Bränden. Er wächst selbst auf sauren vulkanischen Böden und felsigem Gelände. Wo er nicht natürlich vorkommt, tritt er als »invasive« Art auf, was auf der Fähigkeit beruht, aus *Wurzeln* auszutreiben. – Die Art ist morphologisch sehr variabel. – Leider sind Gesamtaufnahmen von Bäumen kaum zu erhalten, die ein Bild des Habitus vermitteln. *Abbildung 4* gibt einen Eindruck: Von dünnem Stamme steigen die Äste schräg auf und greifen mehr in die Höhe als in die Breite, es fehlen kräftige Seitenäste. Gerade im Kontrast zu den großen, gewellten Blättern sind die Äste auffällig dünn. Blütenstände stehen an der Peripherie und hängen mehr oder weniger herab, vor allem zur Fruchtreife. Auffällig sind auch die kräftig rot gefärbten *älteren* Blätter (keine »Laubschüttung«). Großflächige Blattbildung ist also für diese Art charakteristisch. Nach der Blattgröße könnte man meinen, dass es sich um eine Schattenpflanze handelt, die mit schlanken Stämmchen möglichst rasch ans Licht gelangen will, um es mit großen Blättern aufzufangen. Eine Beschreibung als Schattenpflanze

---

[25] Aufgrund des Baus der Anden verlaufen die meisten Täler in Nord-Südrichtung, die Bäume stehen also vorwiegend an Ost- oder Westhängen.

fand ich aber nicht.[25] Es sind zwar nur Bäume mittlerer Größe, der Baumbestand ihrer natürlichen Bergwälder dürfte aber kaum höher werden (VARESCHI 1980).

Cinchona calisaya mit auf der Innenseite gelber Rinde wird insgesamt etwas größer als die rotrindige *C. pubescens (= succirubra)*, ihre Blätter sind schlanker, die Infloreszenz ist etwas länger als breit; die rotrindige und auf jungen Blättern stark rötlich behaarte *C. succirubra* hat rundlichere Blätter, etwas dickere und rundlichere Früchte. Die Blütenfarbe ist bei *calisaya* etwas heller als bei *succirubra*.

Abbildung 5 zeigt Bemerkenswertes: 1. Die Stipeln können kräftig rot sein (wie die Stängel und Blattstiele), was ihre Verwandtschaft mit den *Kronblättern* noch deutlicher verrät (KALISCH 2009), andererseits sind sie als Knospenhülle auch kelchverwandt, sogar stärker als die »echten« Kelche der Blüten hier, die sehr zurückgebildet sind (zu den Besonderheiten der Stipeln bei den Rubiaceen s. KALISCH, in Vorb.). 2. Die aufrechten Schösslinge links im Bild sind aus einem niederliegenden Ast aus Blattachseln entsprungen – denselben Modus finden wir in unseren Breiten als generelles Bauprinzip bei den mehrjährigen Kräutern *(Galium)* der Familie wieder, wobei sie dort dann an den Knoten Adventivwurzeln schlagen. Bei *Cinchona* sollte so ein Seitenast schließlich mit einer Infloreszenz enden; bei *Galium* besteht die Möglichkeit, dass diese plagiotropen Äste, die sich durch Wurzelbildung mit der Erde verbinden, immer weiter wachsen, während sie aus Blattachseln aufrechte belaubte *und* blütentragende Triebe entsenden.

Cinchona officinalis Linné

Eigentlich ist dies die botanische Typusart. Sie ist aber pharmazeutisch (trotz des Artnamens) von untergeordneter Bedeutung. Gestaltlich fällt sie auf durch die kleinen, schön karminroten, flaumig behaarten Blüten, die länglichen Kapseln bis 12 mm Länge. Blattstiele und Unterseite der Nervatur sind rötlich, die Blätter breit eiförmig bis lanzettlich, an beiden Enden zugespitzt, ihre Ränder leicht umgebogen. Ursprünglich war die Art in den äquatorialen Anden weitverbreitet (Ecuador, Peru, bis 10° südl. Br.), zwischen 1600 und 2500 m Höhe.

Flückiger beschrieb auch Arten von *Remijia*, einer nahestehenden Gattung, als »Bergchina«. Hierbei handelt es sich um 3 m hohe Bäumchen aus der rauen und trockenen Berggegend von Ouro Preto (Minas Gerais). Der Name verrät, dass sie ebenfalls als Chinarinde genutzt wurden. *Remijia* hat mehr glockenförmige Kelche, drüsigen Blütendiskus und mehr schirmförmige Rispen. Abrundende, stauende Kräfte wirken in der Gestalt also etwas stärker als bei *Cinchona*. Die *Remijia*-Arten sind in tieferen Lagen als *Cinchona* zu Hause, etwa *Remijia pedunculata* im ostwärts zum Orinoco abfallenden Bergland; ihre jungen Triebe und Blätter sind seidig behaart, die ausgewachsenen Blätter kahl, lederhart, am Ende und an der Basis spitz lanzettlich. Die Kapsel reißt von *oben* her auf. Ihre Rinde kam als Verfälschung auf den europäischen Markt, da sie den beachtlichen Gehalt von 5,9% Chinaalkaloiden erreicht; die beste Rinde lieferte sie erst ab 700–1100, sogar 1400 m Höhe (FLÜCKIGER 1883). Sie wird hier erwähnt, weil sie eine brauchbare »Chinarinde« lieferte[26]; Beachtung verdient auch die *Zunahme* ihres Alkaloidgehalts mit der Berghöhe. Weitere, meistens wertlose Verfälschungen *(»Cinchona oblongifolia«, »C. magnifolia«, »Buena magnifolia«)* stammten in Wirklichkeit von *Ladenbergia oblongifolia*, die *Cinchona* ähnelt und nahe mit ihr verwandt ist: Sie hat kleine, flaumig behaarte Blüten sowie sehr große eirundliche Blätter mit vielen bogigen Seitennerven in regelmäßigen Abständen. Blühend duftet sie nach Pomeranzen *(Abb. 8).* – Die Chinaalkaloide sind also nicht auf *Cinchona* beschränkt, sondern finden sich auch in anderen Gattungen der Tribus *Cinchoneae*, zu der *Ladenbergia* und *Remijia* gehören.

Zu den Gestaltungskräften von *Cinchona*

Auf welche Kräftewirkungen weist die äußere Gestaltung der Chinarindenbäume hin? Schlüpft man in die Entstehung ihrer Formen hinein, so tritt zunächst das Erlebnis des Sprießens, Aufstrebens, sich Verlängerns in den Vordergrund. »Sinnlich-sittlich« erlebt hat es eine vergleichbare Wirkung, wie wenn wir die Sonne erblicken. Tatsächlich ist es auch berechtigt, von »Sonnenkräften« zu sprechen, die hier in der Pflanze wirken.[27] In einem Vortrag beschreibt Rudolf Steiner astralische Kräfte der Sonne, die die ätherische Pflanze aufwärts in die Leichte *hinaufziehen*. Da in diesem Vortrag ein Urbild entworfen wird, wie die Gesamtheit der *planetarischen Kräfte* an der Gestaltung der Pflanze mitwirken, sei er ausführlicher zitiert (STEINER GA 318/15.9.1924; Hervorheb. M. K.):

---

[26] Es stellt sich daher die Frage, warum ihr pharmazeutischer Wert als gering angesehen wurde und ob sie nicht als Drogenpflanze wie *Cinchona* weiterhin genutzt werden könnte.

[27] Die Sonnenkräfte, deren Wirkung man im Frühling überall beobachten kann, ziehen die Pflanze nicht in Richtung der Sonne (der Heliotropismus ist eine spezielle Erscheinung, den manche Blüten zeigen), sondern primär in die Richtung *entgegengesetzt zur Schwere* (negativer Geotropismus). Als Gestaltungsgeste ergibt sich daraus das »Sprießen«, an dem selbst eine *Licht*-Qualität erlebt werden kann. Das sehen wir im Frühling z. B. an den Frühlingsgeophyten, an Grashalmen, aber auch vielen Strauch- und Baumknospen im Beginn ihrer Entfaltung.

»Wir verfolgen das Herauswachsen der Pflanze aus dem Erdboden in der Richtung: Stängel nach oben und Wurzelbildung nach unten. Wir haben damit zwei Tendenzen innerhalb der Pflanze gegeben. Das Streben nach oben, das Streben nach unten. Und wenn wir heute schon in der physischen Erforschung der Natur wirklich so weit wären, dass wir die manchmal für weniger Wesentliches angewendeten Untersuchungsmethoden auf so etwas anwenden würden, wie das Stängelwachstum der Pflanze nach oben, das Wurzelwachstum der Pflanze nach unten, würden wir die Zusammenhänge finden im Weltenall, die wiederum, indem sie in Verhältnis treten zum Menschen, eigentlich erst diese Totalität: Mensch und Welt, Makrokosmos und Mikrokosmos begreiflich machen. Denn wir würden sehen, dass alles, was mit dem Stängelwachstum nach oben zusammenhängt, dass das in einer gewissen Beziehung steht zur Entfaltung der *Sonnenkräfte* während des Jahres, während des Tages und sogar über das Jahr hinaus. Dass alles, was mit der Entfaltung der Wurzelkräfte zusammenhängt, in Beziehung steht zu der Mondenentwickelung, zu den *Mondenkräften*, so dass wir, wenn wir eine Pflanze in der richtigen Weise ansehen, schon in die Bildung der Pflanze hineinbekommen müssen die Beziehung zwischen Sonne und Mond. Wir müssen sozusagen herausschauen aus dem Weltenall und seinen Kräften das einfachste, primitivste Bild der Pflanze.«

Die Urform der Wurzelbildung wird so charakterisiert:

»Derjenige, der schauen kann, wird die Wurzel nie anders sehen, als indem sie im Hinunterstreben nach der Erde in den Erdboden hinein zu gleicher Zeit *sich rundet*. [...] Anders muss man den Stängel sehen, das Sich-nach-oben-Entfalten. Beim Stängel muss man, wenn man Gefühl und Empfindung mit der Anschauung verbindet, unbedingt das Gefühl haben: Der Stängel strebt strahlend, der Stängel will seine Linienrichtung entfalten. Die Wurzel will die Rundung der Kreisrichtung entfalten, der Stängel will seine Linienrichtung entfalten. Das ist das ursprüngliche Bild des Pflanzenwesens. Und in der nach oben strebenden Linienrichtung müssen wir sehen die Anwesenheit der Sonnenkräfte auf der Erde. In dem nach dem Runden Strebenden der Wurzel müssen wir sehen die Anwesenheit der Mondenkräfte auf der Erde.«

Den Gegenpol der Sonnenkräfte, die abrundenden »Mondkräfte«, kann man sich weiterentwickelt denken zu einer *zusammenziehenden* oder – in einem Wachstumsprozess – zu einer *hemmenden* Kraft.[28] Nun erweitert Steiner diese Grundpolarität:

---

[28] Geht man über zu Erscheinungen, wo das Wachstum der Pflanze nicht nur stockt, sondern das Leben sich ganz zurückzieht im Welken und Absterben, so können sie »sinnlich-sittlich« zu einer Empfindung führen, die dem Erleben des *Mondes* ähnelt (s. die Grundübungen in STEINER 10/1904).

»Wir sagen uns: Sonne ist überall da, wo die Pflanze strahlig in die Höhe strebt. Nun weitet sie sich wieder nach oben, sie setzt Weite ab, Peripherie. Da finden wir in dem, was da aus der nach oben strahlenden Strebung herauskommt, da finden wir wirksam, zunächst unmittelbar oben in der Blüte, dasjenige, wo mit den Sonnenkräften zusammenwirken die *Kräfte der Venus*, und indem sich die Blüten weiter nach unten entfalten, zu den Blättern werden, von außen herein-bildend, finden wir die *Merkurkräfte*. So dass also, wenn wir den Bau der Pflanze in seinem Ansatz an die strahlige Sonnenrichtung verstehen wollen, wir verstehen müssen, dass zu Hilfe kommen den Kräften der Sonne die Kräfte der Venus, die Kräfte des Merkur.«

Bis hierher wäre aber nur eine Pflanze denkbar, die bis zur Blüte kommt und dann abstirbt. Bei einer krautigen Pflanze würde sich überirdisch zunächst die Wirkung der Sonnenkräfte im entgegen der Schwere emporstrebenden Stängel manifestieren (»Sprießen«), von der Blattspirale (Merkur) »umkreist«, dem in der seelisch an-sprechenden Blüte (Venus) dann »Einhalt« geboten wird: Nun öffnet sich die Pflanze allseits in die *Weite* und beendet zugleich ihr vegetatives, nach oben stre-bendes Wachstum. Es fehlen jedoch die dauerhaften Pflanzen, die über diesen Endpunkt hinausgehen können:

»Auf der anderen Seite müssen wir uns klar sein darüber, dass diese Kräfte nicht in der Lage wären, allein das Pflanzliche zu bilden. Es würde gewissermaßen das Wesen der Pflanze nur nach dem Zusammenstreben hingehen. Um sich zu entfalten, wie wir es zum Beispiel im äußersten Extrem in der *Baumentfaltung* sehen, wirken entgegen diesen Kräften von Venus und Merkur überall die Kräfte von *Mars, Saturn, Jupiter*. So dass mit den beiden Grundpolaritäten [der] Son-nen- und Mondenwirkungen zusammenstreben die übrigen planetarischen Wirkungen des Weltenalls.«

Kehren wir nun zu *Cinchona* zurück: Die wirksamen »Sonnenkräfte« sind ein starkes Erlebnis. Alle Teile werden von diesen ziehenden Kräften überformt: die Blütenstände mit ihren gestreckten Hauptachsen, deren Äste auch alle nach oben streben; die Blütenkronen mit der langen Röhre in ihrer Schmalheit *(Abb. 3)*, unten zusammengehalten, oben geöffnet, aber wenig ausgebreitet, teilweise sogar wieder nach hinten zurückgebogen *(Abb. 6, 7)*. Auch Blütenstände auf Seitenästen an der Kronenperipherie tendieren zur Aufrechte. Wenn sie dennoch nicken, dürfte dies schlicht mit dem Gewicht am Ende der schlanken und langen Äste zusammen-hängen. Eine hemmende, *stauende* Wirkung – der *Monden*-Aspekt der pflanzen-gestaltenden Astralität –, die sich in flachen Blütentellern oder doldenartigen Überblüten manifestieren könnte, wirkt demgegenüber *zurückhaltend*; die ver-schiedenen *Cinchona*-Arten zeigen nur eine gewisse Bandbreite zwischen mehr spitz-pyramidalen und mehr abgeflachten Infloreszenzen *(Abb. 6, 7)*. Andererseits geht der Einschlag des *Blütenimpulses* so tief, dass er anstelle von einzelnen Endblüten zu einer *Vervielfältigung* der Blüten in einem reich gegliederten Blütenstand führt *(Abb. 3)*.[29] Die Wirksamkeit der »Mondenkräfte« finden wir in der oberirdischen Pflanze dennoch, nämlich rhythmisch zusammenziehend in der betonten *Knotenbildung.* Die Folge ist, dass Blätter und Seitenzweige sowie Blüten immer in gegenständigen Paaren auftreten (Dekussierung). Das kennzeichnet überhaupt die gesamte Familie der Rubiaceen, etwa in Gestalt verdickter Knoten bei den krautigen, temperaten Labkräutern *(Galium)*, bei denen sogar mehr als zwei Blätter pro Knoten versammelt sind. Bei ihnen kommt noch die Möglichkeit der *Wurzelbildung* an den Knoten hinzu – ein deutliches Indiz, dass hier die »Mondenkräfte« mitgestalten. Andererseits ist die allgemeine Dekussierung aber auch Vorgriff auf ein Prinzip der *Blüte*: das Versammeln mehrerer Blätter an einem Knoten! Die innere Prozess- und Kräftestruktur dieser Pflanzen ist also komplex und fordert auf, Polaritäten ineinander zu denken.

Der Blütenstand von *Cinchona* wirkt in seiner paraboloiden Form als Ganzes *zusammengefasst*, was durch Vergleich mit Verwandten in der Gattung *Galium* noch deutlicher wird: in ihren Blütenständen findet ein Sich-Auflösen in lauter runde Bällchen statt (vgl. *Abb. 16*). Bei *Cinchona* erlaubt die abrundende Kraft der Tendenz, die in die Streckung und Vervielfältigung führt, nicht sich wie bei *Galium* zu versprühen und förmlich zu »explodieren«.

In den Blütenständen von *Cinchona (Abb. 6, 7)* durchdringen sich der Laub- und der Blütenbereich, indem der Erstere sich zurückzieht, der Letztere überhandnimmt und den Abschluss bildet. Das ähnelt eher einem *kompensativen* Verhältnis des Astralischen (Blütenbildung, Formabschluss) zum Ätherischen (aufsteigendes vegetatives Wachstum) wie bei den *krautigen* Pflanzen, die das Astralische im Allgemeinen mehr »zurückspiegeln« und es nicht so tief in sich einsaugen, wie das für die tropische Vegetation insgesamt und deren vorherrschende Baumflora typisch wäre: »In der Tropenzone saugt die Erde am allermeisten das Außerirdische [Astralische] ein und entwickelt aus diesem eingesogenen Außerirdischen dasjenige, was sie dann als Vegetation hervorsprießen lässt« (Steiner GA 313/13.4.1921). Das »Einsaugen« muss zu einer intensiven astralisch-ätherischen Durchdringung führen. Stofflich führt dies grundsätzlich zur Bildung absterbender, verholzter Substanz (Kalisch 2013a). In der Gestalt könnte es sich zum Beispiel darin manifestieren, dass Blüten im *Innern* der Krone an Seitenknospen auftreten und das Vegetative scheinbar unbeeinflusst davon bis an die Peripherie dringt, beispielsweise mit einer monopodialen Hauptachse und vegetativen Bereicherungstrieben an den Enden

---

[29] Durch die fortschreitende Verzweigung des Dichasiums wächst die Blütenanzahl mit 1+2 +4+8+16 …, sofern an jeder Verzweigung immer eine mittlere (End)Blüte auftritt. Das Prinzip der Vervielfältigung durch Spaltung finden wir auch bei *Plasmodium*, hier aber ins Übermaß gesteigert. Ist dieses *Schießen in die Zahl* nur eine oberflächliche Analogie, oder sagt es etwas über eine Beziehung zwischen Parasit und Arzneipflanze?

der plagiotropen Äste.[30] Der ebenfalls zu den Rubiaceen gehörende *Kaffeestrauch (Abb. 19, 20)* wäre hierfür ein gutes Beispiel. Im Vergleich hierzu setzt sich bei *Cinchona* der Blühimpuls im terminal stehenden Blütenstand mehr sukzessive durch – bis auf den kleinen Sprung zwischen Laubblatt und reduzierter zipfelförmiger Braktee – und »auf Kosten« des vegetativen Impulses, der sich in den Blättern zurückzieht, und *beendet* schließlich nach einigen Etagen wiederholter dekussierter Verzweigung mit einer Teilflorenszenz und einer abschließenden Endblüte das terminale Wachstum (die Endblüte ist häufig kleiner als ihre 2 Nachbarblüten, die Spitze kann auch einfach absterben). Dasselbe Muster wiederholt sich aufgrund des dichasialen Blütenstandsbaus auch in den seitlichen Teilen der Inflorenszenz, die immer dekussiert übereinander stehen, wobei die aus den untersten Tragblattachsen entsprungenen Teile am längsten werden und nach oben von Stufe zu Stufe kürzer bleiben; offenbar geht auch die Aufblühfolge von unten nach oben *(Abb. 6, 7)*. Die Länge der Achsen im Blütenstand reduziert sich also auch schrittweise. In den letzten Schritten der Verzweigung gerät die strenge Dekussierung der Blüten manchmal etwas in Unordnung *(Abb. 3)*. – Das Kräftebild hat sich damit noch weiter kompliziert: Einerseits haben wir in der Grundanlage der Rubiaceen einen *Durchdringungsprozess* von Blütenimpuls und vegetativer Entwicklung; diese Durchdringung wird bei *Cinchona* nun wieder etwas abgemildert zu einem allmählichen Übergang, während sie bei *Coffea* so auf die Spitze getrieben wird, dass die Blüten weit ins Innere des Bäumchens gedrängt werden und die Astenden vegetativ weiterwachsen. Bei den *Galium*-Arten andererseits ist die Durchdringung zumindest im Inflorenszenzbereich so weit aufgehoben, dass die Blüten an die Peripherie streben und dort »versprühen«. *Cinchona* nimmt also eine Mitte zwischen diesen Extremen ein.

---

[30] Natürlich gibt es auch Kräuter und Sträucher in den Tropen, aber der Regenwald wird von Baumformen dominiert, und innerhalb einzelner Familien oder in Paaren nahverwandter Familien sieht man, dass viele Krautformen der höheren Breiten in den Tropen baumförmige Verwandte haben (so bei den Rubiaceen, Leguminosen, Euphorbiaceen, Primulaceen-Myrsinaceen, sogar Violaceen, um nur einige zu nennen), die zudem noch evolutiv älter sind als die Gattungen außerhalb der Tropen. Dass Bäume, also *verholzte* Pflanzen, in besonderer Weise durch das »Einsaugen« von Astralität zustandekommen, wird verständlich, wenn man die tote Holzbildung als eine starke Verinnerlichung von »Imponderabilien« (Licht, Wärme u. a.) versteht, verbunden mit einem Absterben durch das Wirken des Astralischen, das hier aber nicht zur Auflösung, sondern zum *Dauerhaftwerden* führt. Die Holzbildung ist daher mit dem Prozess der *Blütenbildung* verwandt, nur in ihrer Geste polar entgegengesetzt: die Blüte wendet sich nach außen an die Tierwelt und ist meist vergänglich, auch in ihrer Substanz eher »flüchtig«; die substanzielle Holzbildung – im Wesentlichen aus Kohlendioxid und Wasserstoff (Fotosynthese → Glukose, zu Cellulose polymerisiert) – wird nach innen genommen und gibt der Pflanze eine *dauerhafte* aufrechte Achse und differenzierte Raumgestalt. In beidem wirkt die Astralität auf die Pflanze, in *Form* und *Substanz* (vgl. KALISCH 1996, 2013a). Hinzu kommt besonders bei tropischen Hölzern ein reicher Gehalt an Farbstoffen, Gerbstoffen u. a. Sekundärstoffen.

Nun könnte man die Frage aufwerfen, ob sich eine Brücke von den morphologischen zu den *stofflichen* Eigenschaften schlagen lässt, denn die astralischen Gestaltungskräfte manifestieren sich auf der einen Seite in den Formen der Pflanze, andererseits aber in stofflichen Sonderbildungen (Sekundärstoffen). Zum Beispiel könnte man *Blattgestalten* vergleichen und nach einer Korrelation mit dem *Alkaloidgehalt* suchen, eine Vergleichsmethode, die beim (giftigen) Klatschmohn und (ungiftigen) Schlafmohn sehr erhellend ist (vgl. BOCKEMÜHL 1973). Bei *C. calisaya* (mit dem höchsten Gehalt an China-Alkaloiden) sind beispielsweise die Blätter schmaler *(Abb. 6)*, aber die Blütenkronröhren sind unten bauchiger. Bei *C. pubescens (Abb. 7)* herrschen die breiteren Blätter vor, dafür sind die Blütenröhren schlanker (vgl. beide Abbildungen). Hier könnte man zumindest von einem kompensativen Verhältnis zwischen Blüten- und Blattgestaltung sprechen. Ob sich das aber durch die Artenvielfalt von *Cinchona* durchzieht, müssen wir offenlassen. – Später werden wir sehen, dass die *Entstehung* der arzneilich verwendeten Chinarinden-Alkaloide eine ähnliche Signatur zeigt wie die geschilderten Kräftewirkungen in der Gestalt – primär ein starkes Durchdringen der vegetativen Pflanze mit astralischen Impulsen, das sekundär wieder abgemildert wird. Damit kann die aufgeworfene Frage doch zu einer Antwort finden.

Die Rinde von *Cinchona (Abb. 9)*

Im mittleren Teil der Rinde, aber angeblich auch im Mark, finden sich bei vielen *Cinchona*-Arten besondere *Milchsaftröhren* in 1–2 konzentrischen Kreisen in vertikalen Reihen, die eine trübe, emulsionsartige Flüssigkeit enthalten. Sie treten bereits in den jungen Zweigen auf und verkümmern später. In der Nähe der Blattknoten sind sie größer und häufiger. In den getrockneten Rinden enthalten sie eine gelbe oder rotbraune, bröckelige Masse (großenteils in Wasser und Alkohol, in Kalilauge völlig löslich), die an der Luft rasch einen dunklen Farbton annimmt. Sie enthält viel *Gerbstoff*. Manchen Arten oder Varietäten scheinen sie aber zu fehlen. Bei den medizinisch wirksameren Arten (mit Domatien tragenden Blättern) sollen die »Saftfasern« unvollkommener sein als bei den großblätterigen ohne Domatien (VOGL 1869). Die meisten Zellen der Rinde außer den Kristallschläuchen und dem Korkkambium sind reichlich mit *Farbstoff* gefüllt (Phlobaphene, ammoniakalisch löslich). Auch der Kork enthält dieses »Chinarot«, das aus der Oxidation von Chinagerbsäure oder *Chinotanninsäure* hervorgeht. Die mit *Chinovasäure* verbundenen Alkaloide finden sich angeblich in den Siebröhren und Bastparenchymzellen (nicht aber in den Stab- und Steinzellen des Bastes) sowie in den Milchsaftröhren, sie bilden nach Behandlung mit Kalilauge prismatische oder spießförmige Kristalle.

Die *Wurzelrinde* ähnelt im Bau der Stamm- und Astrinde und neigt stark zur Borkenbildung. – Die Innenseite der Rinde ist je nach Art von verschiedener Farbe, kann sich mit dem Alter des Baumes verändern und allein schon innerhalb einer Art variieren: braungelblich *(C. calisaya)*, »schöne dunkelrote Fasern in sehr großer Zahl« *(C. succirubra)*, orangefarben, gelb, grau u. a. Entsprechend groß und verwirrend war die Vielfalt der im Handel geführten Rinden, die oft schwer den botanischen Arten zuzuordnen sind. – Die Methoden zur Gewinnung und Reinigung der Chinaalkaloide sind in der Literatur beschrieben (KAR 2007). Aus dem ca. 12 Schritte umfassenden Verfahren gehen die vier Hauptalkaloide Chinin (für die Malariatherapie), Cinchonin und Cinchonidin sowie Chinidin (für Herzarrhythmien) hervor. In der Homöopathie wird als »China« hingegen der gesamte Rindenextrakt verwendet, »Chininum arsenicosum« ist arsensaures Chinin.

Chinarinde – Schilderung von Eindrücken

A) Feingeschnittene Rinde von *C. succirubra* (Firma KLENK): Ein milder, fast süßlicher Duft wie Kamillentee aus dem Aufbewahrungsbeutel. Ein kleines Stück (3x1 mm), zerkaut: *Nur geringe Bitterkeit, dann eine Überraschung: Plötzlich kommt etwas »Saftiges«, warm Säuerliches, rasch wieder vergehend.* Es bleibt eine gleichförmige Bitterkeit zurück.

B) *C. ledgeriana* (Firma BUCHLER, Konvenienz: DR Kongo, Süd-Kivu): Borke eines größeren Rindenstückes, Bruchstück zerkaut: *Ganz ohne Bitterkeit, auch nicht adstringierend! Nach einer Weile ein Wärmegefühl* (ob spezifisch für die Borke?) *und ein schwach bitterer Nachgeschmack.*

C) Bezeichnend ist der »*trockene*« Geschmack Chinin-haltiger Limonade (Schweppes®).

D) Ergänzung:[31] Der Geschmack der Rinden verschiedener Arten ist sehr unterschiedlich. »Jüngere Rinden schmecken vorherrschend, aber nicht unangenehm herbe [...], seltener [...] zugleich auch eigentlich in geringerem Grade zusammenziehend säuerlich. Bei Stammrinden verliert sich der herbe Beigeschmack mehr und mehr, und die reine Bitterkeit tritt stark und deutlich hervor. – In der Calisaya tritt die reine Bitterkeit schon bei jungen Rinden auf, während der geringeren *C. scrobiculata* immer und bisweilen vorwaltend der adstringirende Beigeschmack zukommt. – Bei der ebenfalls alkaloidarmen [sic!] *C. pubescens* bemerkte Weddell selbst an frischen Stammrinden einen nur bitterlichen und zugleich ekelhaften Geschmack.« Mit der »geringeren« Art *scrobiculata* dürfte Flückiger den Wert als Arzneidroge gemeint haben.

Das Herbe oder Adstringierende dürfte den *Gerbstoffen*, die Bitterkeit aber dem eigentlichen *Alkaloid* zugeordnet werden. Beide stehen aber in engem Zusammenhang, wie wir noch sehen werden. Interessant ist auch, dass die Rinden noch andere Stoffqualitäten enthalten, etwa *duftartige, säuerliche* oder *wärmeerregende*. Bei einer Isolation der »Wirkstoffe« spielen sie natürlich keine weitere Rolle, wohl aber bei einer Verwendung des Gesamtextraktes für phytotherapeutische oder homöopathische Verarbeitung.

Sekundärstoffe der Chinarinde[32]

Gestalt, Wuchs, Geste einer Pflanze sagen uns etwas über ihr Wesen. Aber Heilmittel werden aus ihren Stoffen hergestellt! Das Motiv sonnenhafter Astralkräfte, die das Pflanzlich-Ätherische aus der Erde hervorzaubern, prägt die Geste des Chinarindenbaums bis in Einzelheiten, von einer zusammenhaltenden Kraft immer rhythmisch gebremst. Die »ziehenden« und vervielfältigenden Kräfte sind nicht entfesselt, sondern bleiben »gefasst«. Die Geste großflächiger Ausbreitung der Blätter, die dunkel werden, zeigt das Gegengewicht – und das sind die Organe, mit denen der Baum das Sonnenlicht selbst auffängt, um es zu »materialisieren« (Fotosynthese). – Der Malariaparasit sucht hingegen zügellos *entfesselte* Sonnenkräfte, wie wir gesehen haben, Kräfte, die in einer Epoche herrschten, als Erde, Sonne und Mond noch eine Einheit waren. Ihm können nun Stoffe Einhalt gebieten, die in der Rinde von *Cinchona* angereichert werden. Dabei stoßen wir unverhofft noch auf eine bemerkenswerte Parallele, die zeigt, dass wir auf der richtigen Fährte sein müssen. *Cinchona* führt in ihrer Rinde die *Milchsaftschläuche*, die – allerdings nicht als einzige Rindengewebe – auch die China-Alkaloide führen. Aus der geisteswissenschaftlichen Evolutionsforschung erfahren wir, dass während der »Sonnenzeit« der Erde noch *alle* Pflanzen von Milchsäften durchdrungen waren (STEINER GA 99/4.6.1907). Der Milchsaft von *Cinchona* legt also wirklich eine tiefere Wesensverwandtschaft, vielleicht auch »Zeitgenossenschaft« mit dem Parasiten *Plasmodium* nahe – welche Daseinsform in der Sonnenepoche die beiden auch immer gehabt haben mögen.

Wie kommen nun die antiplasmodialen Stoffe zustande? Die *Rubiaceen* liefern viele Drogen eher zweitrangiger Bedeutung sowie Nutzhölzer und Zierpflanzen, früher sogar bedeutende Farbstoffe; von erstem Rang sind *Kaffee* und *Chinarinde*,

---

[31] Schilderung aus FLÜCKIGER (1883: 49)

[32] HEGNAUER (1973), STEINEGGER & HÄNSEL (1988), FROHNE & JENSEN (1992)

185

ferner *Brechwurzel (Ipecacuanha)*. Charakteristisch für die Familie sind von *Iridoiden* abgeleitete Glykoside, komplexe Indol-, Chinolin- und Isochinolin-Alkaloide, Triterpene und Saponine, Anthrachinone, flavonoide Verbindungen und verwandte Phenole, Cumarine, Mannit und Mineralspeicherung (darunter von Aluminium).

Iridoide Verbindungen entstehen aus *Monoterpenen* (C10), die bekanntlich flüchtige ätherische Öle werden können. Bei den Rubiaceen bilden sie zum einen *Glykoside* vom Asperulin-Typ, zum andern münden sie in den Aufbau der Indol-, Chinolin- u. a. *Alkaloide*, die weiteren komplexen Synthesen unterliegen. Als *Glykoside* sind sie nicht mehr flüchtig, sondern wasserlöslich und schmecken *bitter*: Was in die *Duftentwicklung* gehen könnte, wird durch die Zuckerverbindung im Innern der Pflanze behalten. Die Rubiaceen halten also einen potenziellen Ätherischöl-Prozess teilweise zurück. Dafür scheint mehr die Farbigkeit in den Vordergrund zu treten: Es gibt viele Arten mit intensiv roten und gelben Blüten, zum Beispiel aus den Gattungen *Alberta, Hamelia, Ixora, Rondeletia*, hinzu kommen Gattungen mit stark farbigen Hochblättern wie *Stipularia* oder *Psychotria*, oder mit paradoxen »Laubblättern«, die eigentlich umgewandelte farbige Kelchblätter sind, wie *Warszewiczia (Abb. 21)*. Rote und braunwerdende Farbstoffe sind vermutlich Iridoide. – Die wasserlöslichen Iridoid-Abkömmlinge gehören nun zum formenreichen *mittleren*, »merkuriellen« Teil des Sekundärstoffspektrums (mit Herzglykosiden, Saponinen, Gerbstoffen, Cumarinen, Bitterstoffen u. a.). Diese häufig in Glykosidform und damit wasserlöslich vorliegenden Sekundärstoffe stehen zwischen den lipophilen ätherischen Ölen einerseits, den giftigen, Stickstoff führenden Alkaloiden und weiteren Gifttypen andererseits, die durch Verbindung mit Pflanzensäuren in Salzform ebenfalls wasserlöslich gespeichert werden (KALISCH 1996).

China-Alkaloide

Die spezifischen Alkaloide der Chinarinden sind *Indol-Alkaloide (Abb. 10)*, die im Pflanzenreich mehr als ein Viertel aller Alkaloide ausmachen. In der gesamten Ordnung Gentianales, zu der die Rubiaceen gehören, sind sie verbreitet. Die Synthese der Indol-Alkaloide verbindet *zwei polare Seiten*: Ein Stickstoff-haltiger Anteil ist vom Tryptamin abgeleitet, einer Umwandlung der größten Aminosäure, *Tryptophan (Abb. 10)*. Er wird mit einer Stickstoff-freien Komponente verbunden, einem sogenannten *Seco-Iridoid* (mit C10 oder C9 ein Monoterpen-Abkömmling, *Abb. 11*). Der Seco-Iridoid-Anteil kann auch den oben beschriebenen Weg nehmen und eine Verbindung mit *Zuckerarten* eingehen – dann führt es zu den spezifischen *Bitterstoffen* der *Enziangewächse*.

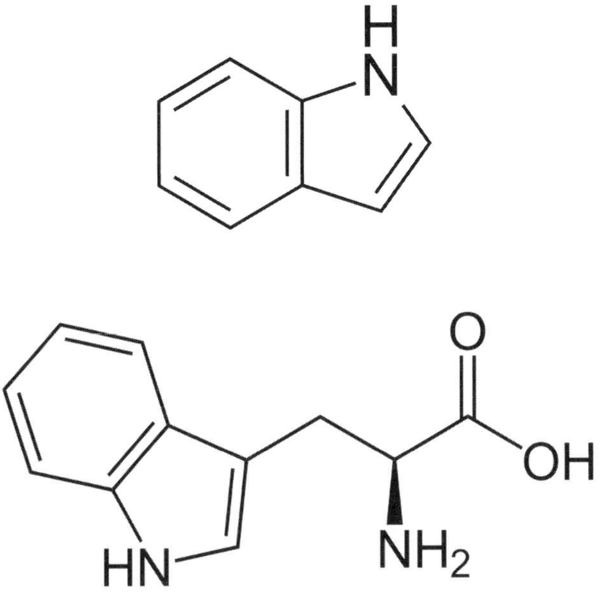

Abb. 10: Oben: Indol-Ring, unten: L-Tryptophan. (Grafiken: Emeldir und NEUROtiker, gemeinfrei, Wikimedia)

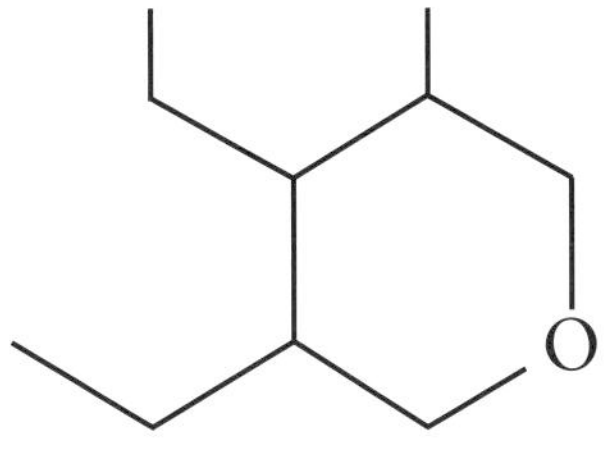

Abb. 11: Seco-Iridoid (C10), durch Ringöffnung aus einem Iridoid mit 2 Ringen entstanden.

Die Alkaloide von *Cinchona* werden dann im Bereich zwischen unterirdischer Pflanze und Krone in der Rinde von Stamm und Ästen angereichert. Wir finden somit in einem *mittleren* Bereich Stoffe, in denen *polare* Sekundärstoffe aus den »Blütenprozessen« (»Sulfurprozess«, Terpene → Ätherischöl-Bildung) und den »Wurzelprozessen« (pflanzlicher »Salzprozess«, Aminosäuren → Alkaloide) vereinigt wurden. Dieses Motiv der Verbindung oder sogar Durchdringung der Gegenpole in der Mitte scheint zugleich ein Schlüssel zur *Morphologie* der Rubiaceen, indem sich bei ihnen »Blüte« und »Wurzel« in der Mitte begegnen und durchdringen.[33] – Die vier führenden Alkaloide der Chinarinde sind: *Chinin, Chinidin, Cinchonin* und *Cinchonidin*, die zwei Paare zueinander symmetrischer Enantiomere

---

[33] Diese behauptete »Blüte-Wurzel-Durchdringungskonstitution« der Rubiaceen soll hier knapp skizziert werden. Gehen wir aus von der geschilderten Weggabelung in der Weiterentwicklung der (Seco)Iridoide zu Indol-Alkaloiden bei Rubiaceen *oder* zu Gentianaceen-Bitterstoffen. Diesen Unterschied in den Sekundärstoffen kann man versuchsweise mit einem *morphologischen* Unterschied parallelisieren: Die *Rubiaceen* haben *Stipeln*, die *Enziangewächse* nicht. Wie beleuchten sich diese Phänomene gegenseitig? Dazu muss die Stellung der Stipeln in der *Gesamtmetamorphose* der Pflanze erforscht werden. Es zeigt sich, dass in den Stipeln eine Art zurückgehaltenes Kräftereservoir im vegetativen Bereich sichtbar wird, aus dem später *Blüten*-*organe* entwickelt werden können. Denn die Kron-, Nektar- und Staubblätter sind Metamorphosen des Unterblattes, zu dem die Stipeln gehören (die Verwandtschaft wird am deutlichsten bei Petalen mit einer angedeuteten Zweiflügeligkeit, wie bei der Rose, KALISCH 2009). Somit kündigt sich in den Stipeln auf der Ebene der Laubblattbildung die *Möglichkeit der Blütenbildung an*, wie ein aus der Zukunft Vorauswirkendes. Die *Rosaceen* offenbaren den Besitz dieses bezeichneten »Potenzials«, ihre Blätter besitzen Stipeln; die *Compositen* verraten es nicht. Das wiederum deutet auf einen unterschiedlichen Grad der *Durchdringung* des vegetativen Bereichs mit dem Blütenimpuls hin. Hierbei müssen zwei entgegengesetzte Prozesse oder auch »Zeitströme« gleichzeitig gedacht werden. Das erlaubt aber, die Stipeln auch von der entgegengesetzten Seite her zu sehen: Sie zeigen ja oft Anklänge an *Blütenhaftes* – sie werden farbig, tragen Nektarien oder formen eine Knospengebärde ähnlich geschlossenen Blüten, wie das bei *Cinchona* möglich ist. So gesehen ziehen sie »verfrüht« Blüten-motive in den vegetativen Bereich herunter, sie eilen eigentlich der regulären Entwicklung voraus. – Für die Deutung der Verhältnisse bei *Enzian-* und *Labkrautgewächsen* führt das zu folgendem Bild: Die Durchdringung von Blütenimpuls und vegetativem Impuls ist bei den Rubiaceen noch stärker oder »fülliger« als bei den Enziangewächsen (vgl. BRETTSCHNEIDER 1980). Bei den *Enzian-*Arten führt sie daher z. B. zu den Bitterstoffen, die eine Astralisierung bis in die Wurzel dokumentieren, die aber nicht giftig sind. Bei den Rubiaceen *steigert* sich dieser Prozess, er lässt einerseits verstärkt astralisierte Stoffe entstehen – Alkaloide. Gleichzeitig gelangt aber auf der anderen Seite auch mehr an vegetativem Kräftepotenzial bis in die Blütenregion, was zu so seltsamen Erscheinungen führt wie Kelchblättern, die nach dem Abblühen(!) noch auswachsen zu gestielten »Laubblättern«, die stark farbig sind *(Warszewiczia, Abb. 21)*. – Von dieser »Konstitution« der Rubiaceen ausgehend wird man verstehen, dass sie sogar Prozesse oder Prinzipien aus dem *Wurzelbereich* ins Oberirdische heraufziehen; es ergibt sich folgerichtig aus deren gesteigertem Durchdringungsprinzip. Das zeigen nicht nur an den Knoten wurzelnde Stängel bei *Galium*-Arten, sondern auch Hohlräume für bodenlebende Insekten im Spross *(Myrmecodia)* oder kleine »Herbergen« für flügellose Gliedertiere des Bodenlebens unter den Blättern (Domatien für Milben), und schließlich das verbreitete Phänomen der *Behaarung* der oberirdischen Pflanze bis ins Innere der Blüten, wie bei *Cinchona (Abb. 22)*. Der reguläre *Typus* des Haares bei Pflanzen findet sich nämlich im *Wurzelhaar* (einzellige Haare der Rhizodermis), das der Wasser- und Salzaufnahme dient. Oberirdische Haare erfüllen oft Funktionen im Verhältnis der Pflanze zu Luft und Wasser, sowie Wärme und Licht. Dies kann hier allerdings nur angedeutet werden.

bilden – ein interessantes Motiv, denn Alkaloide sind sonst im Formelbild hochgradig asymmetrisch und »einzigartig«; Tendenzen zur *Symmetrie* finden sich eher bei Farbstoffen (Hämoglobin, Chlorophyll, Anthracene, Hypericin). Die vier Chinolin-Alkaloide sind nicht so artspezifisch wie Morphin (nur im Schlafmohn), aber auch nicht so verbreitet wie Nicotin, das in mindestens 10 Familien vorkommt. Sie kommen außer bei den nahen Verwandten von *Cinchona* auch bei Loganiaceen, Oleaceen (zu denen der Flieder gehört) und Annonaceen vor (VON BRUCHHAUSEN 1999). – Im Allgemeinen werden Alkaloide in vital aktivem Gewebe der Wurzel oder des Sprosses synthetisiert, dann dort gespeichert oder in andere Organe verfrachtet. Auch am Akkumulationsort findet in vielen Fällen eine Remetabolisierung statt, Alkaloide können umgebaut, aber auch oxidiert und bis zu CO_2 veratmet werden. In der Regel ist eine endgültige Ablagerung oder Ausscheidung für sie untypisch. Bei Dauergewächsen kann man schon eher von einer *Ablagerung* sprechen, falls die Alkaloide Jahr für Jahr in die Rinde verfrachtet werden, mit der sie allmählich nach außen abgestoßen werden können. Dann nimmt die *Geste* dieses Stoffprozesses etwas vom Charakter des dazu polaren Sekundärstofftypus an: Wirkliche Endprodukte sind nämlich die *ätherischen Öle*, sie werden im Idealfall »ausgelagert«, etwa in den Drüsenschuppen der Labiaten, wo sich das Öl außerhalb der Zellwand unter einer Blase der Cuticula sammelt. Ein Beispiel für ein *abgelagertes* Alkaloid liefert die strauchige Berberitze *(Berberis vulgaris)*, wo die Wände der toten Holzzellen mit Berberin imprägniert werden, was dem Berberitzenholz seine sattgelbe Farbe verleiht – auch das zeugt davon, dass das sonst im Verborgenen bleibende Alkaloid (als lösliches Salz im wässrigen Milieu der Zellvakuole) sich dem Gegenpol der an die Umwelt gerichteten *flüchtigen Öle*, *Harze* und *Farben* annähert (tatsächlich ergibt kristallines Berberin beim Schmelzen eine harzige Masse, STEINEGGER & HÄNSEL 1988). Einen ähnlichen Weg scheinen auch die China-Alkaloide zu nehmen.

Chinin (Abb. 12) gehört zu den schwachen Basen (pK_a-Wert 4,1), eine sehr starke Base wäre Berberin (mit 11,8), eine starke Base wäre Strychnin (8,26) aus der Brechnuss (s. auch MEYER 2006). – Interessant sind noch weitere Eigenschaften des Chinins: Saure Lösungen zeigen eine blaue Fluoreszenz unter UV-Licht, und Kristallpulver verschiedener Chinin-Verbindungen (Benzoat, Salicylat, Monochlormethylat) sowie von Cinchonin-Chlorhydrat zeigen das besondere Phänomen der *Tribolumineszenz* (Lichtabgabe bei mechanischer Einwirkung), die aber nur temporär auftritt, offenbar im Zusammenhang mit Dehydration. Dieses Lichtphänomen ist normalerweise abhängig von der Aggregatbeschaffenheit des Stoffes, zum Beispiel tritt es beim Zerstoßen größerer Kristalle auf, aber nicht bei Lösungen oder Pulvern; bei Chinin gelingt es auch mit feinem Kristallpulver (TRAUTZ 1910).

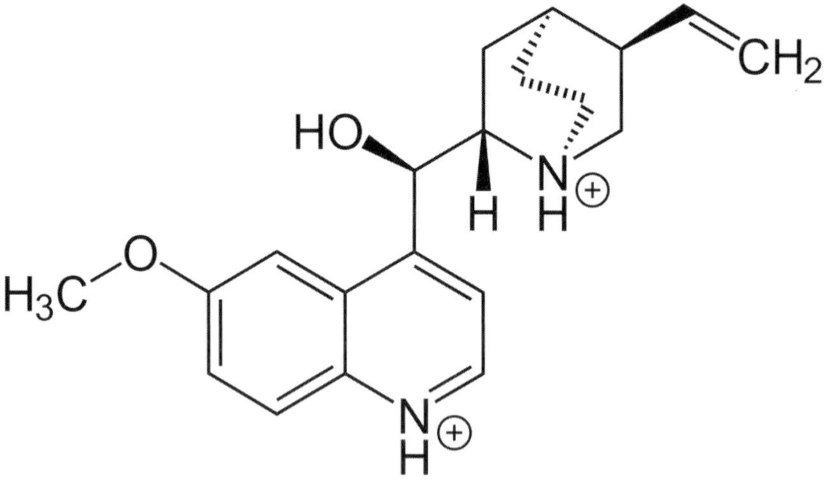

Abb. 12: Chinin in doppelt protonierter Form (Grafik: NEUROtiker, gemeinfrei, Wikimedia)

Genaueres zu Syntheseort und Anreicherung der China-Alkaloide

Eine ältere Untersuchung (LOTZY 1900) ergab, dass die Alkaloide in *Cinchona*-Samen fehlen, aber kurz nach der Keimung in den *grün gewordenen Kotyledonen* auftauchen. In *jungen Blättern* ist ihr Gehalt 10fach höher als in alten Blättern, in den Blatt*stielen* höher als in der Blattlamina, in *Zwei*grinde höher als in Stammrinde. Die Alkaloide werden im Protoplasma jeder *parenchymatischen* Zelle in Blättern, Holz oder Rinde gefunden und werden in der *Zellwand abgelagert,* wenn diese Zellen in den inaktiven Zustand übergehen. Im Blatt findet man sie nie in kristalliner Form, so dass dies als Ort ihrer primären Synthese angenommen wurde. – Die China-Alkaloide entstehen also in *sich teilenden* Geweben, mit Tendenz zu *achsen-verwandten* Organen (Äste, Blattstiele) und dabei mehr *nach oben* als unten und mehr in jüngeren Teilen, schließlich an der *Peripherie* der Zellen sowie der Achsen-organe endgültig abgelagert. – Eine neuere Arbeit zur Frage der Synthese bestätigt diesen Bezug zu jungen, sich teilenden Geweben, zum Beispiel auch Sprossspitzen, mit einem geringeren Bezug zur *Wurzel*. Die führenden Alkaloide waren in den oberirdischen Teilen Cinchophylline, in den *Wurzeln* die Chinolin-Alkaloide.[34] Letztere machen von ihrem dominierenden Bildungsort in der Wurzel bis zur Ab-lagerung also einen weiten Weg.

Steht er anfangs mit der Vitalität der Pflanze in enger Beziehung und könnte die jungen Gewebe auch gegen Fraß schützen, wenn sie verletzt wurden, so verbindet sich der Bildeprozess der China-Alkaloide nicht nur bereits während ihrer Entstehung mit Derivaten des Terpenoid-Stoffwechsels, also dem Gegenpol innerhalb der Sekundärstoffe (KALISCH 1996), sondern nimmt später auch deren formbezogene Geste auf, die an die *Peripherie* der Pflanze führt (während das »typische« Alkaloid im wässrigen Vakuolenmilieu verborgen bleibt): Die China-Alkaloide reichern sich in den *Zellwänden* an sowie in der *Rinde*.

China-Alkaloide und Umwelteinflüsse

Aus dem Anbau von Chinarindenbäumen weiß man, dass vorsichtig ohne Verletzung des Kambiums geschälte Bäume ihre Rinde und Borke in etwa 3 Jahren regenerieren können. Dabei erwies sich die nachgewachsene Borke als *alkaloidreicher*, vor allem wenn *Belichtung vermieden* wurde. Das äußere *Licht* ist also kein Stimulans der Alkaloidbildung, auch wenn sie in jungen und eher exponierten Geweben einsetzt – offenbar aber eine erzwungene Geweberegeneration, die die ätherische Kraft des Baumes herausfordert. Dies wie auch die Syntheseorte von Wurzel bzw. teilungsaktiven Geweben weisen auf den Zusammenhang mit den *ätherischen Kräften*, der Vitalität der Pflanze, die beim Alkaloid auch zu erwarten ist (KALISCH 1996), aber nur ihre *eine* Seite darstellt: Ihnen kommen von oben die *astralischen* Kräfte entgegen und dringen tief ein, und erst aus dieser engen Verbindung entstehen die alkaloidartigen Sekundärstoffe: weil das Astralische viel tiefer in die Pflanze eingreift, als es für das Hervorbringen der Blüte »nötig« wäre (im Grunde tendiert die Pflanze hier bereits zur »Tierbildung«, bringt es aber nicht dazu, weil ihr die Organbildungen fehlen). – In der schwankenden Menge der Alkaloide spiegeln sich *Umgebungseinflüsse*: Die Chinin-Gehalte variieren nicht nur von Art zu Art, sondern bei der gleichen Art von Plantage zu Plantage, sogar in der Rinde desselben Baumes auf verschiedenen Expositionsseiten. Dabei ist offen, welches die ausschlaggebenden Faktoren sind. Es spiegelt sich darin aber auch die starke Tendenz von *Cinchona* zur Variantenbildung, die mit der Offenheit der Pflanze für *neue Standorte* zusammenhängen dürfte; ihre letzte Konsequenz wäre die Artbildung in neuen »Nischen«. Eine Kehrseite dieser Fähigkeit ist der erwähnte »invasive« Charakter als ortsfremde Neophyten (sprich als Unkraut). Die starke *Hybridisierungsneigung* zwischen bestehenden Arten wird in diesem Zusammenhang auch verständlich (CAMP 1949). Der biologische oder speziell genetische Abgrenzungsprozess der »Arten« gegeneinander ist nur schwach, bei Arealüberschneidungen können Kreuzungen entstehen.

---

[34] CAMP (1949) wies darauf hin, dass sowohl Rinde wie *Holz* von *Cinchona* alkaloidhaltig seien und erwähnt, dass sie als Bauholz verwendet wurde, das ziemlich termitenresistent ist.

Untersuchungen an Naturstandorten von *Cinchona*-Arten in den Bergwäldern von Kolumbien (3° nördl. Br.) über Ecuador bis Peru (5° südl. Br.) im westlichen Teil der Anden zeigten eine Vielfalt von Formen in enger Nachbarschaft, die nur durch starke Hybridisierung zwischen *Cinchona officinalis, C. pubescens* und *C. pitayensis* erklärt werden konnten. Dabei *sank der* Gehalt an kristallisierbaren Alkaloiden *von Norden nach Süden*, von max. 8% bis auf Spuren (CAMP 1949)! Geht man davon aus, dass der klimatische Äquator im Westen Südamerikas (Anden) etwa bei 4–5° nördlicher Breite liegt, so befinden sich die genannten Standorte alle *südlich* dieser Linie, und mit zunehmender Entfernung von ihr *nimmt der Alkaloidgehalt ab.* (Das heutige Mannigfaltigkeitszentrum von *Cinchona* liegt übrigens im Grenzbereich Perus zu Ecuador; dies könnte auch der Entstehungsraum der *Cinchona*-Arten sein). An einem Berg legte Camp ein Transsekt von 1300 bis 3300 m Höhe (*unter* der Frostgrenze) und fand 3 Gürtel von *Cinchona*-Exemplaren, die mit den Zonen höchster Wolkendichte und somit Feuchtigkeit korrelierten; die untere Art (*C. pubescens*) zeigte mit steigender Höhe eine *Abnahme des Alkaloidgehalts* von 7% auf 1% (wobei zuletzt nur Cinchonin übrigblieb); die in der Höhe wachsende Art (*C. pitayensis*) zeigte hingegen keine derartige Beziehung, sondern nur eine Schwankung um 6,5–4,5% im Bestand. – Um Rinden mit hohen Chiningehalten zu ernten, hätte man also zwischen Bäumen bei 1300 m oder oberhalb von 3000 m wählen können. – Eine Regel über die Korrelation des Alkaloidgehalts mit der Berghöhe und dem Lichtfaktor (s. oben das Beispiel *Remijia pedunculata*) kann auf diesem Wege also nicht gefunden werden. Wäre es so einfach, könnte man annehmen, dass das Alkaloid als Stoff der Dunkelheit (Wurzelprozess) sich so weit metamorphosiert hat, dass es durch zunehmend reine Lichtwirkung gefördert wird. Manche Standorte von *Cinchona*-Arten scheinen aber ausgesprochener »Wolkenwald« zu sein, wo das Sonnenlicht häufig reduziert ist. – In Betracht kommen wohl folgende Standortfaktoren, mit denen der Alkaloidgehalt *positiv* korreliert: Feuchtigkeit, Schatten, aber auch die Nähe zum (klimatischen) Äquator, was den ersten beiden Faktoren widerspricht. *C. pitayensis* bevorzugt außerdem nährstoffreiche Böden (Vulkanasche), aber das ist wohl ein Sonderfall.

Wirkungsweise der China-Alkaloide

Allgemein wirken Alkaloide auf das *Nervensystem*, indem sie die Wirkung von Neurotransmittern imitieren oder blockieren. Chinin und Chinidin gehören zu einer Gruppe, die die transmembranären *Mineralientransportprozesse* der Zelle beeinflusst,[35] die Na^+- und K^+-Austauschproteine, ähnlich wie Berberin oder die sehr giftigen *Veratrum*-Alkaloide, zugleich auch auf die Ca^{2+}-Systeme wirkt, wie zum Beispiel Morphin oder Papaverin.[36] Ob allerdings diese subzellulären Wirkungen am Zustandekommen der typischen therapeutischen bzw. toxischen

Wirkungen beteiligt sind, war Ende der 1980er Jahre noch ungeklärt (STEINEGGER & HÄNSEL 1988). Chinin besitzt auch stark *lokal reizende* Eigenschaften. Sensorische Nerven werden zunächst erregt und später gelähmt, so dass eine lang anhaltende lokalanästhetische Wirkung resultiert. – Chinidin ist bekannt für seine *antiarrhythmische* Wirksamkeit, die auf einer Hemmwirkung auf das Natriumtransportsystem der Zellmembran insbesondere am Herzsinusknoten beruht, womit die Erregbarkeit des Herzens herabgesetzt wird. Im Einzelfall kann allerdings auch das Gegenteil, eine proarrhythmogene Wirkung resultieren (M. Sommer, persönl. Mitteil.). Chinidin wirkt auf die erregbaren Herzmuskelzellen ähnlich wie ein Lokalanästhetikum, aber die Wirkung ist in unterschiedlichen Regionen des Myokards qualitativ unterschiedlich (PH. EUR. 7.0).[37]

Bitterkeit

Den auffällig *bitteren* Charakter der Chinarinde bestimmen nicht nur die erwähnten Alkaloide[38], sondern wesentlich auch das stickstofffreie *Chinovin* (Chinabitter), das sich als Gemisch aus 3 *Triterpensäure*-Monoglykosiden erweist (Chinovasäure-3-chinovosid zu 60%, Chinovasäure-3-Glykosid zu 30% und ca. 5% Cincholsäure-3-chinovosid; s. *Abb. 13*). Das Bittere mischt sich bei der Chinarinde mit dem Herben, Adstringierenden: Man findet in der Droge auch aromatische oder teilhydrierte aromatische Säuren, sowie Chinasäure und *Kaffeesäure* (beides Phenylpropan-Derivate), ferner die als Vorstufen der Chinarinden-*Gerbstoffe* geltenden Cinchonaine, schließlich noch Katechingerbstoffe und die durch Oxidation von Flavonoiden entstehenden, nicht mehr adstringierenden Phlobaphene (unlösliches Chinarot).

---

[35] Bei der Pflanze sind Austauschprozesse von *Salzen* bzw. Ionen mit der Umgebung »Wurzel-Prozesse« (KALISCH 1996). Im tierisch-menschlichen Organismus sind das Vorgänge, die allen *Nervenprozessen* zugrundeliegen. *Nerv* und *Wurzel* sind polar verwandt; Wurzel und Alkaloid gehören prozessual zusammen, und so schließt sich der Kreis: Alkaloide wirken primär auf die Nervenprozesse.

[36] Zur Funktion des Ca^{2+} bei Nervenreizleitung, Drüsensekretion und Muskelkontraktionen s. VON LAUE (2004).

[37] Alle Lokalanästhetika haben chemische Strukturähnlichkeiten: Sie bestehen aus einer lipophilen aromatischen Ringstruktur, einer Zwischenkette und einer hydrophilen Aminogruppe, je nach Art der Zwischenkette unterscheidet man Aminoester und Aminoamide (WIKIPEDIA, »Lokalanästhetikum« 14.3.14). Chinidin ähnelt am ehesten einem Aminoester, weicht aber doch stark von diesem Grundmuster ab, indem bei ihm zwei lipophile Ringkomplexe durch eine Brücke verbunden sind. – Das erste pflanzliche Lokalanästhetikum war *Kokain*, isoliert von Neumann 1859.

[38] Chinin ist bitter, aber bei einem Bitterwert von 200.000 (Chininhydrochlorid) ist Amarogentin aus *Enzian*-Wurzel noch 290x bitterer.

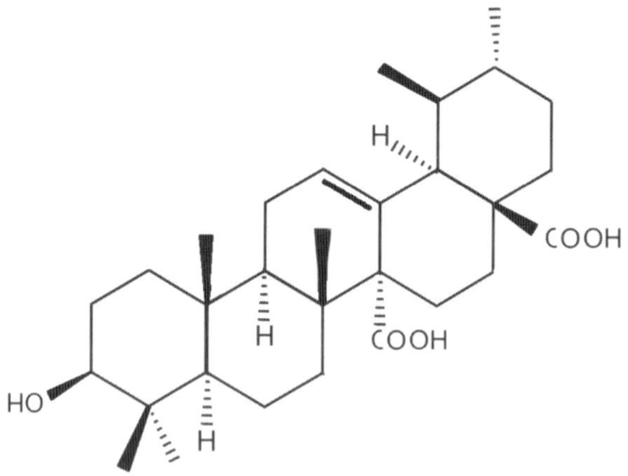

Abb. 13: Chinovasäure (Grafik: http://www.medizinalpflanzen.de/systematik/6_droge/
chinae-c.htm)

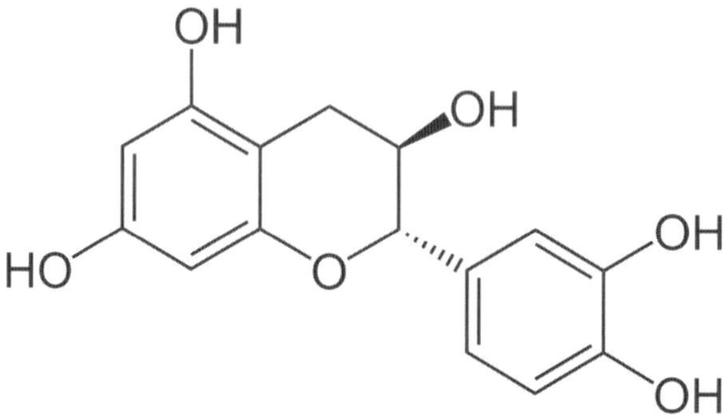

Abb. 14: (–)Catechin (Grafik: NEUROTiker, gemeinfrei, Wikimedia)

Katechingerbstoffe

Normalerweise neutralisiert die Pflanze ihre Alkaloide mit organischen Säuren zu Salzen und sammelt sie in der Zellvakuole. Die China-Alkaloide sind an *Katechingerbstoffe (Abb. 14)* gebunden, man muss sie aus dieser Verbindung, durch die sie zugleich *inaktiviert* werden, erst mit Natronlauge extrahieren. Die Katechine sind aus der vielfältigen Gruppe der *Flavonoide* abgeleitet. Durch mehrfache Polymerisation können daraus *kondensierte Tannine* entstehen. Tannine beeinflussen die Verdauung, sie fällen zum Beispiel Eiweiße. Es handelt sich um eine weitere Stoffgruppe des mittleren (»merkuriellen«) Sekundärstoffbereichs (KALISCH 1996). Im Vergleich zu den gängigen organischen Säuren sind auch die Katechingerbstoffe Ergebnisse eines weiter reichenden Syntheseaufwands, also von Aufbauprozessen, denen auch die Alkaloide entstammen.

Fasst man die biochemischen und biologischen Phänomene der Chinarindenwirkstoffe zusammen, so ergibt sich nun eine klare Signatur. Die China-Alkaloide entstehen durch ein zusätzliches Verbinden mit der *polaren* Seite der Sekundärstoffbildung, dem »sulfurischen« Bereich der Terpene, die auch zu ätherischen Ölen werden könnten. Als alkalische, stickstoffhaltige Stoffe werden sie dann mit Vertretern der mittleren, »merkuriellen« Sekundärstoffgruppe, mit komplexen Gerbstoffsäuren, neutralisiert und zugleich inaktiviert, und in dieser Form nicht wie üblich in Zellvakuolen, sondern in Zellwänden im Bereich der Rinde des Stammes und der Äste abgelagert (angeblich zusätzlich auch im Holzteil). – Aus der Verbindung von Polaritäten entsteht immer ein Mittleres; dieses wird noch einmal zusätzlich mit einem Mittleren verknüpft und damit zur »Ruhe« gebracht. Gleichzeitig wird es aus dem Innern der lebendigen Zellen in den toten Bereich der Wandbildung ausgelagert; im Unterschied zu den terpenoiden ätherischen Ölen, die einen ähnlichen Weg nehmen, wird der Stoff aber nicht durch Flüchtigkeit der warmen Luft überlassen, sondern bleibt in den dauerhaften Geweben der Rinde, und damit im mittleren Bereich des Baumorganismus gebunden.

THERAPEUTISCHE ANWENDUNGEN DER CHINARINDE

Chinarinde in der Phytotherapie

Die tropische Chinarinde hat bereits eine jahrhundertelange Anwendungsgeschichte in Europa. Aus der Zeit vor Hahnemann liefert uns Cullen einen umfassenden Überblick (BARTON 1812): Er hielt Chinarinde mit ihrer kombinierten bitteren und adstringierenden Wirkung für eines der stärksten Tonika und Kurmittel des *Magens*, der in seiner Sichtweise noch mit dem *gesamten* Organismus zusammenhing; so galt ihm die Wirksamkeit gegen Paroxysmen des Wechselfiebers als primäre Magenwirkung! Dem Bitteren schrieb er eine auflösende und leicht abführende Wirkung zu. Er sah in ihr daher ein wichtiges Mittel bei *Dyspepsie*. Cullen untersuchte auch die Eignung der Chinarinde bei weiteren Formen entzündlicher Krankheiten, bei diversen Kinderkrankheiten, Pocken u. a.; in vielen Fällen hielt er die damals wohl sehr häufig eingesetzte Chinarinde für ungeeignet (z. B. bei »putrid and nervous fevers«), insbesondere aber bei Rheuma, wo sie im anfänglichen Entzündungsstadium die Schmerzen noch steigere. Auch bei Erysipel fand er sie ungeeignet, bei Amöbenruhr im Anfangsstadium sogar »absolut schädlich«, hingegen im späteren Durchfallstadium sehr von Nutzen! Bei Katarrhen sei Chinarinde im Anfangsstadium der »inflammatory diathesis« ungeeignet, wenn der Katarrh hingegen mit einem »intermittierenden Fieber« kombiniert sei, sei sie bei den Hustenanfällen und insbesondere den *kalten* Stadien dieser Erkrankung wiederum hilfreich. Auch bei Menorrhagien fand er sie geeignet, da sie als Tonikum auf die Gefäßversorgung des Uterus wirke, ebenso bei Wechselfiebern mit »Schwindsucht« (Phthisis, Kachexie) und bei Gangränen. Hier fördere die Chinarinde nämlich einen *Entzündungsprozess* und verstärke (als Tonikum) die *Durchblutung* rund um die Gangrän, was schließlich zur Abstoßung des bereits toten Gewebes führe; kontraindiziert sei sie hingegen, wenn die Gangrän selbst bereits in einem hochentzündlichen Stadium stehe und ihre Umgebung stark durchblutet sei. – In Bezug auf chronische Krankheiten nannte Cullen zwei Fälle, wo er trotz einer gewissen »Laxheit und Schlaffheit des Systems« keine überzeugende Wirkung der Rinde beobachtet habe, bei Scrophulose und Rachitis. Hingegen gab er ihr bei bestimmten *Krämpfen* eine Chance: bei Chorea, wo er *Chinarinde* und *Chalybeat* (Eisensalze!) gleichermaßen wirksam fand, und bei Keuchhusten im fortgeschrittenen Stadium, um der Krankheit ein Ende zu setzen (hingegen nicht bei Epilepsie); außerdem bei der »hysterischen« Form des Asthma – hingegen nicht, wenn sie mit einem Blutandrang im Organ verbunden sei. Bei Nervenkrankheiten hielt er Chinarinde in den Fällen für hilfreich, wo Schwäche und geringer Tonus vorliegen, sowie bei eher sanguinischen Typen und »beweglichem« System; kontraindiziert hingegen bei ausgeprägt melancholischen Typen mit einer »Starre« (torpor) des Systems und hohem Tonus (»Hypochondrie«).

Wo also Kälte, zu schwacher Verlauf oder geringe Durchblutung vorlagen, da war Chinarinde nach Cullens Erfahrung brauchbar, hingegen ungeeignet dort, wo ein *entzündlicher* Prozess bereits im Gange war. – Das hieße, dass wir Chinarinde – trotz des Gehalts an Gerbstoffen, die an sich entzündungsfeindlich sein sollten – nicht auf der Seite der entzündungshemmenden Mittel sehen dürfen: sie kann entzündliche Prozesse noch steigern.

Chinarinde/Chinin: traditionelle Anwendungsgebiete[39]

Abgesehen von der antiplasmodialen Wirkung werden heute folgende Indikationen genannt: innerlich bei *grippalen Infekten* (Chinin hat einen schwach analgetischen und antipyretischen Effekt); bei Schwäche- und *Erschöpfungszuständen*; als Bittermittel (1 mg) fördert es Speichel- und Magensaftsekretion bei *Appetitlosigkeit, Dyspepsie* mit nachfolgenden *Blähungen* und *Völlegefühl* (traditionelle Amara, Liköre); bei *Durchfällen*, wenn Speiseanteile unverdaut durchlaufen (sog. Lienterien; Brettschneider, persönl. Mitteil.); bei *Milzvergrößerung*; bei *nächtlichen Wadenkrämpfen* (100–300 mg vor dem Einschlafen), Muskelschmerzen; bei Abschürfungen und Geschwüren (innerlich). Früher wurde es in der Geburtshilfe zur *Wehenverstärkung* eingesetzt, sowie bei *Menstruationsstörungen*; sogar bei Krebs. – *Gegenanzeigen* sind eine Schwangerschaft (wegen der wehenfördernden Wirkung), außerdem Überempfindlichkeitsreaktionen gegen einzelne Alkaloide, wie Hautallergien, Urticaria oder Fieber, und Photosensibilisierung durch Chinin, durch Kontakt ausgelöste Photodermatitis (CALNAN 1978). In seltenen Fällen ist eine erhöhte Blutungsneigung durch Verminderung der Blutplättchenzahl zu beobachten (Thrombozytopenie).

Chininhydrochlorid besitzt bessere Wasserlöslichkeit und findet Verwendung in *Haarwässern*, Chinin soll lokal gegen Haarausfall wirken (vgl. die ähnliche Verwendung von Coffein).

Chinidin

Chinidin wird zur Behandlung bestimmter Formen von Herzrhythmusstörungen, insbesondere Tachyarrhythmien, Extrasystolen, Vorhofflattern und -flimmern eingesetzt. *Vorhofflimmern* ist die häufigste Herzrhythmusstörung, die aber oft kaum Beschwerden erzeugt und erst im EKG oder bei einer Blutdruckmessung entdeckt wird. Es kann aber als unangenehmes Herzstolpern oder Herzrasen spürbar werden. Manche Menschen leiden dabei unter Schwindel oder einer verminderten Belastbarkeit. Auslöser ist ein deutlich zu schneller und unregelmäßiger Puls. Die Herzleistung nimmt ab und es kann zu Luftnot, Müdigkeit und Abgeschlagenheit kommen. Gelegentlich ist der Puls hierbei auch verlangsamt. *Vorhofflattern* besteht in häufig auftretendem, anfallartigem Herzrasen, manchmal von Schwindel, Brustenge oder Luftnot begleitet, wobei der Puls sowohl regelmäßig als auch unregelmäßig sein kann. In seltenen Einzelfällen kann das Herz lebensbedrohlich schnell schlagen (MHW). Chinidin blockiert den Natriumeinstrom in die

---

[39] STEINEGGER & HÄNSEL (1988), WAGNER & WIESENAUER (1995), SCHÖPKE (2011).

Herzmuskelzellen und senkt so deren Erregbarkeit. Bei Überdosierungen treten aber Nebenwirkungen auf (»Chininrausch«): Übelkeit, Erbrechen, Tinnitus, Sehstörungen, Nystagmen, Schwindel, Kopfschmerzen u. a. (http://www.ihdsl.de/).

Das Bild der homöopathischen Arzneimittelprüfung von »Chinarinde«

Hahnemanns Chinarindenversuch von 1790 gilt vielen als der Beginn der Homöopathie. Da ihre Geschichte hier nicht Thema ist, sei Hahnemanns Schilderung zitiert, ohne auf die hierüber entbrannte Kontroverse einzugehen, dass es keine Arzneimittelprüfung im homöopathischen Sinn gewesen sei und die gesamte Homöopathie, da sie auf einem nicht beweisenden und nicht reproduzierbaren Fall basiere, eine »Irrtumswissenschaft« sei, wie 1997 unterstellt wurde (LOCHBRUNNER 2002). Hahnemann beobachtete Folgendes:

> *Ich nahm des Versuchs halber etliche Tage zweimahl täglich jedesmahl vier Quentchen gute China ein; die Füse, die Fingerspitzen, u.s.w. wurden mir erst kalt, ich ward matt und schläfrig, dann fing mir das Herz an zu klopfen, mein Puls ward hart und geschwind, eine unleidliche Aengstlichkeit, ein Zittern (aber ohne Schauder), eine Abgeschlagenheit durch alle Glieder; Dann ein Klopfen im Kopfe, Röthe der Wangen, Durst, kurz alle mir sonst beim Wechselfieber gewöhnlichen Symptome erschienen nacheinander; doch ohne eigentlichen Fieberschauder [..]*

Seinen Selbstversuch hatte *Cullens* Schilderung der Chinarinde als magenstärkendes Tonikum bei Wechselfieber angeregt! Das Ergebnis von Hahnemanns eigenen Forschungen war dann 1796 seine Veröffentlichung »Versuch über ein neues Prinzip zur Auffindung der Heilkräfte der Arzneisubstanzen nebst einigen Blicken auf die bisherigen«. Seitdem ist »*China*« zu einem differenziert ausgearbeiteten Arzneimittelbild geworden. Zusammen mit dem etwas anders gelagerten *Chininum arsenicosum* umfasst die Schilderung bei Kent über 10 Seiten. Versuchen wir nun, die Hauptlinien herauszuarbeiten und anschließend menschenkundlich ihren »Kern« aufzuspüren (KENT 2009)[40].

Zum China-Bild gehören eine *allmählich* zunehmende *Anämie* mit großer Blässe, Schwäche und Kräfteverfall, eine ebenso allmählich zunehmende Empfindlichkeit des Körpers, *Reizbarkeit* der Nerven – bis zu chronischem Angespannt- und Aufgereiztsein. Empfindlich sind die Patienten gegen Berührung, kalte Luft und auch Bewegung, die Schmerzen auslösen; empfindlich reagieren sie aber auch auf Blumenduft, Kochgerüche oder Tabakrauch. Im Freien tritt Schüttelfrost mit Gänsehaut auf. Der Patient leidet unter Magen-Darmstörungen und Leberbeschwerden – oder ist chronisch leberkrank und hat eine Gelbsucht entwickelt, verträgt kein Obst, überhaupt Saures nicht. Bei weiblichen Patienten treten leicht *Blutungen* auf, nicht nur aus der Gebärmutter, sondern auch aus Nase und Mund. Die Schmerzen sind »reißend«, es können schmerzhafte Muskelkrämpfe bis zu regelrechten konvulsivischen Zuckungen auftreten. – Entzündungen verlaufen *rasant* und gehen schnell in Gangrän über. – Die typischen »China«-Beschwerden treten vor allem auf bei geschwächten, schlaffen (atonischen), abgemagerten und blassen Menschen, die auch Herzschwäche, Kreislaufstörungen und Ödemneigung zeigen – *Wassersucht* ist ein typisches Symptom für China, wobei sie vorzugsweise nach starken Blutverlusten bis zur Anämie auftritt. Es kommt zur Blutfülle in den Venen durch eine Lähmung der Venenwände. – Sämtliche Schleimhäute neigen zu *katarrhalischen* Entzündungen.

Periodizität wird meistens als wichtigste Indikation für China angesehen, was aber so nicht zutrifft – auch andere Mittel tragen dieses Merkmal. Dennoch gibt es einige charakteristische Aspekte hinsichtlich des Zeitverlaufs, die für China sprechen: wenn Schmerzen regelmäßig zu einer *bestimmten* Tageszeit einsetzen, wenn Wechselfieber mit großer Regelmäßigkeit auftreten. Besonders charakteristisch ist eine Verschlimmerung *am Abend oder zur Nacht*, manchmal genau um Mitternacht. Typisch ist auch: Der Allgemeinzustand verschlimmert sich nach jedem Essen; *nachts* steigern sich die Gliederschmerzen, oder Kopfschmerzen (besonders als Folge von Blutverlust) treten nachts am stärksten auf und rauben den Schlaf; zum Erbrechen kommt es vorzugsweise nachts, auch zu Durchfällen; Erstickungshusten oder trockener Krampfhusten stört den Nachtschlaf; profuse Nachtschweiße (nach Kachexie infolge von Säfteverlust) treten auf.

Die geschilderten Krankheitszustände können nach starkem Blutverlust oder Verlust von Körperflüssigkeiten überhaupt entstehen – dies auch als Folge sexueller Ausschweifungen, häufigen Samenverlusts. Folgende Symptome sind charakteristisch für China: große Schwäche, Reizbarkeit, aber auch Schlaflosigkeit, kalte Haut, Zucken einzelner Muskeln, Ziehen und schmerzhafte Muskelkrämpfe, epilep-

---

[40] Ist der »KENT« überholt? Da vorherrschende Konstitutionen der Menschen, oder die Reaktionsweise auf Heilmittel, sich im Laufe der Zeit ändern könnten, aber auch der Stand der homöopathischen Forschung weiterrückt, ist die Frage berechtigt. Unzweifelhaft ist Kents Werk auch heute ein Standard für Homöopathen. Er begann bereits 1897 mit der Veröffentlichung seiner Vorlesungen im *Journal of Homoeopathics*. Seine eigenen Texte überarbeitete er das letzte Mal 1911, diese Fassung erschien in deutscher Übersetzung komplett erstmals 1958. Die hier verwendete Ausgabe wurde zur Korrektur nicht weniger Übersetzungsfehler neu übersetzt und quellenkritisch bearbeitet. Damit liegt ein Werk vor, dessen Erkenntnisstand dem entspricht, was auch Steiner an medizinischer Literatur verwendete (in seiner Bibliothek finden sich Emil Schlegels Schriften aus dieser Zeit, aber auch Schwabes »Lehrbuch der homöopathischen Therapie« von 1877 u. a. ältere Schriften, s. BRSGA 108).

tiforme Krämpfe, Blutandrang im Kopf, Klingen in den Ohren (Tinnitus), Schwindel, Schwarzwerden vor den Augen und Ohnmacht beim geringsten Anlass. Zusammengenommen ergeben sie das Bild der *China-Kachexie*. Normalerweise würde sich der Körper einige Zeit nach einer starken Erschöpfung, von einer vernünftigen Diät unterstützt, wieder selbst regenerieren. Beim China-Typ versagt die Fähigkeit, sich selbst zu regenerieren, genügend Blut neu zu bilden, wieder »aufzubauen«, auch um Gewebewunden zu heilen (Gangränneigung).

Dieses Bild hat auch eine *seelische* Seite. Zu ihr gehört außer der Nervosität und Überempfindlichkeit: *langsamer* Ideengang, *Widerwille* gegen geistige Arbeit, *Gleichgültigkeit* gegenüber allen Eindrücken, Apathie; es besteht eine Schwierigkeit, zu denken und sich zu erinnern, die Gedanken in Ordnung zu bringen. Beim Reden oder Schreiben unterlaufen Fehler, indem die Reihenfolge von Worten vertauscht wird; Maulfaulheit, Verdrießlichkeit, In-sich-gekehrt-Sein. Furcht vor Hunden, vor Tieren in der Nacht, überhaupt große Ängstlichkeit nachts gehört ebenfalls dazu. Andererseits kann die Neigung zum Theoretisieren und zum Bauen von Luftschlössern auftreten – nach einem Schlaf ist das wieder überwunden und der Patient wundert sich über den Unsinn, den er fantasiert hat.

Schaffen wir Übersicht über die charakteristischen Einzelsymptome, indem wir sie Kents Vorbild folgend nach Organ oder System ordnen: Vielerlei *Kopfschmerzen*, Körper dabei mit kaltem Schweiß bedeckt, ausgelöst oder verschlimmert durch frische Luft, durch Gehen, sogar bloßes Bewegen des Kopfes, durch leichte Berührung, Kälte (im warmen Zimmer wird es besser, und starker Druck kann den Schmerz lindern). Kopfhaut und insbesondere die Haarwurzeln schmerzen bei Berührung! Augen: heftige Lichtscheu; Nachtblindheit, Trübsichtigkeit. Skleren gelb. Druck wie von Sand in den Augen. Neuralgische Augenbeschwerden (Besserung durch Dunkelheit, Ruhe, Wärme). – *Ohren und Nase* genauso empfindlich wie Augen; Klingen, Sausen, Summen, Singen, Zirpen (»Grillen«) im Ohr, nicht selten mit nachfolgender Schwerhörigkeit, wobei die Geräusche auch bei zunehmender Taubheit anhalten.⁴¹ Häufiges Nasenbluten bei anämischen Patienten. Trockene Katarrhe. Gerüche erregen Übelkeit. – Das *Gesicht*: welk, eingefallen, blutleer, spitz, bleich. Während der Fieberhitze rot, doch in den Zwischenzeiten fahl und kränklich. Gesichtsneuralgien. – Die *Zähne* wackeln und schmerzen beim Kauen, fühlen sich »zu lang« an, das Zahnfleisch ist geschwollen. Bei Müttern reißende Schmerzen, als würden »Zähne gezogen«, sobald das Kind an der Brust saugt; oder Gesichtsneuralgien als Folge des Stillens. – Extrem ist die Überempfindlichkeit des *Geschmackssinns*, so dass nichts mehr unverfälscht schmeckt; man hat einen bitteren Geschmack im Munde, alles schmeckt erst ungemein salzig – dann bitter. Der *Mund* ist trocken, das Schlucken fällt schwer. Meistens überwiegen Ekel und Widerwille, manchmal kommt plötzlich ein Heißhunger auf. Trotz vorhandenen Hungers kann der *Appetit* fehlen. Der *Durst* zeigt im zeitlichen Ablauf eines Wechselfieberanfalls sehr merkwürdige Veränderungen: vor dem Schüttelfrostanfall Durst – beim Anfall nicht; während des langsamen Anstiegs der Temperatur: Durst – im vollen Fieberanfall: kein Durst; dann mit Abklingen der Fieberhitze erneut steigender Durst, und während des Schwitzens kann kaum genug Wasser getrunken werden.[42] *Magen:* Beschwerden nach Obst, Fisch, Milch, Weingenuss. Der Magen ist übersäuert, und starke Gasbildung findet statt: Magen und Unterleib sind aufgetrieben; ein Zwang zu ständigem Aufstoßen bringt keine Erleichterung, auch Schluckauf ist möglich. Häufiges Erbrechen, auch von Blut. Gefühl von Kälte im Magen! – Reichliche flüssige, aber schwärzliche *Durchfälle*, die immer wässriger werden und zu starker Abmagerung führen. Offenbar kommt die Peristaltik zum Erliegen (Blähungen). – *Genitalien:* Beim Mann herrscht entweder physisch Impotenz (auch bei erregter Fantasie), oder es kommt allzu leicht zu häufigeren Pollutionen – mit nachfolgender großer Schwäche; bei Frauen gehört zum China-Bild hingegen der starke Blutverlust und spezifische Folgen: Gebärmutter- oder Eierstockentzündung, Uterusprolaps. Die Menses treten zu früh oder zu stark auf, typisch sind außerzyklische Gebärmutterblutungen (Metrorrhagien), Krämpfe und wehenartige Schmerzen der Gebärmutter, begleitet von Muskelzuckungen, Ohrenklingen, Ohnmachtsanfällen. Die Lochien dauern zu lang an. – *Atemwege, Herz und Kreislauf:* Drücken in der Brust wie von zu großem Blutandrang; Dyspnoe; starkes Herzklopfen; blutiger Auswurf, plötzliche starke Erschöpfung. Schmerzen in der Brust, zunehmende Kälteempfindlichkeit, dabei Hitze und Röte im Gesicht bei kalten Händen. – *Skelett:* Schmerzhafte Stellen entlang der Wirbelsäule, zuckendes Reißen in den Gliedmaßen (verschlimmert durch Kälte und Berührung, verbessert durch starken Druck und äußere Wärme), Schwäche in den Knien beim Gehen.

---

[41] Bei Tinnitus ist immer eine Medikamentenanamnese zu erheben. Nicht selten ist er z. B. durch eine Chinidin-Behandlung bedingt (M. Sommer, persönl. Mitteil.). Dessen allopathischer Einsatz (bei Herzarrhythmien) kann also Folgen zeitigen, die durch dasselbe Mittel *homöopathisch* behandelbar sind.

[42] Die Kombinationen Feucht-Kalt sowie Feucht-Warm werden instinktiv gemieden, das sind die Elemente »Wasser« und »Luft«; Kalt-Trocken (Erde) und Warm-Trocken (Feuer) werden hingegen zugelassen. Eine merkwürdige Signatur! Das Feuchte darf sich nur in den Übergangsphasen der Temperaturveränderung mit dem Körper verbinden. Wasser und Luft sind aber gerade die beiden Elemente, die die mittleren Wesensglieder stützen, Ätherleib und Astralleib, und beide sind besonders betroffen, wie sich zeigen wird. – Bei einem Wechselfieber ohne diesen spezifischen Durstverlauf sind eher *Ipecacuanha* oder *Nux vomica* angezeigt. Letztere zeigt ja manche Anklänge an *China* (Überempfindlichkeit der Sinne s. KALISCH 2013b).

Das homöopathische Arzneimittelbild »China«, menschenkundlich beleuchtet

1. Was zunächst festgehalten werden kann, ist eine *Erschöpfung der Ätherkräfte* durch eine allgemeine Dauer- und Überbeanspruchung, oder als Folge einer sich lange hinziehenden Krankheit, einer schweren Operation; durch starke Verluste an *Körperflüssigkeiten* (den Trägern des Ätherleibs), in Sonderfällen auch durch übermäßige sexuelle Betätigung, aber auch als Folge einer anstrengenden Schwangerschaft mit starken Blutungen, als Folge übermäßiger und arrhythmischer Blutungen (Metrorrhagien) und übermäßiger Flüssigkeitsverluste (Lochien), was zeigt, dass die *weibliche* Physis besonders prädestiniert ist. Die Erschöpfung tritt auch als Folge intellektueller Überbeanspruchung oder seelischer Überanstrengung auf – eine in Ausbreitung begriffene »Zeitkrankheit« also. – Das Saure wird nicht vertragen, weil es einer *nicht ganz ausgereiften* Pflanzensubstanz entspricht (saure Früchte werden durch Reifen süßer). *Noch nicht vollendete* oder *zurückgehaltene Reifung* ist dabei ein aussagekräftiges Motiv, das eine Verbindung nicht nur zur Chinarinde, sondern zu ihrer ganzen Familie schlägt.[43]

2. Dem *Astralleib* liegen buchstäblich »die Nerven blank«. Es ist *alles zu viel*, auch kleine Reize werden übersteigert bis zur Verzerrung erlitten: Selbst das Lieblingsessen schmeckt nicht; ein Luftzug löst schon Schmerzattacken oder Krämpfe aus, Gerüche stoßen ab. Der Astralleib wehrt ab, er kann nicht (noch) mehr aufnehmen, kann das Aufgenommene nicht mehr angleichen und an die Ich-Organisation weiterleiten[44] und nicht mehr bis in den Verdauungsvorgang überführen (kein Speichel, Dyspepsie).[45] Der Astralleib ist offenbar selbst »fertig« und daher lustlos geworden, noch in den Organismus einzugreifen: Denn er *hat* sich schon zu stark mit dem Organismus verbunden, darum die ständigen Schmerzen, die

---

[43] »Vorreife« erweist sich als Schlüssel zum Verständnis charakteristischer *Substanzen* der Rubiaceen, aber auch bestimmter morphologischer Eigenheiten der Familie. Z. B. entsteht der Duft des Waldmeisters *Galium odoratum* (enzymatisch) erst beim Welken oder Zerreiben der Pflanze; Kaffeebohnen (*Coffea arabica* u. a.) müssen erst geröstet, also durch *Wärmeprozesse* behandelt werden; der Farbstoff aus der Färberröte oder Krappwurzel *(Rubia tinctorum)* muss erst fermentativ aufgearbeitet werden. – Die roten »Laubblatt-Petalen« (eigentlich Kelchblätter!) von *Warszewiczia* reifen erst aus, wenn die Pflanze schon verblüht ist! – Substanzen eines »vorreifen« Charakters können noch in weiteren Familien gefunden werden (Zwiebelgewächse, Kreuzblütler, Cumarin-Träger wie Honigklee, bestimmte Gräser u. a.). Bei den *Glykosiden* der mittleren Sekundärstoffgruppe liegt ja generell ein solcher Charakter vor, indem die Aglykone aus der Glykosidvorstufe erst freigesetzt werden müssen. In der Chinarinde zählt das Chinovin (Chinabitter) zu dieser Stoffklasse, es besteht aus Triterpensäureglykosiden.

[44] *Seelisches* Aufnehmen und Verarbeiten und *physische* Nahrungsaufnahme/-verdauung sind Metamorphosen. Beim »China«-Bild zeigt der Körper das Analogon der seelischen Unfähigkeit, das Aufgenommene zu verdauen, wozu man sich als Erstes mit den Eindrücken sympathisch »anfreunden« muss, also seelische Wärme aufbringen muss: Das *Kältegefühl im Magen* verrät die Unfähigkeit zur »Wärmung« im Bereich der ersten Nahrungsaneignung.

Krämpfe und Zuckungen. Die Kopfprozesse sind nach unten verschoben – Hyperazidität, Gasbildung im Stoffwechsel sind die Folge. Da der Astralleib die ersten drei ätherischen Lebensprozesse von *Atmung (≈ Aufnahme)-Wärmung-Ernährung* nicht mehr anstoßen und unterhalten kann, fehlen dem Ätherleib die Anregungen zum Aufbau, und das ist die Ursache der Kachexie und Blutarmut bzw. der unzureichenden Blutneubildung sowie schlecht heilender Wunden. Die unzureichend aufbereitete *Nahrung* führt zur Malabsorption. Dyspepsie und Appetitlosigkeit zeigen besonders deutlich, dass keine richtige Verbindung zwischen Astralleib und Ätherleib mehr besteht (Steiner GA 314/2.1.1924). Durch die Malabsorption entsteht letztlich ein *circulus vitiosus* der Schwächung.

Es ist wohl richtig, wenn man den Symptomenkomplex der Überempfindlichkeit, der physiologisch-seelischen »Appetitlosigkeit« usw. bereits als die *Folge* begreift; die Ursachen liegen auf der Gegenseite, einer gewohnheitsmäßig gewordenen *Übertätigkeit des Astralleibes*, die dazu führt, dass sich die Erschöpfungssymptome *allmählich* steigern und verschlimmern. Auf die Überanspannung oder Überspannt-

---

[45] *Hyperakusis* und chronische Ohrgeräusche *(Tinnitus)* scheinen mir Phänomene zu sein, die ebenfalls in *diesen* Bezug hineingehören (wobei dasselbe Mittel *allopathisch* verwendet auch der Verursacher sein kann: Hyperakusis kann die Folge einer Chininvergiftung sein, ebenso wie Tinnitus). Die *Hyperakusis* zeigt eine *Übersteigerung* normaler Geräuschwahrnehmungen, was als eine Folge übermäßiger »Antipathie« der Sinnesorganisation gedeutet werden kann. Ein durch Stress, Depression, Burnout entstandener *Tinnitus* könnte die Steigerung davon sein; er ist wie ein zurückgeworfenes Echo nicht mehr verarbeiteter Gehörseindrücke, die ja nicht nur Geräusche sind, sondern auch *Worte* und *Bedeutungen* tragen. Auch diese müssen wieder *vergessen* werden können (ein Vorgang, der einem Verdauen ähnelt, nur nicht ge-gessen, sondern ver-gessen). – Es gibt noch andere Entstehungsformen des Tinnitus, er kann auch bei Gehörschädigung im Bereich der geschädigten Frequenzbereiche als »spontane Eigenwahrnehmung« auftreten. – Steiner gab in einer Fallbesprechung eine Wesensgliederdiagnose bei »Ohrensausen«: Es liege ein Schwachwerden des Astralleibes gegenüber dem Ätherleib im Blasengebiet vor (Walter 1971). Korrespondierend damit könnte das im oberen Menschen zur Verstärkung astralischer Aktivität im Kopfbereich führen (M. Sommer, persönl. Mitteil.). Bedingungen für die an Zahl offenbar zunehmenden Tinnitusfälle (wenn sie nicht Folgen eines Knalltraumas sind) scheinen seelische Dauerüberforderung oder intellektuelle Überanstrengung zu sein. Tinnitus kann chronifizieren, wenn das Zuviel und Zulange des Verarbeiten-Müssens von *Bedeutungen* und *Inhalten* nicht mehr durch Pausen, gesunden Schlaf und Vergessen richtig unterbrochen wird. Dann »verhakt« sich der Astralleib im Ohr und produziert *selbst* Dauergeräusche, die durch das innere Lauschen auf die Töne in einer positiven Rückkoppelung wiederum verstärkt und quasi zu einer Art *sekundärer Sinneswirklichkeit* errichtet werden. Man könnte diesen Vorgang mit den *Gegenfarben* des Auges vergleichen, die als Reaktion auf jeden Farbreiz erzeugt werden – denn im Organismus muss jede *Außenwirkung* durch eine Reaktion kompensiert werden; erst dadurch wird das Gleichgewicht wieder hergestellt. Die aktiv hervorgebrachte physiologische Gegenfarbe wird uns nur selten bewusst, einen »physiologischen Gegenton« hören wir in der Regel auch nicht, aber er existiert tatsächlich: *Das gesunde Innenohr produziert Töne, die man diagnostisch messen kann, die aber von uns selbst nicht wahrgenommen werden.* Bei einem Tinnitus infolge zerstörter Frequenzgebiete wird *subjektiv* der Ton dieser Frequenzen wahrgenommen, der *objektiv* (durch das Sinnesorgan) gar nicht mehr wahrnehmbar ist. Diesen Ton produziert die menschliche Organisation als Gegenton, er hat aber ein von außen kommendes Gegengewicht und damit seine Funktion verloren.

heit des Astralleibes scheint auch das *Außerrhythmische* bei den weiblichen Blutungen und das Nicht-enden-Wollen postpartaler Lochien zu deuten, und die Krämpfe und unwillkürlichen Zuckungen zeigen an, dass sich der Astralleib bereits »verhakt« hat und daher weder richtig hinein noch leicht wieder »hinausschlüpfen« kann (in dieser Hinsicht sind Schlafstörungen symptomatisch). Dazu gehört auch, dass das normale Rhythmische – die Domäne des gesunden Wechselwirkens von Ätherleib und Astralleib – kompensatorisch auf *andere* Gebiete verdrängt wird (z. B. unwillkürliche Zuckungen, wehenartige Krämpfe, verfrühte Pollutionen).

3. Die *Rhythmizität* des »China«-Bildes bezieht sich auf den *Tageslauf*, und dies verweist auf die *Ich-Organisation* (Bewusstseinszustände von Wachen-Träumen-Schlafen). Wenn sie sich abends lockert (so war es früher noch normal, weil die Menschen ihre Arbeit abends beiseitelegen konnten) und dann nachts zusammen mit dem Astralleib den physischen und Ätherleib verlässt, *verschlimmern* sich die Symptome oder treten plötzlich auf: Schmerz, Erbrechen und Durchfälle u. a. Am Tage konnte die geschwächte Ich-Organisation das noch gerade eindämmen. Auch die Wärme-bezogenen Phänomene zeigen, dass die Ich-Organisation zu schwach ist und von *außen* Unterstützung braucht, denn die Symptome bessern sich unter äußerer Wärme, Kälte vermag kein »Aufbegehren« des Wärmeorganismus mehr zu provozieren, sie wirkt einfach verschlimmernd. Eine Ausnahme scheint der Moment des Schüttelfrosts vor dem richtigen Fieberausbruch zu sein: Hier scheint die Ich-Organisation so massiv aufgerüttelt, dass sie plötzlich »der Zorn packt« und sie in die Gliedmaßen eingreift: Das wärmerzeugende Kältezittern (mittels des Astralleibes) wird ausgelöst. Ansonsten ist der Ich-Organisation so ziemlich der Boden entzogen: Denken und Erinnern sind erschwert, eher driftet man ins Luziferisch-Illusorische ab, ins »Luftschlösserbauen«.

Der seltsame Zusammenhang zwischen den reißenden *Zahnschmerzen* einer Mutter, die gerade ihr Kind *stillt*, deutet auf das Wesensglied, durch das beides miteinander verknüpft wird: den *Ätherleib*. Er selbst ist natürlich nicht schmerzempfindlich, das ist der Astralleib. Aber der lang andauernd geschwächte Ätherleib, der zunächst in der Kindheit die *zweiten Zähne* hervorbrachte und bei der Mutter nun »zu allem Überfluss« auch noch die *Milch* hervorbringen soll (wobei der Astralleib die Absonderung besorgen will), ist dazu nicht mehr in der Lage. Deshalb greift der Astralleib ins Leere – direkt in den physischen Leib (Schmerz), und zwar dort, wo der Ätherleib seine grandioseste Leistung hinterlassen hat, die zweiten Zähne.[46]

---

[46] Ein weiterer Zusammenhang zwischen Zahnbildung und Milchbildung entsteht durch das *Magnesium*, das an beidem beteiligt ist. Eine Empfindlichkeit der Zahnhälse kann durch potenzierte Magnesium-Verbindungen gut gebessert werden (M. Sommer, persönl. Mitteil., vgl. Steiner GA 316/4.1.1924). Magnesium-Mangel wiederum ist eine Ursache nächtlicher Wadenkrämpfe, die zum »China«-Bild gehören und die nach starker körperlicher Verausgabung oder bei Schwangeren auftreten können, und *nächtliche Wadenkrämpfe* sind auch symptomatisch für das Restless-Legs Syndrom (RLS), an dem erwiesenermaßen ein Magnesiummangel beteiligt ist.

Zusammenfassung

Insgesamt betrachtet *heilt* die Chinarinde malariabedingte Wechselfieber –
sowohl remittierende wie intermittierende, aber auch *kontinuierliche* typhöse Fieber.
Sie eignet sich daher sowohl für die mehr hitzige und sprunghafte Malaria tropica
wie für die regelmäßigere Tertiana oder verlangsamte Quartana – dabei dürfte aber
eine *Differenzierung* zwischen dem *allopathischen* und dem *homöopathischen*
Mittel sinnvoll sein: Der Wirkstoff Chinin eignet sich erwiesenermaßen für die Malaria tropica (antiplasmodiale Wirkung), das Homöopathikum »China« dagegen
mehr für die Tertiana und Quartana oder für eine chronifizierte Tropica.[47]

Die Chinarinde umfasst insgesamt sowohl die Entstehungsphase eines Kräfte-
verbrauchs als auch die Folgen,[48] das heißt, sie hilft therapeutisch sowohl bei der
Schwächung (Überforderung) des *Ätherleibes* als auch bei den Auswirkungen auf
der Seite des *Astralleibes:* dem Zustand gefühlter Erschöpfung, der Apathie, dem
psycho-organischen »dyspeptischen« Desinteresse an der Welt, der »Saft- und
Kraftlosigkeit«, und sie hilft auch bei der letztlich resultierenden *physischen* Kachexie. Dabei wendet sich das Chinin direkt gegen den von außen kommenden
Verursacher des ätherischen Verbrauchs, den *Parasiten* in den Erythrozyten;
dagegen könnte man das homöopathische Mittel »China« so differenzieren, dass
es mehr auf einen in der *Persönlichkeit* selbst verursachten Kräfteverbrauch durch
fortdauernde Selbstüberforderung und Kräfteverschleiß zielt – vielleicht verursacht
durch »seelische Parasiten« in Form von überzogenen Anforderungen, Zwängen,
Selbstverleugnung, oder eine Zügellosigkeit im Umgang mit den eigenen Lebens-
kräften. Die Verwendung des Einzelstoffes Chinin als *Antiplasmodikum* könnte
dabei, wie gesagt, aufgrund zunehmender Resistenzen gegen die Chemotherapie
einer neuen Zukunft entgegen gehen.

Besonders beliebt waren früher verschiedene Formen von Tonica mit Chinarinde
als Aperitif für Ermüdungs- und Erschöpfungszustände zum Beispiel nach grippalen
Infekten oder nach Operationen (WEISS 1990). Als Tonic Water® ist es immer noch

---

[47] Nach Ansicht von Heinrich Brettschneider (persönl. Mitteil.) ist »China« ungeeignet für die
Tropica, was nach den Beispielen, die Cullen für die Verschlimmerung *durch* China angab,
einleuchtet: Cullen beurteilte das Mittel als ungeeignet bei *entzündlichen* Prozessen, und dem
entspricht ja gerade die Tropica. Brettschneider verweist auch auf F. O. Hörings Beobachtung,
dass kräftige Männer mit einem hohen Hämatokrit besonders anfällig für die Tropica sind. Die
Tropica sei daher menschenkundlich beinahe polar zur *chronischen* Malaria einzuschätzen,
und er würde deshalb »China« speziell auf Tertiana und Quartana begrenzen und diese als
»chronifizierte« Tropica bezeichnen.

[48] Beeindruckend gut beeinflusst werden mit »China« *Beschwerden nach Blutverlusten*, z. B.
Kopfschmerzen, aber auch *Schwäche nach Durchfällen* wird oft ausgezeichnet gebessert (M.
Sommer, persönl. Mitteil.).

im Handel. In der »*Tinctura Chinae*« waren kombiniert: *Chinarinde, Pomeranzenschale, Enzianwurzel* und *Zimt*, eine interessante Komposition aus verschiedenen Bittermitteln, »abgerundet« durch den Zimt (vgl. KALISCH 2013c). Ähnlich tonisierend wirkt Bitter Lemon® (chininhaltig). Chinin-haltige Getränke wurden außerdem in den britischen Kolonien in großen Mengen als Malaria-Prophylaxe getrunken.

In der anthroposophischen Medizin wird Chinarinde (verschiedene Potenzen) bisher verwendet als *Fiebermittel* »Aconitum / China comp.« mit Eisenhut, Zaunrübe, Chinarinde, Eucalyptus und Wasserdost bei folgender Konstitution: *geschwächte, Sorgen auslösende, leidende, blasse Patienten* (insbesondere Kinder), *bei Kälte und feuchtem Klima als Auslöser* (VOGEL 1994, VADEMECUM 2013)[49]. Verschrieben wird Chinarinde (potenziert) auch bei Tinnitus und Morbus Menière (Chininum sulfuricum), Anämie oder Blutverlusten und ihren Folgen (Schwindel, Kopfschmerzen), Wechselfieber und Rekonvaleszenz, aber auch bei Cor nervosum, Arrhythmien und Kreislaufkollaps sowie Hyperthyreose (Chininum arsenicosum) (SCHRAMM 1997).

Erwähnenswert ist noch, dass als *Adjuvans* bei Malaria auch ein Mittel aus *Eucalyptus* und *Cuprum sulfuricum* verschrieben werden kann (VOGEL 1994), oder *Eucalyptus-Öl intramuskulär*, angeblich auf einen Vorschlag Steiners zurückgehend (WANTSCHURA & SPIESS 1962). Das ätherische *Eucalyptus*-Öl hat aufgrund seiner Entstehungsweise einen starken Bezug zur Wärme, qualitativ auch zum Licht. Auf oralem Wege aufgenommen würde es die »oberen« Wesensglieder Ich und Astralleib dazu anregen, selbst Wärme- und Lichtprozesse in den Organismus hineinzubringen. Mit der vorgeschriebenen *parenteralen* Applikation scheint mir hingegen die künstliche Auslösung einer »Gegen-Entzündung« beabsichtigt zu sein (vergleichbar mit der Hyperthermie bei Tumoren[50]). Im *ätherischen Öl* der Pflanzen liegt ein »Analogon« vor zu einer *zentripetalen* Tätigkeit des an sich am stärksten mit dem Außerirdischen (Geistigen) verbundenen Wesensgliedes, des *Ichs*, das *in den Organismus eingreift* und somit bestrebt ist, »an seiner Innenorganisation, an seiner Zentralorganisation zu arbeiten« (STEINER GA 312/4.4.1920).

---

[49] Die Indikation »Fieberkrampfanamnese« ist nicht für die Wirksamkeit erforderlich, vor allem ist das Mittel bei hohem Fieber mit Erschöpfung wirksam (M. Sommer, persönl. Mitteil.).

[50] Erinnert sei an die Impfmalaria als Gegenkrankheit zur Syphilis; beide stehen offenbar in einer Art polarer Verwandtschaftsbeziehung. Bei solchen Erwägungen stößt man auf bemerkenswerte Bezüge – wenn *Eucalyptus* bei Malaria hilfreich ist, hat es dann auch einen Bezug zur Syphilis? Aus Sicht der heutigen Homöopathen nicht, sondern in erster Linie Mercurius; aber zu W. H. Schüsslers Zeit im 19. Jh. galt *Eucalyptus* als *Syphilis-Mittel*.

Chininum arsenicosum

Der Unterschied der Arzneimittelbilder von »China« und *Chininum arsenicosum* ist leicht zu fassen; man kann sich das arsensaure Chinin-Salz als eine weitere Steigerung und Verschärfung denken. Hierzu nur einige Grundzüge: Den Chininum arsenicosum-Typ beherrscht eine Penibilität und *übertriebene Gewissenhaftigkeit*, bei Unzufriedenheit mit allem und jedem; die Reizbarkeit steigert sich. Plötzliches Auffahren beim Einschlafen oder nächtliches Hochfahren aus dem Schlaf sind typisch. Somit ist der Aspekt eines »verhakten Astralleibes« gesteigert, der sich nicht mehr »glatt« inkarnieren oder exkarnieren kann. Zerschlagenheitsgefühl am ganzen Kopf nach Fieber und nach Schlaf tritt auf; die Ängstlichkeit ist zur *Gespensterfurcht* gesteigert, das Beängstigende wird somatisch: Beklommenheit, Zusammenschnürungsgefühl in Brust- und Herzgegend. Steifheit im Nacken. Das Fantasieren steigert sich zu »hochfliegenden Plänen«. *Schwindelanfälle* sind häufig und am Abend vermehrt; täglich kommt es zu epileptiformen Paroxysmen. Die Katarrhe nehmen an Bedeutung zu; bei Stockschnupfen oder Fließschnupfen und *häufig wiederkehrenden* Erkältungen ist *Chininum arsenicosum* daher besonders von Nutzen. Typisch sind auch: starkes Nasenbluten; plötzlich auftretender Brechreiz – zum Beispiel immer um 14 Uhr, die Rhythmizität ist verstärkt. *Schwächegefühl* im Rücken, in den Gliedmaßen und Gelenken; das Schwächegefühl in den Knien beim Gehen ist gesteigert bis zum Gliederzittern (auch der Hände). *Unruhe* der Glieder, besonders der Unterschenkel, Füße; wenn es im Schlaf auftritt, deutet es auf einen nicht richtig freiwerdenden Astralleib, der dafür aber am Tage nicht richtig eingreifen kann. Hierher gehören auch die typischerweise nachts auftretenden, schmerzhaften Wadenkrämpfe.[51] Auch starke, schwächende Nachtschweiße, verstärkt am Morgen, gehören zu den Symptomen einer Astralleibsaktivität zur falschen Zeit. Der Schweiß färbt die Wäsche gelb! Verschleppte Fiebererkrankungen mit chronischer Prostration sind besonders typisch.[52]

---

[51] Unstillbare Unruhe in den Gliedern ist ein Symptom des erwähnten Restless Legs-Syndroms, das auch in diesen Zusammenhang gehören könnte. (M. Sommer gibt an, China gegen nächtliche Wadenkrämpfe eingesetzt zu haben, er habe aber noch keine Erfahrungen mit RLS).

[52] Die anthroposophische Ratio dieses zweifellos hilfreichen Mittels (VADEMECUM 2008: 363) »zur Stärkung und Einschaltung der Empfindungsorganisation in die Lebensprozesse« scheint nicht ganz einleuchtend. Es entsteht doch der Eindruck, dass hier der Astralleib sich bereits zu tief mit dem physischen Leib verbunden hat und erst wieder aus seiner »Verhakung« gelöst werden muss, um dann erneut, in rhythmischem Wechsel, agieren zu können.

»China« im Vergleich zu Camphora

Ein anderes großes homöopathisches Mittel, *Camphora*, besitzt gewisse Ähnlichkeiten mit China. Seine Stärke liegt aber zunächst mehr im *akuten* Bereich: Indikationen wären hier Bronchitis, Pneumonie vor allem in der Anfangsphase, durch Kälte verschlimmertes Asthma und Sinusitis ohne Fieber. Auch zur Infektprophylaxe und zur Unterstützung des Kreislaufes bei Kollapszuständen ist es geeignet, und zur Vorbeugung von Migräneanfällen, die durch Kälte ausgelöst werden. Camphora wirkt dabei vor allem durch die Anregung der *Wärmeprozesse*, zielt damit auf die *Ich-Organisation*, und es bringt außerdem als ätherisches Öl die Sekretion in Fluss. Indikation bei chronischen Krankheiten sind Folgezustände nach Grippen, postinfektiöse Erschöpfungszustände, chronisch-obstruktive Bronchitis und rezidivierende Sinusitiden. Auch bei der COPD (»Chronic Obstructive Pulmonary Disease«) hat sich das Präparat bewährt (KUMMER 2007). Hier nähert sich Camphora der Chinarinde, die ebenfalls auf die Folgen langwieriger Erschöpfungszustände zielt, aber Camphora richtet sich mehr auf die Wiederkräftigung des *Ätherleibs*, parallel mit einer erneuten Anregung des generellen »Appetits« des *Astralleibes*. China hingegen zielt mehr auf Zustände, die steckengeblieben sind, und die Ursachen des Steckenbleibens; Camphora passt mehr zu *Grenzsituationen*, zum Übergang, zur Exkarnation, verbunden mit Ängsten, bis hin zu Ereignissen, die wirklich in Todesnähe führen wie das Ertrinken (KALISCH 2013c). Es ist geradezu das Mittel, das in Akutsituationen dem Ich hilft, sich wieder zu inkarnieren (SOLDNER & STELLMANN 2007).

Wirksamkeit und Sekundärstoffe

Nach einer menschenkundlichen Erhellung der verschiedenen Heilaspekte der Chinarinde wenden wir uns wieder der arzneistofflichen Seite zu, der Rudolf Steiner in seinen Heilpflanzenbesprechungen ja eine zentrale Bedeutung zumisst. Es soll abschließend untersucht werden, ob sich in den Heilaspekten die Signaturen der wesentlichen Sekundärstoffe der Chinarinde entdecken lassen. Sie enthält:

- Komplexe *Alkaloide* (Chinolin-Alkaloide: Chinin, Chinidin, Cinchonin, Cinchonidin)
- *Gerbstoffe* (Katechine, Tannine)
- *Triterpensäureglykoside* (»Chinovin«)
- Substanzen mit *Farbstoffähnlichkeit* oder *Bezug zum Licht* (Grundgerüst der Indol-Alkaloide wie Cinchonamin, farbige Phlobaphene; photosensibilisierendes Chinin)

Alkaloide wirken ihrem Typus gemäß primär auf das Nervensinnessystem, da sie auf der Sekundärstoffebene eine Metamorphose des »Wurzelprozesses« darstellen (KALISCH 1996). Als ausgesprochene Gifte *erzwingen* sie eine Lockerung der oberen Wesensglieder (Exkarnation). So etwas tritt aber bei der Chinarinde nicht in den Vordergrund; allenfalls könnte man es darin wiederentdecken, dass der durch die Dauerbelastung »verkrampfte« Astralleib zunächst gelöst wird, um dann »erfrischt« (bei Unterstützung des Ätherleibs) und mit neu gestärktem »Appetit« wieder eingreifen zu können. – Wie beschrieben, sind die vier Chinolin-Alkaloide durch die Beteiligung eines *Monoterpenderivats* (Secoiridoid) an ihrer Synthese einem Bildeprozess »angenähert«, der *ätherische* Öle hervorbringen könnte – also dem Gegenpol, der typusgemäß entgegengesetzt wirkt wie Alkaloide: Ätherische Öle regen Ich und Astralleib »freilassend« zur Inkarnation aus eigener Aktivität an, zur zunächst auflösenden, dann neu aufbauenden Tätigkeit im Stoffwechsel (KALISCH 1996). Eine derartige Wirkung steht deutlich im Vordergrund der Chinarinde, die ja ein bekanntes appetitanregendes Tonikum liefert! Auch die von Cullen bemerkte Tendenz der Chinarinde, *Entzündungsprozesse* eher zu fördern, gehört auf diese Seite der Sekundärstofftypen. – Das Motiv des *Zusammenführens der Gegenpole* aus dem Sekundärstoffbereich kennzeichnet auch den *morphologischen* Typus der Rubiaceen: es *durchdringen* sich Prinzipien und Kräfte der *Blüten- und Wurzelregion*, und zwar im mittleren Bereich von Blatt und Spross (die folgende Betrachtung weiterer therapeutisch verwendeter Rubiaceen wird dieses Motiv noch etwas illustrieren). Und parallel gelangen die Chinolin-Alkaloide in den Mittelbereich der Pflanze, die Stammrinde.

Zu der vielgestaltigen *mittleren* Sekundärstoffgruppe mit vor allem auf das rhythmische System des Menschen zielenden Wirkungen gehören die *Gerbstoffe* und *Triterpenglykoside* (KALISCH 1996).[53] Menschenkundlich bedeutet dies, dass sie vor allem auf die Wechselwirkung von Astralleib und Ätherleib zielen. *Gerbstoffe* (STEINER spricht öfter von »Gerbsäuren«) regen den Astralleib an, seine Tätigkeit auf den *Ätherleib* auszudehnen, sie erregen den »Appetit«, der sich nicht nur in der Lust auf Nahrung äußert, sondern im Sinne von Steiner überhaupt im Herbeiführen der »rechten Verbindung zwischen Ätherorganismus« und Astralleib (STEINER GA 314/2.1.1924), also einem gesunden Sich-Inkarnieren, das sich immer *rhythmisch* gestaltet. Das Urbild dieses Prozesses finden wir im mittleren System in der *Atmung*. Der Wechsel von Einatmung und Ausatmung bedeutet zugleich ein leichtes Inkarnieren und wieder Exkarnieren – Geburt und Tod sind ein Atmen im Großen. Das Bedürfnis nach Einatmung ist geradezu der Ur-Appetit, der Appetit auf Speisen ist

---

[53] Ein besonders anschauliches Beispiel für den Bezug der mittleren Sekundärstoffgruppe zum Herz- und Kreislaufsystem des Menschen sind die Herzglykoside (aus *Digitalis, Strophanthus, Convallaria* u. a.), die direkt auf das Myokard wirken. Sie bestehen aus einem Steroidanteil und einem Anhang oft sehr spezifischer Zuckerarten.

eine Metamorphose davon.[54] Diesen menschenkundlich so umfassend verstandenen »Appetit« wieder herstellen zu können, das kennzeichnet die Chinarinde, und daran sind die Gerbstoffe beteiligt. – Wie hierbei die glykosidischen Triterpene mitwirken, bliebe noch zu untersuchen.

Wie wir sahen, wird das Motiv des Zusammenführens der Pole in der Mitte bei den vier Hauptalkaloiden noch um eine Stufe gesteigert, indem sie zuletzt mit *Gerbstoffen* (Katechinen) in ihrer basischen Eigenschaft *neutralisiert*, in Zellwänden der Rindengewebe immobilisiert und als Gifte damit *inaktiviert* werden (normalerweise neutralisieren einfachere Pflanzensäuren die Alkaloide in der Vakuole, die dabei aber beweglich und veränderbar bleiben). Es entsteht der Eindruck, als würde diese Pflanze ihre Giftbildung selbst wieder »entgiften«.[55] Wenn Chinin aus der Rindendroge isoliert wird und seine antiplasmodiale Wirkung entfaltet, ist diese Selbstentgiftung wohl nicht relevant: Es wirkt das reine Alkaloid mit seiner Giftigkeit, die sich hier gegen einen Protisten im menschlichen Blut richtet (bei zu hoher Dosierung kann Chinin aber auch die Erythrozyten zerstören). Anders sollte es bei dem Homöopathikum *China* sein, das aus der Gesamtdroge gewonnen wird: Der Aspekt des Giftes sollte zurücktreten. Gifte in niederer Potenzierung wirken auf das Stoffwechselsystem, in hohen Potenzen auf das Nerven-Sinnessystem. Die Wirkungen von China – meist in geringeren Potenzstufen eingesetzt, angefangen mit D4 – wirken so wie im oben geschilderten Arzneimittelbild, das heißt sehr umfassend, im Wesentlichen aber so, dass sie auf die gestörte Wechselwirkung von Ätherleib und Astralleib wirken, also auf die *Mitte* der menschlichen Gesamtorganisation.

Farbstoffe sind in besonderem Maße mit dem Prozess der *Blütenbildung* verbunden. Treten solche Stoffe auch in anderen Teilen der Pflanze auf, kann man an einen verschobenen Blütenprozess denken, eine »Dislokation«. Da die Rubiaceen *morphologisch* das Blütenprinzip tiefer in das Vegetative hineinziehen (die beschrie-

---

[54] Die *sieben Lebensprozesse* beginnen mit dem »Atmungsprozess«, der am Anfang aller Prozesse steht, bei denen der Organismus etwas aus der Welt aufnimmt. Beim Essen ist dieses Aufgenommene (das ja zunächst für Geschmacks- und Geruchssinn aufgeschlossen wird) nur physisch dichter als beim Sehen oder Hören (vgl. STEINER GA 170/12.8.1916 u. a. Vorträge dieses Zyklus).

[55] Es gibt einen interessanten Hinweis Steiners, der unser Bild von geisteswissenschaftlicher Seite stützt: Mit *Gerbsäuren* könne man die Wirkung von *Pflanzengiften* im Menschen wie mit einem Gegengift neutralisieren (STEINER GA 354/19.1.1924). *Cinchona* vollführt diese Neutralisation mit dem Gegengift bereits selbst! Steiner erklärt ferner, dass bei allen Bäumen, die solche Gerbsäuren hervorbringen (er nennt *Weide* und *Eiche*, aber auch *Kaffee* – eine Rubiacee – und *Tee*), »das Astrale stark eingegriffen hat«. Dies bestätigt die Einschätzung von *Cinchona*, *Coffea* und anderer Rubiaceen hier als intensiv astralisierte Pflanzen.

[56] Zum Vergeich: Hypericin, ein roter Farbstoff aus einheimischen Johanniskräutern, führt zu einer Hypersensibilität der Haut für Licht. Sein therapeutischer Einsatz zielt darauf, das *seelische* Erleben von »Licht« wiederherzustellen – so wie dies physiologisch in der Haut bewirkt wird. Tatsächlich eignet sich Johanneskraut zur Behandlung von *Depressionen*.

benen Stipeln als nur ein Motiv dieser Vorverlagerung), kann ein paralleles Geschehen auf *stofflicher* Ebene vermutet und geprüft werden. – Es wäre denkbar, dass pflanzliche Stoffe mit besonderer Beziehung zum Licht im menschlichen Organismus dessen Empfänglichkeit für Licht, aber auch für die gestaltende Kraft des Lichtäthers und die *seelische Qualität* des Lichtes, anregen. In diese Richtung deutet, dass Chinarinde hilft, lang anhaltende Erschöpfung zu überwinden, die immer auch einen *depressiven* Anteil hat, wobei die begleitende Überreiztheit der Nerven, die *Lichtscheu* und Aversion gegen äußere Störungen durch eine innere Kräftigung wieder überwunden werden kann. Die Aufnahmebereitschaft für »Licht« im weiteren Sinne wird also wieder hergestellt.[56]

Der Charakter des *Bitteren* steht bei den Sekundärstoffen der Chinarinde insgesamt auffällig im Vordergrund, nicht nur beim Chinin. Viele besitzen diesen Charakter: ihre Alkaloide, Triterpenglykoside, Gerbstoffe. Dabei ist zu ergänzen, dass auch *Iridoide* und *Seco-Iridoide* in freier Form allgemein mehr oder weniger bitter schmecken;[57] bei den Rubiaceen werden sie in den komplexen Alkaloidbildungsprozess einbezogen. – *Bitteres* wirkt im Wahrgenommenwerden besonders stark auf Astralleib und Ich; dies äußert sich (zumeist) in starker Antipathie. In gemilderter Form regt es aber den Appetit an, stimuliert dabei reaktiv die Verdauungsdrüsen und somit die Bereitschaft, aufgenommene Nahrung *aufzulösen*, ihren *Eigencharakter* zu *überwinden* und in individuelle Eigensubstanzbildung überzuleiten – Chinin als *bitteres Tonikum* ist exakt dieser »Appetitanreger«. – Durch das Erleben des Bitteren wird eine innere Widerstandskraft erregt; man hat dabei die Empfindung, dass Bitteres sehr »tief« in den Organismus hineinwirkt. Aus entsprechender Tiefe muss die Reaktion des gesamten Menschen kommen! Tatsächlich wirken Bitterstoffe nicht nur durch die Wahrnehmung auf der Zunge (Rezeptoren), wo sie Ich und Astralleib *bewusst* ansprechen; die Wahrnehmung setzt sich in den Organismus hinein fort; so weiß man inzwischen von Bitterrezeptoren in verschiedenen Organen, die eine Wahrnehmung ohne Wachbewusstsein ermöglichen:[58] hier befinden uns auf der Ebene des Organismus, die der Wahrnehmung der Nahrungsqualitäten und der darauf angemessenen Drüsenreaktion im Verdauungsvorgang

---

[57] Typisch sind freie *Iridoide* z. B. für die Ordnungen der Gentianales (Synonym für Rubiales mit den namengebenden Rötegewächsen), Cornales und Oleales (FROHNE & JENSEN 1992).

[58] Man kennt mittlerweile *Bitterrezeptoren* auf *glatter Bronchialmuskulatur* (DESHPANDE & AL. 2010), im Magendarmtrakt, auf *neuroendokrinen Zellen* und verschiedenen *Hirnbereichen* (Stammhirn, Kleinhirn, Kortex und Nucleus accumbens: SINGH & AL. 2011). Inzwischen hat sich das Wissen über die erstaunlichen Wirksamkeiten von Bitterstoffen noch erweitert: Bitterstoffe wie *Chinidin*, Chloroquin, Bitterlemon-Extrakt, Cucurbitacin B/E können Tumorwachstum hemmen und Tumorzellen zur Apoptosis bringen (SINGH & AL. 2014). Von hier können wir den Bogen zurückschlagen zu dem Vergleich zwischen Malaria und *dem Wesen* (nicht der Pathologie) des Tumor – bis zum Fieberausbruch verläuft die Malaria so, als sei der Organismus ein Stück Außenwelt, und die Quartana nähert sich insgesamt diesem Krankheitstypus, insofern sie lange »im Unerkannten dahinschleicht«.

gleicht, ohne dass es bewusst wird. Das ist die Domäne des *Ätherleibs*. – Steiner stellt Gerbstoffe und Bitterstoffe in eine polare Verwandtschaft: *Gerbstoffe* regen den Astralleib an, seine Wirkung auf den Ätherleib auszudehnen; *Bitterstoffe* machen den Ätherleib seinerseits geneigt, die Astralleibswirkung aufzunehmen.[59] Beide Aspekte finden wir im Bild von »China« und seinen Wirkungen wieder.

Das Wesen des Bitterstoffs ist also *komplex*, indem es von zwei Seiten her Anregungen gibt: vom Ich her, und vom Ätherleib. In der Tätigkeit des Immunsystems *verwirklicht* sich die Ich-Organisation auf der Ebene des Ätherleibs, in Blut- und Lymphprozessen, darum verläuft sie im Unbewussten. Hier wird immer aufs Neue (in wahrer Sisyphos-Arbeit) »Grenze« geschaffen, fremdes Leben abgewiesen, Gift neutralisiert. Bitterstoffe können zur Abgrenzung herausfordern, zur Wiederherstellung der *Integrität* des Organismus, zur Überwindung von Fremdem, was auch bedeutet: *Abwehr von Fremdastralität*. Offenbar können sie sogar Tumore bekämpfen. *Plasmodium*, das bis in die Erythrozyten vordringt, unterläuft die Funktionen der Grenzwahrung, des »physiologischen Selbstbewusstseins«. Der bittere Stoff *Chinin* vermag diesen Parasiten gezielt zu erfassen. Die Chinarinde als *Gesamtdroge* oder als Homöopathikum vermag darüber hinaus den Gesamtorganismus im beschriebenen Sinne »wie ein Bitterstoff« anzuregen.

Der Vergleich verschiedener Bitterstoffdrogen (*Artemisia*, *Gentiana*, Colombowurzel u. a.) lässt die Frage zu, ob es sich beim Bitterstoff nicht um eine Art »entgiftetes Alkaloid« handeln könnte; giftige Alkaloide (etwa Strychnin, Brucin) sind teilweise sehr bitter, aber nicht als Bitterdroge geeignet. Bei den Hauptalkaloiden der Chinarinde ist das Zusammenführen des Alkaloid-Rumpfes mit einem Terpenoid (Secoiridoid) möglicherweise schon ein erster Schritt Weg zur »Entgiftung«, den die Pflanze selbst vornimmt, die Verbindung mit der inaktivierenden Gerbsäure dann der zweite und abschließende Schritt. Chinin ist kein starkes Gift. Andererseits treten viele monoterpenoide Indol-Alkaloide in drei Familien auf, die allesamt zur Ordnung der *Gentianales* zählen und im Gegensatz zur Chinarinde teilweise sogar

---

[59] Dies führt STEINER im Zusammenhang mit einer *Asthmatherapie* aus, als Gerbstofflieferanten nennt er Salbei- und Nussblätter, Eichen- und Weidenrinde; für die bitteren Stoffe verweist er erstaunlicherweise auf *Veronica officinalis*, die bis dahin keine gängige Bitterstoffdroge gewesen sein dürfte (STEINER GA 314/2.1.1924). Hier lohnt es sich, auf eine weitere bittere Droge hinzuweisen, die Steiner für die Heufiebertherapie angab, wobei er in diesem Falle nicht auf die bitteren Stoffe, sondern auf ein morphologisches Merkmal, die »lederartigen« Schalen der Früchte hinwies; hieraus wurde das Mittel Citrus Pericarpium (Weleda) entwickelt. Die Entdeckungen zu Bitterstoffrezeptoren im Bronchialtrakt (DESHPANDE & AL. 2010) 90 Jahre später können die Ratio dieser geisteswissenschaftlichen Angabe vielleicht noch fester begründen.

[60] Da die Welt ein Ganzes ist, darf auf ein scheinbar fernliegendes Gebiet hingewiesen werden, wo die *Verbindung von Polaritäten* auch zu Steigerungen ganz unterschiedlicher Art führen kann: in der menschlichen Seele, in der gegensätzliche Kräfte – »luziferische« und »ahrimanische« – lebendig sind (s. KALISCH 1998).

besonders starke Gifte sind: bei den *Apocynaceen* (in *Rauvolfia* und *Catharanthus*), auch bei den *Rubiaceen* (in *Corynanthe*, *Cephaelis*, s. unten) und den *Loganiaceen* (in *Strychnos*). Die Verbindung der Pole könnte also entweder zu einer Abmilderung, oder zu einer *Steigerung* führen.[60] Diese Frage kann weiter bewegt werden.

ANDERE RUBIACEEN MIT VERWANDTEN INDIKATIONEN

Ein Vergleich mit weiteren homöopathisch verwendeten Rubiaceen soll abschließend zeigen, dass diese Familie Mittel bereithält, die sich teilweise mit der Chinarinde überschneiden. Das wirft die Frage auf, ob es eine Art Familien-typische Wirkungsweise gibt, die auch morphologisch völlig unterschiedliche Formen einschließt. Sie müsste auf einem tieferen gemeinsamen Wesenszug beruhen. Dieser Vergleich soll vor allem dazu dienen, durch Übereinstimmung sowie Differenz die Chinarinde noch deutlicher herauszuarbeiten. – Als Erstes betrachten wir einige krautige *Galium*-Arten unserer Breiten, die Anklänge an Chinarinde zeigen.

Waldmeister *(Galium odoratum, Abb. 15)*

Die homöopathischen oder phytotherapeutischen Heilanzeigen des Waldmeisters sind: *Überanstrengung, Stress, Krämpfe, Herzklopfen, Einschlafstörungen, Gallenstauungen, Ausschläge, Geschwüre;* darüber hinaus wird er als *herzstärkendes* und *schweißtreibendes* Mittel und gegen *Leberleiden* und Gelbsucht angeführt, sowie als *Wundkraut*, und bei Scheiden- und Uterus-*Katarrh* (HENRIETTES HERBAL, HOMOEVERSITY ONLINE, SCHWESER 2009). Verglichen mit Chinarinde verlagert sich die Wirkung mehr an die Peripherie, in die *Haut*.

Kletten-Labkraut oder Klebkraut *(Galium aparine, Abb. 17)*

Für diese Pflanze wird die erfolgreiche Behandlung des starken *Warzenbefalls* bei einem neunjährigen Mädchen berichtet (SCHWESER & AL. 2009) – eine Hautkrankheit, die zugleich mit einer Art *Parasiten* zusammenhängt (Papilloma-Virus), der nicht im Blut, sondern in den Zellkernen der obersten Hautschicht »lebt«. Ob-

Abb. 15: Blühender Waldmeister *(Galium odoratum)* im Mai. (Foto: Hajotthu, GNU Free Documentation License 1.2, Wikimedia)

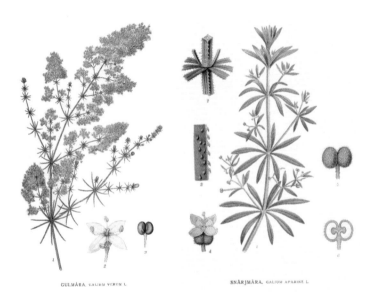

GULMÅRA. GALIUM VERUM L.   SNÄRJMÅRA. GALIUM APARINE L.

Abb. 16: Echtes Labkraut *(Galium verum).*
(Bild: Carl Axel Magnus Lindman, gemeinfrei, Wikimedia)

Abb. 17: Kletten-Labkraut *(Galium aparine).*
(Foto: http://www.uniprot.org/taxonomy/29788)

214

wohl verwandt mit dem Waldmeister, hat diese Art ein erweitertes Zielgebiet – nicht schwacher Stoffwechsel, sondern *Karzinom*, verschiedene Hautkrankheiten, interessanterweise auch Skorbut. Stoffwechselstarke Vögel (Gänse) lieben das Kletten-Labkraut, Schweine als Allesfresser meiden es! Außerdem wirkt es als Diuretikum bei Hydrops, Cystitis und Harnverhaltung. Auch bei Gonorrhöe wird das Klebkraut genannt, bei Epilepsie und als *Fiebermittel*. Seine homöopathische Anwendung bei *Nierengrieß und -steinen sowie als Hämostyptikum* ist besonders interessant, rückt es das Kraut doch in Zusammenhang mit Pflanzen, die nach einer Angabe Steiners genau für diese Anwendungen geeignet seien, weil sie »sehr stark die Wurzelkraft entwickeln«; als Beispiel nennt er das *Hirtentäschel* (STEINER GA 312/4.4.1920). Ein *stark entwickelter* und dabei von unten in die oberirdische Pflanze *hinaufgezogener Wurzel-Prozess* scheint aber ein Schlüssel zum Wesensverständnis der Rubiaceen zu sein, was vor allem an den krautigen Formen auffällt, aber auch bei den tropischen gezeigt werden kann. Typisch für das Klebkraut wie für andere Labkräuter *(Abb. 16)* ist das Niederliegen älterer Abschnitte der dünnen Sprosse und die sukzessive Bildung von Adventivwurzeln an jedem Knoten, während die Blätter dieser Knoten schon abgestorben sind. Ein eindrückliches Erlebnis ist das »Klebenbleiben« des Kletten-Labkrautes an den Händen; es bildet oft wirre Teppiche und Überzüge an Waldrändern und Hecken, weil es genauso an anderen Pflanzen haftet wie an der Hand. Diese Eigenschaft beruht auf rückwärts gerichteten hakigen *Haaren* auf Stängeln, Blättern und Früchten.

Sagt dieses für eine Pflanze ungewöhnlich »Sich-Verhaken« auch etwas über die Prozesse im Menschen, auf die es wirken kann? *Botanisch* lässt sich diese Besonderheit tatsächlich als ein Hochziehen des *Wurzelhaften* in die oberirdische Pflanze charakterisieren: Nur unter der Erde entwickelt die normale Pflanze nämlich eine Kraft, sich an der Umgebung (den Mineral- und Humusteilchen im Boden) *festzuhalten*. Zum Wesen der Wurzel gehört dieses Sich-Festhalten an den feinsten Teilchen des Bodens, das Ansaugen, und ein Zusammenziehen – nicht in einem räumlichen, sondern prozessualen Sinne: Sie saugt das Wasser aus den Bodenporen, dabei zieht sie auch die löslichen Salze zu sich hin. Das gibt der Pflanze ihren Halt, den »festen Ort«, und wie groß die Kraft dieses Festhaltens ist, weiß jeder, der beim Unkrautjäten größere Pflanzen mit der Wurzel aus dem Boden reißen will![61] – Oberirdisch kann sich die Pflanze dann frei in die Luft hinauf entwickeln. Lianen, Rank- und Klimmpflanzen weichen aber von diesem Grundtyp ab; ihre oberirdische Sprossentwicklung ist entweder zu schwach oder sie verläuft so rasch, dass die Bildung von selbsttragendem Festigungsgewebe damit nicht Schritt hält. Die Lab-

---

[61] Man muss sich auch vor Augen halten, dass z. B. ein 50 m hoher Regenwaldbaum trotz der geringen Wurzeltiefe (wegen der geringen Mächtigkeit der Nährstoffe enthaltenden oberen Schicht der Regenwaldböden) sich durch die Zugkraft seiner *Feinwurzeln* fest- und aufrechthält. Diese Feinwurzeln stehen wiederum mit Pilzhyphen der Mykorrhiza in Verbindung.

kräuter mit ihren zarten Stängeln neigen zu dieser Schwäche, das Klettkraut kompensiert sie durch die rückwärts sich verhakenden *Haare*: eine Art *verschleppter* und oberhalb des Erdbodens überhand nehmender Wurzelprozess. – Nun gälte es noch herauszufinden, worin der Bezug dieser »starken Wurzelkraft« zur Wirksamkeit gegen Nierensteinbildung oder Blutungen liegt.

Vergleichen wir die zarten *Labkräuter* als evolutiv junge Rubiaceen, die *China-rindenbäume* nahe dem Beginn der Entfaltung der Familie, so fallen nicht nur Größenunterschied und Lebensform ins Auge. (Viele Familien mit alten tropischen Mitgliedern haben ja krautige Abkömmlinge in mittleren Breiten, während die Tropenarten baumförmig sind.) Die zuweilen sogar extrem großen Blätter der *Chinarinden* (½ m bei *C. succirubra*) verkörpern sichtbar die starke »Begierde« der Pflanze, *Sonnenlicht aufzunehmen*; ihre Infloreszenzen sind von »Sonnenkräften« beherrscht, die ins aufstrebend Strahlige ziehen, wobei die Mittelblüte überragt und das Ganze in einem parabelförmigen Umriss gehalten bleibt. Die *Labkräuter* tragen hingegen ausstrahlende Wirtel von 4, 6, 8 gleichgestalteten Blättern, von winzigen rundlichen bis zu sehr schmalen und spitzen, oft mit einer aufgesetzten harten (vermutlich verkieselten) Spitze: Nun ist die sprießend-ausstrahlend gestaltende »Sonnenkraft« bereits im Blatt angekommen. Das Prinzip der *Vorwegnahme* der Blüte im Laubbereich, das der paarweise gegenständigen Blattstellung bereits zugrunde liegt (KALISCH 2013b) und für die Rubiaceen familientypisch ist, wird bei den Labkräutern durch Versammlung *mehrerer* Blätter an einem Knoten noch gesteigert. Währenddessen sind die aus den Blattachseln entspringenden Infloreszenzen mit ihren winzigen Blütchen nun oft aufgelöst in kugelige Bällchen und wirken verschwebend, versprühend, vergleichbar vielleicht dem Blütenstaub-Prozess.

Die vegetative und generative Pflanze ist also zu einem insgesamt »blühenden« und »verstäubenden« *Ganzen* ineinander geschoben, wobei diese generelle Betonung des *Blütenhaften* verständlich machen könnte, weshalb ein Heilbezug zur *Niere* angegeben wird, da Blüten vor allem »viele Heilkräfte in bezug auf das Nierensystem« besitzen sollen.[62] Diese Eigenschaft ist allerdings in gleichzeitiger *Durchdringung* mit dem nach oben »verschleppten« Wurzelprozess zu sehen! – Merkwürdig an den *Galium*-Blattwirteln ist, dass sie die typischen Nebenblätter (Stipeln) wie bei *Cinchona* vermissen lassen. Tatsächlich sind die Blattwirtel aber zusammengesetzt aus äußerlich nicht unterschiedenen echten Laubblättern und *verlaubten Stipeln*; die echten Laubblätter sind an den Achselknospen erkennbar. – Hieran ist nun eine Tendenz abzulesen, die dem Vorwegnehmen der Blütenprinzipien im Vegetativen wieder *entgegen* wirkt: Die Stipeln werden nicht der Blütenre-

---

[62] Vgl. STEINER GA 134/1.1.1912: Wir werden später auf diese wichtige Angabe zu den Bezügen zwischen Pflanze und Mensch zurückkommen, s. S. 228.

gion morphologisch angenähert, wie das bei *Cinchona* eher der Fall ist, sondern umgekehrt in den Laubbereich »hereingezogen« und ihm angeglichen. – Hier zeigt sich, nebenbei gesagt, wie widersprüchlich und komplex die konkrete Pflanze wird, wenn man auf die Prozesse in ihrer Gestalt- ebenso wie Stoffbildung eingeht; im Falle der Rubiaceen ist es der Grundtypus einer gegenseitigen *Durchdringung* von unten und oben kommender Prozesse in der Mitte, der variiert wird.

Brechwurzel, Ipecacuanha, Ruhrwurzel *(Cephaëlis = Carapichea ipecacuanha, Abb. 18)*

Dies ist eine weitere wichtige Rubiaceendroge. Sie schließt an die Chinarinde als *Tonikum* und *Bittermittel* an, also an ihren Aspekten, die stoffliche Verdauung, aber auch generell das seelische »Fertigwerden« mit der Außenwelt zu stärken. Die Brechwurzel hilft bei häufigen Erkältungen, Magenschmerzen, *Kraftlosigkeit* und bei seelischen Zuständen, wo leicht »die Galle überläuft« (Fallbericht über ein Kleinkind, das sich in Wutanfällen selbst in die Hand biss: SCHWESER & AL. 2009). Hier scheint die Schwäche des Astralleibs noch *jüngeren Datums*, das physische wie seelische Verdauen des Fremden fällt aber bereits schwer, und diese »Verdauungsschwäche« kann dann auch in gereizte Wut umschlagen. Verglichen mit der bis ins Blut wirksamen Rindendroge »China« verschiebt sich bei der *Wurzeldroge Ipecacuanha* die Wirkung in Richtung *Kopf* (vgl. STEINER GA 134/1.1.1912)! In Laub- und Blütengestalt ähnelt die Brechwurzel entfernt der *Cinchona* – aber im Gegensatz zu ihr bleibt sie ein ca. 50 cm hohes Kraut, der terminale Blütenstand ist scheindoldig gestaut, die charakteristische Wurzel wirkt knotig durch kurze Querringe. Der »Baum« fehlt, die Pflanze zieht sich nach unten zusammen! Emetin, eines der Hauptalkaloide, ist ebenfalls ein Isochinolin-Alkaloid wie Chinin, aber ein Dimer. In höheren Dosen wirkt es *brechreizerregend*, also entgegengesetzt wie ein appetitförderndes Tonikum: Der abwehrerregende Charakter des bitteren Alkaloidgiftes (dem Wurzelprozess entstammend) ist *gesteigert*. Eine interessante Parallele zum Chinin ist die *Protozoen abtötende* Wirkung (im Darm), weshalb Emetin gegen *Amöbenruhr* verwendet werden kann. Das führte auch zur Benennung »Ruhrwurzel«. – Ebenso interessant ist das Vorkommen von Emetin in der oben erwähnten Gattung *Remijia*, nahe Verwandte von *Cinchona*.

Abb. 18: Brechwurzel *(Cephaëlis ipecacuanha).* (Aus Curtis' Botanical Magazine 1844, lizenzfreies Bild, http://www.plantillustrations.org/)

Zu guter Letzt: *Coffea (Abb. 19, 20)*

Altbewährt ist der Einsatz starken Kaffees bei *Migräne* – ihr liegt zugrunde das Überschwemmen des Gehirns mit regenerierenden Stoffwechselprozessen als re- aktiver Gegenstoß von unten gegen eine stark *erschöpfende* Tätigkeit im Nerven- Sinnessystem von oben: Erneut begegnet uns das »China«-Motiv der *Erschöpfung*

Abb. 19: Kaffeestrauch *(Coffea arabica)* in voller Blüte (Foto: Marcelo Corrêa, GNU Free Documentation License 1.2, Wikimedia)

Abb. 20:
Kaffestrauch *(Coffea arabica)* mit den typisch gewellten Blättern (Foto: M. Kalisch, 16.6.2013, Tübingen)

219

und ihrer Folgen, aber *im kleineren Zeitmaßstab* (Tages-, Wochenrhythmus) und nicht so tiefgreifend. Dann ist da die stärkende Wirkung auf den Kreislauf – Coffein wirkt zentral erregend und positiv inotrop auf den Herzmuskel, gleichzeitig relaxierend auf die glatte Muskulatur der Gefäße und Bronchien.[63] Zum *homöopathischen* Coffea-Bild gehört wiederum die *Gereiztheit*, das seelische »Mir reicht's!«, das zum Beispiel vor den Menses zusammen mit *Kopfschmerzen* gesteigert auftreten kann. Oder die Überreizbarkeit wird gewissermaßen auf die Haut »abgeleitet« und äußert sich als Neurodermitis (SCHWESER & AL. 2009). Wenig bekannt sein dürfte, dass Steiner auf der Basis einer speziellen pharmazeutischen Verarbeitung von *Coffea*-Samen ein Heilmittel für die *Maul- und Klauenseuche* angab, das von Lili Kolisko entwickelt und von ihrem Mann Eugen Kolisko erstmals erfolgreich getestet wurde. Die MKS ist in sich extrem polar: Es kommt zu einer Dämpfung aller Sinne und der Gehirntätigkeit der Tiere, zugleich sind Verdauung und Gliedmaßentätigkeit gelähmt. Die intravenösen(!) *Coffea*-Gaben sollten eine Art *Gegenvergiftung* erzeugen, indem das Bewusstsein in der Nerven-Sinnesorganisation stark aufgerüttelt und zugleich die Stoffwechselaktivität wieder angefeuert werden sollte. In der Abfolge 1.) der durch *Coffea* stark angeregte *Stoffwechsel* schlägt ans Gehirn (was einer künstlichen Migräneattacke entspräche) und steigert die Durchblutung, damit die Nervenprozesse *nährend*, 2.) der Stoffwechsel wird in seinem eigenen Bereich aktiviert –, wirkt das Präparat gemäß den Beobachtungen so, dass infolgedessen 3.) die *Herztätigkeit* in der Mitte wieder gestärkt und die Atmung der Tiere wieder angeregt wird (KOLISKO & KOLISKO 1953).

Verwandtschaft, aber auch Gegensätzlichkeit zeigen die botanischen Charakteristika der beiden wichtigen Heilbäume *Cinchona* und *Coffea*: Die Infloreszenzen haben bei *Coffea* eher wenige große, strahlend weiße und wohlriechende Blüten und stehen im Innern des Strauches, achselständig zu den dekussierten Blättern *(Abb. 19)*. Es zeigt sich das für viele Sträucher typische »umgekehrte« oder »kopfstehende Kraut« (vgl. KALISCH 2013c): Die Blüten stehen im *Innern* des Strauches, die vegetativen Erweiterungstriebe an der *Peripherie*. Das vegetative Wachstum des Baum-Strauches ist kräftig und lässt sich von den tief eindringenden Astral-Blühimpulsen nicht »einschüchtern«: *Coffea* zeigt ein *kontinuierliches*, nicht-rhythmisches Bereicherungswachstum von immer neuen Internodien und Blattpaaren (HALLÉ & AL. 1978), wobei die Spitzenmeristeme nie von einer Blüte aufgebraucht werden. Der *Eindruck* des Rhythmischen in der Gestalt beruht nicht auf einem schubartigen Wachstum (das bei tropischen Bäumen vorkommt), sondern allein auf der Betonung der Knoten, an denen immer ein Blattpaar steht, zusammen mit den dichten Blütenbüscheln, an deren Stelle später glänzend rote »Kirschen« stehen, die Steinfrüchte. Diese Diskrepanz zwischen dem Entwicklungsprozess der Pflanze

---

[63] Damit könnte Kaffee auch unterstützend bei Heuschnupfen mit verengten Bronchien wirken.

und dem Erscheinungseindruck scheint mir wichtig für das Verständnis von *Coffea*, das ja als Heilmittel stark auf die rhythmische Organisation wirkt! Auch der Hauptstamm bleibt »unbeeindruckt« vom Astral-Blühimpuls, da er sich nicht dichotom aufzweigt, sondern immer weiterwächst (Monopodium), auch er wird nie von Blüten beendet. Das bedeutet keineswegs, dass die Baumgestalt »rein ätherisch« sei; nur ist das *Wechselverhältnis* zwischen Ätherleib und Astralität so, dass Letztere tief eindringt, während Ersterer dennoch ein stetiges Wachstum vollziehen kann. Bei *Cinchona* fanden wir nicht diese starke Durchdringung! Daher scheint bei *Coffea* die Astralität mehr aus dem horizontalen *Umkreis* heranzudringen. Die blüten- und fruchttragenden Äste betonen die Horizontale, indem sie zu »Überblättern« werden (vgl. unsere Rotbuche), die Laubblätter stehen scheinbar zweizeilig in einer Ebene. Ihre Kreuzgegenständigkeit ist aber nicht aufgehoben, sondern es dreht sich jedes Blattpaar so, dass es ungefähr eine horizontale Lage mit dem ganzen Ast einnimmt. Ein besonderes Erlebnis ist auch die Beschaffenheit der Blätter *(Abb. 20)*. Das spitzelliptische Blatt ist hauchdünn, seine Fläche hat an beiden Rändern oft eine regelmäßige rhythmische Wellenstruktur. Sie fühlt sich aber »erstarrt« an: Die freien Blattflächen zwischen den Seitennerven sind aufgewölbt und dabei »fest« wie ein Profilblech! Die Wechselwirkung von *Luft* (das Blatt umspielend) und Wasser (im Innern) ist dynamisch, aber wie *festgelegt*. Keine Weichheit, keine fließende Anpassung! *Ein im Raum erstarrtes Bild von zeitlichem Rhythmus.* Wie korrespondiert das mit der anregenden, stärkenden Wirkung des Kaffees auf die rhythmischen Prozesse? Gibt *Coffea* eine Art »Kraftgerüst«, so dass sich der Mensch seelisch mehr befreien kann, tief einatmet und die Müdigkeit abstreift, oder wird er selbst in einen »Takt« hineingezwungen, ohne es zu merken? Hängt es von der Dosierung ab? – Hinzu kommt die farbliche Dunkelheit, die auf einen starken Kohlenstoffverdichtungsprozess deutet. Und ein Gegensatz hierzu: *Coffea* hat an seinem dünnen Hauptstamm eine merkwürdige Borkenbildung. Sie ist von hellem Graubraun, grobporös (Lenticellen?), und zerreißt bald in schmale Streifen, die abfallen. Diese Borke liegt zart und anschmiegsam in der Hand wie weich gegerbtes feinstes Leder!

Wenn wir bei der Chinarinde »Sonnenkräfte« fanden, die kräftig nach oben und in eine freudige Vervielfältigung ziehen, darf man die aus dem Umkreis wirkenden Astralkräfte bei *Coffea* als »Merkur«-Impulse eines aufsteigenden Umkreisens der Hauptachse (Laubblätter) ansprechen, vermählt mit Kräften einer schönen Blütenbildung (»Venus«) und Baumgestalt-organisierenden »Jupiter«-Impulsen (vgl. Steiner GA 318/15.9.1924, Kalisch in Vorb.).

DIE GEMEINSAMKEITEN IM WESEN VON CHINARINDE UND MALARIAERREGER

Zum Abschluss soll, die verschiedenen Blickwinkel der botanischen, phytoche-mischen und geisteswissenschaftlichen Erkenntnisse zusammenfassend, gezeigt werden, *warum* die Chinarinde (durch den Einzelstoff Chinin sowie als homöopa-thisches Simile) bei Malaria ein hochwirksames Arzneimittel sein kann.

Gehen wir von den Charakterzügen der Gestalt des Chinarindenbaums aus, so lässt sich eine Hypothese formulieren: Die antiplasmodiale Wirkung beruht auf einer Wiederherstellung *richtig dosierter* »Sonnenkräfte« im Menschen, die vom Malaria-Parasiten *im Übermaß* und nur für sich allein in Anspruch genommen werden, auf Kosten der beseelten Ich-Wesenheit seines »Lebensraumes«. Als ho-möopathisches Simile erzeugt »China« zwar eine Art künstlichen Wechselfiebers – Hahnemanns Entdeckung und zugleich der Ursprung der Intuition für eine neue Heilmethode –, aber morphologisch, in der wohlproportioniert ausgewogenen Ge-staltung der Blütenstände zeigt die Chinarinde, dass diese zur Vervielfältigung aufschießender Sprosse führenden Sonnenkräfte mit abrundenden, aber nur milde stauenden Kräften in ein Gleichgewicht kommen. Betrachten wir aber zunächst das *Laub*, das ja den Blüten vorausgeht: Die großflächigen, später dunkelgrünen Blätter nehmen das Sonnenlicht und die darin liegenden Impulse begierig auf, darin offenbart sich die »Pflanze als Lichtsinnesorgan« (Grohmann 1962); unser Baum reagiert auf diese Kräfte aber nicht nur durch ein sprießendes Nach-oben-Streben (wie etwa Gräser in besonders betonter Weise), sondern leitet sie bis in die Blüten-bildung, von der sonst Hemmwirkungen auf das Längenwachstum des Vegetativen ausgehen, das völlig zum Erliegen kommt. Dadurch entstehen keine den Ast ab-schließenden Einzelblüten, sondern durch fortgesetzt *dichasiale* Verzweigung eine ins Vielfache schießende Blütenzahl, während der Mitteltrieb noch weiterwächst: Die Blütenstielbildung *weicht* dem hemmenden Impuls auf jeweils gegenständige Seitentriebe aus; dort wiederholt sich der Vorgang, nun schon verdoppelt: Hemmung – dichasiale »Spaltung« usw. Währenddessen steigt der Mitteltrieb zum nächsten Knoten auf und bildet dort das nächste Paar von Seitenfloreszenzen (de-kussiert zum vorigen). Hemmen-Spalten und Fortwachsen treten in ein rasches Wechselspiel. Das Schießen in die Vielzahl bleibt aber in der paraboloiden Gesamt-form der Inflorescenz *gehalten*; der Blütenstand wirkt selbst wie ein kleiner Baum, der in der unteren Hälfte Laub trägt. Die vitalen Sprießkräfte, vom astralischen Wesen der Sonne hervorgelockt, dürfen also bis in den Blütenstand dringen und finden dort ihren *Abschluss*. Wie stark aber die vitale Regenerationskraft werden kann, das zeigt die Art *Cinchona succirubra* als invasiver, an fremden Standorten sich vegetativ ausbreitender Neophyt!

222

Abb. 21: Warszewiczia coccinea. Vergrößerte einzelne Kelchblätter an verblühtem Zweig. (Foto: © Kevin C. Nixon, mit freundlicher Genehmigung, 2015)

Abb. 22: Blüte von *Cinchona succirubra* mit den langfädigen weißen, vermutlich luftge-füllten Haaren. (http://aquariumofvulcan.blogspot.de/2010_08_01_archive.html)

Man muss bedenken, dass der natürliche Rhythmisierer alles Lebens (auch des menschlichen) die *Sonne* ist. Der Zivilisationsmensch hat sich sehr weitgehend davon emanzipiert, steht damit aber in der Gefahr, auf subtile Weise »auszuhungern«. Sein Ätherleib wird in der Folge leicht von überbordenden astralischen Tätigkeiten »zerrüttet«. Währenddessen »verdorrt« er innerlich – die Sinne nehmen zu wenig *imponderable Nahrung* (Ätherkräfte von außen) auf. – Die »Sonnenkräfte« der Chinarinde sind hier eine Arznei, aber man muss sie – bzw. den Anregungsstoß, den sie zur eigenen Aufnahme von Sonnenkräften geben – richtig dosieren, da sie bekanntlich für Licht hypersensibilisieren können.[64]

Wie die Wirksamkeit des Chinidins bei *Arrhythmien* des insuffizienten Herzens und bei paroxysmaler Tachykardie in dieses Bild zu integrieren wäre, kann nur angedeutet werden. Ein Verständnis für die Bedeutung *chemischer Isomere* (Enantiomere usw.) müsste vorher erarbeitet werden, da die vier führenden China-Alkaloide ja durch Symmetrien paarweise miteinander verwandt sind. Die Verschiedenheit der Wirkungen von Chinin und Chinidin, die die gleiche chemische Summenformel ($C_{20}H_{24}N_2O_2$) und Grundstruktur haben, muss auf dieser Symmetrie beruhen. Von den hier aufgebauten »Prozessbildern« ist für das Verständnis des Chinidins sicherlich jenes von Bedeutung, das *Coffea* als Rubiacee in der Morphologie in besonderer Ausprägung zeigte, das quasi *festgehaltene Bild des Rhythmischen*, das tatsächlich mit einer Wirksamkeit auf das *Rhythmische System* des Menschen korrespondiert (auch bei Chinin und Chininum arsenicosum ist sie wesentlicher Bestandteil). Die in den morphologischen Merkmalen des Familientypus verankerte *Blattdekussierung* bedingt einen streng polar wechselnden Entwicklungsablauf der Pflanze zwischen *zusammengezogenen* Internodien und sich nach entgegengesetzten Richtungen *ausdehnenden* Blattpaaren (bei *Galium*-Arten dann quirlig vervielfacht). Das ergibt ein *Bild* betonter Rhythmisierung. Bei genauerem Studium zeigt diese etagenmäßige »Knotenbildung«, dass in ihr von oben *Blütenprinzipien* tief in die vegetative Pflanze hinabgreifen, worauf unter anderem die stark entwickelten Stipeln hinweisen, während gleichzeitig von unten das *Wurzelartige* weiter hinaufgezogen wird als normal. Während der allgemeine Pflanzentypus seine drei Hauptregionen – Wurzel, Sproß und Blatt, Blüte und Frucht – räumlich auseinanderfaltet, scheinen die Rubiaceen das Bestreben zu haben, immer Beginn und Ziel der Pflanze in der Gegenwart zusammenzuhalten, daher konzentrieren sich alle Motive an den Knoten. – Da an weiteren Beispielen erkennbar wurde, wie die Rubiaceen den Wurzelprozess hinaufziehen (besonders bei *Galium aparine*), darf versuchsweise ein bisher lediglich erwähnte Besonderheit entschlüsselt werden: die *Behaarung*

---

[64] Hier fügt sich möglicherweise ein rätselhaftes Detail ein: Chinin soll den *Haarausfall* verhindern (als Chininhydrochlorid findet es deshalb Anwendung in Haarwässern, wie auch Coffein). Die tierisch-menschliche Behaarung entsteht aber, indem der Organismus »einer starken Sonnenwirkung zugänglich ist« (STEINER GA 352/13.2.1924).

von *Cinchona*, sogar bis ins Innere der Blüten *(Abb. 22)*. Diese Haare scheinen nun gerade nicht – wie beim Tier – Ausdruck einer Sonnenwirkung (vgl. Fußnote 64), sondern dem Gegenpol der *Mondenkräfte* anzugehören, aus denen die Wurzel hervorgeht (vgl. Fußnote 33). Sie wirken also bis in den Blütenbereich unserer Pflanze: als abrundende Kraft nur verhalten, dafür intensiver als »dislozierte« Haarbildung, die die normale Pflanze sonst nur an den *Feinwurzeln* hervorbringt.

Wenden wir uns nun den *Sekundärstoffen* zu. Das Hinzufügen eines Terpenderivats (Secoiridoid) zum entstehenden Alkaloid ist wie eine *entgegengesetzte* Geste zum Hinaufdringen der Sprießkräfte bis in die Infloreszenz; der Ursprung des Alkaloids liegt typischerweise in der Wurzel, dem Vitalitätspol der Pflanze. Der weitere Verfolg der Chinolin-Alkaloide zeigt dann, dass sie der Geste der »*sulfurischen*« Substanzen (lipophile Primär- und Sekundärstoffe) im Ganzen der Pflanzengestalt folgen: Sie gehen an die *Peripherie* und nach außerhalb des lebendigen Plasmas, werden in Zellwände und in *Rindengewebe* eingelagert, die das lebendige Meristem des Stammes und das Holz schützend umhüllen. Das ist keineswegs normal für Alkaloide, denn für diese stickstoffhaltigen, hochkomplexen Stoffe gilt, dass sie anders als im tierisch-menschlichen Organismus, der auf der Basis der Ausscheidung stickstoffhaltiger Abbauprodukte wie Harnsäure und Harnstoff *Bewusstsein* entfaltet, von der »schlafenden« Pflanze *nicht* als Endprodukte behandelt werden und normalerweise nicht in irgendeiner Form aus- oder abgeschieden werden, sondern ganz im Gegenteil dem lebendigen Stoffwechsel weiterhin unterliegen und einen hohen Umsatz zeigen, wobei auch Strukturveränderungen möglich sind. Die intermediär entstehenden Mengen können beträchtlich sein, und meistens finden sie sich im wässrig gelösten Inhalt der Zellvakuole.[65]

Da die Alkaloide von der Pflanze normalerweise *nicht* zur Selbstentgiftung in die Umwelt fortgeschafft werden, ist der bezeichnete Weg der Chinolin-Alkaloide bedeutsam. Bei der *Rinde* kann man tatsächlich von einer Art Absonderungsprozess sprechen. Indem das Kambium fortwährend von *innen her* neue jüngere Rindenschichten nach außen schiebt, werden ihre älteren Teile immer weiter an die Peripherie getrieben, wobei sie absterben. Als abschließende Auflage kann sich noch ein zusätzlich schützendes Gewebe bilden, der Kork. Auch er muss wegen des sekundären Dickenwachstums ständig erneuert werden, was durch Neuentstehung von Korkmeristem in tieferen Zonen der Rinde geschieht. Der gesamte Vorgang ähnelt am ehesten den Bildungsprozessen der Epidermis, der Haare, Schuppen und Hornpanzer bei Reptilien, Säugetieren und Mensch. Die Rinde mit Borke reißt in der Regel durch die zunehmende Dehnung, schuppt ab oder fällt in

---

[65] Dennoch weiß die Biologie bis heute wenig über die wirkliche Funktion der Alkaloide, abgesehen von vordergründigen Aspekten, dass sie als meist bittere und giftige Substanzen der Abwehr anderer Organismen dienen können (RICHTER 1998).

Streifen ab. Die Gestalt der Rinde und Borke ist bekanntlich artspezifisch. Denselben Weg nach außen nehmen dann zwangsläufig auch die darin enthaltenen Sekundärstoffe wie die Gerbstoffe, Farbstoffe, Alkaloide usw. – Diese äußeren Hüllen der Pflanze sind stark astralisiert (Gerbstoff ist eines der Indizien); der Baum ist aber sowieso schon stärker von Astralität *durchdrungen* als das Kraut, das von ihr eher »berührt« wird und daran sozusagen stirbt; Astralisches führt im Ätherisch-Organischen zur Grenzbildung, zum Abschluss, zur Form bis hin zum Absterben. Der Baum *verinnerlicht* diese astralen Wirkungen – und bildet *Holz*, das im Grunde verdichtete Luft ist und mit seiner Brennbarkeit, Wasserunlöslichkeit sowie seiner Elastizität zeigt, dass man es nicht sachgemäß als *mineralverwandte* (»sal-artige«) Substanz ansprechen kann, sondern als »sulfurisch« –, und so bringt der Baum immer aufs Neue, Jahr für Jahr oder auch kontinuierlich wie manche tropischen Baumarten einen »Sieg« des vegetativen Lebens über diese abtötenden und begrenzenden Kräfte zustande (s. oben zitierten Vortrag STEINER GA 313/13.4.1921; KALISCH 2013a; Fußnote 29).

In der lotrechten Achse des Baumes sehen wir aber noch ein weiteres »Wesensglied« der Pflanze bildend-bildhaft wirksam, das nicht in der Einzelpflanze inkarniert ist, das *Ich*, das für große Gruppen von Pflanzen gemeinsam im Inneren der Erde *und* in der Sonne »lokalisiert« ist. In der abgrenzend-schützenden Rinde und Borke steht vor uns in einem organisch-stofflichen *Bild* die Kraft des menschlichen Ich zur »Abgrenzung«, zum *Selbstbewusstsein*, gestützt vom Bewusstseinsträger Astralleib. Diese Kraft durchdringt als »Ich-Organisation« den menschlichen Organismus, wo sie die *Voraussetzungen* für selbstbewusstes Erleben schafft: im homoiotherm geregelten Wärmeorganismus, im Immunsystem, in der Heilung von Wunden u. a. Auch mit eindringendem *fremdem Leben* hat sich das Immunsystem auseinanderzusetzen.[66] Ebenso gehört die Überwindung des *Fremdcharakters der Nahrung* (gesteigert in den Giften) in den Aufgabenbereich der Ich-Organisation (wiederum unterstützt durch den Astralleib). Dabei ist charakteristisch, dass bestimmte »Opfer« gebracht werden, wo Zellen, Gewebe oder Organe der Ich-Organisation dienen. Die Erythrozyten beispielsweise »verzichten« auf einen Zellkern und auf die Sauerstoffatmung; Zellen des Immunsystems übernehmen es für den Gesamtorganismus, eindringendes fremdes Leben und schädliche Substanzen zu verzehren; Zellen bilden einen Wundverschluss und werden abgestoßen u. a. Eine *ähnliche* Funktion und ein Opfer übernehmen Rinde und Borke beim Baum, wobei ihre abweisende Wirkung stofflich zum Beispiel auf den *Gerbstoffen* basiert, die noch durch *Milchsäfte* oder *Harze*, die aus Wunden ausfließen, unterstützt wer-

---

[66] Dass das gesunde Selbstbewusstsein »okkult« mit den Kräften der Abwehr der mikroskopischen »Feinde des Organismus« sowie der Wundheilung zusammenhängt, schildert Steiner in den Unterweisungen für Krankenschwestern zu Beginn des Ersten Weltkriegs (STEINER, Samariterkurs/13.8.1914).

den kann (ihre Stoffe haben oft antibiotische oder giftige Wirkungen oder schmecken für das Tier abstoßend). Wir können also die Rinden- und Borkenbildung des Baumes mit den physiologischen Tätigkeiten der Ich-Organisation im Immunsystem vergleichen (ohne den Gegensatz zwischen »bildendbildhaft« und »bewusstseinsbegründend« aus dem Auge zu verlieren).

Bei der Malaria sahen wir, wie dem selbstbewussten Ich – im Zusammenhang des karmischen Ausgleichs einer Einseitigkeit in einem früheren Leben (STEINER GA 120/19.5.1910) –»der Boden unter den Füßen weggezogen wird«: durch die Zerstörungstätigkeit von *Plasmodium* im Blut, das sich bereits vorher im Stadium der Leberschizonten durch seine rasende Vervielfältigung der ätherischen Kräfte in solchem Maße bemächtigte, dass es den Menschen auch von dieser Seite her schwächt. Die Stoffe der Chinarinde aktivieren über ihren Ensemblecharakter als *Bitterstoffe* nicht nur die aufbauende ätherische Tätigkeit in der Verdauung, sondern restituieren gerade diese *Grenzziehungsfähigkeit* der Ich-Organisation, und Chinin unterstützt sie ganz gezielt, indem es das fremde Leben von *Plasmodium* im Blut – einer Hauptdomäne des Ich-Bewusstseins – abtötet, weil es dazu führt, dass sich der Parasit an den eigenen Abbauprodukten (Häm) vergiftet.[67]

Dabei ist es keineswegs eine besonders *auffällige Rindenbildung*, die uns zu dieser Erkenntnis geleitet hat (wie etwa das Bild der stark ausgebildeten Eichenrinde, deren Gerbstoffe entgrenzte Auflösungsprozesse wie in eiternden Wunden eindämmen können), sondern die besonderen *Entwicklungswege* der Alkaloide bis in die Rinde, wo der Baum sie selbst »zur Ruhe bringt«, und die Frage nach dem Wesen ihres *bitteren* Charakters.

Ausblick. Offene Forschungsfragen

Eingehendere Betrachtungen, wie die *Rinden- und Borkenbildung* (zusammen mit der simultanen Holzbildung) in eine *Gesamtmetamorphose der Organe des Pflanzentypus* einzugliedern wäre, hätten den Rahmen gesprengt. Hierfür müsste ein goetheanistisches Verständnis des sekundären Dickenwachstums gewonnen werden. Wenigstens angedeutet seien Bezüge zwischen bestimmten Pflanzenorga-

---

[67] Die Selbstvergiftung von *Plasmodium* ist wie eine Art »karmischer Ausgleich« im Kleinen. Ein neues Rätsel taucht auf, indem wir uns die geisteswissenschaftliche Angabe der *karmischen* Verursachung von Malaria vor Augen halten: Diese schwere Krankheit erhält Sinn aus einer übergeordneten Perspektive – aber dies könnte ohne einen merkwürdigen Organismus nicht zustande kommen, der gegenüber der Entwicklung des übrigens Lebens *zurückgeblieben* zu sein scheint. So erhält auch das *Parasitische* seinen Sinn, und auch ihm widerfährt ein »Schicksal«.

nen: Die *Rinde* ist mit der *Blattunterseite* anatomisch verbunden und verwandt – die Oberseite dagegen mit dem Holzteil der Achse; folglich ist sie auch mit der äußeren Seite von Fruchtblättern verwandt, dem *Perikarp*, bei Steinfrüchten wie der Kirsche wäre dies die saftig-farbige Außenseite, während das *verholzende* Endokarp seine Verwandtschaft mit dem Holzteil der Achse deutlich zeigt. Vor allem prozessuale Bezüge bestehen zwischen Rinde und *Wurzelhaube* (Kalyptra), jenem schützenden Organ der wachsenden Wurzelspitze, das ebenfalls ständig abgestoßen und von innen erneuert wird. – Betrachtet man die Blüte als Ganzes, so wäre die Rinde besonders mit deren *äußeren* Blattorganen verwandt, die am ehesten absterben, aber als Ausdruck astralischer Wirkung auch besonders die *Farbigkeit* entfalten (Kron- und Staubblätter), während dies in der Rinde zur Gerbstoffbildung führt; das Holz wäre mehr mit den im Innern liegenden Blütenorganen, den Fruchtblättern bzw. dem zusammengesetzten Fruchtknoten verwandt; stark verholzte Früchte finden wir bei den Nüssen und bei manchen tropischen Bäumen. Das Holz des Stammes opfert sich quasi für die buchstäbliche »Aufrechterhaltung« des Baumes, während durch den Samen – mit toter, verholzter Schale – mit seiner aufbewahrten Lebenskraft dies als »Fort-Pflanzung« geleistet wird.

Auch Steiners frühe Skizze von Heilbezügen zwischen Pflanzenorganen und menschlichen Organen beinhaltet meines Erachtens eine noch lange nicht gelöste Forschungsaufgabe (STEINER GA 134/1.1.1912). 1912 nennt er folgende Bezüge: Wurzel – Nervensystem, Blätter – Lunge, Blüten – Nieren, Samen – Herz, Früchte – Blutsystem. Offenbar wird hier über die *krautige* Pflanze gesprochen, denn Rinde, Borke, Holz bleiben unerwähnt. Wie verbinden wir das mit einem Verständnis von *Cinchona*, das als im Blut wirkende Droge, schematisch betrachtet, eigentlich aus einer *Frucht* stammen müsste? An Steiners Reihe der Organe fällt auch ihre Unvollständigkeit auf. Innere Organe wie Leber, Milz, Magen, Dünndarm, Blase sind nicht erwähnt. Das Geheimnis besteht darin, dass die Reihe lauter Organe mit einer *bilateralsymmetrischen* Grundanlage umfasst, die durch Asymmetrie zunehmend modifiziert wird. Bilateralsymmetrie ist typisch für die Organe des *Nerven-Sinnessystems*, Asymmetrie für die inneren Organe des *Stoffwechsel-Gliedmaßensystems*. Der Symmetriegrad nimmt ungefähr in dieser Reihenfolge ab: Gehirn – Niere[68] – Lunge – Blutsystem – Herz. Wird hier also im Grunde nur von Pflanzenorganen gesprochen, die schwerpunktmäßig auf das Nerven-Sinnessystem zielen? Die Reihe reicht gerade bis in die mittlere menschliche Organisation, wo sich Nerven-Sinnesorganisation und Stoffwechselorganisation begegnen, im Blut (dessen Gefäßsystem auch Bilateralsymmetrie aufweist). Eines kann für weitere Forschun-

---

[68] Die Niere ist ein paariges Organ und liegt außerhalb der Bauchhöhle (retroperitoneal). Auch wenn ihre Wahrnehmungstätigkeit nicht direkt auf die Außenwelt gerichtet ist und dem Bewusstsein entgeht, müsste man sie allein deshalb zu den Sinnesorganen zählen. So wird sie auch in der »Okkulten Physiologie« von R. Steiner geschildert.

gen daher präzisiert werden: Die Frage, *welche* Organe der Pflanze – einschließlich der *baumförmigen* – besonders mit den Organen oder den prozessualen Aspekten des menschlichen Stoffwechsel-Gliedmaßen-Organismus in Beziehung stehen.

Ich danke herzlich Herrn Dr. Karl-Reinhard Kummer (Berlin) und Herrn Dr. Markus Sommer (München) sowie Herrn Heinrich Brettschneider (Landsberg a. L.) dafür, dass sie sich die Zeit nahmen für mehrfaches Lesen der Entwurfsstadien, fördernde Fragen stellten und wertvolle Ergänzungen hinzufügten. Außerdem danke ich Frau Dr. Roselies Gehlig herzlich für ihre geduldige Sorgfalt bei der Fahnenkorrektur.

Literatur

BARTON, B. S. (1812): Professor Cullen s Treatise of the Materia Medica. With large additions, including many new articles, wholly omitted in the original work. In two volumes, Vol. II. (Artikel über »Peruvian bark«)

BERGEN, H. VON (1826): Versuch einer Monographie der China. Mit 8 Kupfertafeln und 10 Tabellen. Hamburg

BOCKEMÜHL, J. (1973): Elemente der Naturwissenschaft 18: 1–13 und 19: 37–52

BRETTSCHNEIDER, H. (1980): Die Metamorphose der Enziangewächse. Ein goetheanistischer Beitrag zur rationellen Therapie mit Natursubstanzen. Der Heilmittelbegriff bei Rudolf Steiner: 17 62. Stuttgart

– (1984): Zu Pathologie u Heilbedarf des menschlichen Blutorgans. Tycho de Brahe-Jahrbuch für Goetheanismus 1984: 111–199. Stuttgart

– (1985): Fieber als Heilmittel. Tycho de Brahe-Jahrbuch für Goetheanismus 1985: 245–54. Stuttgart

BRUCHHAUSEN, F. VON (1999): Hagers Handbuch der Pharmazeutischen Praxis, Folgeband 4, A–K, 5.Aufl. Berlin, Heidelberg, New York

BRSGA 108 = Beiträge zur Rudolf Steiner Gesamtausgabe 108, Ostern 1992. Rudolf Steiner-Nachlassverwaltung. Dornach

CALNAN, C. D. (1978): Photodermatitis and quinine sensitivity. Contact Dermatitis 4(1): 58

CAMP, W. H. (1949): Cinchona at high altitudes in Ecuador. Brittonia 6(4): 394–430

COWMAN A. F. & al. (2012): The cellular and molecular basis for malaria parasite invasion of the human red blood cell. J. Cell Biol. 198(6): 961–971

CSEKITS, S. (2008): Blütenbiologische Beobachtungen an ausgewählten Rubiaceen des Esquinas-Regenwaldes (Costa Rica). Angestrebter akademischer Grad Magistra der Naturwissenschaften, Fachbereich Biologie, Universität Wien

DESHPANDE, D. A. & al. (2010): Bitter taste receptors on airway smooth muscle bronchodilate by localized calcium signaling and reverse obstruction. Nature Medicine 16: 1299–1304

ESCALANTE, A. A., AYALA, F. J. (1995): Evolutionary origin of *Plasmodium* and other Apicomplexa based on rRNA genes. PNAS USA 92: 5793–5797

FLORA OF CHINA: http://www.efloras.org/florataxon.aspx?flora_id=2&taxon_id=107094

FLÜCKIGER, F. A. (1883): Die Chinarinden in pharmakognostischer Hinsicht. Mit VIII lithographirten Tafeln. R. Gaertner's Verlagsbuchhandlung Hermann Heyfelder, Berlin

Franke, G. (Hrsg., 1994): Nutzpflanzen der Tropen und Subtropen, Bd. 3: Spezieller Pflanzenbau. Stuttgart

Frohne, D., Jensen, U. (1992): Systematik des Pflanzenreiches, 4. neu bearb. Ausg. Stuttgart, Jena, New York

Grohmann, G. (1962): Die Pflanze als Lichtsinnesorgan der Erde. Stuttgart

Gross, U. (2006): Kurzlehrbuch Medizinische Mikrobiologie und Infektiologie. Stuttgart

Grupe, G. & al. (2012): Anthropologie. Einführendes Lehrbuch, 2. Aufl. Berlin, Heidelberg

Hallé, F. & al. (1978): Tropical Trees and Forests. An Architectural Analysis. Berlin, Heidelberg, New York

Heepen, H. (2013): Praxis Schüssler-Salze. Homöopath und Biochemiker. Die Pta in der Apotheke, März 2013. www.pta-aktuell.de

Hegnauer, R. (1973): Chemotaxonomie der Pflanzen, Bd. VI, Dicotyledoneae: Rafflesiaceae bis Zygophyllaceae. Basel, Stuttgart

Henriettes Herbal: http://www.henriettesherbal.com/eclectic/usdisp/cinchona.html

Hille-Rehfeld, A. (2007): Malariafieber: Hämozoin als DNA-Fähre. Biologie in unserer Zeit 37(3): 150

Hof, H., Dörries, R. (2005): Medizinische Mikrobiologie, 3. überarbeit. u. erweit. Aufl. Stuttgart

Homoeoversity online (1983 ff.): Interaktive Internet-Plattform für Aus- und Fortbildung in der Homöopathie. Homepage: http://www.hstudy.de/index.php?changelang=1&forceintro

Howard, J. E. (1862): Illustrations of the Nueva Quinología of Pavon with Coloured Plates by W. Fitch, F. L. S, and Observations on the Barks Described. Verl. Lovell Reeve & Co., London

http://de.wikipedia.org/wiki/Malaria

http://www.gigers.com/matthias/malaria/

http://www.ihdsl.de/ Stichwort Chinidin (25.9.2013)

http://www.infektionsbiologie.ch/seiten/modellparasiten/seiten/plasmodium/...

Julius, F. H. (1970): Das Tier zwischen Mensch und Kosmos. Neue Wege zu einer Charakteristik der Tiere. Stuttgart

Kakkilaya, B. S. (1999): Complications of *Plasmodium* vivax, ovale and quartan malaria. B. S. Kakkilaya s Malaria Web Site (zitiert in: http://www.gigers.com/matthias/malaria/)

Kalisch, M. (1993): Die dreifache Signatur des Bösen in unserer Zeit …: Das rätselhafte Krankheitssyndrom AIDS, der Zugriff auf die Kernkraft und seine weitreichenden Folgen, unbewältigbare Vergangenheit: der Nationalsozialismus. Selbstverlag, Tübingen
– (1996): Versuch einer Typologie der Substanzbildung. In: Goedings, P. (Hrsg.), Wege zur Erkenntnis der Heilpflanze. Schriftenreihe »Menschenwesen und Heilkunst« 22. Stuttgart
– (1998): Das Böse. Polarität und Steigerung. Vier Stufen der Erkenntnis. Stuttgart
– (2009): Werkstattgeheimnisse der Pflanzenmetamorphose: Aus welchem vegetativen »Material« stammen Blütenhülle und Frucht? Elemente der Naturwissenschaft 90: 140–58. Dornach
– (2013a): Wie hängen Stoff und Form in der Pflanze zusammen? Zum Verständnis pflanzlicher »Inhaltsstoffe«. Der Merkurstab 66(1): 47-57
– (2013b): Die Brechnuss *(Strychnos nux-vomica)*. Ein Beispiel für die Beziehung zwischen Gestalt und Giftbildung. Der Merkurstab 66(2): 159–65
– (2013c): Der Kampferbaum und die Lauraceen. Jahrbuch für Goetheanismus 2013: 209–286. Niefern-Öschelbronn
– (in Vorb.): Die Rubiaceen – goetheanistische Ansätze zu ihrem Wesensbild

Kar, A. (2007): Pharmacognosy and Pharmacobiotechnology, 2. Aufl. New Age Internat. Publishers, New Delhi u. a.

Kayser, F. H. & al. (2009): Taschenlehrbuch Medizinische Mikrobiologie, 12. Aufl. Stuttgart

Kent, J. T. (2009): Homöopathische Arzneimittelbilder. Vorlesungen zur homöopathischen Materia medica, 2. aktual. Aufl. Stuttgart

KOLISKO, E., KOLISKO, L. (1953): Das Wesen und die Behandlung der Maul- und Klauenseuche. In: Remer-Bielitz, U. & Seelbach, V., Neue Wege in der Tierheilkunde. Dokumentation zur anthroposophischen Tiermedizin, begonnen von Joseph Werr (1885–1954). Dornach (2001)

KUMMER, K. R. (2007): Oleum camphoratum compositum Amp. (WALA) – ein höchst nützliches Fossil. Der Merkurstab 60(3): 242–43

LAUE, H. B. VON (2004): Kalzium als Substanz und als Prozess im Menschen. Der Merkurstab 57(2): 78–95

LEGENDRE, M. & al. (2014): Thirty-thousand-year-old distant relative of giant icosahedral DNA viruses with a pandoravirus morphology. PNAS 111(11): 4274–4279

LOCHBRUNNER, B. (2002): Samuel Hahnemanns Chinarindenversuch von 1790 – Zankapfel im Streit um die Homöopathie? Jahrbuch der Karl und Veronica Carstens-Stiftung 9. Essen

LOMBORG, B. (2007): Cool it. The Skeptical Environmentalist s Guide to Global Warming. New York

LOTZY, J. P. (1900): Localisation and Formation of the alcaloid in Cinchona succirubra and Ledgeriana. Bulletin du Jardin botanique de Buitenzorg 3

MEYER, U. (2006): Die Mission der Alkaloide – Umbrüche in der Arzneitherapie des 19. Jhs. Der Merkurstab 59(6): 503–511

MEYER, C. G. (2007): Tropenmedizin. Infektionskrankheiten, 2.Aufl. Landsberg

MHW = Marien-Hospital Witten, http://www.marien-hospital-witten.de/index.php?id=3390

MPI 2013: Westafrikanische Fledermäuse – kein Paradies für Malaria-Erreger. Max Planck-Institut für Infektionsbiologie, http://www.mpiib-berlin.mpg.de/701468/news_publication _7572516?c=2279

NAVARRO, G., FERREIRA, W. (2000): Caracterización Ecológica y Biodiversidad de la Cuenca Oeste del Río Ichilo (Cochabamba, Bolivia). Revista Boliviana Ecol. Cons. Amb. 7: 3–23

PINAULT, L. L., HUNTER, F. F. (2012): Malaria in Highlands of Ecuador since 1900. Emerg. Infect. Dis. 18(4): 615–622

PRINZ, B. (2013): Funktionelle Analyse des »Apikalen Membran Antigens 1« (AMA1): Untersuchung zur Rolle der Phosphorylierung des Vakzinkandidaten im Malariaerreger Plasmodium falciparum (WELCH, 1897). Dissertation Fachbereich Biologie, Universität Hamburg

REICHHOLF, J. H. (2007): Eine kurze Naturgeschichte des letzten Jahrtausends. Frankfurt

REITER, P. (2000): From Shakespeare to Defoe: Malaria in England in the Little Ice Age. Emerg. Infect. Dis. 6(1–2)

RICHTER, G. (1998): Stoffwechselphysiologie der Pflanzen, 6. völlig neu bearb. Aufl. Stuttgart, New York

RILEY, E. M. & al. (2001): Do maternally acquired antibodies protect infants from malaria infection? Parasite Immunol. 23: 51–59

ROHDE, C., SIKORSKI, J. (2011): Phagen. Vielfalt, Anwendung und ihre Bedeutung für die Wissenschaft vom Leben. Naturwiss. Rundschau 64(1): 10

SCHÖPKE, T. H. (2011) = http://www.medizinalpflanzen.de/systematik/6_droge/chinae-c.htm, Cinchonae cortex aus Ph. Eur. 7.0 (01/2011: 0174)

SCHRAMM, H. M. (1997): Heilmittel-Fibel zur anthroposophischen Medizin. Novalis Verlag, Schaffhausen

SCHWESER, T. H. & al. (2009): Rötegewächse – Rubiaceae *(Coffea cruda, Asperula odoraa, China off. & sulphuricum, Ipecacuanha, Galium aparine)*. Themenheft Homoeopathia viva 2–09. Th. Schweser Verl., Bingen

SHERMAN, I. W. (Hrsg. 1998): Malaria: Parasite Biology, Pathogenesis, and Protection. ASM Press, Washington (s. Zitate auf Gigers Internetseite)

SINGH, N. & al. (2011): Functional bitter taste receptors are expressed in brain cells. Biochem. Biophys. Res. Commun. 406(1): 146–51

– (2014): Differential expression of bitter taste receptors in non-cancerous breast epithelial and breast cancer cells. Biochem. Biophys. Res. Commun. 446(2): 499–503

SOLDER, G., STELLMANN, H. M. (2007): Individuelle Pädiatrie, 3. Aufl. WBV, Stuttgart

STEINEGGER, E., HÄNSEL, R. (1988): Lehrbuch der Pharmakognosie und Phytopharmazie, 4. vollständig neu bearbeit. Aufl. Berlin u. a.

STEINER, R. (1904 ff.): Bewusstsein, Leben, Form (GA 89). Dornach

– (1904): Wie erlangt man Erkenntnisse der höheren Welten? (GA 10). Dornach

– (1907): Die Theosophie des Rosenkreuzers (GA 99), Vortrag 4.6.1907. Dornach

– (1908): Das Hereinwirken geistiger Wesenheiten in den Menschen (GA 102), Vortrag 6.1.1908, S. 27. Dornach

– (1908): Natur- und Geistwesen, ihr Wirken in unserer sichtbaren Welt (GA 98), Vortrag 17.3.1908, S. 216. Dornach

– (1910): Die Offenbarungen des Karma (GA 120), Vortrag 19.5.1910, S. 80 f. Dornach

– (1910): Die Geheimwissenschaft (GA 13), Kap. »Die Weltentwickelung und der Mensch«. Dornach

– (1912): Die Welt der Sinne und die Welt des Geistes (GA 134), Vortrag 1.1.1912. Dornach

– (1912): Die geistigen Wesenheiten in den Himmelskörpern und Naturreichen (GA 136), Vortrag 10.4.1912, S. 124. Dornach

– (1914): Das Geheimnis der Wunde (»Samariterkurs«), Vorträge 13.–16.8.1914. In: Kugler, W. (Hrsg.), Beiträge zur Rudolf Steiner-Gesamtausgabe 108. Dornach (1992)

– (1916): Das Rätsel des Menschen. Die geistigen Hintergründe der menschlichen Geschichte (GA 170), Vortrag 12.8. und 15.8.1916. Dornach

– (1920): Geisteswissenschaft und Medizin (GA 312), Vorträge vom 23.3.1920. 31.3.1920, S. 221, 4.4.1920 und 8.4.1920, S. 374. Dornach

– (1920): Entsprechungen zwischen Mikrokosmos und Makrokosmos (GA 201), Vortrag 23.4.1920. Dornach

– (1920): Anthroposophie, ihr Wesen und ihre philosophischen Grundlagen. Vortrag Bern 8.7.1920. Dornach

– (1921): Erdenwissen und Himmelserkenntnis (GA 221), Vortrag 11.2.1921. Dornach

– (1921): Geisteswissenschaftliche Gesichtspunkte zur Therapie (GA 313), Vortrag 13.4.1921. Dornach

– (1922): Die Erkenntnis des Menschenwesens nach Leib, Seele und Geist (GA 347), 2. Vortrag 5.9.1922, 4. Vortrag 9.9.1922, 9. Vortrag 13.9.1922. Dornach

– (1922): Die geistig-seelischen Grundkräfte der Erziehungskunst (GA 305), Vortrag 24.8.1922, S. 148. Dornach

– (1922): Geistige Zusammenhänge in der Gestaltung des menschlichen Organismus (GA 218), Vortrag 22.10.1922. Dornach

– (1923): Physiologisch-Therapeutisches auf Grundlage der Geisteswissenschaft. Zur Therapie und Hygiene (GA 314), Vortrag 27.10.1923, S. 113 ff. Dornach

– (1923): Über Gesundheit und Krankheit. Grundlagen einer geisteswissenschaftlichen Sinneslehre (GA 348), Vortrag 27.1.1923, S. 284 f. Dornach

– (1923): Rhythmen im Kosmos und im Menschenwesen. Wie kommt man zum Schauen der geistigen Welt? (GA 350), Vortrag 20.7.1923. Dornach

– (1923): Mensch und Welt. Das Wirken des Geistes in der Natur. Über das Wesen der Bienen (GA 351), Vortrag 13.10.1923, S. 56. Dornach

– (1923): Der Mensch als Zusammenklang des schaffenden, bildenden und gestaltenden Weltwortes (GA 230), Vortrag 3.11.1923. Dornach

– (1923): Die Weltgeschichte in anthroposophischer Beleuchtung und als Grundlage der Erkenntnis des Menschengeistes (GA 233), Vortrag 30.12.1923, S. 129. Dornach

– (1924): Physiologisch-Therapeutisches auf Grundlage der Geisteswissenschaft. Zur Therapie und Hygiene (GA 314), Vortrag 2.1.1924. Dornach

– (1924): Meditative Betrachtungen und Anleitungen zur Vertiefung der Heilkunst (GA 316), Vorträge vom 4.1.1924 und 24.4.1924. Dornach

– (1924): Natur und Mensch in geisteswissenschaftlicher Betrachtung (GA 352), Vorträge 19.1.1924, 13.2.1924. Dornach

– (1924): Die Schöpfung der Welt und des Menschen. Erdenleben und Sternenwirken (GA 354), Vortrag 12.7.1924, S. 90 f. Dornach

– (1924): Anthroposophische Menschenerkenntnis und Medizin (GA 319), Vortrag 24.7.1924, S. 189. Dornach (2. Aufl. 1982)

– (1924): Das Zusammenwirken von Ärzten und Seelsorgern (GA 318), Vorträge 11.9 und 15.9.1924. Dornach

STEINER, R., WEGMAN, I. (1925): Grundlegendes für eine Erweiterung der Heilkunst nach geisteswissenschaftlichen Erkenntnissen (GA 27), Kap. VI. Dornach

TRAUTZ, M. (1910): Bericht über die Triboluminieszenz. Zeitschrift für Electronik, Atomistik; Ionologie; Radioactivität etc.

WAGNER, H., WIESENAUER, M. (1995): Phytotherapie. Phytopharmaka und pflanzliche Homöopathika. Stuttgart, Jena, New York

WCSP = World Checklist of selected Plants (Kew Royal Botanic Gardens): apps.kew.org/wcsp/

VADEMECUM Anthroposophische Heilmittel (2013), Hrsg. Gesellsch. Anthroposophischer Ärzte in Dtschl e.V. und Medizinische Sektion der Freien Hochschule für Geisteswissenschaft (3. Aufl.). Dornach

VARESCHI, V. (1980): Vegetationsökologie der Tropen. Stuttgart

VOGEL, H. H. (1994): Wege der Heilmittelfindung. Menschenkunde und Heilmittelerkenntnis, Bd. I. Verlags GmbH, Bad Boll

VOGL, A. E. (1869): Beiträge zur Pflanzenanatomie. I. Die Milchsaftorgane der Cinchonen. Mit einer Tafel. Österr. Botan. Zeitschrift

WALTER, H. (1971): Die Pflanzenwelt. Ihre Verwandtschaft zur Erden- und Menschheitsentwicklung. Natura Verlag, Arlesheim

WANTSCHURA, F., SPIESS, W. (1962): Therapeutische und Pharmakologisch-Pharmazeutische Erfahrungen. Stuttgart

WEISS, R. F. (1990): Lehrbuch der Phytotherapie. S. 72 ff., 171 ff., 179 ff., 249–55, 296. 7. überarb. u. erweit. Aufl. Stuttgart

Der Autor

MICHAEL KALISCH (* 30.1.1957 in Karlsruhe), Besuch der Waldorfschule Pforzheim. Musikstudium (Alanushochschule), Biologiestudium mit Schwerpunkt Botanik (Tübingen). Seit 1997 selbständiger Autor mit zahlreichen Forschungsaufträgen, als Wissenschaftskorrespondent und freier Mitarbeiter für anthroposophische Zeitschriften. Beschäftigung mit goetheanistischen und naturwissenschaftlichen, allgemein anthroposophischen, medizinischen und zeitgeschichtlichen Themen. 60 Beiträge in »Das Goetheanum« und 60 Beiträge in anderen Zeitschriften wie »Gegenwart«, »Die Drei«, »Erziehungskunst«, »Elemente der Naturwissenschaft« u. a. Auftragsarbeit für die »Forschungsstelle Kulturimpuls« (vormals Heidelberg, jetzt Dornach) zur Geschichte der anthroposophischen Tätigkeit zwischen 1925 und 1989. – 2000 bis 2010 nebenberuflich Klavierbegleiter für den Eurythmieunterricht in der Waldorfschule Tübingen.

Buchveröffentlichungen:

- Das Mysterium des Bösen (in der Reihe »Rudolf Steiner – Themen aus dem Gesamtwerk«, Band 19). Stuttgart (1993)

- Kiene, H., Kalisch, M.: Wissenschaftliche Dogmen bei der Nachzulassung von Arzneimitteln in der Bundesrepublik Deutschland. Aurelia-Verlag, Baden-Baden (1995)

- Das Böse – Polarität und Steigerung. Vier Stufen der Erkenntnis. Stuttgart (1998)

234

HEINRICH BRETTSCHNEIDER

Das Gemüt als Pforte zur Menschenwürde

Heilsam ist nur,
Wenn im Spiegel der Menschenseele
Sich bildet die ganze Gemeinschaft;
Und in der Gemeinschaft
Lebet der Einzelseele Kraft.
Rudolf Steiner: Wahrspruchworte

1. Die Bewusstseins-Seele

Das Thema »Bewusstsein« hat höchste Priorität für jeden Bürger der Demokratie, die sich als die wichtigste Gesellschaftsform unseres Zeitalters erwiesen hat. Ist doch die Verantwortung des Einzelnen für die Gemeinschaft und deren Transparenz für jeden Einzelnen das Urbild der Gesundheit, Kreativität und Stabilität unserer politischen Verhältnisse. Dies bemerkte schon *Immanuel Kant*, als er schrieb: »Aufklärung ist der Ausgang des Menschen aus seiner selbstverschuldeten Unmündigkeit« und die Bürger seiner Zeit dazu aufrief den Mut zu haben, sich ihres eigenen Verstandes zu bedienen (KANT 1784).

Doch die bisherigen Versuche der Wissenschaft, eine Aufklärung zum Thema »Bewusstsein« zu leisten, haben den Bürger eher frustriert: Zu groß ist offenbar die Angst unter den Wissenschaftlern, einen Fehler im Forum der Öffentlichkeit, vor den Augen und Ohren der eigenen Fachkollegen zu machen, zu groß das Bedürfnis, sich den Zwängen des Materialismus, Eigenschaftsdualismus oder der Identitätstheorie zu unterwerfen (für eine Übersicht der drei genannten Denkschulen siehe (NIDA-RÜMELIN 2008).

So erschien noch im Jahr 1988 ein vielbeachteter Aufsatz in einer philosophischen Textsammlung darüber, dass das Wort »Bewusstsein« in weniger als 10 Prozent der heutigen Weltsprachen übersetzbar, das heißt in den übrigen 90 Prozent aller Sprachen überhaupt nicht vorhanden ist. Daraus entstand die bange Frage des erwähnten Artikels, ob der Begriff »Bewusstsein« überhaupt eine Existenzberechtigung habe (Wilkes 1988).

Leider hat sich die genannte Autorin nicht von der Evolutionstheorie *Charles Darwins* inspirieren lassen, obwohl doch der Neo-Darwinismus sogar die Entstehung des Geistes als das Ergebnis von Mutation und Selektion erklären zu können glaubt. Als überzeugte Darwinistin wäre sie so auf die Frage gebracht worden, ob die Menschheit im Verlauf ihrer Evolution möglicherweise jetzt erst so weit ist, dass immerhin zehn Prozent der Völker den Begriff des »Bewusst-Seins« schon in ihren Sprachschatz aufgenommen haben, die überwiegende Mehrheit aber noch nicht. Auch hätte sie sich klar machen können, wie jung die Demokratie doch ist, ein noch sehr zartes Pflänzchen der Evolution, das aber das Zeug hat, ein Menschheitsideal zu werden.

Die Sache hat aber noch eine zweite Seite: Wenn die Evolutionsbiologie eine physikalische Theorie ist, dann kann sie das Auftreten des Bewusstseins und aller Phänomene des Geistes, die für sich genommen mehr als bloß physikalisch sind, nicht erklären. Diese Folgerung muss Ängste bei den Naturwissenschaftlern auslösen, denn dann kann die Evolutionsbiologie keine rein physikalische Wissenschaft sein. Das wiederum gibt Anlass in Zweifel zu ziehen, ob der Materialismus überhaupt eine angemessene Darstellung der physikalischen Welt geben kann (Nagel 2013).

Wegen solcher Ängste haben die meisten Forscher eine spürbare Abneigung, sich dem Phänomen »Bewusstsein« mit der nötigen wissenschaftlichen Gelassenheit zu stellen. In der Öffentlichkeit werden sogar fast nur diejenigen Äußerungen gehört, die mit dem Gegenteil von Ängstlichkeit Furore machen, die aber das intuitive Verhältnis des Bürgers zum eigenen Bewusstsein verletzen. Hierzu zählt der mit dem eisernen Verdienstkreuz dekorierte Neurowissenschaftler *Wolf Singer*, der Vorträge an Universitäten darüber hält, dass er keinen prinzipiellen Unterschied zwischen einem Plattwurm und dem Menschen finden könne, oder Schriften mit Titeln veröffentlicht, die wie etwa der folgende lauten: »Verschaltungen legen uns fest: Wir sollten aufhören, von Freiheit zu sprechen« (Singer 2004).

238

2. Das phänomenale Bewusstsein

Franz Brentano, eines der größten Genies der Bewusstseinsforschung, veranschaulichte schon vor über hundert Jahren, vor welcher Schwelle der moderne Mensch steht, wenn er sich die Frage nach der Natur des Bewusstseins stellt:

>»Das Charakteristische für jede psychische Tätigkeit besteht [...] in der *Beziehung* zu etwas als *Objekt*.« (BRENTANO 1911)

Dies erläutert Brentano folgendermaßen:

>»Der gemeinsame Charakterzug alles Psychischen besteht in [...] einem *subjektischen Verhalten*, in einer [...] *intentionalen Beziehung* zu etwas, was vielleicht nicht wirklich, aber doch innerlich gegenständlich gegeben ist. Kein Hören ohne Gehörtes, kein Glauben ohne Geglaubtes, kein Hoffen ohne Gehofftes, kein Streben ohne Erstrebtes, keine Freude ohne etwas, worüber man sich freut, und so im übrigen.« (BRENTANO 1874)

Die *Abbildung 1* soll erläutern, wie das eigentlich Seelische, das bei der Sinneswahrnehmung vorgeht, sich in räumlicher Hinsicht genau entgegengesetzt dazu verhält, wie wir uns dies aus physikalisch-naturwissenschaftlicher Sicht vorstellen: Wir stellen uns vor, die Lichtstrahlen dringen zentripetal aus der Umgebung durch die Pupille in das Dunkel im Innern des Auges ein und werden dort, vielleicht sogar erst im Gehirn – jedenfalls aber mehr oder weniger passiv – zum Sinneseindruck, wie sich Füße im Schnee als Spur abdrücken. Doch die hier präsentierte Abbildung lässt uns noch ganz anderes erleben: Der Blick des Tigers dringt erbarmungslos zentrifugal in die Außenwelt und lässt unser Blut gerinnen! Die intentionale Beziehung, die wir vom Blick des Tigers ablesen, zeugt nicht nur von der Pracht der Farben, die das Licht den Augen vorzaubert, sondern auch von einem Willensakt. Dieser Blick ist nicht nur Wahrnehmung, sondern zugleich auch Mimik, also ein stummes Sprechen! Wir erleben hier ein »Greifen« des Blickes, ein »Durchstoßen der Luft mit langen Messern«, ein seelisches Hinmetzeln der Welt!

Der Wahrnehmungsakt ist also, wie der Blick des Tigers zeigt, nicht bloß erkennend, sondern immer auch willensartig, insofern er einem Begehren entspringt, das nicht aus den Tatsachen der Welt, sondern aus den tiefsten Abgründen der Seele in das Bewusstsein heraufdringt. Und Sprache – auch das stumme Sprechen – hat ohnehin schon immer beide Seiten: eine erkennende, denn sie muss vom Adressaten verstanden werden, und eine willensartige Seite, denn sie muss den Raum überwinden, um zwei seelisch empfindende Wesen miteinander zu verbinden. Diese willensartige Seite des Seelenlebens wird allzu oft als »körperlich« oder, weil es sich ja um lebendige Körper handelt, als »biologisch« vom eigentlich Seelischen abgegrenzt, da uns ihr größter Anteil unterbewusst bleibt. Aber – so viel dürfte nun klar sein – Unterbewusstes gehört ebenso zum Seelenleben wie Bewusstes.

Neun Arten der intentionalen Beziehung zur Welt können wir als Menschen entwickeln: Wir können die Objekte der Außenwelt

1. ganz allgemein wahrnehmen,

2. aufmerksam einzeln empfinden,

3. als real existent beurteilen,

4. erinnern,

5. schön oder hässlich finden,

6. sprachlich auffassen und mitteilen,

7. denkend verknüpfen und analysieren,

8. lieben oder hassen,

9. begehren oder Widerwille empfinden.

Nur die erste hier aufgeführte Art der intentionalen Beziehung des Menschen zur Außenwelt, also nur das sinnliche Wahrnehmen (BRETTSCHNEIDER 2014) ist Inhalt *»des phänomenalen Bewusstseins«* (METZINGER 2009a, b). Alle *neun Arten* der intentionalen Beziehung des Menschen zur Außenwelt lassen sich aber der *Dreiheit der Seelenkräfte* zuordnen, dem *Denken, Fühlen und Wollen* (TETENS 1777).

Man nennt das hier durch *Franz Brentano* in den Vordergrund gerückte Merkmal alles Psychischen, die Eigenschaften (Qualitäten) der Außenwelt in der »Subjekt-Objekt-Spaltung« zu erleben, auch die »Erste-Person-Perspektive«. Diese Perspektive fehlt aber den physischen oder physikalischen Dingen: Alle physischen Gegenstände haben Eigenschaften und gehen dadurch Beziehungen zueinander und zum Menschen ein. Aber nirgends sind in diesen Beziehungen Intentionen vorhanden, mit anderen Worten: Nirgends verhalten sich physische Dinge »subjektisch«, nirgends entsteht zwischen physischen Dingen eine »Subjekt-Objekt-Spaltung« und niemals haben physische Dinge eine »Erste-Person-Perspektive«.

Das Entwickeln einer »subjektischen« oder auch *»intentionalen Beziehung«* zu den Objekten der Außenwelt ist also der entscheidende Unterschied zwischen Physikalischem und Psychischem.

Wir kommen so zu dem Ergebnis, dass das phänomenale Bewusstsein nicht in Maschinen (z. B. Computern) vorhanden sein kann, weil den Letzteren – mag es sich auch um extrem komplexe Systeme handeln – dennoch der Wille fehlt, den wir im Blick des Tigers finden. Ebenso wenig können Organismen, die bloß lebendig sind, zum Beispiel Pflanzen, ein phänomenales Bewusstsein entwickeln, da sie nicht wahrnehmungsfähig sind.

Abb. 1: Der Blick des Tigers (Foto: Shutterstock-Bildarchiv)

Zur Entstehung eines phänomenalen Bewusstseins ist also *zweierlei* nötig: *Wahrnehmungsfähigkeit* und *Intentionalität*, das heißt: Die *Genauigkeit* der Wahrnehmung eines Objektes der Außenwelt ist ebenso notwendig wie der *Wille*, der das Wahrgenommene zum Gegenstand der Liebe oder des Hasses, und damit zur »Empfindung« macht. Deshalb ist das Tier innerhalb der für uns »real« erfahrbaren Wirklichkeit die niedrigste Form des Lebens, die überhaupt phänomenales Bewusstsein entfalten kann. Doch die feinere Betrachtung des Willenslebens von Mensch und Tier ergibt auch gravierende Unterschiede.

Auf der untersten Bewusstseinsstufe alles Wollens finden wir den Instinkt. Er geht unmittelbar aus der räumlichen Gestalt und der physiologischen Spezialisierung des physischen Leibes hervor (STEINER 1919), zum Beispiel beim Tiger aus der speziellen Gestaltung seiner Zähne, Pranken und Verdauungsorgane, die darauf optimiert sind, tierische Substanz zu ergreifen, zu zerreißen und zu verdauen.

Auf einer Organisationsstufe darüber finden wir nicht nur die Gestalt und Physiologie des physischen Leibes, sondern auch die *zeitliche Integration des Willenslebens in die Prozesse des Erdorganismus*, die sich beim Tier am deutlichsten in der Fortpflanzung und deren Eingliederung in die Jahresrhythmen offenbart (STEINER 1919). Deshalb finden wir bei nahezu allen Tieren, dass bestimmte Jahreszeiten den Trieb zur Fortpflanzung wecken, aber andere Jahreszeiten weniger oder gar nicht. Unter einem Trieb dürfen wir uns also die *zeitlich begrenzte Bereitschaft* des Willens zur Ausführung einer Tätigkeit vorstellen, die ähnlich tief unterbewusst verläuft wie der Instinkt, aber mit den Jahreszeiten synchronisiert ist.

Wenn also ein Tiger oder irgendein anderes Tier zur richtigen Jahreszeit eine *sinnliche*, wir können nun auch sagen eine *intentionale Beziehung* zu einem fortpflanzungsbereiten Artgenossen aufnimmt, erwacht in ihm das Begehren als *Begierde* der Fortpflanzung. Bis zu seiner Aktualisierung als Begierde hatte dieses Begehren im Inneren des tierischen Empfindungsleibes geschlafen. Begehren kann sich im Erwachen der Begierde nicht nur zum Gefühl des Liebens, wie im Falle der Sexualität, sondern auch zum Hass entwickeln, wie dies bei einer Aggression der Fall ist, die je nach der Disposition der Tierart in Flucht- oder Angriffsreaktionen übergeht.

Der Wahrnehmungsinhalt, zum Beispiel die Qualität einer Farbe oder eines Klanges, ist zunächst nur eine objektive Eigenschaft der Außenwelt, also noch nicht ein besonderer Seeleninhalt. Wäre dies nicht so, hätte die Evolution der Arten, wie sie der Darwinismus beschreibt, nicht stattfinden können: Brütende Vögel hätten sich neben statt auf ihre Eier gesetzt, Zugvögel hätten ihre Flugroute nicht gefunden, usw. Erst mit dem innerlichen Ergreifen dieser Außenwelt-Qualitäten durch das Begehren, genauer gesagt durch die dabei innerseelisch entstehenden Gefühle des Liebens oder des Hasses, wird der Wahrnehmungsinhalt zur Empfindung und damit zum besonderen Bewusstseinsinhalt.

Auch der Mensch kennt »Frühlingsgefühle«, doch in der Fortpflanzung hat er sich so aus den Zeitstrukturen des Erdorganismus und des Kosmos emanzipiert, dass er sich zu jeder Jahreszeit fortpflanzen kann. So zeigt zwar der Monatszyklus der Frau noch immer den Mondrhythmus, ist aber dennoch unabhängig vom Mond, weil die Fortpflanzung des Menschen zwar teilweise intern durch Hormone, noch mehr aber durch die *sozialen Beziehungen* bestimmt wird.

Das Begehren zur Fortpflanzung der Art wird beim Menschen durch den Willen zur individuellen Lebensplanung und -gestaltung ergänzt, wenn nicht sogar ersetzt: Der eine Mensch wird Schauspieler, der andere Bildhauer, der dritte Seemann. Die meisten Menschen wollen zwar eine Familie, doch manche entschließen sich ganz ohne Kinder, das heißt zumindest ohne Fortpflanzung, wenn nicht sogar ohne Sexualität zu leben. Wegen dieses hohen Grades an *individueller* Lebens- und Willensgestaltung kann man davon sprechen, dass beim Menschen die Begierde durch die Macht des »Ich« zum »Motiv« umgeformt wird (STEINER 1919). So kann sich der Mensch durch die Macht seines »Ich« zwar noch nicht von seinen biologischen, auch nicht seinen sozialen Abhängigkeiten, aber teilweise doch schon als geistiges Individuum aus den determinierenden Einflüssen seiner Leibesorganisation befreien (STEINER 1894).

3. Das epistemische (urteilende) Bewusstsein

Das epistemische ist das wissende, erkennende oder auch *urteilende* Bewusstsein, das wir in unserer Aufzählung der neun Arten der intentionalen Beziehung des Menschen zur Welt an dritter Stelle genannt haben: die Art von intentionaler Beziehung, bei der wir urteilen, ob eine bestimmte Wahrnehmung der Wirklichkeit entspricht oder nicht. Also immer dann, wenn wir eine Sinnesqualität, zum Beispiel eine Farbe, einen Klang, einen Geruch oder einen Geschmack irgendeinem Gegenstand der Wirklichkeit zuschreiben, sind wir *urteilend* tätig, denn wir *verbinden* zwei Welten miteinander: Wir *verbinden* die innere, subjektive, phänomenale Welt der Sinnes-Empfindungen mit der äußeren, objektiven Wirklichkeit, indem wir uns fragen, ob das, was wir innerlich als Sinnesqualität erleben, auch wirklich dort draußen, außerhalb unseres »Ich«, vorhanden ist. Zu den Sinneswahrnehmungen tritt also nicht nur das Begehren, sondern beim Menschen auch das Urteilen im Seelenleben hinzu, und beide zusammen verwandeln das Wahrgenommene in die Empfindung. Im Menschen spitzt sich das Urteilen zur Vorstellung zu, indem es die Sinnesqualität einem bestimmten Gegenstand anheftet (STEINER 1910).

Zu den epistemischen Kardinalfragen, die sich das erkennende Bewusstsein stellt, gehören vor allem die letzten Fragen der Menschheit, wie etwa diese: Gibt es einen Gott (oder sogar mehrere Götter)? Gibt es ein Jenseits?

Das epistemische Bewusstsein kann darauf zunächst nur folgendermaßen reagieren: Die Existenz eines Gottes (oder eines Jenseits) ist weder beweisbar noch widerlegbar, denn die Kraft eines Beweises hängt allein davon ab, welche Evidenz unser *epistemisches Bewusstsein* ihm zumisst (BROMAND & KREIS 2010). Aber auch solche scheinbaren »Anfängerprobleme«, wie: Gibt es die Welt überhaupt? (GABRIEL 2013), sind im Grunde genommen epistemische Fragen.

Evidenzerlebnisse haben als solche keinen Erkenntnischarakter, denn sie resultieren aus der Zu- oder Abneigung des Gefühlslebens, die Wirklichkeit (Evidenz) eines Dinges, Vorganges oder Wesens anzuerkennen oder nicht. Evidenzerlebnisse gehen also per Gefühlsentscheid aus dem innerseelischen Kampf einander widersprechender Vorstellungsmassen (man könnte auch sagen: Überzeugungsgewohnheiten) hervor. Aber dadurch, dass es überhaupt die Frage stellt, ob eine Wahrnehmung der Wirklichkeit entspricht, hat das epistemische Bewusstsein eine zentrale Sonderstellung im geistigen Leben der Menschheit. Bewusstsein ist insofern – auch hier wieder – ein *zusammengesetztes* Phänomen, das den *ganzen* Menschen ergreift, insofern dieser aus Denken, Fühlen und Wollen besteht: Das Denken verleiht dem Bewusstsein den objektiven Inhalt, denn Bewusstseinsinhalte sind schon dann »objektiv«, wenn sie sich auf Objekte, das heißt Gegenstände, Prozesse oder Wesen außerhalb des eigenen »Ich« beziehen. Solche »objektiven« Inhalte muss das Bewusstsein zunächst passiv, das heißt möglichst unverändert, der Sinneswahrnehmung entnehmen. Das Fühlen gibt dem Bewusstsein seine Wirklichkeit (Evidenz), resultiert aber aus dem Schwanken zwischen Sympathie und Antipathie. Erst im Fragen-Stellen offenbart sich die wirklich aktive, die Willensseite des Bewusstseins: Wo keine Begierde zum Wissen ist, werden auch keine Fragen gestellt.

Der Gegenwartsphilosoph *Thomas Metzinger* hat sich sowohl in seiner Vorlesung (METZINGER 2009a) als auch im methodischen Apparat hierzu (METZINGER 1995, 2007a, b) und in seinem Buch (METZINGER 2009b) ausführlich zur *Epistemiologie der Sinneswahrnehmung* des Menschen geäußert. Wir schätzen hierbei insbesondere den Versuch Thomas Metzingers, die Kriterien, die der Philosoph *Clarence Irving Lewis* (LEWIS 1929) für die so genannten »Qualia« der Sinneswahrnehmung aufgestellt hat, mit naturwissenschaftlichen Methoden zu überprüfen.

Was sind »Qualia«? Mit »Qualia« wird die Mehrzahl des »Quale«, also dessen bezeichnet, was als jeweils besondere »Qualität« in den untereinander so sehr verschiedenen Sinnesempfindungen enthalten ist. Die Bezeichnung »Qualia« dient also – historisch gesehen – dazu, den Inhalt, die Einmaligkeit, Spontaneität und Lebendigkeit, aber auch die Unaussprechlichkeit dessen begrifflich einzufangen, das uns in den primären Eindrücken unserer Sinne gegeben ist.

Besonders die so genannte »Unaussprechlichkeit« unserer Sinneswahrnehmungen ist aber dem psychologischen und philosophischen Laien kaum bewusst: Wir können zwar in vielen Fällen sicher sein zu wissen, was mit dem »feurigen Rot« oder dem »galligen Bitter« eines Sinneseindruckes gemeint ist, wenn es als Erlebnisbericht vorliegt. Dass es sich dabei aber nur um die symbolische, das heißt nur um die sprachliche Repräsentation eines inneren Erlebnisses handelt – die man durchaus auch als einen Erlebnis-Ersatz bezeichnen könnte – wird uns oft nicht bewusst. Ja, sogar das Gegenteil ist teilweise der Fall: Indem wir gewohnheitsmäßig unaufmerksam gegenüber dem eigentlich Seelischen sind, das bei der Sinneswahrnehmung vorgeht, halten wir den relativ periphersten Anteil – die Sinnesqualitäten – für das verlässlichste Element unseres Seelenlebens: Was wir mit eigenen Augen gesehen, was wir mit eigenen Händen getastet haben, das kann uns doch keiner mehr wegleugnen. So denken wir und bemerken dabei zunächst nicht, dass dieses »rein Sinnliche« gerade der unzuverlässigste Teil unseres Realitätsbezuges ist: Zum Beispiel können wir fünf rote Kirschen auf einem weißen Teller liegend gesehen haben. Dass es sich um Kirschen und nicht um Mirabellen handelte, dass es fünf und nicht vier oder sechs waren, und dass sie alle zusammen auf einem Teller lagen, sind mehrere begriffliche Bestimmungen, derer wir uns recht sicher sein können, viel sicherer jedenfalls, als dass es sich um »rote« Kirschen handelte, und zumeist am wenigsten sind wir uns sicher, welches besondere Rot es war. Dieses zuletzt Genannte, das Besondere, Farbige, ist aber zugleich diejenige Bestimmung, die am eindeutigsten »sinnlich«, und damit zugleich auch am wenigsten »beurteilend« oder »gedanklich« ist. Aber dort liegt der Hund begraben: Die »sinnlichste« und damit zugleich die am wenigsten »urteilsmäßige« oder »emotionale« Bestimmung des genannten Erlebnisses ist die unzuverlässigste! Wer hat nicht schon erlebt, dass die Familie im Auto an der Ampel wartete, auf dass diese endlich wieder »gelb« werde, und dass, kaum war es so weit, sich die Kinder, die mit im Auto saßen, darüber beschwerten, dass es gar kein »richtiges« Gelb, sondern eher ein Orange oder irgend ein »anderes« Gelb, aber eben nicht ein »richtiges« Gelb gewesen sei!

Just in der historischen Epoche, in der man sich endgültig von allen »Ideen« befreien und sich nur noch auf die »sinnlichen Fakten« verlassen wollte, mit dem Beginn des 20. Jahrhunderts, stellte sich dieses damit Gesagte heraus: Gerade auf die eben genannten »sinnlichen Fakten« ist am wenigsten Verlass, soweit es sich um öffentliche Forschung handelt, weil schon diese »sinnlichen Fakten« mehr oder weniger »privat«, sprich innerseelisch, erlebt werden. Deshalb sind sie nur sprachlich-symbolisch mitteilbar, letztlich also »unaussprechlich« und insofern auch nicht als »Wissenschaft« zur Veröffentlichung geeignet. Was wir hier referieren, ist die so genannte »Krise des Positivismus«, also die Krise einer Forschungsrichtung, die der Hoffnung auf den Leim gegangen war, man könne eine Wissenschaft allein auf sinnliche Fakten und unter völligem Verzicht auf das Denken gründen.

Ein Verzicht auf das Denken mag für das Tier noch angehen, das ja, wie der Darwinismus nicht müde wird zu erklären, seit Jahrmillionen auf den Wegen der Mutation und Selektion durch das »Examen der Natur« geht (BRETTSCHNEIDER 2014). Doch für den Menschen sind die Verhältnisse dadurch andere geworden, dass er sich diesem »Examen« nicht nur individuell immer weiter entzieht, sondern kollektiv sogar schon angefangen hat, der Natur seinen eigenen Willen aufzuzwingen. Im Verlauf der kulturellen Evolution des Menschen hat sich dabei auch die Sinneswahrnehmung bereits »vermenschlicht«. In dem Grundkurs für die Waldorflehrer umschreibt Rudolf Steiner dieses Phänomen folgendermaßen:

> »Was uns zunächst in den Sinnen – ganz im Umfang der 12 Sinne – in Beziehung bringt zur Außenwelt, das ist nicht erkenntnismäßiger, sondern willensmäßiger Natur. Es ist in der Tat, indem wir die Dinge ansehen, nichts anderes, als nur in feinerer Weise ein Vorgang vorhanden ähnlich demjenigen, der sich abspielt, wenn wir die Dinge angreifen. Wenn Sie zum Beispiel ein Stück Kreide anfassen, so ist dies ein physischer Vorgang ganz ähnlich dem geistigen Vorgange, der sich abspielt, indem Sie die Ätherkräfte aus Ihrem Auge senden, um den Gegenstand im Sehen zu erfassen.« (STEINER 1919, 3. Vortrag)

Die Einführung des Willensbegriffes in die Sinnestätigkeit durch Anthroposophie ergänzt einerseits die mechanistische Auffassung der Sinneswahrnehmung durch die Berücksichtigung der spezifisch menschlichen, willenshaften Seelentätigkeit, die bis in die Sinneswahrnehmung hineinreicht und sie zu einer Empfindungstätigkeit macht. Doch diesem Umstand muss eben auch die erkenntnistheoretische Beurteilung angepasst werden:

> »Auf Grund dessen, was seine Sinne ihm vermitteln, bildet sich der Mensch Vorstellungen über eine Außenwelt. So entsteht Erkenntnis dieser Außenwelt. In Bezug auf Erkenntnis kann man von Wahrheit und Irrtum sprechen. Entsteht nun der Irrtum bereits im Gebiet der Sinne oder erst da, wo durch Urteil, Gedächtnis usw. Vorstellungen gebildet werden über die Aussagen der Sinne? Man hat ein Recht, von Sinnestäuschungen zu sprechen. Wenn durch eine Unregelmäßigkeit im Ohr oder im Auge ein Schall oder ein Lichteindruck anders erscheinen, als sie bei normaler Bildung der betreffenden Organe sich darstellen, so liegt zum Beispiel Sinnestäuschung vor. Ist es deshalb unberechtigt, was *Goethe* gesagt hat: „Den Sinnen darfst du kühn vertrauen, kein Falsches lassen sie dich schauen, wenn dein Verstand dich wach erhält?" Goethes Satz erweist sich sofort als berechtigt, wenn man folgendes bedenkt. Ein Irrtum, welcher durch Verstand oder Gedächtnis herbeigeführt wird, ist von anderer Art als eine Sinnestäuschung. Die letztere kann nämlich durch den gesunden Verstand korrigiert wer-

246

den. Wenn jemandem durch einen Fehler seines Auges sich ein vor ihm stehender Baum als Mensch darstellt, so wird er erst dann im Irrtum sein, wenn er den Augenfehler nicht korrigiert und etwa in dem vorgetäuschten Menschen einen Feind erblickt, gegen den er sich zur Wehr setzt. Nicht so ist es mit einem Irrtum des Verstandes, denn da ist es dieser Verstand selbst, der irrt, und welcher daher nicht zu gleicher Zeit seine eigenen Fehler korrigieren kann. – Zu wirklichen Irrtümern werden die Täuschungen der Sinne erst durch den Verstand. Diese Unterscheidung ist keine Pedanterie, sondern eine Notwendigkeit.« (STEINER 1910, 2. Kapitel)

In der historischen Situation, in der Rudolf Steiner den oben zitierten Vorschlag machte, den Verstand als Korrektur-Faktor einzusetzen, zielte aber der so genannte »Positivismus« der akademischen Wissenschaften aufgrund seiner materialistischen Ausrichtung darauf ab, den Verstand als Instrument der Wissenschaft möglichst auszuschalten, obwohl (oder weil?) der eingangs zitierte *Immanuel Kant* den demokratischen Bürger noch so dringlich aufgefordert hatte, seinen eigenen Verstand zu entwickeln. Die Fragealternative »oder weil?« kommt hier deshalb in Betracht, weil die eingangs zitierte Kantsche Aufforderung, den eigenen Verstand zu gebrauchen – allzu wörtlich genommen – durchaus auch in die Fantastik führen kann. So glaubte beispielsweise der Logiker und Philosoph *Clarence Irvin Lewis*, Kriterien aufstellen zu können, die Verlässlichkeit in die so genannten »Qualia« der Sinneswahrnehmung einführen könnten und diese damit als eine Grundlage für die empirische Wissenschaft wiederherstellen würden (LEWIS 1929). Er stellte sich die so genannten »Qualia« der Sinneswahrnehmung ganz analog zu den »Atomen« der Physik, das heißt als die kleinsten Teile der Wahrnehmung vor, so dass deren Qualität unveränderlich und damit Kontext-invariabel sei. Die Kontext-Invariabilität der Sinnesqualitäten ist aber naturwissenschaftlich sehr leicht zu widerlegen: Ein bestimmtes Rot, das wir mittags beobachten, erscheint uns zwar abends immer noch als dieses selbige Rot, aber, physikalisch untersucht, ist es aufgrund der zu jeder Tageszeit ganz andersartigen Lichtverhältnisse ein deutlich verschiedener Farbton. Es liegt also unserem Eindruck der »Selbigkeit« des Rotes vom Mittag, das wir am Abend trotz der ganz anderen physikalischen Bedingungen als den identischen Eindruck empfinden, eine *seelische Aktivität* zugrunde, die innerhalb des Seelenlebens selbst viel stärker wirksam ist, als alle objektiv messbaren physikalischen Einflüsse. Ohne diese seelische Aktivität wären wir gar nicht in der Lage, den mittäglichen Eindruck eines bestimmten Rotes am Abend als denselben zu empfinden.

Damit ist für *Thomas Metzinger* klar, dass der Vergleich des »Quale« der Sinneswahrnehmung mit einem physikalischen Atom, den *Clarence Irving Lewis* vorschlug, in die Irre führt. Thomas Metzinger zitiert hierzu *Diana Raffman*, die sich experimentell mit dem menschlichen Unterscheidungsvermögen für Sinnesqualitäten beschäftigt hat. Dabei stellte sich heraus: »Wir [Menschen] sind viel besser darin, Wahrnehmungswerte zu unterscheiden (das heißt, Urteile über Selbigkeit und Unterschiedlichkeit abzugeben), als sie zu identifizieren oder wiederzuerkennen.« (Raffman 1995)

In den genannten Experimenten zeigte sich, dass Menschen zwar augenblicklich sehr viele und sehr fein graduierte Unterschiede zwischen Farbtönen feststellen können. Sie vermögen aber diese Unterscheidungen (und Identifikationen) schon am Tag darauf nicht mehr zu reproduzieren. Um nur ein Beispiel für die Art dieser Experimente zu nennen: War eine Versuchsperson in der Lage, zum Beispiel ein »Grün Nr. 24« von einem »Grün Nr. 25« zu unterscheiden, wenn diese beiden nebeneinander präsentiert wurden, so konnte sie diese Unterscheidung nicht mehr mit genügender Sicherheit aufrecht erhalten, wenn ein ganzer Tag dazwischen lag. Zu ähnlich waren sich diese beiden Grüntöne also, als dass die Versuchsperson am nächsten Tag hätte mit Sicherheit angeben können, ob sie jeweils verschieden oder identisch waren. *Thomas Metzinger* interpretiert diese Tatsache damit, dass den Versuchspersonen einfach die *Begriffe* fehlten, mit Hilfe derer sie sich der jeweils bei simultaner Präsentation empfundenen Unterschiede und Identitäten hätten bewusst werden und auch gewiss bleiben können. Mit dieser Interpretation folgt Thomas Metzinger sicherlich der richtigen Spur zum eigentlich Seelischen, das den Sinnesvorgängen zugrunde liegt.

4. Die Empfindungs-Seele

»In den Sinneswahrnehmungen ist die Grundlage des weiteren Seelenlebens gegeben. Auf Grund der Empfindungen der drei ersten Sinne, ferner der Gerüche, Geschmäcke, Farben, Töne usw. entstehen aus dem Zusammenleben des Menschen mit der Außenwelt die Vorstellungen, durch die sich in der Seele widerspiegelt, was von außen gegeben ist. Es entstehen die Urteile, durch die sich der Mensch innerhalb dieser Außenwelt orientiert. Es bilden sich die Erlebnisse von Sympathie oder Antipathie, in denen sich das Gefühlsleben gestaltet; es entwickeln sich die Wünsche, Begierden, das Wollen. Will man ein Kennzeichen für dieses Innenleben der menschlichen Seele haben, so muss man die Aufmerksamkeit darauf richten, wie es zusammengehalten und gleichsam durchdrungen wird von dem, was man sein eigenes „Ich" nennt. Eine Sinneswahrnehmung wird zum Seelenerlebnis, wenn sie aus dem Gebiete des Sinnes aufgenommen wird in den Bereich des „Ich". Man kann eine gerechtfertigte Vorstellung von diesem Tatbestand erhalten, wenn man die folgende einfache Überlegung anstellt. Man empfindet zum Beispiel die Wärme eines gewissen Gegenstandes. Solange man den Gegenstand berührt, ist eine Wechselbeziehung zwischen dem „Ich" und der Außenwelt vorhanden. In diesem Wechselverhältnis bildet sich im „Ich" die Vorstellung des Wärmezustandes des betreffenden Gegenstandes. Entfernt man die Hand von dem Gegenstande, so bleibt in dem „Ich" die Vorstellung zurück. Diese bildet nun etwas Wesenhaftes innerhalb des Seelenlebens. Man soll nicht versäumen, zu bemerken, dass die Vorstellung das ist, was sich von dem Sinneserlebnis loslöst und in der Seele weiterlebt. – Innerhalb gewisser Grenzen kann nun der Mensch die Erlebnisse, die er mit Hilfe der Sinne macht, und welche sich dann in der Seele fortsetzen, *seine Welt* nennen.« (STEINER 1910, 3. Kapitel)

Durch die Bedeutung der Begriffe für das Erinnern liegt also hier der Schnitt innerhalb des »phänomenalen Bewusstseins«, der das, was schon im Tier als an die nervösen Strukturen des Leibes gebundene Empfindungs- und Bewegungsfähigkeit vorhanden ist, von dem unterscheidet, was man als innere Seelentätigkeit und insofern als Ich-Tätigkeit des Menschen bezeichnen kann.

Indem nämlich der Mensch seine Wahrnehmungen dadurch zu Seelenerlebnissen macht, dass er die Wahrnehmungsqualitäten mit den Gegenständen zu Vorstellungen verknüpft, kann er sie als seine eigene, innere Welt vor dem Vergessen bewahren. Und indem er die mit seiner Wahrnehmung verknüpften Vorstellungen zu einem Glied seines »Ich« macht, beseelt er diesen Teil seines »Empfindungsleibes«. So wird aus diesem ein »rein Seelisches«, die »Empfindungs-Seele«.

Gewiss werden hier manche Tier-Besitzer, -Liebhaber und -Kenner protestieren, weil ihnen ihre Haustiere so erscheinen, als sei das »Sich-Erinnern« keine spezifisch menschliche Fähigkeit, sondern auch den Tieren eigen. Doch die genauere Beobachtung erweist, dass das Tier sich nicht selbst erinnern kann, sondern stets durch äußere Sinnesreize an ein Vergangenes erinnert werden muss. So kann beispielsweise ein Hund, den wir an einer Salami schnuppern lassen, nicht gleichzeitig an saure Gurken denken, was für uns Menschen keine besondere Schwierigkeit bedeutet. Eher müssen wir zugeben, dass es uns außerordentlich schwer fällt, uns abstrakte Begriffe »unsinnlich« vorzustellen: Man denke dabei nur daran, wie schwer es ist, sich ein Dreieck ganz und gar abstrakt, ohne irgendwelche sinnlichen Merkmale vorzustellen. Aber selbst das legendäre »Elefanten-Gedächtnis« wird nur im Wieder-Erkennen, also erst dann offenbar, wenn der Elefant nach Jahren einem bestimmten Menschen erneut begegnet.

Dem steht sehr deutlich gegenüber, wie wir zum Beispiel musikalische Erlebnisse als Melodien erinnern können, sobald wir die darin enthaltenen Ton-Intervalle in »Begriffe« verwandelt haben. So handelt eine Legende davon, dass der große Komponist Wolfgang Amadeus Mozart in seiner Jugend einmal ein sehr schlechtes Gewissen bekommen hat, weil er ein vatikanisches Konzert von eineinhalb Stunden

Dauer aus dem Gedächtnis niederschrieb, obwohl die Noten als geheim galten. Ohne seine Begriffe von den Ton-Intervallen hätte Mozart das nicht gekonnt. Ob er aber ohne diese Begriffe nie seine großartige eigene Musik hätte komponieren können, muss offen gelassen werden.

In gewisser Hinsicht gibt es sogar hierzu gegenteilige Indizien. Die Entstehung des Gefühls im Zusammenhang mit der Sinneswahrnehmung unterliegt ganz anderen Gesetzen als die Entstehung von Urteilen. Wolfgang Amadeus Mozart konnte die Intervalle als »Begriffe« (d. h. als Urteile) erinnern. Was sind Urteile? Wenn ich mir zum Beispiel ein rot getupftes weißes Kleid vorstelle, dann liegt darin noch kein Urteilen, sondern nur ein Vorstellen. Erst wenn ich feststelle, dass es dieses Kleid tatsächlich in der äußeren Wirklichkeit, also außerhalb meiner eigenen Seele gibt, wird daraus ein Urteil. Natürlich kann das Urteilen auch in der dazu entgegengesetzten Richtung vollzogen werden: Ich stelle fest, dass der vorgestellte Gegenstand außerhalb meiner Seele *nicht* existiert. (Wer hat nicht auch dies schon als Beglückung erlebt, zum Beispiel beim Erwachen aus einem Alptraum?) Musikalische Gefühlserlebnisse werden aber gerade dann am stärksten, wenn wir nicht urteilend, sondern träumend-sehnsüchtig lauschen; denn wo wir urteilen, endet unsere Leidenschaft mit der Entscheidung für das Urteil. Das Begehren andererseits sucht nach seiner Befriedigung im Gefühl. Solange das Gefühl besteht, ist dieses also der Hinweis darauf, dass die Befriedigung des Begehrens noch nicht abgeschlossen ist.

Gefühle sind Begehrungen, die noch unerfüllt sind und deshalb nie »langweilig« werden, sondern immer subjektiv »interessant« bleiben. (Das Wort »Begehrungen« mag befremdlich erscheinen. Dies liegt aber ausschließlich daran, dass der Mensch im öffentlichen Diskurs seit Jahrzehnten – speziell in Bezug auf sein Willensleben – als ein höheres Tier gesehen wird. Dieser Ansicht zufolge entstammen die Willensimpulse bei Mensch und Tier ausschließlich den Begierden des Leibes, also den Naturzusammenhängen. Beim Menschen kann aber das Begehren auch ein Motiv aus geistigen, das heißt, aus moralischen Zusammenhängen sein. Dieser Unterschied erfordert eine andere psychologische Terminologie[1].

In gewisser Weise konkurriert also im Menschen das Urteilsvermögen des »Ich« mit dem Begehrungsvermögen des Empfindungsleibes um die Wahrnehmungsin-

---

[1] Anhand eines konkreten Beispiels soll ersichtlich werden, dass das menschliche Willensleben nicht nur natürliche, sondern auch spirituelle Impulse enthält: Ein Arzt erhält die Anfrage, ob er einen jüngeren Kollegen in seine Praxis zur Bildung einer Praxisgemeinschaft aufnehmen könne. Die Vereinbarung kommt unter der Bedingung zustande, dass nicht nur die Unkosten gemeinsam getragen werden, sondern auch die Sorge um die spirituelle Entwicklung der Praxis. Dazu wird für jeden Mittwoch vormittags eine gemeinsame Fortbildungskonferenz eingerichtet. Wenige Tage nach Ablauf der dreijährigen Probezeit bricht der jüngere Arzt die gemeinsame Fortbildungskonferenz ab und gibt zu, sein Interesse an derselben über drei Jahre hinweg nur geheuchelt zu haben, um die finanziellen Vorteile der Praxisgemeinschaft nutzen zu können. Diese Offenbarung erzeugt in dem älteren Arzt das sehr schmerzhafte Gefühl einer spirituellen Enttäuschung.

halte, indem das Ich dem Empfindungsleib die Vorstellungen durch deren Verwandlung in abgeschlossene Urteile – beinahe wie ein Parasit – entzieht. Denn das Abschließen des Urteiles führt uns aus der Seele heraus in die Anwendung seiner Ergebnisse auf die Außenwelt. Bei dem Begehren ist dies umgekehrt: Da fällt nicht der Anfang, der tief unterbewussten Ursprunges ist, sondern das Ende, die Befriedigung, in das bewusste Seelenleben herein.

Aus dem Gleichgewicht der Begehrungen des Empfindungsleibes mit den Urteilen des »Ich« ergibt sich ein dynamisches Verständnis der unterschiedlichsten Gefühle: Dem Gefühl des Staunens, und noch mehr der Überraschung, liegt dynamisch zugrunde, dass das Ich mit seinen Urteilen hinter dem Begehren des Empfindungsleibes nicht nachkommt. Beim Gefühl des Zweifels ist das Gegenteil der Fall: Dem Begehren steht eine solche Übermacht der Urteile gegenüber, dass Gefühle des Zweifels, wenn nicht sogar der Niedergeschlagenheit oder Verzweiflung entstehen, je nachdem wie stark das Begehren noch ist, nachdem es den Kampf gegen die Urteile verloren hat. Oder dieses Ungleichgewicht tritt so rasch ein, dass Furcht aufkommt. Bei dauernder Niedergeschlagenheit, Resignation, Verzweiflung oder Furcht wird gern zur Flasche gegriffen, um die Urteilstätigkeit zu vermindern oder ganz auszuschalten. Das nennt man dann »sich Mut antrinken« oder »Gefühle manipulieren«, was aber beides nicht exakt ist, da nicht das Gefühl, sondern nur das Urteilsvermögen vermindert wird. Bei dem Gefühl der Hoffnung andererseits stehen Begehren und Urteilen in ausgewogenem Gleichgewicht, und Leichtsinnigkeit kann auch ohne Alkohol entstehen, wenn das Begehren so groß ist, dass es das Urteilen außer Kraft setzt. So erweisen sich Gefühle als das jeweilige Resultat des Zusammenspiels aus Wille und Urteil, als deren Extreme die Resignation (»Es ist eben so, wie es ist.«) und die Wut (»Es reicht! Das Maß ist voll!«) zu nennen sind.

Das menschliche Seelenleben ist insofern ein »Kampfplatz« der Begehrungen und Urteile. Auf der einen Seite haben wir die Neigung des Empfindungsleibes, die Wahrnehmungsinhalte zu lieben oder zu hassen, und das Gefühlsleben in dieser Spannung erblühen zu lassen. Diesem belebenden Element des Spieles der Emotionen steht aber die Neigung des Ich gegenüber, zu einer raschen Entscheidung zu kommen, die sich durch das Urteilen in der relativen Abgeschlossenheit der Vorstellungen auskristallisiert. Diese für das Seelenleben abtötende Neigung zum Urteilen ist, wenn sie dominant wird, die Ursache der Langeweile oder des Grübelns, was die Lebensfreude lähmen und den Menschen krank machen kann. Dem Tier fehlen sowohl die Langeweile als auch das Grübeln, da es kein urteilendes »Ich« hat. Sein Seelenleben findet es durch die Dominanz des Begehrens immer »interessant«. Das Tier kann also aus seiner mangelnden Urteilsfähigkeit die Freiheit des Menschen nicht erreichen. Der Mensch andererseits setzt sich durch die Dominanz des Urteilens, bei dem das Begehren zu kurz kommen kann, einer Krankheitstendenz aus, die ihn leiblich und seelisch ausdörrt. Deshalb wird eine allzu philosophische oder wissenschaftliche Literatur, da sie immer auf Urteile hinausläuft, von jungen Menschen zumeist als »langweilig« empfunden. Hingegen wirkt ein »saftiger« Schreibstil, wie zum Beispiel die Dichtung Goethes oder Shakespeares, aber auch Goethes Wissenschaft, die reich an lebendigen, das heißt reich an noch nicht abgeschlossenen, noch wachstumsfähigen Vorstellungen ist, gesundend.

Anthroposophie sieht also einerseits fließende Übergänge zwischen dem Leiblichen und dem Seelischen, während sich ein Kampf zwischen dem »Empfindungsleib« und dem »Ich« abspielt. Sie unterscheidet aber andererseits sehr genau innerhalb des Seelenlebens zwischen dem, was in abgeschlossene Urteile übergeführt wird, und dadurch das »Ich« stärkt, und dem, was begehrend empfunden wird, und so den Empfindungsleib kräftigt.

5. Das rationale Bewusstsein der Verstandes-Seele

Der so genannte *Neckersche Würfel* ist ein besonders gutes Mittel der psychologischen Selbstbeobachtung, das uns verdeutlicht, wie Begriffe in der Seele gebildet werden. Wir können uns beim Betrachten dieses Würfels auf dreierlei Weise verhalten:

1. Indem wir zunächst den Würfel anhaltend und aufmerksam betrachten. Dabei tritt folgende Merkwürdigkeit auf: Nach etwa 4 Sekunden kippt die Perspektive um, und dies unabhängig davon, ob wir zunächst das Quadrat links unten, oder zunächst das Quadrat rechts oben für die Vorderfläche des Würfels gehalten haben. Etwa 4 Sekunden dauert aber auch eine durchschnittliche Atemperiode aus Ein- und Ausatmen, denn die normale Atemfrequenz liegt bei etwa 15 Atemzügen pro Minute. Es besteht also eine Parallelität zwischen dem »Kippen« der Perspektive und dem Atmungsrhythmus!

2. Es gibt nun eine zweite Verhaltensweise: Man schickt die Willkür so in das Schauen, dass man das Kippen von der einen in die andere Perspektive möglichst beschleunigt. Erfahrungsgemäß (PÖPPEL 1997) liegt die höchstmögliche Frequenz des willkürlichen Kippens der Perspektive zwischen 1- und 2-mal pro Sekunde. Das entspricht ungefähr dem normalen Herzschlagrhythmus von 60–120, also dem Bereich, den der Herzpuls im Alltag zwischen dem entspannten Sitzen mit einem Herzrhythmus von etwa 60/Minute und einem kräftigen Treppensteigen mit einer Pulsfrequenz bis etwa 120/Minute ausfüllt.

3. Eine dritte Verhaltensweise ist die folgende: Man »starrt« den Würfel nur »an« und denkt dabei an etwas anderes, schenkt ihm also keinerlei Aufmerksamkeit. Dies ist der einzige »Trick«, durch den man sowohl das Ent-

stehen einer Perspektive als auch deren späteres »Kippen« verhindern kann (PÖPPEL 1997).

Was sagen uns diese Experimente? Klar ist, dass in dem, was uns der Sehsinn hier liefert, von Anfang an schon das Urteilen mitspielt. Schon der erste, uns bewusst werdende Eindruck hat die Form eines Urteils: »Würfel«. Doch dies Letztere kann uns nicht der Sehsinn als solcher gesagt haben, denn er liefert nur die Farben, die hier »Schwarz« und »Weiß« sind. Die »Würfelgestalt« ist hingegen schon ein synthetischer, wir können auch sagen ein »symbiontischer« Bewusstseinsinhalt. Gestaltwahrnehmung ist keine primäre Sinnesqualität, sondern nur möglich durch die Verknüpfung, man kann auch sagen durch die »Symbiose« des Sehsinnes mit dem Eigenbewegungssinn. Diese Symbiose zweier Primärsinne kommt unterbewusst zustande, indem wir unsere dreidimensionalen Augenbewegungen mit einbeziehen beim eindimensionalen Verfolgen der schwarzen Linien auf dem zweidimensional, nur als Fläche erlebten, weißen Hintergrund. Während uns also der Sehsinn selbst nur das Phänomen »Farbe« liefert, und der Eigenbewegungssinn uns in den Raum hineinstellt, führt die unterbewusste Zusammenarbeit dieser beiden Primärsinne zum dreidimensionalen Erlebnis der »Gestalt« eines Gegenstandes (STEINER 1919, 3. Vortrag).

Unterbewusst verbinden sich also bei jedem »Sehen« der Gestalt eines Gegenstandes die Erlebnisse des Eigenbewegungssinnes im dreidimensionalen Raum mit dem über den Sehsinn wahrgenommenen, hier also mit »Schwarz« und »Weiß«, zu dem unterbewussten Urteil einer Gestalt. Es gibt also gar keinen »Gestaltsinn« als Primärsinn, sondern nur die »Symbiose« eines Sinnes mit einem anderen. Die Verbindung dieser beiden Sinne führt unterbewusst das Urteil einer »Würfelgestalt« herbei. Weitere, häufig zu erlebende Beispiele für solche unterbewusste »Urteile« des Eigenbewegungssinnes in der Zusammenarbeit mit je einem höher bewussten Sinn sind die Symbiosen mit dem Hörsinn (beim räumlichen Hören) oder dem Tastsinn (beim räumlichen Tasten).

Ein Gefühl veranlasst uns, die Vorderseite des Neckerschen Würfels entweder links unten oder rechts oben zu »sehen«. Mit welchem Recht sagen wir: ein Gefühl? Weil wir uns das Gefühl für die Gestalt des Würfels erst aus dem Gleichgewicht zwischen dem Urteil des Sehsinnes und dem Begehren des Eigenbewegungssinnes unterbewusst zubereiten. Alle drei Seelenfähigkeiten: Denken, Fühlen und Wollen spielen also im Sinnesakt zusammen:

> »Nun müssen wir darauf Rücksicht nehmen, dass bei aller unserer Beobachtung der Welt etwas zuerst auftritt, auch alle Psychologien beschreiben es als das erste, das bei der Weltbeobachtung auftritt: das ist die Empfindung. Wenn irgendeiner unserer Sinne in Zusammenhang kommt mit der Umwelt, so empfindet er. Wir empfinden die Farbe, die Töne, Wärme und Kälte« [...] »Welcher der Seelenkräfte ist denn eigentlich die Empfindung am meisten verwandt? – Die

Psychologen machen sich die Sache leicht, sie rechnen die Empfindung glattweg zu dem Erkennen und sagen: Erst empfinden wir, dann nehmen wir wahr, dann machen wir uns Vorstellungen, bilden uns Begriffe und so weiter. – So scheint ja auch der Vorgang zunächst zu sein. Nur nimmt man dann darauf keine Rücksicht, welcher Wesenheit eigentlich die Empfindung ist. Wenn man die Empfindung wirklich in genügender Selbstbeobachtung durchschaut, so erkennt man: die Empfindung ist willensartiger Natur mit einem Einschlag von gefühlsmäßiger Natur. Sie ist zunächst nicht verwandt mit dem denkenden Erkennen, sondern mit dem fühlenden Wollen oder dem wollenden Fühlen. Ich weiß nicht, wie viele Psychologien – man kann natürlich nicht alle die unzähligen Psychologien, die es in der Gegenwart gibt, kennen – irgend etwas von der Verwandtschaft der Empfindung mit dem wollenden Fühlen oder dem fühlenden Wollen eingesehen haben. Wenn man sagt, dass die Empfindung mit dem Wollen verwandt ist, so ist das nicht genau gesprochen, denn sie ist mit dem wollenden Fühlen und dem fühlenden Wollen verwandt.« (STEINER 1919, 7. Vortrag)

Es liegt also in der Anthroposophie eine Psychologie vor, die prinzipielle Definitionen oder Grenzen vermeidet, um sich nicht blind für fließende Übergänge zu machen zwischen dem, was in der Seele vorstellend-rationalistisch, was gefühlhaft und was willenshaft wirksam ist. Denn »Rationalismus« ist durch seine Neigung, alles definieren zu wollen, keineswegs so restlos »rational«, wie er zu sein glaubt.

Wie kommt aber der rhythmische Perspektivenwechsel zustande, für den der Neckersche Würfel so berühmt geworden ist? Hierzu passt nun die folgende Passage aus einem Kurs für Naturwissenschaftler, den Rudolf Steiner 1921 gab:

»Wenn wir den Atmungsprozess betrachten, so wird, indem wir die Luft aufnehmen, unser Organismus so beeinflusst, dass durch die Atmung das aus Rückenmark und Schädelhöhle auslaufende Gehirnwasser nach oben gedrängt wird. Sie müssen ja berücksichtigen, dass wir unser Gehirn in Wirklichkeit durchaus schwimmend haben im Gehirnwasser, dass es dadurch einen Auftrieb hat und so weiter. Wir würden gar nicht leben können ohne diesen Auftrieb [weil das Gehirngewicht von ca. 1400g sonst die Blutgefäße an der Gehirnbasis komprimieren würde, Anm. d. Verf.]. Aber davon wollen wir jetzt nicht sprechen, sondern nur davon, dass wir ein gewisses *Nachaufwärtsbewegen des Gehirnwassers beim Einatmen* haben, ein *Abwärtsbewegen beim Ausatmen*. So dass also wirklich der Atmungsprozess auch in unseren Schädel hineinspielt, in unseren Kopf hineinspielt, und dass dadurch ein Prozess geschaffen wird, der durchaus ein Zusammenwirken, ein Ineinanderwirken darstellt desjenigen, was Nerven-Sinnesvorgänge sind, mit den rhythmischen Vorgängen.« (STEINER 1921, 4. Vortrag)

254

Nicht erst, wenn wir denken, sondern bereits dann, wenn wir einem sinnlichen Gegenstand unsere besondere Aufmerksamkeit widmen, ihn dadurch aus der allgemeinen Sinneswirklichkeit herausheben, ihn absondern, ziehen wir einen Schluss: Die Perspektive des *Neckerschen Würfels* ist zuerst nur ein »Schluss«, denn ohne diese Fokussierung der Aufmerksamkeit passiert gar nichts. Ein wenig später (spätestens nach 4 Sekunden!) fällen wir ein »Urteil«, dessen wir uns spätestens dann bewusst werden, wenn die erste Perspektive, die durch unser »Urteil« erzeugt wird, wieder verloren geht, indem sie »kippt«. Und danach erst wird uns der Neckersche Würfel zum »Begriff« einer rhythmisch kippenden Perspektive (STEINER 1919, 9. Vortrag). Die Empfindungs-Seele lebt also in der Sinneswahrnehmung und bildet Begriffe. Diese sind aber noch nicht logisch verknüpft. Ihre Bewusstseins-Struktur steht also noch auf der Stufe der altägyptischen Bilder- oder auch Hieroglyphen-Schrift. Erst die Verstandes-Seele, deren Evolution besonders durch die hebräische Kultur beschleunigt wurde und ihren Höhepunkt im Griechentum erreichte, erbrachte die Verknüpfung der Begriffe durch die Logik.

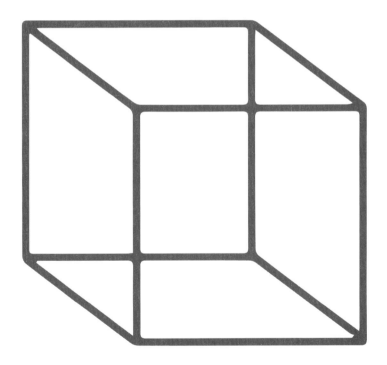

Abb. 2: Der Neckersche Würfel (aus PÖPPEL 1997: 65)

6. Das ästhetische (künstlerische) Bewusstsein

In Bezug darauf, welche Dimension die Farben haben, waren wir bisher noch ungenau: Farbe ist nur »unräumlich«, wenn sie als »Licht« wirksam ist. Dies ist zum Beispiel im so genannten »*Nucleus suprachiasmaticus*« der Fall. Der *Nucleus suprachiasmaticus* befindet sich an der vorderen Basis des Gehirns, direkt oberhalb der Sehnerv-Kreuzung (am so genannten Chiasma opticum) und übernimmt den Hell-Dunkel-Rhythmus des Tageslichtes direkt aus dem Sehnerv. Er synchronisiert damit das rhythmische System des Menschen (und auch der Tiere) – tief unterbewusst – mit dem Hell-Dunkel-Rhythmus des uns umgebenden Kosmos. Der Licht-Rhythmus wirkt also sehr stark auf das menschliche Willensleben insofern, als er sowohl unsere Leistungs- als auch unsere Schlafbereitschaft beeinflusst. Wollen wir aber »Licht« bewusst wahrnehmen, so ist es uns nur als der Widerschein, als der Abglanz des Lichtes, als »gebrochenes« Licht wahrnehmbar, als das, was wir gemeinhin »Farbe« nennen. (Johann Wolfgang von Goethe macht uns dies in der 1. Szene des 2. Teiles seines »Faust« deutlich, als Faust sich, vom Augenschmerz durchdrungen, von der Sonne ab- und den Farben des Regenbogens zuwendet, der am Wasserfall entsteht.) Farben entstehen erst bei der »Brechung« des Lichtes an einer Kante, wie sie im Prisma oder im Wassertropfen erzeugt wird, durch Beugung oder durch selektive Reflexion auf Flächen, die uns dadurch farbig erscheinen (KÜHL 2011). Insofern war die Angabe, dass der *Neckersche Würfel* uns in den Farben »Schwarz« und »Weiß« erscheint, noch ungenau: Wir haben in rationalistischer Weise die Aufmerksamkeit in *Ernst Pöppels* Experiment sofort dem »Urteil« einer Würfelgestalt zugewendet, und das »Schwarz« und »Weiß« dabei nur als die Kontrastwirkung des Hintergrundes mit den Konturen des Würfels wahrgenommen, nicht jedoch als Farben erlebt.

Im Unterschied zu Licht als »Wille« (das unterbewusst unsere Schlafbereitschaft mit den kosmischen Rhythmen synchronisiert) kann Licht als »Farbe« eindimensional in der Linie, oder zweidimensional in der Fläche wahrgenommen werden. Um die dritte Dimension, die Raumestiefe der Farben zu erleben, bedarf es einer besonderen Seelenverfassung, die auch die Willensseite der Farben sichtbar macht. Dies erreichen wir, wenn wir die Farbwirkung träumend-unterbewusst, wenn wir die »Farbperspektive« erleben: »Rot« erscheint uns »näher« im Vergleich zu »Blau«, (vergleiche *Abb. 3* mit *Abb. 4*). »Gelb« wirkt »grell«, »strahlend« oder »stechend« und erscheint uns insofern noch »näher« als das Rot (siehe *Abb. 5*). Typisch für die Farbperspektive des »Blau« ist, dass es wie »unendlich fern« erscheint (siehe *Abb. 4*).

Bereits *Kandinsky* hat diese Räumlichkeit der Farben beschrieben, die als Selbstverständlichkeit in der perspektivischen Malerei hingenommen wird und deshalb so leicht unbeachtet bleibt, obwohl (oder weil) sie eine ganz eigene Tätigkeit des Seelenlebens erschließt, die Tätigkeit des »ästhetischen Menschen« (KANDINSKY 1911).

5

Den europäischen Malern wurde die Farbperspektive erst im 15. Jahrhundert bewusst, also in der Zeit, als man den flachen Goldhintergrund durch Landschaften ersetzte. Dieser Übergang markiert aus anthroposophischer Sicht den Beginn der jetzigen Geschichtsepoche, den Beginn der »Bewusstseinsseelenentwicklung« (EWERTOWSKI 2007).

Rudolf Steiner hat daraus eine eigene Kunst-Auffassung entwickelt, die zwar die Begriffe »Impressionismus« und »Expressionismus« in einem grundlegenden Sinne gebraucht, dies aber unabhängig von den Maltechniken und Bildinhalten der historisch mit diesen Namen verbundenen Kunststile des 19. und 20. Jahrhunderts (siehe auch: STEINER 1888–1921, 1914–1915, 1914–1924, 1916, GÖBEL 1982).

Die von *Kandinsky* beschriebenen seelischen Farbwirkungen können durch Selbstbeobachtung in der begrifflichen Doppelheit des »Impressionismus« und des »Expressionismus« als Grundlage des Kunstschaffens und auch als Grundlage der Kunstwirkung auf den Menschen durch Selbsterfahrung erforscht werden. Nehmen wir hierzu nochmals die Farbe »Rot«, aber nun in doppelter Hinsicht: »Rot« kann einerseits als »äußerer Akteur«, andererseits aber auch als *innere Gefühlsstimmung* aufgefasst werden. Als »äußerer Akteur« kündet Rot von einer Kraft, die in der Natur wirksam ist, zum Beispiel dann, wenn morgens die Sonne aufgeht: Es wird das Rot der aufgehenden Sonne (wenn die seelische Verfassung des Betrachters auf ein ästhetisches Empfinden eingestellt ist) ganz anders als zum Beispiel das Abendrot erlebt. Das Morgenrot wirkt auf unser seelisches Erleben wie eine Kraft, die uns weckt, uns mit Wärme durchdringt, uns angreift, uns aber auch erdrücken könnte, hätten wir ihr nicht den entsprechenden Widerstand entgegenzusetzen (Man denke hierbei nochmals an das Ende der 1. Szene im 2. Teil von Goethes »Faust«, als der Augenschmerz Faust dazu zwingt, dem Sonnenaufgang den Rücken zuzukehren.). Dieses Kraft-Erlebnis der Farbe »Rot«, das Rot als eine Bildekraft der Natur offenbart, ist ein Beispiel für das »impressionistische« Auffassen der Farben, das uns befähigt, das Wirken der Naturkräfte durch ihre Farben zu erfahren. Durch diese Betrachtungsart erleben wir beispielsweise bei »Blau« eine zu Rot entgegengesetzte Naturkraft: Blau weicht vor unserem Blick zurück und lässt uns den Sog der »Leere« erleben, die uns schwächt. Blau kann uns das »Gähnen der Leere« zeigen, die unseren Willen zu lähmen droht (siehe *Abb. 4*).

Die »impressionistische« Seelenverfassung gibt uns also eine Wahrnehmung der Bildekräfte, die in der Natur schaffend wirksam sind, gibt uns einen Eindruck von dem in der Natur schaffenden Geist. Der in der Natur schaffende Geist ist nicht vorstellungshaft, nicht »kognitiv«, sondern willenshaft, also *unmittelbar*, aber nicht bewusst, sondern unterbewusst wirksam. Die »expressionistische« Auffassung der Farben andererseits verhält sich dazu polar, man kann auch sagen, komplementär. »Expressionistisch« wird die Farbe »Rot« nicht als Naturkraft, sondern als *innere moralische Belebung*, als *Zentrierung des eigenen Willens*, als *innere Aufrichtekraft* erlebt, die sich bis zur *Emotion des Zornes* steigern kann. Unter Moral wird hier deshalb nicht die normative Konvention, sondern der freie innere Umgang mit den Kräften des Bösen und des Guten verstanden, also *die Kraft der Phantasie, die dem Menschen seine innerliche Aufrichtung gibt.* Man kann deshalb auch sagen: Im »expressionistischen« Erlebnis werden die Farben nicht als naturgeistig, sondern als innerlich-seelisch, als die Kraft der eigenen Emotion erlebt, die uns im Handeln motiviert.

Auch das Wesen des »Blau« lässt sich nicht nur impressionistisch als ein Zurückweichen, sondern auch expressionistisch erleben: Blau ist expressionistisch die Kraft der Sehnsucht, das Begehren des Nicht-Vorhandenen. In der Gegenwartskunst wird diese Sehnsucht vor allem musikalisch ausgedrückt: »You don't know what love is, until you've learned the meaning of the blues« beginnt eine der berühmtesten Balladen des Jazz, und es mag sehr wohl angehen, das Wort »Saudade« in seiner brasilianische Bedeutung als »Blues« zu übersetzen. B. B. King antwortete auf die Frage, ob es ihn nicht traurig macht, immer nur Blues zu spielen: »Ganz im Gegenteil, es macht mir Freude.« Die »Blaue Blume« wurde von keinem Geringeren als Goethe ins Leben gerufen, der seinem Entwicklungsroman »Wilhelm Meisters Lehrjahre« Mignons Lied einfügte:

> »Nur wer die Sehnsucht kennt,
> Weiß, was ich leide!«

Diesen Hinweis verdanke ich Wolfram Hogrebe (2006), der mir auch den Bezug des expressionistischen »Blau« zum klassischen Mythos von Orpheus und Eurydike wies: Orpheus, dem irdischen Sohn der Muse Kalliope und des Apoll, gelingt es, durch die machtvolle Wirkung seines Gesanges, die Herrscher der Unterwelt umzustimmen, und ihm die geliebte, an einem Schlangenbiss verstorbene Eurydike, wiederzugeben. Dies ist aber an die Bedingung geknüpft, dass er sich auf dem Rückweg nach der Oberwelt zu der ihm folgenden Eurydike nicht umdreht. Doch Angst und Verlangen überwältigen den gewaltigen Sänger, der sich seiner Geliebten vergewissernd zuwendet, und so geht sie ihm auf immer verloren.

Was nützen uns Mythen? – Für den rationalistischen modernen Menschen ist der Begriff des »Mythos« ein Synonym für irrtümliche Überzeugungen (z. B. in dem Buchtitel »Mythos Übergewicht« von Achim Peters 2013). Versteht man die Mythen der klassischen Antike aber nicht als Interaktion mehrerer Menschen, was sie ja durchaus bei oberflächlicher Betrachtung zu sein scheinen, sondern als innerseelische Vorgänge, so werden sie zu Wegen der psychologischen Selbsterkenntnis: Sehnsucht wirkt als schöpferische Kraft im Menschen, vermittels derer der Wille zukünftiges Leben ergreift. Doch das urteilende Denken als solches ist stets der Vergangenheit zugewendet. Wir haben diese beiden Seelenkräfte des Urteilens und des Begehrens bereits beschrieben. Und so gewinnt in der ovidschen Fassung des Mythos die Angst die Übermacht über das Begehren, denn der Rückblick dörrt die schöpferische Seele aus. So nannte Goethe seine Urworte »orphisch«, da er sie wohl als Vermächtnisse an die Zukunft schuf (GOETHE 1827).

Die Konstellation der Bewusstseinskräfte im rationalistischen modernen Menschen ist für das Kunstschaffen und Kunstgenießen gleichermaßen unfruchtbar. Ja, man muss sogar feststellen: Der Mensch muss sein eigenes »Ich« (und ebenso das »Ich« des Künstlers, dessen Kunstwerk er genießt) vergessen, wenn er im künstlerischen Sinne »ästhetisch« empfinden oder schaffen will. Ein Mensch, der beim Anblick eines Kunstwerkes sofort empfindet: »typisch van Gogh« oder als schaffender Künstler: »Was bin ich doch für ein Genie!«, ist insofern noch *nicht* in der hier gemeinten »ästhetischen« Seelenverfassung. Menschen, die sich in der Seelenverfassung des Intellektualismus definieren, müssen wegen dieses Unterschiedes zwischen »wissenschaftlicher« und »künstlerischer« Seelenverfassung jede wahre Kunst als »unwahr«, als »Lüge« oder gar als »krankhaft« empfinden. Die seelische Verfassung des »ästhetischen« oder auch »künstlerischen« Menschen ist also mal mehr fühlend-impressionistisch, mal mehr wollend-expressionistisch, eigentlich aber stets beides zugleich, also mal fühlend-wollend, mal wollend-fühlend. Und sie endet in dem Augenblick, in dem sich der Übergang zum moralischen Urteil oder zum wissenschaftlichen Begriff in der Seele vollzieht.

Insofern wirkt der anthroposophische Kunstbegriff auch im sozialen Leben ganz anders, als das, was traditionell unter »Kunst« verstanden wird: Traditionell unterscheidet man die »Künstler« und die »Nicht-Künstler«. »Kunstschaffende« und »Kunstgenießende« sind aber in dieser neuen, hier vertretenen, anthroposophischen Kunst-Auffassung identisch! Jeder »Kunstgenießende« ist zugleich auch ein »Kunstschaffender«, denn ohne die Verwandlung der seelischen Konstitution kann es keine Kunst geben.

Die von *Kandinsky* beschriebenen »geistigen« Farbwirkungen können also nur bei Eintreten einer ganz bestimmten Seelenverfassung erlebt werden, die im musikalischen Hören vergleichsweise leichter erreicht wird: Ohne Mühe können wir uns »raue« oder »sanfte« (als Symbiose des Tastsinnes mit dem Hörsinn), »dunkle« oder »helle« (durch Symbiose des Sehsinnes mit dem Hörsinn), »liebliche«, »heroische« oder »bedrohliche« Töne vorstellen (Letzteres durch ein »moralisches«, also expressionistisches Erleben der Töne), ohne die eine Musik ausdruckslos wäre. Für den Musikgenießer ist dies selbstverständlich, auch dann, wenn es ihm unterbewusst bleibt.

»Das Erleben des Musikalischen beruht auf einem Fühlen. Der Inhalt des musikalischen Gebildes aber lebt in dem Vorstellen, das durch die Wahrnehmungen des Gehörs vermittelt wird. Wodurch entsteht das musikalische Gefühls-Erlebnis? Die Vorstellung des Tongebildes, die auf Gehörorgan und Nervenvorgang beruht, ist noch nicht dieses musikalische Erlebnis. Das letztere entsteht, indem im Gehirn der Atmungsrhythmus in seiner Fortsetzung bis in dieses Organ hinein, sich begegnet mit dem, was durch Ohr und Nervensystem vollbracht wird. Und die Seele lebt nun nicht in dem bloß Gehörten und Vorgestellten, sondern sie lebt in dem Atmungsrhythmus; sie erlebt dasjenige, was im Atmungsrhythmus ausgelöst wird dadurch, dass gewissermaßen das im Nervensystem Vorgehende heranstößt an dieses rhythmische Leben.« (STEINER 1917)

Die besondere Seelenverfassung des künstlerischen Hörens und Sehens wird in der Anthroposophie *Rudolf Steiners* als die »*künstlerische Seelenverfassung*« bezeichnet. Sie ist der Inhalt der »Gemütsseele«, die mit der »Verstandesseele« zusammen das zentrale Seelenglied des Menschen konstituiert (STEINER 1904). Die »*künstlerische Seelenverfassung*« *oder auch* »Gemütsseele« ist die Grundlage des dritten Mysteriums der menschlichen Kultur, ist die Grundlage des Mysteriums der Selbsterkenntnis, der Selbsterziehung und der Selbstheilung durch Kunst.

Es lohnt sich, das ästhetische vom epistemischen Urteilen zu unterscheiden: Beim epistemischen, erkennenden Urteilen, ist die Wahrheit das Ideal. Die Wahrheit muss unabhängig, das heißt auch außerhalb des Ich, mit anderen Worten ausgedrückt: muss absolut unselbstisch, unegoistisch als Urteilsentscheidung gefunden werden. Das »Ich« muss sich in diesem Fall den »Fakten« beugen, muss den Urteilen gegenüber kapitulieren. Wie ist dies aber bei der Schönheit?

Auch im künstlerischen Tun und Betrachten fließt das Begehren bis an die Seelengrenze nach außen, kommt aber von dort weder als Begehrung, noch als Gefühl, sondern als das Urteil zurück: Dies ist schön. Es kommt uns also etwas zurück, das uns die Außenwelt gar nicht geben, die Außenwelt nicht einmal entscheiden kann: Wir selbst kommen uns im ästhetischen Urteil wieder zurück. Wir geben uns selbstlos hin und werden uns selbst durch die eigene Wahrheit zurückgegeben. Das ist der Unterschied gegenüber dem epistemischen Urteil, dass das ästhetische Urteil ebenso eine selbstlose Wahrheit enthält, dass aber diese Wahrheit zugleich den Selbstsinn stärkt, anstatt ihn zu schwächen. So setzen sich im ästhetischen Betrachten Begehrungs- und Urteilskräfte frei mit sich selbst auseinander, denn in dem Schönen fällt die Begehrung unmittelbar mit dem Urteil zusammen. Wie ein freies Geschenk werden wir uns selber im ästhetischen Betrachten zurückgegeben. Das ist die Grundlage jeder Kunst-Therapie. Deshalb ist die kunst-therapeutische Wirkung nur in der unmittelbaren Gegenwart des Betrachtens oder unmittelbar im Schaffen eines Kunstwerkes erzielbar. Aber es gibt andererseits kaum eine andere Gelegenheit, bei der die Bedingung für ein gesundes Seelenleben so stark entwickelt werden kann wie in der Hingabe an das Schöne.

So ist das ästhetische Bewusstsein die eigentliche Grundlage des Menschseins und man kann daher auch sagen: Dies ist die Grundlage der Menschlichkeit, oder anders ausgedrückt: Dies ist der Urgrund der Würde des Menschen. *Goethe* konnte also mit Recht behaupten:

> »Wer Kunst und Wissenschaft hat, der hat auch Religion. Wer beides nicht hat, der *habe* Religion!« (Goethe: Zahme Xenien IX)

Doch wie kann man diesen anthroposophischen Kunst-Begriff auf eine psychologische Grundlage stellen?

In einem Vortrags-Zyklus über die Zukunftsmission der Kunst greift Rudolf Steiner hierzu auf Ideen der klassischen Antike zurück, wohl auch deshalb, weil in der intellektualistischen Gegenwart unter »Bewusstsein« mehrheitlich nur die »kognitive« oder – ebenso einseitig – zum Beispiel bei *Antonio Damasio*, nur die »emotionale« Seite des menschlichen Seelenlebens beachtet wird (DAMASIO 1999). Das Fazit aus Antonio Damasios Betrachtungsweise ist aber, dass der Mensch in seinen Emotionen und emotionalen Erinnerungen nicht zur Freiheit, sondern nur bis zu dem Zustand gelangen kann, den man in der Tierpsychologie als das »konditionierte« Bewusstsein bezeichnet (PAWLOW 1918). Erst in der Verbindung der »ästhetischen« Seelenverfassung mit dem reinen Denken erhält die menschliche Emotion den Freiheitsgrad, der durch die Evolution der Gemüts- und Verstandes-Seele erreicht, und damit zur Grundlage der Menschenwürde wird.

> »Aristoteles hat versucht, in seiner Art, die ästhetische Gemütsverfassung, Lebensverfassung des Menschen in konkreten Begriffen zu denken. Aber in einer noch viel konkreteren, in imaginativ-hellseherischer Art war diese Konstitution erfasst im uralten Griechentum in denjenigen Imaginationen, die noch aus den Mysterien heraus waren, als man an Stelle des Begriffes das Bild hatte, und als man sagte:
>
> Einst lebte Uranos. In dem sah man alles dasjenige, was der Mensch aufnimmt durch sein Haupt, durch die Kräfte, die als Sinnesgebiete auch jetzt hinauswirken in die äußere Welt. Uranos – alle zwölf Sinne – wurde verletzt, und die Blutstropfen fielen in Maja, in das Meer, und der Schaum spritzte auf. – Was hier die Sinne, indem sie lebendiger werden, hinuntersenden in das Meer der Lebensprozesse, und was da aufschäumt von dem, was als das Blut der Sinne hinunterpulsiert in die Lebensprozesse, welche Seelenprozesse geworden sind, das ist zu vergleichen mit dem, was die griechische Imagination aufschäumen ließ dadurch, dass die Blutstropfen des verletzten Uranos hinuntertropften in das Meer und aus dem Schaum sich bildete Aphrodite, Aphrogenea, die Schönheitsgöttin.
>
> In dem Aphrodite-Mythos älterer Art, wo Aphrodite eine Tochter des Uranos und des Meeres ist, indem sie aus dem Schaum des Meeres entsteht, der geboren

wird durch die Blutstropfen des Uranos, haben Sie einen imaginativen Ausdruck für den ästhetischen Zustand des Menschen, ja sogar den bedeutsamsten imaginativen Ausdruck und einen der bedeutsamsten Gedanken der geistigen Menschheitsentwickelung überhaupt. Es musste sich nur noch ein anderer Gedanke anschließen an den großen Gedanken von Aphrodite im älteren Mythos, wo Aphrodite nicht das Kind des Zeus und der Dione ist, sondern des Uranos, der Blutstropfen des Uranos und des Meeres – es musste sich nur eine andere Imagination, die noch tiefer sich eingräbt in die Wirklichkeit, nicht bloß in die elementarische, sondern in die physische Wirklichkeit, eine Imagination, die zu gleicher Zeit physisch-sinnlich aufgefasst wurde, in späteren Zeiten anschließen. Das ist: es musste sich an die Seite stellen dem Mythos von der Aphrodite, von dem Ursprung der Schönheit in der Menschheit, die große Wahrheit über das Hereinwirken des Urguten in der Menschheit, indem der Geist herunterträufelte in Maja-Maria, so wie die Blutstropfen des Uranos herunterträufelten in das Meer, das ja auch Maja ist, wo dann zunächst im Schein, im schönen Schein geboren wird dasjenige, was die Morgenröte sein soll für die unendliche Herrschaft des Guten und für die Erkenntnis des Guten und des Gut-Wahren, des Geistigen. Dies ist eine Wahrheit, die Schiller meinte, als er die Worte hinschrieb:

> Nur durch das Morgenrot des Schönen
> Drangst du in der Erkenntnis Land.

– womit er hauptsächlich die moralische Erkenntnis meinte.« (STEINER 1916, 9. Vortrag)

Was meint *Rudolf Steiner* mit dem psychologisch-physiologischen Urbild der »Verletzung des Uranos«, des Urvaters aller zwölf Sinne, aus der die Göttin der Schönheit und mit ihr das Mysterium der Kunst geboren wird? – Wie kann man davon sprechen, dass die Sinne durch ihre Verletzung »lebendiger« werden? Physiologisch gesehen sind die Sinnesorgane, indem sie den periphersten Teil des Nervensystems bilden, vergleichsweise leblose Gebilde, deren Gegenpol in dem Strömen des Blutes liegt (BRETTSCHNEIDER 2014), das als der »Blutstropfen, der in das Meer fällt« nach außen tritt.

Die Verletzung der Sinnesorgane fordert also die Heilkräfte des Blutes heraus. Diese Heilkräfte streben die Wiederherstellung der Ganzheit des Organismus an, die durch die Eigentendenz der Sinnesorgane zu zerfallen droht. Der Ausdruck »Heilung« ist mit dem englischen Wort »whole«, also mit dem Begriff der »Ganzheit«, der »wholeness« verwandt. Mit jeder Verletzung kommt also der Organismus den Ursprüngen seiner Ganzheit näher, weil er diese mit den heilenden Kräften seines »Bildekräfteleibes« wiederherzustellen sucht. Aus der ärztlichen Erfahrung wissen wir, dass diese Wiederherstellung nur durch die vorübergehende Vereinheitlichung aller Spezialgebiete des Organismus (die zwölf Sinne) mittels einer Entzün-

dungsreaktion erreicht werden kann. Die Macht dieser Heilreaktion kündigt sich im Schmerz an, da die Sinnesorgane nun nicht mehr frei für die Wahrnehmung der Welt sind, sondern nur noch sich selbst wahrnehmen. In dem Aufschäumen des Meeres andererseits wird hier das Bild für die Vermischung des ruhigen, ausgeglichenen Meeresspiegels, dem Urbild des dumpf-unbewussten Lebens mit der Luft gegeben. Die Luft ist ebenso der Wohnort und Erhalter alles Seelischen, wie das Meer der Träger und Erhalter alles Lebens ist: Ohne Atmung kann es kein empfindendes, sondern nur pflanzliches Leben auf der Erde geben. In der gegenseitigen Durchdringung von Wasser und Luft, wie sie im Schaum vorliegt, haben wir also das Bild einer physischen Heilreaktion, die im Schmerz zum Seelenprozess wird. Dieser Seelenprozess, der aus einer Durchdringung des Unteren mit dem Oberen hervorgeht, wird nun zur Grundlage alles moralischen Empfindens, das als Inhalt des expressionistischen Bewusstseins im Kunstwerk hervortritt.

*

Im Rückblick auf diesen Diskurs, der mit dem Neckerschen Würfel begann, können wir auch »Schwarz« *(Abb. 6)* und »Weiß« *(Abb. 7)* nicht nur intellektualistisch, sondern ebenfalls als Farben auffassen. Dies wollen wir deshalb gleich ausprobieren. Wir beginnen mit Schwarz und finden, dass es die »tiefste« aller Farben überhaupt ist, tiefer als das tiefste Blau. Polar dazu stellt sich »Weiß« als die »flachste« aller Farben dar, so »flach« wie ein unbeschriebenes Blatt Papier.

Damit sind wir zurückgekehrt zu den Versuchen mit dem »Neckerschen Würfel« und bemerken, dass wir uns zu einer intellektualistischen Wahrnehmungsweise verführen ließen, die aus den schwarzen Linien auf hellem Grund nur den Begriff des »Würfels« per Urteil erschließen, nicht aber nach einem räumlichen Erlebnis der Farben »Schwarz« und »Weiß« suchen wollte.

7. Das ästhetische Bewusstsein als Tor zur Menschen-Würde

Was wir hier als den ästhetischen Menschen dargestellt haben, ist in der anthroposophischen Geisteswissenschaft identisch mit dem Begriff der »Gemüts-Seele« (STEINER 1904). Die Gemüts-Seele bildet zusammen mit der Verstandes-Seele das zentrale Seelenglied des menschlichen »Ich«, das deshalb in der Anthroposophie als die Gemüts- und/oder Verstandesseele bezeichnet wird. Dieses zentrale Seelenglied vereinigt die zwei Seiten des menschlichen »Ich«, die vielfach in der Perspektive des 21. Jahrhunderts als unvereinbar gelten: Gefühl und Verstand. (Dass es auch rationale Grundlagen für das scheinbar so irrationale »Schöne« gibt, lässt sich am so genannten »Goldenen Schnitt« darstellen; STELZNER & SCHAD 2003.) Aber wir

7

haben ja im vorangegangenen Kapitel schon dargestellt, wie die Gemüts-Seele als das ästhetische Bewusstsein mit genau denselben Elementen der Farbe und der Gestalt umgeht, auf die schon die Verstandesseele zugreift, indem es diesen aber auf ganz andere Art einen »subjektischen«, man könnte auch sagen »intimen« Bezug zum »Selbst« verleiht. Wie nämlich die Verstandes-Seele nicht nur die Objekte der Welt analysiert und miteinander verbindet, sondern auch daraufhin prüft, welche Sachzwänge sie für den Menschen ergeben, so vergleicht auch die Gemüts-Seele die Objekte der Welt untereinander und bringt sie mit dem Selbst in Verbindung, nun aber mehr auf der Basis des Gefühls. Und indem dieser Bezug zum Gefühl als »intim« anerkannt wird, ist es die Gemüts-Seele des Menschen, die die Würde des Menschen erst fühlbar macht, und sogar in der Lage ist, den Dingen der Welt eine Würde zu geben, die ohne die Gemüts-Seele nur »Objekte«, also gewissermaßen nur »Muster ohne Wert« sein könnten.

So ist es keineswegs wahr, dass die Gemüts-Seele eine Seele zweiter Klasse ist, weil sie ihre Inhalte nur mehr oder weniger träumend erleben kann. Die Gemütsseele muss sogar das eigene »Selbst« vorübergehend ganz vergessen, um ihre Kräfte und ihr moralisches Leben voll entfalten zu können. Nur die Gemüts-Seele kann die eigene Würde, aber auch die Würde der Mitmenschen und sogar die Würde der Dinge der Welt erleben. Die Verstandes-Seele schafft im reinen Denken die dazu nötige Freiheit und die Bewusstseins-Seele bildet das Dach, von dem aus das Ich sich selbst wie einem Fremden gegenüberzutreten vermag. So ist die Gemüts-Seele nicht nur das Rückgrat des Individualismus, sondern damit zugleich auch das Sinnesorgan aller Menschengemeinschaften.

In methodischer Hinsicht liegt hier der Versuch einer anthroposophischen Psychoanalyse vor, der das Ziel hat, die Strukturen des menschlichen Seelenlebens im Sinne der goetheschen »Urphänomene« zu erfassen.

Literatur

Brentano, F. (1874): »Psychologie vom empirischen Standpunkte«, S. 115 ff. Leipzig
    – (1911): Nachträge zur Psychologie: Von der Klassifikation der psychischen Phänomene, S. 112. Leipzig
Brettschneider, H. (2014): Die Sinnlichkeit des Menschen. Jahrbuch für Goetheanismus 2014: 219–287. Niefern-Öschelbronn
Bromand, J., Kreis, G. (Hrsg., 2010): Was sich nicht sagen lässt. Einleitung der Herausgeber. Berlin
Damásio, A. R. (2000): Ich fühle, also bin ich – Die Entschlüsselung des Bewusstseins. München
Ewertowski, J. (2007): Die Entdeckung der Bewusstseinsseele. Stuttgart
Gabriel, M. (2013): Warum es die Welt nicht gibt. Berlin
Göbel, T. (1982): Die Quellen der Kunst. Dornach

Goethe, J. W. von (1827): Sämtliche Gedichte. Frankfurt/M., Leipzig (2007)

Hogrebe, W. (2006): Echo des Nichtwissens. Berlin

Kandinsky, W. (1911): Über das Geistige in der Kunst, insbesondere in der Malerei. Originalausgabe von 1911. Revidierte Neuauflage, Bern (2004)

Kant, I. (1784): Dezemberausgabe der Zeitschrift »Berlinische Monatsschrift«. Berlin

Kuehl, J. (2011): Höfe, Regenbogen, Dämmerung. Die atmosphärischen Farben und Goethes Farbenlehre. Stuttgart

Lewis, C. I. (1929): Mind and the World Order: Outline of a Theory of Knowledge. Reprint, Dover (1956)

Metzinger, T. (Hrsg., 1995): Bewusstsein. Beiträge aus der Gegenwartsphilosophie. 2. Aufl., Paderborn

— (Hrsg., 2007a): Grundkurs Philosophie des Geistes, Bd. 1: Phänomenales Bewusstsein. Paderborn

— (Hrsg., 2007b): Grundkurs Philosophie des Geistes, Bd. 2: Das Leib-Seele-Problem. Paderborn

— (2009a): 15 Vorlesungen über die Philosophie des Bewusstseins. YouTube

— (2009b): Der Ego-Tunnel. Berlin

Nagel, T. (2013): Geist und Kosmos. Berlin

Nida-Rümelin, M. (2008): Phänomenales Bewusstsein und Subjekte von Erfahrung. In: D. Ganten, V. Gerhardt, J. Nida-Rümelin (Hrsg.), Funktionen des Bewusstseins, S. 39–62. Berlin

Pawlow, I. P. (1918): Entdeckung des konditionierten Reflexes beim Hund. Pawlow konnte Hunde so konditionieren, dass sie auf ein Klingelzeichen hin Speichel in der Erwartung einer Fleischmahlzeit absonderten. Seitdem ist der »Pawlowsche Hund« fester Bestandteil tierpsychologischer Lehrbücher, aber als Literatur einzeln nicht nachgewiesen

Peters, A., Junge, S. (1913): Mythos Übergewicht. Warum dicke Menschen länger leben. München

Raffman, D. (1995): Über die Beharrlichkeit der Phänomenologie. In: Metzinger, T. (1995: 347–366)

Steiner, R. (1886): Grundlinien einer Erkenntnistheorie der Goetheschen Weltanschauung mit besonderer Rücksicht auf Schiller (GA 2). Berlin, Stuttgart

— (1888–1921): Kunst und Kunsterkenntnis (GA 271). Dornach

— (1894): Die Philosophie der Freiheit (GA 4). Berlin

— (1904): Theosophie. Einführung in übersinnliche Welterkenntnis und Menschenbestimmung (GA 9). Berlin

— (1909, 1910, 1911): Anthroposophie, Psychosophie, Pneumatosophie (GA 115), hierin speziell die 3 Vorträge über Psychosophie (1910). Dornach

— (1910): Anthroposophie, ein Fragment (GA 45). Dornach

— (1914–1915): Kunst im Lichte der Mysterienweisheit (GA 173). Dornach

— (1914–1924): Das Wesen der Farben (GA 291). Dornach

— (1916): Das Rätsel des Menschen (GA 170). Dornach

— (1917): Von Seelenrätseln (GA 21): Nachruf auf Franz Brentano, 6. Anhang. Dornach

— (1919): Allgemeine Menschenkunde als Grundlage der Pädagogik (GA 293). Stuttgart

— (1921): Das Verhältnis der verschiedenen naturwissenschaftlichen Gebiete zur Astronomie. 3. Naturwissenschaftlicher Kurs (GA 323). Stuttgart

Stelzner, R., Schad, W. (2003): Der Goldene Schnitt. Das Mysterium der Schönheit. Eine naturwissenschaftlich-philosophische Abhandlung. www.golden-section.eu

Singer, W. (2004): Verschaltungen legen uns fest: Wir sollten aufhören, von Freiheit zu sprechen. In: C. Geyer (Hrsg.), Hirnforschung und Willensfreiheit, S. 30–65. Frankfurt/M.

Tetens, J. N. (1777): Philosophische Versuche über die menschliche Natur und ihre Entwicklung. Leipzig

Wilkes, K. V. (1988): Yishi, duh, um, and consciousness. In: A. J. Marcel & E. Bislach (Eds.), Consciousness in Contemporary Science, pp. 16–41. Oxford

Der Autor

HEINRICH BRETTSCHNEIDER, Internist. Studium der Medizin in Freiburg und Heidelberg. Seit 1978 Mitarbeiter des Carl Gustav Carus-Instituts in Niefern-Öschelbronn in der Forschung zur Entwicklung von Krebsheilmitteln aus der Mistel. Ärztlicher Berater des Carl Gustav Carus-Instituts in der Gesellschaft zur Förderung der Krebstherapie e.V. in Niefern-Öschelbronn. Langjährige Mitarbeit im Anthroposophisch-Pharmazeutischen Arbeitskreis in Stuttgart.

Zwölfjährige klinische Tätigkeit unter anderem im Gemeinschaftskrankenhaus Herdecke, in der Klinik Öschelbronn und Filderklinik. 1980–1984 Facharzt-Weiterbildung zum Internisten an der Medizinischen Klinik Bad Cannstatt. 1985–2009 in eigener Praxis als Anthroposophischer Arzt und hausärztlicher Internist in Stuttgart, seit 2009 in Landsberg/Lech tätig.

Nebenberuflich 2 Jahre Studium der Eurythmie in Stuttgart. Rege Kurs- und Vortragstätigkeit zur Anthroposophie und Anthroposophischen Medizin. Veröffentlichungen zur Medizin vor allem im (Tycho de Brahe-)Jahrbuch für Goetheanismus, an anderer Stelle auch zur Heileurythmie. Umfangreicher Beitrag zur Plazentologie der Säugetiere und des Menschen in der stark erweiterten Neuauflage von »Säugetiere und Mensch« von Wolfgang Schad im Verlag Freies Geistesleben, Stuttgart (2012).

WALTER HUTTER

Urteilen in Wissenschaft und Waldorfpädagogik

*Das was sich zeigt, so wie es
sich von ihm selbst her zeigt,
von ihm selbst her sehen lassen.*

HEIDEGGER *(1953: 34)*

In diesem Aufsatz soll auf die Urteilsbildung im Rahmen von Wissenschaft und pädagogischer Praxis (der Waldorfschulen) eingegangen werden. In die Diskussion wird exemplarisch ein Teilbereich der Physik (Licht und Farbe) einbezogen. Als Ausgangspunkt soll in Kurzform zu wissenschaftsphilosophischen Grundproblemen des 20. Jahrhunderts ein Überblick gegeben werden. Danach motivieren wir bildhaft anhand zweier Fresken den kulturhistorisch bedeutsamen Moment der menschlichen Abstraktionsfähigkeit, um nachfolgend – auf die Urteilsentwicklung als prozessuale »Modifikation« des ganzen Menschen Bezug nehmend – die Beurteilung von Phänomenen (etwa der Physik) im Schulzusammenhang besprechen zu können. Es wird die Unterrichtsgestaltung dadurch letztlich in einen wissenschaftstheoretischen und bewusstseinsgeschichtlichen Kontext gestellt. Die Bewusstseinsentwicklung hin zur Abstraktion ist natürlich keine Neuentdeckung dieser Arbeit. Ebenso ist die phänomenorientierte Ausrichtung eines erfolgreichen Unterrichts (an Waldorfschulen) hinreichend bekannt. Ein Anliegen hier ist, Problemstellungen der Wissenschaftsentwicklung mit Bildungschancen in der Schule (lernen, an der Suche nach Weltwesentlichem teilhaben zu können, und dabei das Lernen selbst lernen) gemeinsam besprechbar zu machen bzw. zu halten. Dazu werden in der folgenden Ausgestaltung der Gedankenlinien auch Exkurse eingebracht und neuartig bzw. hoffentlich anregend kontextualisiert.

Wissenschaftsphilosophie im 20. Jahrhundert

> *Vergegenwärtigung ist etwas Freies, wir können die Vergegenwärtigung*
> *schneller oder langsamer, deutlicher und expliziter oder verworrener,*
> *blitzschnell in einem Zuge oder in artikulierten Schritten usw. vollziehen.*
>
> HUSSERL *(1928: 406)*

Das wissenschaftliche Wissen kann als eine der Quellen gesellschaftlicher Dynamik verstanden werden. Es stellt in der Regel Ergebnisse eines langen Ringens mit bewusstseinsgeschichtlich bedingten, sich modifizierenden und entwickelnden Fragen bereit. Besonders seit dem 20. Jahrhundert wurde versucht, die Funktionsweise der Erkenntnisgewinnung deskriptiv zu erfassen und die damit verbundenen Urteilsbestrebungen zu rekonstruieren. Was tun Wissenschaftler in ihrer Wissenschaft? Eine Aufklärung und systematische Reflexion darüber ist nach wie vor notwendig. Die Wissenschaften sind einerseits vom Menschen gemacht, und andererseits unterliegen sie auch eigenen Gesetzmäßigkeiten. Wissenschaftsphilosophische Reflexion im engeren Sinn begann mit dem sogenannten *Wiener Kreis*, einem der wichtigsten philosophischen Zirkel des 20. Jahrhunderts, zu dem Moritz Schlick und Rudolf Carnap gehörten. Die Diskussion wissenschaftlicher Methoden bis heute folgte einer spannenden und komplexen diskursiven Entwicklung. Die folgende Zusammenfassung soll einen Eindruck davon vermitteln, dass – als Basis für unsere weiteren Betrachtungen, bei denen später Anregungen Rudolf Steiners einbezogen werden – die wissenschaftliche Weltauffassung mehr und mehr empirische Sinnkriterien gegen hermetische Weltanschauungen zu begründen suchte.

Moritz Schlick (1882–1936): Erfahrung ist der Geltungsgrund sachlicher Aussagen. Metaphysische Fragen sind zurückzuweisen, da sie den Erfahrungshorizont überschreiten.

Rudolf Carnap (1891–1970): Die Gültigkeit einer sinnvollen Aussage muss auf intersubjektive Weise überprüfbar sein (Verifizierbarkeit), was allein durch Erfahrung gelingt (empirisches Sinnkriterium). Aussagen über psychische Zustände etwa können allein anhand physischer Merkmale geprüft werden und sind nach der Verifikationssemantik gleichbedeutend mit Aussagen über physische Merkmale, Verhalten oder neuronale Zustände. Sachliche Meinungsunterschiede kann es nicht mehr geben (sie sind lediglich ein Streit um Worte), sondern nur noch Missverständnisse. Zu bemerken ist die Betonung der Logik und der formalen Sprachen (Wissenschaftssemantik) zur Überwindung von Theologie und Metaphysik (Befreiung des Menschen aus der Unmündigkeit).

274

Carl G. Hempel (1905–1997): Begriffe einer wissenschaftlichen Theorie müssen nicht mehr an Beobachtungen anschließen (Zulassung theoretischer Begriffe, die nur mittelbar an die Erfahrung gebunden sind). Hempel vertritt das deduktiv-monologische Erklärungsmodell (logischer Empirismus), das durch folgende Bedingungen charakterisiert ist: Besondere Phänomene werden allgemeinen Naturgesetzen subsumiert, Beschreibung der Phänomene durch Schlüsse unter besonderen Annahmen (die mindestens ein Naturgesetz wesentlich enthalten) und Randbedingungen sowie empirische Überprüfbarkeit und gute Bestätigung.

Karl R. Popper (1902–1994): Wissenschaft ist durch die wissenschaftliche Methode (nicht mehr durch die Wissenschaftssprache) von nicht-wissenschaftlichen Unternehmungen abzugrenzen. Das Abgrenzungskriterium ist die Falsifizierbarkeit (Widerlegung durch Erfahrung) als methodologischer Entschluss (kritischer Rationalismus). Theorien können also an der Erfahrung scheitern. Diese Erkenntnishaltung muss gewollt sein, um der Gefahr des Rettens von Theorien durch Anpassungen, Konventionalismen und Immunisierungsstrategien zu entgehen. Popper sieht die Naturwissenschaften als eine kritische Leistung des Menschenverstandes an. »Ich bin sogar der Auffassung, dass sie nicht mehr ist als aufgeklärter bakterieller *common sense*. Die Resultate der Wissenschaft bleiben Hypothesen, die wohl *überprüft* worden sein mögen, aber nicht sicher *nachgewiesen* sind: von denen nicht *gezeigt* wurde, dass sie *wahr* sind. Natürlich *können* sie wahr sein« (POPPER 1995: 17, 89). Er widerlegt zu Recht den klassischen Empirismus, »jene Kübeltheorie des Geistes, die davon ausgeht, dass wir uns Wissen aneignen, indem wir einfach die Augen öffnen und die sinnes- oder gottgegebenen Daten in ein Gehirn einströmen lassen, das sie irgendwie verarbeiten wird.« (ebd. S. 89)

Thomas S. Kuhn (1922–1996): Es gibt zwei Ebenen der Theoriebildung: Das Paradigma (der allgemeine Rahmen mit seinen Qualitätsmaßstäben für Erklärung) und die besondere Ausformung. Nach Kuhn ist die Normalwissenschaft ein »puzzle solving« (Rätsellösen) und besitzt einen Theorienrahmen, der einmütig akzeptiert wird (Paradigmenmonopol). Gegenstand der Wissenschaft ist die Ausdifferenzierung einer Theorie, nicht deren Prüfung (keine Widerlegungsversuche, Anomalien gehen zu Lasten der vorliegenden Umstände). Das Paradigma ist immun gegen Anomalien. Ein Paradigmenwechsel wird erst dann herbeiführt, wenn die Allgegenwart von Anomalien überhandnimmt, die Wahrscheinlichkeit der Theorie dadurch minimiert wird und eine Alternative bereitsteht. Die Wahl zwischen alternativen Theorien kann nicht eindeutig getroffen werden (Rationalitätsdefizit). Die epistemische Option besteht darin, dass verschiedene Wissenschaftler abweichende theoretische Optionen verfolgen.

Imre Lakatos (1922–1974): Der Theorienwandel soll nicht als Rationalitätsdefizit erscheinen, sondern als methodologisch legitim und theorienübergreifend rekonstruiert werden (Methodologie wissenschaftlicher Forschungsprogramme). Es findet ein Wettstreit von Forschungsprogrammen mit ihren zentralen Postulaten und positiven Heuristiken als objektive Leitlinien statt. Anomalien werden durch Hilfshypothesen absorbiert und somit in die Versionen der jeweiligen Forschungsprogramme (Paradigmen) integriert. Dadurch wird die Kontinuität der Normalwissenschaften gewährleistet. Ein Forschungsprogramm wird nur durch solche Erklärungsleistungen gestützt, die ein konkurrierendes Programm nicht zu erbringen vermag. Eine Anomalie schlägt zu Ungunsten eines Programms aus, wenn ein rivalisierender theoretischer Ansatz die Anomalie auf qualifizierte Weise behandeln kann.

Wolfgang Stegmüller (1923–1991): Empirische Theorien werden direkt auf Datenstrukturen angewendet, die durch Beobachtungen und Messungen gewonnen wurden (Strukturalistisches Theorienkonzept, Wissenschaftlicher Strukturalismus). Eingeräumt wird, dass nur eine approximative theoretische Beschreibung der Datenstrukturen möglich ist. Das mathematische Modell (der Kern der Struktur) ist widerspruchsfrei und immun gegen Falsifikation. Ein Problem taucht bei komplexen Systemen der Erfahrungswissenschaft auf, die sich einer theoretischen Beschreibung entziehen. Die Folge sind drastisch vereinfachte und idealisierte Modelle – »*models as mediators*« (Tröpfchenmodell des Atomkerns, Spieltheorie zur Beschreibung sozialer Dynamiken, Klimamodelle). Das Evidenzproblem ist unlösbar: Dafür argumentieren ist ein circulus vitiosus, dagegen argumentieren ist ein Selbstwiderspruch (da Evidenz jeweils vorausgesetzt ist).

Ian Hacking (*1936): Das Experiment ist als zentrale epistemische Innovation bzw. als Eingriff in die Phänomene eigenständig und von Beobachtung und Theorie verschieden (Neuer Experimentalismus).

Es kann nach dieser exemplarischen Nennung (vgl. CARRIER 2007: 15 ff.) festgestellt werden, dass im 20. Jahrhundert keine philosophische Prägung die wissenschaftlichen Motive vorgängig in Richtung eines geschlossenen Weltbildes bestimmt hat. Rätselhaft bleibt, dass die Kopenhagener Deutung der Quantentheorie von 1927 mit ihrer Interpretation der Dinge als Prozess – Ungültigkeit des Kausalgesetzes, innewohnender Zug von Irrationalität (BOHR & HEISENBERG 1963: 34, 61) – die Diskussion über mögliche Kriterien von Wissenschaftlichkeit nicht wirklich revolutioniert und noch existenzieller angefacht hat. Wie wäre die Wirklichkeit, wenn die in Betracht gezogene erklärende Theorie wahr wäre? Dieser Frageansatz wurde zur eigentlichen Rechtfertigung oder Legitimation der Theorie. Nicht wegzudenken ist gleichzeitig die Parallelentwicklung der Naturphilosophie mit ihren Fragen nach der Natur hinter den Theorien – aktuell ist in der Philosophie der Quantenmechanik die Frage nach der Wirklichkeit als Beziehung und nicht als Stoff mit festen Eigenschaften (vgl. etwa GÖRNITZ 1999) oder in der Evolutionsbiologie die Suche eines angemessenen Bildes vom biologischen Werden (ROSSLENBROICH 2014).

In diesem Zusammenhang kann auch auf das postmoderne Goethe-Bild (Goethe als Naturwissenschaftler) verwiesen werden, das in den Arbeiten von Claude Lévi-Strauss, Roland Barthes, Ernst Cassirer, Maurice Merleau-Ponty und Jacques Derrida (vgl. für einen Überblick PASCHEK 1999) sowie mit der Phänomenanalyse der Farbenlehre von Edmund Husserl und der begrifflich-grammatischen Analyse Ludwig Wittgensteins hervortritt. Ordnungsstrukturen innerhalb der uns umgebenden Natur stehen im Zentrum der Auseinandersetzungen, aber auch die Rolle des Subjekts, das Gesetzlichkeiten in der organischen (lebendigen) und unorganischen Natur konstatiert, indem es sie wesentlich konstituiert. Der Zusammenhang von Idee und Erfahrung, Wahrnehmen und Denken wird somit hinterfragbar, das heißt eine (natürlich auch selbstverständliche) Reflexionsebene, die den Ansprüchen einer verstehenden Wissenschaft oder Hermeneutik der Erkenntnistätigkeit genügen soll.

Max Born diagnostiziert einen denkwürdigen Effekt. Er spricht von einer »Ausschaltung des Ich« im Zuge der Entwicklung des naturwissenschaftlichen Denkens und verweist auf einen Kontrast zu Goethes Gedankenwelt:

> »Das naturwissenschaftliche Denken steht an dem Ende jener Reihe, dort, wo das Ich, das Subjekt, nur noch eine unbedeutende Rolle spielt, und jeder Fortschritt in den Begriffsbildungen der Physik, Astronomie, Chemie bedeutet eine Annäherung an das Ziel der Ausschaltung des Ich. Dabei handelt es sich natürlich nicht um den Akt des Erkennens, der an das Subjekt gebunden ist, sondern um das fertige Bild der Natur, dessen Untergrund die Vorstellung ist, dass die natürliche Welt unabhängig und unbeeinflusst vom Erkenntnisvorgange da ist. [...] Goethe ist der Repräsentant einer Weltauffassung, die in der oben entworfenen Skala nach der Bedeutung des Ich ziemlich am entgegengesetzten Ende steht wie das Weltbild der exakten Naturwissenschaften. [...] Die Welt als Summe von Abstraktionen, die nur mittelbar mit dem Erlebnis zusammenhängen, ist ihm fremd.« (BORN 1957: 2)

Born verweist auf das anschauende Denken Goethes, das erkenntnisphilosophisch dort anzusiedeln ist, wo die Entwicklung des Wissens faktisch zusammen mit der Entwicklung des Lebens befragt wird, wo also eine Bewahrheitung in Aussicht gestellt werden kann, die über den aufgeklärten »common sense«, das heißt die kritische und abstrahierende Leistung des Menschenverstandes im Sinne Poppers (s. o.), hinausgeht. Der Mensch könne, so die Überzeugung Goethes, sich selbst und die Welt in einem umfassenderen produktiven menschlichen Schaffen finden und begründen. Wir verknüpfen unser »Wissen – und damit uns selbst – mit dem Kosmos; und so wird das Problem des Wissens zu einem Problem der Kosmologie« (ebd. S. 71).

Führen die Grenzen der objektiv-teilnahmslosen Erkenntnis den Diskurs über die Wirklichkeit an Schwellen, vor denen der Mensch durch eine notwendige Positionierung seiner selbst das Ich doch nicht ausblenden kann? Born gab dazu zwei mögliche Haltungen als Gegenpole zu bedenken:

>Die einen wollen nicht verzichten, wollen das Absolute nicht opfern, bleiben darum am Ich haften und schaffen ein Weltbild, das durch kein systematisches Verfahren, sondern durch die unbegreifliche Wirkung religiöser, künstlerischer, poetischer Ausdrucksmittel in fremden Seelen geweckt werden kann. Hier herrscht der Glaube, die fromme Inbrunst, die Liebe brüderlicher Gemeinschaft, oft aber auch Fanatismus, Unduldsamkeit, Geisteszwang. Die anderen opfern das Absolute. Sie entdecken – oft schaudernd – die Unübertragbarkeit des seelischen Erlebnisses, sie kämpfen nicht mehr um das Unerreichbare und resignieren. Aber sie wollen wenigstens im Umkreise des Erreichbaren eine Verständigung schaffen. Darum suchen sie nach dem Gemeinsamen des Ich und des anderen, fremden Ich, und das Beste, was da gefunden wurde, sind nicht die Erlebnisse der Seele selbst, nicht Empfindungen, Vorstellungen, Gefühle, sondern abstrakte Begriffe einfachster Art, Zahlen, logische Formen, kurz die Ausdrucksmittel der exakten Naturwissenschaften.« (ebd. S. 4)

Goethe praktizierte (als eine mögliche übergreifende dritte Option) einen methodischen Ansatz, der als phänomenologisches Denken bezeichnet werden kann. Worin besteht überhaupt die Besonderheit seines »Goetheanismus«? Bei der goetheanistische Wirklichkeitsbetrachtung (SCHAD 2007: 343–381) handelt es sich weder um die Setzung einer Wahrheit an sich noch um eine bloße Vielgestaltigkeit, die in der vorgezeichneten Resignation eines radikalen Perspektivismus nach kompensatorischer Betätigung sucht. Kann die (naturwissenschaftliche) Erkenntnis in einen Zusammenhang mit dem Menschen gebracht werden, der im »Aufnehmen und Gegenwirken« die Fremdheit, das Anderssein der Natur aufhebt? Das Besondere könnte dabei – in einem Verhältnis der Komplementarität – dem Allgemeinen unterliegen und umgekehrt. Komplementarität sei dabei nicht als Gegensätzlichkeit verstanden, sondern im Sinne Bohrs als neue Denkstruktur, als universale Kategorie der Ergänzung bzw. als überdisziplinäre Perspektive (vgl. BUCHHEIM 1984: 19 ff.). Der Mensch, seine lebendige Anschauung und empfängliche Urteilsbereitschaft, bildet in Goethes Verständnis eine sich selbst tragende Mitte.

>Kaum überzeugt er sich von diesem wechselseitigen Einfluss, so wird er ein doppelt Unendliches gewahr, an den Gegenständen die Mannigfaltigkeit des Seins und Werdens und der sich lebendig durchkreuzenden Verhältnisse, an sich selber aber die Möglichkeit einer unendlichen Ausbildung, indem er seine Empfänglichkeit sowohl als sein Urteil immer zu neuen Formen des Aufnehmens und Gegenwirkens geschickt macht.« (GOETHE 1999: 5)

Damit verweist Goethe auf das entwicklungsfähige menschliche Urteilsvermögen und auf die wachsende Befähigung des Menschen, sich Zusammenhänge anzueignen.

Denn wir haben die Gesetze der Natur keineswegs als »Zerstörung der Erdnatur durch universale Prozesse« (ARENDT 2002: 524) gewollt. Hannah Arendt präzisiert ebenfalls, dass uns »der gerissene Faden der Tradition« (ebd. S. 523) auf etwas aufmerksam macht: »Prozess. Und Prinzip der Aneignung« (ebd. S. 524). Diese Qualitäten werden in der Tat überhaupt erst ausreichend gewürdigt, so etwa aktuell zur Forschungsmethode und Erkenntnispraxis von Galilei. Er begründete einerseits die »bis heute gültigen Qualitäten der Forschung«: »die Geschwindigkeit, die Präzision, die Serienbildung, die Schärfung der Vergleichsmethoden und die Internationalisierung« (BREDEKAMP 2007: 337). Galilei war aber andererseits auch Künstler. Der künstlerische Stil seiner gemalten Darstellungen von Mond und Mondphasen (Pinsel auf Papier, Tuschezeichnungen, Kupferstiche), die zeichnerisch dokumentierten Beobachtungsreihen zu den Sonnenflecken und die Souveränität der Skizzen in seinen Manuskriptbänden entschieden über den Sinn des Dargestellten, das Künstlerische prägte seine Erkenntnis:

> »Die Erkenntnis, dass die naturforschende Sicht der Welt durch „Denkstile" geprägt wird, gehört zu den eindrucksvollsten Leistungen der Wissenschaftsgeschichte. Wie die ersten Jahre des Teleskops zeigten, reichen die Stilformen des manuellen Denkens jedoch tiefer. Sie bezeugen, dass Formen der Darstellungen bis in die Handbewegung hinein mit der technischen Gestalt und der psychomotorischen Bedingung der Forschung verwoben waren. Gegenüber den Qualitäten der Zeichnung, das Erforschte zu konstruieren, der sprachlichen Präzisierung den Boden zu bereiten, seriell zu gestalten, den Vergleich zu ermöglichen und transnationale Überprüfungen zu leisten, war die Form niemals neutral.« (ebd. S. 350, vgl. auch BREDEKAMP 2009: 219–237)

Sich einander annähernde Methoden der Erklärens (Ursachenforschung) und Verstehens (Einsicht in Ordnungen, hermeneutische Offenheit, gestaltendes Denken) weisen auf eine grundsätzliche Vernehmbarkeit des lebendigen Naturzusammenhangs hin. Galilei hat jedenfalls seine Einsichten nicht allein aus den Beobachtungen herausabstrahiert. Die goetheanistische Wissenschaft würde erkenntnispraktisch insoweit mitgehen, als sie dafür einsteht, dass in reflexiver Betrachtungsweise der Boden der einzelnen Forschungsumgebungen jeweils nicht »eingefroren«, sondern in einem Akt schöpferischer Freiheit fortschreitend bewusst gemacht wird. Die Aufmerksamkeit richtet sich auf die diskursiven Ansprüche des Menschen vor den legitimen Verfahren der Wissenschaft und zugleich auf die Minimierung der Gefahr einer naiv isolierenden und fragmentierenden Realitätsauffassung.

»Indem wir eine spezifische theoretische Einstellung vollziehen, können wir uns nicht gleichzeitig ihrer Grenzen bewusst werden. Hier ist der Ausgleich daher nur in einem übergreifenden Ganzen möglich – in einem Ganzen, das erst jeder einzelnen Methode ihr Verhältnis zu sich selbst und zur Außenwelt bestimmt und ihr damit den Umkreis ihrer Wahrheit anweist. Der Aufstellung eines solchen Ganzen hätte Goethe seiner Denkart und seiner Grundgesinnung nach am allerwenigsten zu widerstreben brauchen: bezeichnet er doch innerhalb der Naturbehandlung als das schädlichste Vorurteil, dass irgendeine Art Naturuntersuchung mit dem Bann belegt werden könne.« (CASSIRER 2002: 314)

Der Goetheanismus spricht, so Cassirers Worte, *für* die Möglichkeiten der Wissenschaft, sich von »einer unreflektierten Endgültigkeitsidee« (STRÖKER 1976: 59) ihres Selbstverständnisses zu befreien. Die eingangs erwähnten wissenschaftsphilosophischen Ansätze im 20. Jahrhundert zeigen durchaus etwas von diesem Gedanken. Goethes Forschungsansatz setzt darüber hinaus noch konsequenter am Pol der Erfahrung an: Er betreibt etwa experimentell auf Basis von Versuchs*reihen* Farbenlehre und morphologische Studien und sieht in vorschnellen Abstraktionen Gefahren. Ein Experiment allein dürfe nicht zu einer Theorie führen. Müssten also weniger Abstraktionen bestimmend sein, sondern viel eher Variationen, Kombinationen und Metamorphosen im Betrachtungsprozess aufrechterhalten werden (wie es Goethe z. B. in seiner Farbenlehre oder an der Betrachtung der Pflanzen angeregt hat), um die Phänomene ausreichend »einzukreisen« und ganze Komplexe sichtbar zu machen, aus denen ein ideeller Zusammenhang (bis zur gedanklichen Durchdringung eines Sachverhaltes) erst erwachsen kann? Diese Art der theoretischen Einstellung hätte einen längeren und qualitativ die Erkenntnis »erweckenden« Vorlauf, was den methodischen Griff des singulär Experimentellen (Versuch und Versuchsauswertung) und vor allem des Erklärenden (Suche nach Dingen hinter den Dingen) erweitert. Wir werden in Bezug auf den Schulunterricht zu dieser Frage zurückkehren.

Zu Goethes Zeiten (um das Jahr 1800) war die Abstraktionsfähigkeit bereits ein geistesgeschichtlich relevantes Faktum. Bereits seit drei Jahrhunderten hatte sie mehr und mehr (insbesondere auch in den Wissenschaften) Gestalt angenommen. Wir betrachten dazu im Folgenden ein Fresko (ca. 1870), um die besprochenen Entwicklungen des 20. Jahrhunderts noch mehr aus denen des 19. Jahrhunderts heraus (vergleichend) zu verstehen.

Von der Abstraktion

Abstraktion (eigentl. »das Fortschleppen«):
Denkvorgang gekennzeichnet durch das
Heraussondern bestimmter Merkmale.

BROCKHAUS (2006: »Abstraktion«)

Im Jahr 1509, dem Jahr der Ernennung Raffaels zum Scriptor brevium durch Papst Julius II, begann der Künstler seine Arbeit in der Stanza della Segnatura im Vatikanpalast. Es entstand bis zum Jahr 1511, neben anderen prächtigen Wandgemälden, das Fresko der so genannten *Schule von Athen (Abb. 1)*, das uns bis heute ein Bild der griechischen Kultur vermittelt.

Abb. 1: Reproduktion des Frescos von Raffael, »Die Schule von Athen« (1511).

281

Inmitten einer majestätischen Kulisse erkennen wir die Gesichter und Gestalten der Alten. Dabei ist es eher unwichtig, ob die links oben nahezu waagerecht ausgestreckte Hand jene von Aeschines, Xenophon oder Euklid ist, oder ob Euklid gar der versunkene Bärtige sieben Gestalten weiter rechts sein soll. Es ist die Stimmung einer von lebendigem Weltinteresse geprägten, denkenden und schöpferisch wirkenden Gesellschaft, die in einem prächtigen Bauwerk versammelt ist und einen Hauch von dem spürbar macht, was durch die Sicht Raffaels zu uns reicht. Vielleicht spricht den heutigen Betrachter gerade auch das Freiheitselement an, denn an eine höfische Verehrung Platons und Aristoteles (Bildmitte) denkt außer dem unmittelbaren Gefolge niemand. Eine Besonderheit ist das strahlende Blau des Himmels. Platon und Aristoteles scheinen, aus dem bewölkten Hintergrund kommend, soeben den Raum betreten zu haben. Durch das Gebäude hindurch öffnet sich der Blick in die Welt, die allgegenwärtig ist. In ihrem Wissenwollen haben die Griechen nicht nur die Logik und Naturphilosophie erfunden, sie haben auch ihre Welt zu Ende gedacht und sich in ihr als Geistigkeit zwischen Irdischem und Göttlichem empfunden. Selbstbewusstsein und Weltbewusstsein ergänzen einander sichtbar und prägen die Komposition des Bildes.

Etwa 350 Jahre nach Raffael schuf Wilhelm von Kaulbach im Treppenhaus des Neuen Museums in Berlin Wandgemälde. Die Fresken sind heute nur noch in graphischen Reproduktionen zugänglich, da sie im Zweiten Weltkrieg vollständig zerstört wurden. Eines der Meisterwerke war *Das Zeitalter der Reformation (Abb. 2)*. Schwenkt der Blick von Raffaels Gemälde zu von Kaulbachs Darstellung, findet der Betrachter eine durchaus verwandte Situation. Doch gleichzeitig drängt sich die Frage nach der Ursache für die spürbar andere Wirkung des Bildes auf. Woher kommt diese andere Wirkung? Der Himmel ist nicht mehr sichtbar. Das Gebäude verschließt den Blick nach außen. Wir sehen in den Innenraum einer Kathedrale, die Welt wird zur Außenwelt. Von Kaulbach war erfüllt von der Ausstrahlung einer seit den Griechen bestehenden aber offensichtlich auch verwandelten Weltbewegung, deren Fortgang bis in unsere Zeit reicht. Worum handelt es sich?

Im Jahr 1869 besuchte der Verleger Carl August Dempwolf, der die Reproduktionen der Gemälde Wilhelm von Kaulbachs als Kunstmappe herausgab, den Künstler. Im Vorwort erzählt er über das Zusammensein mit von Kaulbach auf der Galerie dessen Hauses (VON KAULBACH 1872):

»In das reiche Laub der Baumwipfel, die von leisem duftigen Wind hin und her bewegt unter uns wogten, warf die Sonne seltsam glühende Lichter, die fort und fort ihre Nuancen wechselnd, das Auge erfreuten und stätig beschäftigten. Dazwischen ertönte in einer seltsam ergreifenden, feierlichen Monotonie die Stimme des Künstlers, der aus seinem vergilbten Bogen las. Es waren Bibelstellen, und nie ist in mir die gewaltige Wucht der zürnenden Prophezeiungen der Propheten des alten Testaments so klar geworden, nie habe ich den tieferschütternden Reiz

Abb. 2: Von Kaulbach, »Das Zeitalter der Reformation« (1862). Reproduktion des Originals im Besitz des Verfassers.

dieser so unsäglich einfachen und so wunderbar großartigen Sprache mehr gefühlt, als diesen Morgen.«

Von Kaulbachs Werk zeigt die Wende zur Neuzeit in zusammenfassendem Überblick: Im Zentrum Luther, der die Heilige Schrift, die Bibel hochhält, links neben ihm Zwingli und noch weiter links Calvin, ferner Humanisten, Mystiker, Forscher und Entdecker. Man kann nicht umhin, an eine Inspiration durch Raffael zu denken. Es ist ein beeindruckendes Gebäude, dazu die Versammlung der Menschen und das aus der Darstellung sprechende Interesse für die Welt: zwei ähnliche Ansatzpunkte und dabei doch so verschieden. Die Verschiedenheit ist, mit Blick auf die Geistesgeschichte, nicht zufällig. Sie erscheint aus der damaligen Zeit heraus verständlich. Eine innere Haltung, die bis heute prägend wirkt, wurde im Zeitalter der

Reformation geboren und besonders durch Calvin repräsentiert. Es ist, mit Max Bense (BENSE 1946: 110 ff.) gesprochen, eine Abstraktion großen Stils, die fortan vor allem auch die Genese der Naturwissenschaften prägte. Calvin kam im Jahr 1536 nach Genf und engagierte sich dort für den Aufbau der Kirche. Sein Ziel war eine strenge Kirchenzucht, die sich auf die Vorsehung Gottes zu beziehen hatte. Die Genfer wehrten sich zunächst dagegen, Calvin wurde der Stadt verwiesen. Doch man rief ihn schon 1541 wieder zurück, um seine »Ordonances ecclesiastiques« zu übernehmen. Die Menschen waren bereit, eine neuartige Askese auf sich zu nehmen und den Glauben in ein abstrakt geformtes Programm gießen zu lassen. Vorsehung und Vorherbestimmtheit wurden als grundsätzlich Neues entdeckt. In gewissem Sinn wurde der Keim gelegt zu dem, was Laplace an der Schwelle vom 18. zum 19. Jahrhundert mit seinem Determinismus aller Naturabläufe meinte. Physikalische Prozesse wurden von da an im klassischen Ideal als Vorgänge beschrieben, die in Raum und Zeit vorherbestimmbar und kontinuierlich ablaufen. So gesehen lebte von Kaulbach in Achtung und Ehrfurcht vor den aufstrebenden Verstandeskräften. Er blickte drei Jahrhunderte zurück und sah die Quellen seiner Zeit in jenem Jahrhundert, in dem Raffael seinerseits den Blick zurückwandte und die Menschheit auf dem Weg einer Entwicklung wähnte, die im alten Griechenland ihre Wurzeln hatte.

Rudolf Steiner regte (wenige Jahrzehnte nach der Entstehung von Wilhelm von Kaulbachs Fresko) eine versöhnliche und zugleich notwendige Annäherung von objektivem und subjektivem Weltinhalt an.

»Ein abstrakter Begriff hat für sich keine Wirklichkeit, ebensowenig wie eine Wahrnehmung für sich. Die Wahrnehmung ist der Teil der Wirklichkeit, der objektiv, der Begriff derjenige, der subjektiv (durch Intuition) gegeben wird. Unsere geistige Organisation reißt die Wirklichkeit in diese beiden Faktoren auseinander. Der eine Faktor erscheint dem Wahrnehmen, der andere der Intuition. Erst der Zusammenhang der beiden, die gesetzmäßig sich in das Universum eingliedernde Wahrnehmung, ist die volle Wirklichkeit. Betrachten wir die bloße Wahrnehmung für sich, so haben wir keine Wirklichkeit, sondern ein zusammenhangloses Chaos; betrachten wir Gesetzmäßigkeit der Wahrnehmung für sich, dann haben wir es bloß mit abstrakten Begriffen zu tun. Nicht der abstrakte Begriff enthält die Wirklichkeit; wohl aber die denkende Beobachtung, die weder einseitig den Begriff, noch die Wahrnehmung für sich betrachtet, sondern den Zusammenhang. […] Die Wissenschaft soll selbst organisch-lebendig werden. Die Einzelwissenschaften sind Vorstufen der hier angestrebten Wissenschaft. Ein ähnliches Verhältnis herrscht in den Künsten. Der Komponist arbeitet auf Grund der Kompositionslehre. Die letztere ist eine Summe von Kenntnissen, deren Besitz eine notwendige Vorbedingung des Komponierens ist. Im Komponieren dienen die Gesetze der Kompositionslehre dem Leben, der realen Wirklichkeit. Genau in demselben Sinne ist die Philosophie eine Kunst. Alle wirklichen Philosophen waren *Begriffskünstler*. Für sie wurden die menschlichen Ideen zum Kunstmateriale und die wissenschaftliche Methode zur künstlerischen Technik. Das abstrakte Denken gewinnt dadurch konkretes, individuelles Leben. Die Ideen werden Lebensmächte. Wir haben dann nicht bloß ein Wissen von den Dingen, sondern wir haben das Wissen zum realen, sich selbst beherrschenden Organismus gemacht; unser wirkliches, tätiges Bewusstsein hat sich über ein bloß passives Aufnehmen von Wahrheiten gestellt.« (STEINER 1893: 247 ff., 270)

Steiner spricht also von einer »organisch-lebendigen« Wissenschaft. Greift er dadurch für eine mögliche Zukunft vor, die gerade heute in die breitere Diskussion gelangt, etwa analog (um nur ein Beispiel anzufügen) der Forderung der Wiedereinführung des Menschen in die von einem mechanistischen Menschenbild geprägten Medizin (MAIO 2009)? Die Abstraktionsqualität war im italienischen Humanismus noch im Ideal des kontemplativen Lebens geborgen. Davon ließ sich die Abstraktion tatsächlich nicht absondern, auch wenn es heute in Wissenschaft und Erziehung vielfach geschieht. Sogar die vorbegriffliche Qualität der Muße gehörte früher wie selbstverständlich in diesen Zusammenhang (von Kaulbach vermochte sie in seinem Bild noch darstellerisch einzufangen).

»Der italienische Humanismus bestätigt daher ein von der klassischen Antike aufgerichtetes, dem Mittelalter aber fremd gewordenes Ideal; und mehr noch, er erhebt es zum Maßstab einer grundsätzlich veränderten Lebensgestaltung. Gemeint ist das Ideal des kontemplativen Lebens, in dem sich jede Autarkie des menschlichen Geistes am reinsten zu verwirklichen schien; denn nur die vita contemplativa beruht auf der Selbstbezogenheit und Selbstgenügsamkeit eines Erkenntnisprozesses, der seinen Sinn in sich selbst trägt. Das Mittelalter hatte zwar das Glück des forschenden und erkennenden Lebens nie vergessen und sogar den Ausdruck vita contemplativa beständig in Ehren gehalten, doch was man darunter verstand, war sehr verschieden von dem Ideal des kontemplativen Lebens im Sinne der Antike. Es war insofern verschieden, als der Eigenwert des kontemplativen Daseins in Frage gestellt worden war. Nicht um sich selbst zu gehören, sondern um sich Gott zuzuwenden, meditierte der mittelalterliche Denker, so dass seine Meditation nicht in sich selbst, sondern eben in der Herstellung eines Bezuges zur Gottheit Sinn und Rechtfertigung fand. […] Und wir verstehen es, wenn die Renaissance, um die wiederentdeckte Lebensform des klassischen philosophus von der des mittelalterlichen religiosus abzusetzen, den überlieferten Ausdruck vita contemplativa (der im Laufe der Jahrhunderte ganz einfach die Bedeutung contemplatio Dei angenommen hatte) aufgab und einen neuen Begriff prägte, der über das Mittelalter hinweg wieder auf die antike Vorstellung des autarken Denkens und Forschens zurückwies: vita speculativa sive studiosa im Gegensatz zur vita contemplativa sive monastica.« (KLIBANSKY & AL. 1990: 353 ff.)

Nach diesem Exkurs (und jenem über wissenschaftsphilosophische Reflexionen) wenden wir uns im Folgenden der Urteilsentwicklung zu, um eine dritte konkrete Betrachtungsebene anzuregen. Sie wird nahelegen, dass die Welt als Selbständiges (von uns Getrenntes) eine bloße Abstraktion ist. Dabei tangieren wir insbesondere eine charakteristische Fragehaltung der Waldorfpädagogik, die den Erfahrungs- und Tätigkeitskontext kritisch zu durchleuchten versucht, von denen aus Erkennt- nisprozesse bei Schülern einen Ausgangspunkt nehmen können.

Zur Urteilsentwicklung

Damit ein Jetzt als solches mir vor Augen steht, muss ich wahrnehmen.

HUSSERL *(1928: 415)*

Eines der Hauptanliegen der Waldorfpädagogik ist, den Unterricht ganz vom Schüler her zu konzipieren. Was tun die Unterrichtsinhalte und Erkenntnisbestre- bungen mit dem Lernenden? Verhelfen sie ihm tatsächlich zu einer gesunden und ganzheitlichen (nicht nur kognitiven) Entwicklung? Wird er seine körperliche, see- lische und geistige Konstitution (seinen ganzen Lebenssinn und seine Identitätsbe- strebungen) in einen förderlichen Zusammenhang bringen? In der Lehrerbildung können und müssen zu diesen Fragen Zugänge geschaffen werden. Dazu zählt die Annäherung an ein besseres Verstehen der konkreten Entwicklungsstufen im Ju- gendalter. Dazu zählen aber auch erkenntnispraktische Fragen insofern, als wesent- liche Elemente wie Wahrnehmen und Urteilen auf der Fachebene (im Zugehen auf die Welt) besonders ins Gewicht fallen. Sie sind nicht zweitrangig, den wissen- schaftlichen Begriffssystemen untergeordnet, sondern jeweils unterschiedliche, dem Verstehen zugrundeliegende Sinnbewegungen und initiierende (Wissens-)Elemente, die offenkundig an jeden Lern- und Verstehensprozess gekoppelt sind:

»Wenn es so ist, dass eine Einsicht den ganzen Menschen wandelt, dann äußert sich diese Wandlung auch im ganzen menschlichen Wesen. In gewissem Sinn ist dabei die Wandlung, die durch die Vermittlung einer Einsicht erfahrbar wird, in ihrer Vielschichtigkeit gar nicht erfassbar. Die bewusst-sprachliche Äußerung einer Einsicht ist nur eine Form, worin Wandlung in der spezifischen Art und Weise einer artikulierten Sinngebung erkennbar wird. Sprache erfasst Wandlung schon auf der Ebene, auf der sie am relevantesten ist, nämlich der (geistigen) Ebene, von wo aus die Kraft zur Wandlung überhaupt ausgehen konnte. Darüber hinaus muss davon ausgegangen werden, dass das ganze (tätige) Weltverhältnis des im Erkenntnisprozess Befindlichen modifiziert worden ist. Wahrnehmen und Beurteilen von Welt und Selbst bedingen vielfach einander. Es wechseln ab auf der einen Seite die Sinneswahrnehmungen und auf der anderen Seite das von der Vernunft dazu erschaffene oder von der Sprache überlieferte Typische, bzw. das als gesetzmäßig erkannte Wesentliche. Die beiden Pole durchdringt der Mensch beinahe unwillkürlich. Als erkenntnismäßiger Atmungsprozess sind beide in gesteigerter Form jeder Forschungspraxis eigen. Der Mensch ist so gesehen am Erkenntnisprozess innerlich beteiligt und gibt ihm eine selbstschöpferische Prägung. Weder der Wahrnehmungsprozess noch der Urteilsprozess sind dabei statisch zu verstehen. Die gegenseitige Durchdringung beider geht dahin, dass sie sich ständig gegenseitig verwandeln. Beide Fähigkeiten sind entwicklungsfähig. Sie gehören beide zum Prozess des Verstehen-Lernens.« (GEBOERS & HUTTER 2014: 30 f.)

Das Lernen eines Fachs beginnt im »Ungleichgewicht« (Begegnung mit Neuem) und findet zur produktiv weiterführenden Begriffsorientierungen, zum Gleichgewicht also, von dem aus neues Fragen (erneutes Ungleichgewicht) entstehen kann. Das Ganze der Lernumgebung lebt »überall durch ungelöste Spannungen« (JASPERS 1946: 11) (etwa zwischen Lehrer und Schüler, Subjekt und Objekt, Selbsterfahrung und äußerer Natur, Wahrnehmen und Denken), die im Erkenntnisprozess durch den Menschen gelöst werden können. Mit den Worten von Karl Jaspers:

> »Der lebendige Geist nun ergreift überall Spannungen, steigert sie und bringt sie zu fruchtbarer Bewegung. Sie erlahmen zu lassen und in fertigen Gesamtanschauungen als vermeintlich absoluter Wahrheit in der Tat zu verschleiern ist der Tod des Geistes. Das Ganze in seinen Spannungen weiter hat Gehalt allein durch Tiefe und Umfang der Erfahrungen. Erfahrung nennen wir alles, was dem Menschen gegenwärtig werden kann.« (ebd. S. 12)

Durch die an Primärereignissen sich immer *gegenwärtig* neu aufbauende Durchdringung bzw. Verinnerlichung von Wirklichkeitsverhältnissen findet im Ideal der Waldorfpädagogik eine allmähliche Steigerung der Anschauungsweise und damit ein Sich-Hineinfinden des erkennenden Subjekts in den Wertkontext des jeweiligen Themas statt (»erweckender Unterricht«). Die Elemente Variation (an der Sache und im Tun), Kombination, Metamorphose und Polarität, die als »Register« (methodisch-didaktische Instrumente) zur Verfügung stehen, fördern eine Herangehensweise im Unterricht, die begeisternde Querverbindungen zur Erfahrung werden lassen – in der Ausformung und künstlerischen Gestaltung einzelner fachlich getragener Unterrichtsmomente, die den Menschen einstimmend, abgleichend und staunend involvieren. Neugierde und Aufmerksamkeit unterstützen dabei die Bejahung »der Einheit von Sein und Sollen« (EBELING 2011: 43). Angeregtheit und Freude werden zum weiterführenden Motor im Lernprozess.

Der Lernende lernt im Schulalter nachhaltig vor allem an Inhalten und Erlebnissen, die zunächst bei ihm einen Eindruck hinterlassen. Edmund Husserl sprach von Impressionen:

> »Die Impression (im engeren Sinn, im Gegensatz zur Vergegenwärtigung) ist als primäres Bewusstsein zu fassen, das hinter sich kein Bewusstsein mehr hat, in dem es bewusst wäre, dagegen ist Vergegenwärtigung, auch die primitivste immanente Vergegenwärtigung, schon sekundäres Bewusstsein, es setzt primäres voraus, in dem es impressional bewusst ist.« (HUSSERL 1928: 442)

Die Frage nach dem *Eindruck* (Initialität, Impression, Wirklichkeitsbegegnung), das heißt nach den Möglichkeiten, einen darauf basierenden Erkenntnisprozess anzuregen, ist in der Lehrerbildung für den Oberstufenunterricht an Waldorfschulen von zentraler Bedeutung und führt zu einer kritischen und praktischen Auseinandersetzung mit Erkenntnisstrukturen im eigenen Unterrichtsfach. Der Unterrichtshergang kann dazu (bis in die äußere Gestaltung hinein sichtbar) erkenntnisgenetisch gegliedert werden (STEINER 1919a: 9. Vortrag, STEINER 1921a: 3. Vortrag). Grundlage dafür, ist die Struktur der menschlichen Erkenntnis selbst. Nach Giovanni B. Sala ist sie eine Dynamik, die ihre intentionale Ausrichtung als subjekthaftes Apriori und bezüglich des Seins als Wahrheitsstreben in Bezug auf »Potenz (Materie), Form und Akt« erfahrbar einlöst. Zu den Phasen des Erkenntnisprozesses zählt er (SALA 2009, Kap. V–VIII): Die äußere und innere Erfahrung, die Einsicht in die Daten der Erfahrung und schließlich das Urteil (reflektierende Einsicht, Erkennen von Wirklichkeit, Anerkennung von Seiendem als Objektivitätsmerkmal der menschlichen Erkenntnis). Es handelt sich hier also um eine Reihenfolge, die als Stufen des Verstehens (von denen keine ausgelassen werden können) zu einer Bewusstwerdung unserer erkennenden Position zur Welt führt. Daran kann die Frage nach dem Wie des Lernens unmittelbar angeschlossen werden. In der Waldorfpädagogik wird bewusst die dritte Stufe erst am Folgetag nach den am Vortag vorangegangenen ersten beiden Stufen angesetzt: Rudolf Steiners methodische Hinweise zur Unterrichtsgestaltung (STEINER 1919a ebd., 1921a) zeigen einen (vergleichbaren) Dreischritt auf: von der Bezugnahme über die Übergangserfahrungen in charakterisierenden Urteilsformen (Unterrichtsende) bis zur (begrifflichen) Urteilsorientierung (am Folgetag). Entscheidend ist die Nacht als pädagogisch relevante Phase zwischen der 2. und der 3. Lernstufe.

Fassen wir den bisherigen Stand zusammen. Die wissenschaftsphilosophische Reflexion, auf die wir im ersten Abschnitt hingewiesen haben, war ausgerichtet auf die Ergebnisnatur der wissenschaftlichen Forschung, die im 20. Jahrhundert in Gang kam (wenn Theorien möglich sind, was beurteilen sie, wie werden sie abgesichert?). Das angedeutete historische Moment der »Abstraktionseroberung« als Fähigkeit des Menschen ging dieser Entwicklung voraus und entfaltet bis heute eine bewusstseinsgeschichtlich offenbar notwendige Einstellung. Schließlich be-

sprachen wir das Urteilen als seelische Grundaktivität, die aktuell und in der Erkenntnisgewinnung als Gegenwartsform und -bedingung real anwesend ist. Es ist
ein »menschliches unhintergehbares Instrument«, welches ganz mit der forschenden
Individualität und seiner jeweiligen kulturellen Eingebundenheit zusammenhängt.
Daher differenzieren wir diese Tätigkeitsform von der Ebene der wissenschaftstheoretischen Reflexion. Dazugehörig soll im folgenden Abschnitt praktisch,
wenngleich exemplarisch, die *Begegnung* mit Dingen (Phänomenen) der Welt als
Erkenntnis anfeuerndes Element weiter herausgestellt werden. Es ist die Ebene der
Direktbegegnung mit Weltwirklichkeit (Initialität, Impression) noch vor dem eigentlichen Urteilsprozess, das heißt die Ebene der aufmerkenden Bezugnahme und
der Einschreibung von Erfahrung.

Ein physikalisches Beispiel und pädagogische Implikationen

> *Die Weltanschauung aller solcher in einer einzigen*
> *ausschließenden Richtung befangenen Theoretiker hat*
> *ihre Unschuld verloren, und die Objekte erscheinen*
> *nicht mehr in ihrer natürlichen Reinheit.*
>
> GOETHE *(o. J.: 131, Gespräch vom 18. Mai 1824)*

Im Jahr 1672 veröffentlichte Newton in den »London Philosophical Transactions« seine »New Theory about Light and Colors«. Der kleine Aufsatz klärt die
Beschaffenheit des Lichtes auf: »Light is declared to be not Similar or Homogeneal,
but consisting of difform rays, some of which are more refrangible than others«
(NEWTON 1672: 3075). Newtons Ergebnis liegt ein Experiment zugrunde (zur
Rolle, die dem Experiment bei der Erzeugung von Wissen im Lauf der Zeit jeweils
zugesprochen wurde vgl. den historischen Überblick von HEIDELBERGER 2007:
155–176): Er lässt Licht durch ein Prisma gehen und dann auf eine weiße Tafel
fallen. Dabei entstehen die Farben Blau/Violett-Cyan-Grün-Gelb-Rot in fein abge-
stuften Übergängen *(Abb. 3)*.

Die Sache ist insgesamt einleuchtend, der Zusammenhang situativ vollständig
erfasst. Man könnte in der Schule das Experiment durchführen, die Schüler würden
das Ergebnis aufschreiben, sie wären hochzufrieden und hätten keine Fragen mehr.
Gegen dieses Vorgehen wäre bzgl. seiner logischen Konsistenz nichts einzuwen-
den.

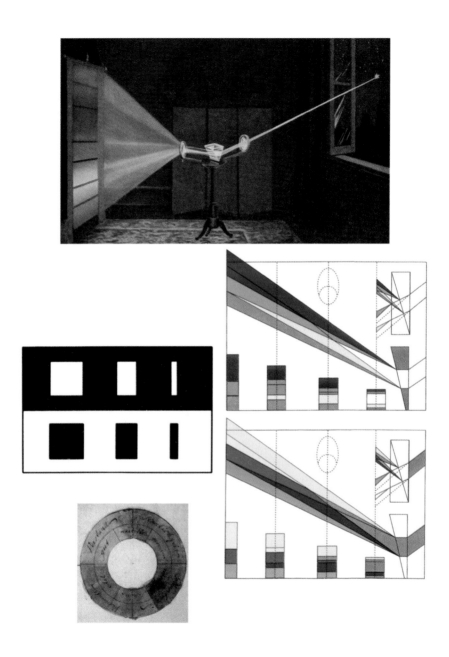

Abb. 3: Newtons »experimentum crucis« und Tafeln aus Goethes Farbenlehre, unter
Verwendung der Tafeln Goethes (zit. im Text).

Worauf beruht aber der Prismenversuch in seiner Ganzheit? Vor allem, welche Variationen sind möglich? Goethe spricht von Komplikationen und Bedingungen. Damit der Versuch in der obigen Anordnung gelingt, werden nämlich benötigt: ein Prisma aus Glas, das dreiseitig ist, ein Fensterladen, der eine Öffnung besitzt, die sehr klein ist, Sonnenlicht, das hereinfällt, in einer bestimmten Richtung auf das Prisma trifft und sich auf der Tafel abbildet, die in einer bestimmten Entfernung aufgestellt ist.

Die Begriffsbildung könnte demnach höchstens lauten: Unter diesen Bedingungen entstehen die prismatischen Farben. Die Größe und Form der Öffnung birgt darüber hinaus eine Überraschung in sich.

Um dies zu erläutern, benützen wir unser Auge anstelle der Tafel und das Rechtecksbild aus *Abbildung 3* als Lichtquelle. Blicken wir jetzt durch ein (senkrecht gehaltenes) Prisma die Figur an, entstehen an den senkrechten Hell-Dunkel-Grenzen in den Quadraten und Schlitzen Farbränder und Farben. Die waagerechten Berandungen bleiben farblos.

Wir beobachten: Die prismatischen Farben entstehen an Hell-Dunkel-Rändern. Es sind Farbsäume in den warmen Farben Gelb-Orange-Rot (etwa an den Grenzen links Schwarz – rechts Weiß) oder in den kalten Farben Cyan-Blau-Violett (dann an den Grenzen links Weiß – rechts Schwarz). Grün entsteht durch Überlagerung von Gelb und Cyan, wenn die Lichtöffnung (weißes Quadrat) zusammengeschoben wird (zum weißen Spalt). Magenta entsteht durch Überlagerung von Rot und Violett, wenn die Dunkelöffnung (schwarzes Quadrat) zusammengeschoben wird; vgl. die beiden vereinfachenden Prismenbilder aus Goethes Farbenlehre auf *Abbildung 3* (GOETHE 1999a, Tafel V, VI). Das Bild aus Newtons Versuch ist also als Spezialfall unserer Versuchsvariation am weißen Spalt zu sehen. Das »Spektrum der Finsternis« (Stegspektrum, Magentaspektrum) am schwarzen Spalt erscheint gleichberechtigt.

Schließen wir das Newton-Spektrum (Spaltspektrum) zu einem Kreis, verbinden sich die »Enden« Rot und Violett zu Magenta. Schließen wir das Stegspektrum zu einem Kreis, sehen wir, dass entsprechend Cyan und Gelb zusammen Grün ergeben. In beiden Fällen entsteht also derselbe Farbenring, den Goethe als Farbenkreis in die Ebene zeichnete.

Die Farbränder bilden in diesem Sinn eine Einheit, deren Erscheinung in dem gemeinsamen Auftreten von Hell und Dunkel begründet ist. An den Hell-Dunkel-Grenzen entstehen sie nämlich (sofern man durch das Prisma blickt) und fügen sich, wenn zwei Grenzen einen schmalen Spalt oder Steg bilden, als farbkomplementäre Bänder in den Farbenkreis ein.

Beim Blick durchs Prisma können wir allgemein feststellen, dass wir um die Ecke sehen, also der Blick seine Richtung ändert. Wir gehen nicht zu weit, wenn wir sagen, dass die Farben zeigen, was das Licht bei dieser Konfiguration der Sichtbeziehungen durchmacht.

Die Hell-Dunkel-Grenzen des Lichtscheins verschieben sich. Es tritt (in Goethes Deutung) Helles in vorher Dunkles ein und parallel dazu wird vorher Helles abgedunkelt, bevor der Schein seinen Weg wieder ungehindert fortsetzen kann. An dem Rand, an dem Dunkles aufgehellt wird, entstehen die kalten Farben. An dem Rand, an dem Helles abgedunkelt wird, entstehen die warmen Farben. Bei Refraktion treten (etwas differenzierter betrachtet) Bildvervielfältigungen und Bildverschiebungen auf, die sich bei Hell-Dunkel-Grenzen (Konturen) als farbige Kontrastauflösungen bemerkbar machen (vgl. hierzu THEILMANN 2006).

In dieser Weise werden die Farbränder mit zwei Grundqualitäten in Verbindung gebracht: wie der dunkle Kosmos im Morgengrauen vom Licht der Sonne und dem Dunst der Atmosphäre in strahlendes Blau verwandelt wird und die glänzende Abendsonne hinter Schleierwolken in orangeroter Farbe versinkt. Das Aufhellen von Finsternis und das Abdunkeln (Trüben) von Licht sind nach Goethe die elementarsten Phänomene der Farbentstehung. Er nennt sie Urphänomene.

Die Farbenlehre gehört zur Auseinandersetzung mit dem Wesen des Lichts. Sie steht beispielhaft für ein heute noch nicht abgeschlossenes Forschungsfeld, das nach wie vor spannende Fragen aufwirft (vgl. UNGER 1961/67, VON BARAVALLE 1996, VON MACKENSEN & OHLENDORF 1998, MAIER 2003, GREBE-ELLIS 2005, SOMMER 2005, ZAJONC 2008, KÜHL & AL. 2010, KÜHL 2011, MÜLLER 2015, RANG 2015). Andererseits kann sich der Betrachter (Schüler) mit den Prismenfarben selbsttätig vertraut machen, er spielt Variationen durch und erfährt dabei etwas von der Schönheit der Natur des Lichts. Die Freude der Entdeckung des Farbenkreises in seiner überwältigenden Harmonie der Komplementärfarben verbindet ihn, über das Experiment Newtons hinaus, mit der gesamten Farbenwelt. Die Nähe zu den vielfältigen Phänomen von Licht und Farbe ist bei Goethe gewollt und in seiner Art der Begegnung mit Wirklichkeit unabdingbar, um eine erkenntnismäßige Verbindung mit den Dingen überhaupt eingehen zu können. Dieser Punkt ist allerdings pädagogisch relevant:

> »Verstehen heißt hier: Stehen auf den Phänomenen. Anders gesagt: Erfahren, wie Physik, wie Naturwissenschaft möglich ist und möglich wird. Bei dieser Aufgabe können die außerordentlichen Fortschritte der modernen Physik von der Schule nicht nur als ein Mehr an sogenanntem Stoff bewältigt werden. Denn in unserem Jahrhundert sind sie, mehr als jemals zuvor, auch immer Schritte gewesen *fort* von den Fundamenten, das heißt: der primären, phänomenalen Wirklichkeit des Kindes und des Laien: fort von der freien Natur zur Apparatur, vom Wort zum Symbol, vom Satz zur Gleichung, von der Anschauung zu ab-

strakten Strukturen, vom Phänomen zur Modellvorstellung. Pädagogisch gesehen sind das Schritte von nie dagewesener Spannweite der Abstraktion. Ein nur hastig konsumierender Unterricht gefährdet die Kontinuität des Verstehens. Axiomatik und Deduktion bieten keinen Ausweg. Denn abstrakte Begriffe, die nicht in ihrer Herkunft aus den Phänomenen (genetisch) zustande gekommen sind, werden missverstanden: als nicht von uns konstruierte, sondern als vorgefundene, grob materielle, aber auch magische Wesenheiten, von denen man dann glaubt, dass sie als letzte Ursachen hinter allem stecken, was es gibt und die Phänomene verursachen: das ontologische Missverständnis der Physik.« (WAGENSCHEIN 1981)

Aber auch von Seiten der Physiker und der Physik selbst wurde man auf die methodischen Besonderheit in Goethes Forschungen aufmerksam, wie das folgende Beispiel von Max Born zeigt:

»Als ich im Jahre 1949 in Edinburgh aufgefordert wurde, bei der Feier von Goethes 200. Geburtstag über seine naturwissenschaftlichen Leistungen zu sprechen, habe ich abgelehnt, weil ich mich nicht kompetent fühlte. Dass ich jetzt nach 13 Jahren doch das Wort ergreife, ist durch mehrere Anregungen veranlasst. Der erste Anlass ist eine Abhandlung von M. H. Wilson im Yearbook of the Physical Society, London 1953 mit dem Titel Goethes Colour Experiments, nach Untersuchungen in der Goethean Science Foundation, Clent, Worcestershire. Ich fand später heraus, dass dies eine Einrichtung der Anthroposophen ist, die ja Goethe besonders verehren. Aber wenn ich auch kein Anhänger der etwas mystischen Lehre Steiners bin, so erschien mir die Wiedergabe und Besprechung einiger von Goethe beschriebenen Erscheinungen in Farbdrucken nach photographischen Aufnahmen sehr lehrreich.« (BORN 1963: 29)

Nach diesen einleitenden Worten geht Born in seinem Artikel auf die Objektivierung der Farben im Sinne einer reinen Farbengeometrie ein. Danach stellt er fest, dass er doch den Eindruck hat, »dass die Zerlegung der Eindrücke in Elementarbestandteile, wie wir Physiker sie gewohnt sind, nur einen Ausschnitt der Welt gibt und dass die Betrachtung der Gesamtheiten nicht übergangen werden darf« (ebd. S. 36).

Die dann folgenden Bemerkungen zu Goethes Farbenlehre stellen heraus, dass die Kantenspektren Goethes und die Newtonschen Kantenspektren für eine physikalische Analyse der Farben andere Ausgangspunkte liefern. Born ging es dabei lediglich darum, dass die Spektren nicht unkritisch als *völlig gleichwertig* angesehen werden können.

Man bemerkt in der Diskussion, dass sich eine für unsere Zeit interessante Qualität andeutet. Der Reduktionismus wird hinterfragt, die Möglichkeit eines Organizismus deutet sich an. Die Revision der klassischen Denkweise (des deterministischen Weltverständnisses) am Anfang des 20. Jahrhunderts setzte ebenfalls Goethes

Auffassung in ein ganz modernes, nunmehr zukunftsweisendes Licht. Die Quantentheorie als Physik der Beziehungen (GÖRNITZ 1999) etwa nähert sich der goetheanistischen Einsicht insofern an, als experimentelle Wahrnehmung ein Vorgang ist, bei dem sich Objekt und Subjekt »an der verborgenen Einheit der Welt« begegnen können.

Unter den zahlreichen Bestrebungen, Goethe mit der zeitgenössischen Physik zu versöhnen, ist diesbezüglich der seit Niels Bohr existierende Begriff der Komplementarität (HOLTON 1981: 144–202) als universale Kategorie von Ergänzung zu nennen. Bei der Farbenlehre seien der objektiv-physikalische (Farbmetrik) und der subjektiv-psychische, physiologische Aspekt komplementäre, sich ergänzende Seiten der Frage nach dem Licht. Dadurch wird jedoch eine Dualität bezüglich der Herangehensweise an die Eigenschaften von Licht und Farbe festgestellt, was im Sinne Goethes sicher mit Vorsicht zu genießen wäre.

Newton blendete tendenziell das reine Erlebnis zugunsten einer isolierbaren Frage nach der Geometrie der Farben aus. Dabei fand er, dass man den Farben Zahlen zuordnen kann und dass diese »Primelemente« sich auf einer Skala anordnen lassen. Goethe wiederum sprach von Urphänomenen, vom Zusammenwirken von Licht und Finsternis an der Materie. Er ließ sich auf die Erscheinungen an sich ein und fragt nach deren Zustandekommen innerhalb der Lebenswirklichkeit. »Goethe spielt, wie die Natur spielt, Newton zielt, wie der kluge Mensch zielt.« (BUCHWALD 1954: 21)

In jedem der beiden Fälle sollte, und das verbindet beide Ansätze, die Farbenwelt in eine einheitliche Ordnung gebracht werden. Goethe wäre wohl mit der etwas auseinanderdividierenden Feststellung Werner Heisenbergs, dass beide Theorien von »verschiedenen Schichten der Wirklichkeit« (HEISENBERG 2005: 77) handeln, nicht ganz einverstanden. Ist eine Fusion von anscheinend entgegengesetzten Weltbildern nicht doch möglich? Interessant hierzu ist der Ansatz von Wolfgang Buchheim (Anfang der 1990er Jahre), der die beiden Schichten in einem Übersichtsdiagramm gemeinsam gekennzeichnet hat:

> »Die vermittelnde Rolle des Diagramms [*Abbildung 4*, W. H.] zwischen physikalischer Farbenlehre und Goethes Chromatik beruht darauf, dass das Diagramm ermöglicht, die Goetheschen Ausdrücke und seine Farbauffassung in der Sprache Newtons und der von ihm begründeten physikalischen Optik auszudrücken.« (BUCHHEIM 1991: 9)

Wir sehen das waagerechte Spektrum Newtons (Buntband) und, das bei ihm gewissermaßen Fehlende, von Goethe hinzugefügte, hier senkrecht Dargestellte (die Vermittlung von Licht und Finsternis durch die Trübe). Die eingezeichnete Kurve (im Rechteckdiagramm, ebd., S. 10) mit zwei Maxima und einem Minimum ist die Farbenfunktion. Die waagerechte Achse (untere Rechteckskante) zeigt die Werte

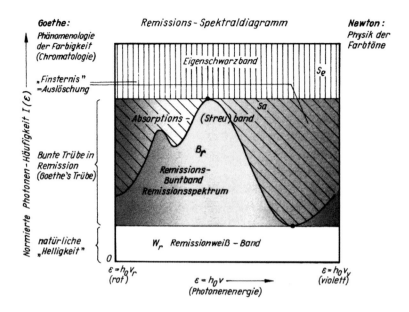

Goethe:
Phänomenologie
der Farbigkeit
(Chromatologie)

Remissions- Spektraldiagramm

Newton:
Physik der
Farbtöne

Eigenschwarzband

S_e

„Finsternis"
=Auslöschung

Absorptions - (Streu) band

S_a

B_r

Bunte Trübe in
Remission
(Goethe's Trübe)

Remissions-
Buntband
Remissionsspektrum

natürliche
„Helligkeit"

W_r Remissionweiß – Band

0

$\varepsilon = h_0 v_r$
(rot)

$\varepsilon = h_0 v$ ⟶
(Photonenenergie)

$\varepsilon = h_0 v_v$
(violett)

Normierte Photonen-Häufigkeit $I(\varepsilon)$

Abb. 4: Farbenlehre Newtons (Spektrum) und Goethes (Remission) zusammenge-
sehen. (Aus BUCHHEIM 1991)

der Energiequanten, die den jeweiligen Farben (Wellenlängen) entsprechen. Die
senkrechte Achse zeigt die Photonen-Häufigkeit (Lichtintensität). Der schräg schraf-
fierte Bereich lässt ablesen, welche Farbe wie stark beim Bestrahlen einer Fläche
mit Sonnenlicht absorbiert wird (es verbleiben Spektralfarben mit unterschiedlicher
Gewichtung, die durch die Länge der Ordinate jeweils ablesbar ist).

Die folgenden Beispiele (ebd. S. 12) stellen fünf verschiedene Farbausprägungen
dar *(Abb. 5)*. Jeder Vertikalstreifen gibt an, mit welchem Anteil die zu dem Streifen
gehörende reine Spektralfarbe in dem Gemisch vertreten ist:

1. Finsternis nach Goethe (Schwarz breit, Weiß schmal, Bunt fehlt)

2. Helligkeit nach Goethe (Schwarz schmal, Weiß breit, Bunt schmal)

3. Farbige Trübe nach Goethe

4. Hellbunt nach Ostwald (Schwarz schmal, Weiß breit, Bunt nicht charakteristisch)

5. Dunkelbunt nach Ostwald (Schwarz breit, Weiß schmal, Bunt nicht charakteristisch)

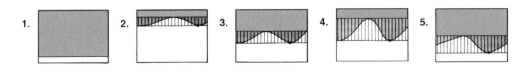

Abb. 5: Farbdarstellungen (aus BUCHHEIM 1991).

Die Summe der Vertikalstreifen des Diagramms, in waagerechter Richtung über-einandergeschoben, ergibt den Farbeindruck der Farbmischung (die Farbe der be-strahlten Fläche). Schwarzgehalt bedeutet unspezifische Absorption, das Buntgebiet selektive Absorption (Extinktion), der Weißgehalt Remission ohne Veränderung der spektralen Zusammensetzung.

Bemerkenswert ist die Ähnlichkeit des Diagramms mit einer Darstellung Rudolf Steiners vom 7. Mai 1921 (STEINER 1921b: 50). Steiner unterscheidet die Bildfarben Weiß, Grün, Pfirsichblüt und Schwarz von den anderen von ihm so genannten Glanzfarben. Die Farben bilden auch hier den mittleren Bereich zwischen Weiß und Schwarz, allerdings in Form des Goetheschen Farbenkreises. Steiner ordnet zudem den Farbempfindungen Lebenscharakteristiken zu. So ist etwa »Blau, das Sich-innerlich-Zusammennehmen, das Sich-Stauen, das Sich-innerlich-Erhalten, es ist der Glanz des Seelischen« (ebd. S. 51).

Es handelt sich also auch um eine Art Objektivierung, allerdings wird jetzt der Mensch mit seiner ganzen anschauenden Urteilskraft und Urteilsbereitschaft mit einbezogen. Jeder Einzelne kann beurteilen, ob eine bestimmte Charakterisierung für ihn erlebbar und Sinn gebend ist. Goethe und Steiner stellen den Menschen in einen Zusammenhang mit den Farb- und Naturerscheinungen. Die Wahrnehmung prägt die im lebendigen Gesamtkontext sich nach und nach Ausdruck verleihende Erkenntnis. (Zur Forschungsmethode Goethes vgl. stellvertretend SEAMON & ZA-JONC 1998, HEUSSER 2000, SCHAD 2007).

Im Jahr 1926 gab Max Born die statistische Interpretation der Quantenmechanik (BORN & AL. 1926: 557–615), mit der er den Grundstein für die Kopenhagener Deutung der Theorie legte. Unter anderem dafür erhielt er im Jahr 1954 den No-belpreis. Er begründete eine neue Art, über Naturerscheinungen zu denken:

> »Mein einstiger Glaube an die Überlegenheit der naturwissenschaftlichen Denk-weise über andere Wege zum Verstehen und Handeln, scheint mir jetzt eine Selbsttäuschung« (BORN 1957, Vorwort)

»Und hier haben wir zu lernen. Unsere naturwissenschaftlich-technische Zivilisation ist aufgesplittert in zahllose Gebiete, jedes mit großartigen Mitteln und vorzüglichen Experten, von denen aber kaum einer über die Grenzen seiner Spezialität herausschaut. So ist das Ganze ein sinnloses Chaos geworden. Die größten und erhebendsten Entdeckungen werden zu Zwecken benutzt, die nichts Großes und Erhebendes an sich haben, ja, die die Menschheit an den Rand der Selbstvernichtung gebracht haben. Wir sollten an Goethe anknüpfen und an die, welche seine Gedankenwelt pflegen und fortführen: Wir sollten sie bitten, unsere Kritik anzunehmen, wo uns ihre Gedanken zu wenig gesichert scheinen; wir sollten aber auch von ihnen lernen, über den fesselnden Einzelheiten den Sinn des Ganzen nicht zu vergessen.« (BORN 1963: 39)

Zu welchem Ganzen gehört etwas, oder ist es bereits selbst ein Ganzes? Zu dieser grundlegenden Frage äußert sich Rudolf Steiner mit den folgenden Worten:

»Das, sehen Sie, ist das Wichtigste, dass man beobachtet, inwiefern etwas ein Ganzes ist oder aus einem Ganzen herausgeschnitten ist. Unzähliges, was eigentlich ganz irrtümlich ist, entsteht dadurch, dass man dasjenige, was nur eine Teilerscheinung ist in einem anderen, als ein Ganzes betrachtet. Aber sehen Sie, man hat sich durch dieses Betrachten der Teilerscheinungen und durch das Hinzuerfinden der Energien erspart, das Leben des Planetensystems zu betrachten. Das heißt, man hat darnach gestrebt, dasjenige in der Natur, was Teil ist, wie ein Ganzes zu betrachten und dann alles dasjenige, was als Wirkungen entsteht, einfach durch Theorien entstehen zu lassen. Ich will dasjenige, was hier eigentlich vorliegt, Ihnen zusammenfassen mit dem Folgenden. Sehen Sie, es kommt darauf an, dass wir uns bei allem, was uns in der Natur entgegentritt, fragen: Zu welchem Ganzen gehört es, oder ist es selbst ein Ganzes? – Und wir werden zuletzt nur in einer gewissen Beziehung Ganzheiten finden, denn auch ein Steinsalzwürfel ist nur in einer gewissen Beziehung eine Ganzheit, auch er kann nicht bestehen, ohne dass ein bestimmter Temperaturgrad da ist oder andere Verhältnisse da sind. Bei einem anderen Temperaturgrad würde er nicht bestehen können. Wir haben überall die Notwendigkeit, nicht so zerstückelt die Natur zu betrachten, wie das gemeiniglich geschieht.« (STEINER 1919b: 113 ff.)

Unser Wissenschaftsverständnis kann sich der Tatsache nicht entziehen, dass ihre »Logik bestimmte ontologische Vorentscheidungen trifft und aus der Fülle der Naturgegebenheiten eine spezifische Gegenstandskonzeption auswählt, die für ihre Zwecke geeignet erscheint. [...] Natur ist stets theorieimprägniert, d. h. von den Rahmenbedingungen des jeweiligen Zugriffs abhängig« (GLOY 2005: 179, 187). Das Erschließen der höheren Ordnung der Natur entspringt dagegen einem langwierigen Prozess des gleichsam »malenden Schauens« der Wirklichkeitsbilder. Darauf weist Wolfgang Pauli hin:

»Von vielen Physikern ist neuerdings wieder die Rolle der Richtung der Aufmerksamkeit und der Intuition bei den im allgemeinen über die bloße Erfahrung weit hinausgehenden, zur Aufstellung eines Systems von Naturgesetzen, d. h. einer wissenschaftlichen Theorie nötigen Begriffe und Ideen betont worden. Vom Standpunkt dieser nicht rein empirischen Auffassung entsteht nun die Frage, welches denn die Brücke sei, die zwischen den Sinneswahrnehmungen auf der einen Seite und den Begriffen auf der anderen Seite eine Verbindung herstellte. Es erscheint am meisten befriedigend, an dieser Stelle das Postulat einer unserer Willkür entzogenen Ordnung des Kosmos einzuführen, die von der Welt der Erscheinungen verschieden ist. [...] Der Vorgang des Verstehens der Natur sowie auch die Beglückung, die der Mensch beim Verstehen, d. h. beim Bewusstwerden einer neuen Erkenntnis empfindet, scheint demnach auf einem zur Deckung Kommen von präexistenten inneren Bildern der menschlichen Psyche mit äußeren Objekten und ihrem Verhalten zu beruhen. [...] Auf dieser Stufe [der Erkenntnis, die im Unbewusstsein eingeleitet wird] sind an Stelle von klaren Begriffen Bilder mit starkem emotionalen Gehalt vorhanden, die nicht gedacht, sondern gleichsam malend geschaut werden.« (PAULI 1988: 510)

Es bricht also etwas ein in das Rationalitätsprofil des Menschen, was dem Künstlerischen nahe kommt. Diese These trägt eine pädagogische Brisanz in sich: Sie hat etwas zu tun mit der Möglichkeit der aktuellen und vielschichtigen Begegnung mit der prinzipiell erforschbaren irdischen und kosmischen Natur.

Die Reflexion der Fachebene lässt sich auf diese Weise öffnen, um phänomenologische Denkansätze in den Schulunterricht integrieren zu können und die Gestaltung des Unterrichts (von der Exploration zur Urteilsbildung) als Genese von wissenschaftlichen Fragehaltungen zu konzipieren. Dazu ist ein Transfer des Fachwissens in die Fachebene des Schulunterrichts und eine Relationierung der für den Unterricht angemessenen und vorzusehenden Themen notwendig (welches Thema ist für welche Altersstufe überhaupt geeignet?). Hinzu kommt die oft vernachlässigte, jedoch konsequent dazugehörige »zweite« Seite, dass Lehrer auf gemeinschaftsbasierte Lernumgebungen zu- und eingehen, das heißt, dass Elemente wie Identifizierung als »Eintauchen« und Differenzierung als Analyse qualitativ differenziert und praktisch eingebracht werden können (»atmender« Unterricht). Dabei ist die *Gesinnung* des Lehrers als Forschergeist nicht hintergehbar: Hat er die Potenziale und Schwierigkeiten seiner Ansätze durchschaut, ist er am Puls der Zeit, handelt er aus eigener Erkenntnis?

Die Entdeckungswege der Wissenschaftler und die Lernwege der jungen Menschen folgen ähnlichen Mustern. Jede explorativ angesteuerte Erkenntnisumgebung (etwas zugänglich machen) induziert sinnhafte Fragen (anhand von offenen Systemen, das erkennende Subjekt prägt dabei die Ontologie), und es können nach einem vollzogenen Urteilsprozess (gerade auch im Schulunterricht) überlieferte und mögliche Denkstile und Paradigmen diskursiv abgeglichen und weiterführend (theoretisch) diskutiert werden (Deskription und Interpretation). Das Verstehen kann also als kreativer Prozess einer sich entwickelnden Komplexität reflektiert werden, sofern vorab ein Boden für Ordnungsstrukturen in Form von »Erfahrungsbegriffen« geschaffen worden ist. Hans Poser bezeichnet diese Grundfigur des wissenschaftlichen Arbeitens als »komplexitätstheoretischen Ansatz«, der es also erlaubt,

> »zeitliche Prozesse auf eine Weise zu strukturieren, die sie dem menschlichen Verstand zugänglich machen. Dieses Gedankenschema bietet ein begriffliches Instrumentarium an, das es möglich erscheinen lässt, den Weg von der Materie zum Leben und zum Geistigen zu erfassen und dabei Freiheit, Verantwortung und Kreativität einen wichtigen Platz einzuräumen.« (POSER 2012: 310)

Die Waldorfpädagogik regt an, die wissenschaftlichen Fragen an das Potenzial der Welterfahrung des einzelnen Menschen anzuschließen. Dazu wird die menschliche Entwicklung berücksichtigt und der Methodik-Didaktik des Fachunterrichts wesentlich subsumiert (spirituelle Menschenkunde, Lernen als Entwicklungsprozess, unterschiedliche Lerndispositionen je nach Altersstufe). Die Frage, *welcher Sinn und welche Erfordernisse der Zusammenhang von sich aus an die Unterrichtsmethode stellt*, wird im Konzept der Waldorfpädagogik zur »künstlerischen Aktivität« (Begegnung, Gegenwart, Anwesenheit) vor und in der Welt. Was wird von den Gegebenheiten bzw. vom zugehörigen Erfahrungsbewusstsein des Lernenden und Lehrenden in den pädagogischen Kontext seinem Wesen nach beigelegt? Interesse, Staunen, Erfahrenheit im unaufdringlichen fürwahr nehmenden Zugehen auf die Welt wären Elemente (bestenfalls tatsächliche Schülererfahrungen), die mit den jeweiligen Fachwissenschaften und ihren Grundfragen in stets neu sich formierender erkenntnispraktischer »Schleife« verknüpft sind: Ausgangspunkt ist die

- *Begegnung* mit einem Erkenntnisgegenstand (worin besteht sie jeweils konkret? – eine für die tägliche Unterrichtsvorbereitung zentrale Frage. Wie erkläre ich das Eine oder das Andere? erscheint eher zweitrangig oder nachfolgend). Dann folgt die (multiperspektive)

- *Charakterisierung* der gemachten Erfahrung einschließlich einer ersten vorsichtigen, offenlassenden, die Phantasie anregenden Urteilsorientierung (Ausmalen von Einschätzungsmöglichkeiten) und schließlich am Folgetag die (begriffliche, versprachlichte)

- *Beurteilung* des jeweiligen Wertkontextes und des Sinnzusammenhangs, die für neue Fragen und Erfahrungen ein Sprungbrett sein können (Entwicklung zu weiterführender Weltbegegnung).

Analysiert man in dieser Weise den Erkenntnisprozess (gedankliche Durchdringung von Wirklichkeitsverhältnissen als Teilhabe an der Suche nach Weltwesentlichem), gelangt man, so die hier abschließende These, von der Reflexion der Bedeutsamkeit von Theorien (siehe 1. Abschnitt) über die seelische Kraft der Urteilsbildung zum Schlüsselmoment der Grunderfahrungen, der Begegnung mit dem Weltzusammenhang. Dabei stellte sich Letzteres als eigentlicher Initiator und Motor für das Lernen und Erkennen dar. Wahrnehmung als primäres Wissen wird möglich, wenn die Naturphänomene von verschiedenen Seiten aus betrachtet werden, wenn die experimentellen Anordnungen in Versuchsreihen ausreichend variieren, von wo aus das sprachlich fassbare und tiefere Verstehen von (naturwissenschaftlichen) Zusammenhängen ausgehen kann. Vom Elfenbeinturm der abstrakten Konzepte her werden wissenschaftliche Selbsterfahrungen der jungen Menschen weniger angeregt. Sicherheit, Kraft zu Wissen und Identitätspotenzial für eigene Forschungen gehen von eigenen, möglichst unverzerrten Erfahrungen und verstehenden Urteilsbildungen aus.

Literatur

ARENDT, H. (2002): Denktagebuch. Piper Verlag, München-Zürich

BARAVALLE, H. VON (1996): Physik als reine Phänomenologie, Bd. 2. Verlag Freies Geistesleben, Stuttgart

BENSE, M. (1946): Konturen einer Geistesgeschichte der Mathematik. Claassen & Goverts Verlag, Hamburg

BOHR, N., HEISENBERG, W. (1963): Die Kopenhagener Deutung der Quantentheorie. Ernst Battenberg Verlag, Stuttgart

BORN, M. (1957): Physik im Wandel meiner Zeit. Friedr. Vieweg & Sohn, Braunschweig
– (1963): Betrachtungen zur Farbenlehre. Die Naturwissenschaften 50, Heft 2
–, HEISENBERG, W., JORDAN, P. (1926): Zur Quantenmechanik II. Zeitschrift für Physik 35

BREDEKAMP, H. (2007): Galilei der Künstler. Akademie Verlag, Berlin
– (2009): Weite und Begrenzung. Vertrauen und Eigensinn: Galileis visueller Kosmos. In: Wilhelm Vossenkuhl u. a. [Hrsg]: Ecce Homo! Menschenbild – Menschenbilder. Kohlhammer Verlag, Stuttgart

BROCKHAUS (2006): Enzyklopädie, Bd. 1. 21. Aufl., F. A. Brockhaus, Leipzig

BUCHHEIM, W. (1984): Komplementarität nach Niels Bohr – Physikgeschichtliche Episode oder universale Kategorie von Ergänzung. Akademie Verlag, Berlin
– (1991): Der Farbenlehrestreit Goethes mit Newton in wissenschaftsgeschichtlicher Sicht. Akademie Verlag, Berlin

BUCHWALD, E. (1954): Farbenlehre als Geistesgeschichte. In: Natur und Kunst – Zwei Goethe-Reden. Insel Verlag, Frankfurt a. M. (o. Jahr)

CARRIER, M. (2007): Wege der Wissenschaftsphilosophie im 20. Jahrhundert. In: Andreas Bartels, Manfred Stöckler [Hrsg.], Wissenschaftstheorie. mentis Verlag, Paderborn

CASSIRER, E. (2002): Gesammelte Werke, Hamburger Ausgabe, Bd. 14. Wissenschaftliche Buchgesellschaft (Meiner), Darmstadt

EBELING, H. (2011): Theorie der Denkakte. Königshausen & Neumann, Würzburg

GEBOERS, T., HUTTER, W. (2014): Urteilsentwicklung im Unterricht als Erziehung zur Freiheit. In: Walter Hutter (Hrsg.), Mathematik, Physik und Geisteswissenschaft – Perspektiven und pädagogische Relevanz. Schriften des Naturwissenschaftlich-Mathematischen Instituts, edition waldorf, Stuttgart (2014)

GLOY, K. (2005): Grundtypen des menschlichen Naturverständnisses. In: Gebauer, M. & Gebhard, U. [Hrsg.], Naturerfahrung. Die Graue Edition, Kusterdingen

GÖRNITZ, T. (1999): Quanten sind anders. Spektrum Akademischer Verlag, Heidelberg-Berlin

GOETHE, J. W. VON (1999): Zur Morphologie. Goethes Naturwissenschaftliche Schriften in Goethes Werke, hrsg. im Auftr. der Großherzogin Sophie von Sachsen, II. Abt., 6. Bd. Reprint, Verlag Hermann Böhlaus Nachf., Weimar

– (1999a): Zur Farbenlehre, Historischer Theil II. Goethes Naturwissenschaftliche Schriften in Goethes Werke, hrsg. im Auftr. der Großherzogin Sophie von Sachsen, II. Abt., 4. Bd. Reprint, Verlag Hermann Böhlaus Nachf., Weimar

– (o. J.): Goethes Gespräche mit Eckermann. 29.–33. Tsd., Insel Verlag, Leipzig

GREBE-ELLIS, J. (2005): Grundzüge einer Phänomenologie der Polarisation (Dissertation der Humboldt-Universität Berlin). Logos Verlag, Berlin

HEIDEGGER, M. (1953): Sein und Zeit. 7. Aufl., Max Niemeyer Verlag, Tübingen

HEIDELBERGER, M. (2007): Das Experiment in den Wissenschaften. In: Bartels, A. & Stöckler, M. [Hrsg.], Wissenschaftstheorie. mentis Verlag, Paderborn

HEISENBERG, W. (2005): Wandlungen in den Grundlagen der Naturwissenschaft. 12. Aufl., S. Hirzel Verlag, Stuttgart

HEUSSER, P. [Hrsg.] (2000): Goethes Beitrag zur Erneuerung der Naturwissenschaft (Das Buch zur gleichnamigen Ringvorlesung an der Universität Bern zum 250. Geburtsjahr Goethes). Verlag Paul Haupt, Bern-Stuttgart-Wien

HOLTON, G. (1981): Zur Genesis des Komplementaritätsgedankens. In: Thematische Analyse der Wissenschaft, Suhrkamp Verlag, Frankfurt a. M.

HUSSERL, E. (1928): Vorlesungen zur Phänomenologie des inneren Zeitbewusstseins. Max Niemeyer, Halle a. d. S., (Sonderdruck aus Jahrbuch für Philosophie und phänomenologische Forschung, Bd. IX)

JASPERS, K. (1946): Vom lebendigen Geist der Universität. Lambert Schneider, Heidelberg

KAULBACH, W. VON (1872): Wilhelm von Kaulbach's Wandgemälde im Treppenhaus des neuen Museums zu Berlin, Verlag von Alexander Duncker, Berlin

KLIBANSKY, R., PANOFSKY, E., SAXL, F. (1990): Saturn und Melancholie. Suhrkamp Verlag, Frankfurt a. M.

KÜHL, J., LÖBE, N., RANG, M. (2010): Experiment Farbe – 200 Jahre Goethes Farbenlehre. Verlag am Goetheanum, Dornach

KÜHL, J.: (2011): Höfe, Regenbögen, Dämmerung – Die atmosphärischen Farben und Goethes Farbenlehre. Verlag Freies Geistesleben, Stuttgart

MACKENSEN, M. VON, OHLENDORF, H.-C. (1998): Modellfreie Optik. 2. Aufl., hrsg. von der Päd. Forschungsstelle Kassel, Kassel

MAIER, G. (2003): Optik der Bilder. 5. Aufl., Kooperative Dürnau, Dürnau

MAIO, G. (2009): Über die Herausforderungen der medizinischen Ethik. Südwestrundfunk, SWR2 AULA vom 11.6.2009.

MÜLLER, O. (2015): Mehr Licht – Goethe mit Newton im Streit um die Farben. S. Fischer Verlag, Frankfurt a. M.

NEWTON, I. (1672): New Theory about Light and Colors. London Philosophical Transactions 80 (1672). Reprint: Werner Fritsch Verlag, München 1974. Übersetzung mit Erläuterungen in: Lohne, J. A., Sticker, B., Newtons Theorie der Prismenfarben. Werner Fritsch Verlag, München (1969)

PAULI, W. (1988): Der Einfluss archetypischer Vorstellungen auf die Bildung naturwissenschaftlicher Theorien bei Kepler. In: Enz, C. P., von Meyenn, K. (Hrsg.): Wolfgang Pauli. Friedr. Vieweg & Sohn Verlagsgesellschaft, Braunschweig

PASCHEK, C. (1999): Das Goethe-Bild der Postmoderne. Vittorio Klostermann, Frankfurt a. M.

POPPER, K. (1995): Eine Welt der Propensitäten. J. C. B. Mohr (Paul Siebeck), Tübingen

POSER, H. (2012): Wissenschaftstheorie. 2. Aufl. Philipp Reclam jun., Stuttgart

RANG, M. (2015): Phänomenologische Zugänge zu komplementären Spektren. Diss. Univ. Wuppertal, Vorabdruck

ROSSLENBROICH, B. (2014): Evolutionsforschung im 21. Jahrhundert: Von der Aktualität des goetheanistischen Ansatzes. In: Heusser, P., Weinzirl, J. (Hrsg), Rudolf Steiner – Seine Bedeutung für Wissenschaft und Leben heute, S. 141–163. Schattauer, Stuttgart

SALA, G. B. (2009): Die Struktur der menschlichen Erkenntnis – Eine Erkenntnislehre. WBG, Darmstadt

SCHAD, W. (2007): Was ist Goetheanismus? Gesammelte Schriften 1, Goethes Weltkultur. Verlag Freies Geistesleben, Stuttgart

SEAMON, D., ZAJONC, A. (1998): Goethe's Way of Science. State University of New York Press, New York

SOMMER, W. (2005): Zur phänomenologischen Beschreibung der Beugung im Konzept optischer Wege (Dissertation der Johann Wolfgang Goethe-Universität Frankfurt am Main). Logos Verlag, Berlin

STEINER, R. (1893): Die Philosophie der Freiheit (GA 4). 16. Aufl. 1995, Rudolf Steiner Verlag, Dornach

– (1919a): Allgemeine Menschenkunde als Grundlage der Pädagogik (GA 293). 9. Aufl. 1992, Rudolf Steiner Verlag, Dornach

– (1919b): Geisteswissenschaftliche Impulse zur Entwickelung der Physik (GA 320). 3. Aufl. 1987, Rudolf Steiner Verlag, Dornach

– (1921a): Menschenkenntnis und Unterrichtsgestaltung (GA 302). 5. Aufl. 1986, Rudolf Steiner Verlag, Dornach

– (1921b): Das Wesen der Farben (GA 291). 4. Aufl. 1991, Rudolf Steiner Verlag, Dornach

STRÖKER, E. (1976): Wissenschaftsgeschichte als Herausforderung. Vittorio Klostermann, Frankfurt a. M.

THEILMANN, F. (2006): Wie verstehen wir die prismatischen Farben als optisches Phänomen. Lehrerrundbrief 86, 19–28 (Teil I: Sichtbeziehung und Hebung) und Lehrerrundbrief 87, 36–46 (Teil II: Das Miteinander farbiger Bilder)

UNGER, G. (1961/67): Vom Bilden physikalischer Begriffe. Teil II, Die Grundbegriffe der Optik und Elektrizitätslehre. Teil III, Grundbegriffe der modernen Physik – Quanten, Teilchen, Relativität. Verlag Freies Geistesleben, Stuttgart

WAGENSCHEIN, W. (1981): Rettet die Phänomene! In: Sauer, W. (Hrsg.), Vom Wesen des Erzieherischen. Südmarkverlag Fritsch, Heidenheim

ZAJONC, A. (2008): Catching the Light. Bantam Books, New York-Toronto-London u. a. (1993); Übersetzung: Lichtfänger – Die gemeinsame Geschichte von Licht und Bewusstsein. Verlag Freies Geistesleben, Stuttgart

Der Autor

Prof. Dr. WALTER HUTTER, * 1964. Studium der Mathematik, Physik und Philosophie in Stuttgart und Tübingen, Promotion in Mathematik (Eberhard-Karls-Universität Tübingen). Oberstufenlehrer für Mathematik und Physik an der Freien Waldorfschule auf den Fildern, seit 2009 Professor für Didaktik der Mathematik und Physik an der Freien Hochschule Stuttgart. Forschungsthemen: Phänomenologisches Denken im mathematischen und naturwissenschaftlichen Unterricht, Identitätsbildung durch Wissenschaft insbesondere im Jugendalter, Beziehung von Mathematik und Geisteswissenschaft, Lehrerbildung als Entwicklung von Fähigkeiten. Publikationen unter whutter.de.

HEINRICH BRETTSCHNEIDER

Das Gemüt als Pforte zur Menschenwürde

Als das größte Hindernis für eine naturalistische (sprich: einheitlich physikalische, oder schlichter ausgedrückt: materialistische) Erklärung des menschlichen Bewusstseins wird in der gegenwärtigen philosophischen Diskussion das so genannte »phänomenale« Bewusstsein des Menschen gesehen. Aber eine »Erklärung« kann nicht greifen, bevor nicht wenigstens eine phänomenologische Charakterisierung des »phänomenalen« Bewusstseins geleistet ist. Dabei stellt sich heraus, dass die drei Seelenkräfte des Denkens, Fühlens und Wollens nahezu immer präsent sind, wenn es um Bewusstseinszustände geht. Eine Phänomenologie des Bewusstseins ist also gar nicht möglich ohne den differenzierten Einbezug unterbewusster Vorgänge des Seelenlebens. Dies Letztere führt unter anderem zu einer radikalen Neubewertung des Gemütes und insofern auch zu einem radikal neuen Verständnis der Gemüts- und Verstandesseele des Menschen.

In methodischer Hinsicht ist dies der Versuch einer goetheanistischen Psychoanalyse mit dem Ziel, die *Strukturen* des menschlichen Seelenlebens im Sinne der goetheschen »Urphänomene« zu verstehen.

The mind as a door to human dignity

Modern philosophy regards the 'phenomenal' consciousness of the human being as the biggest obstacle to a naturalistic (i.e. unified physical, or, put more simply, materialistic) explanation of human consciousness. But such an 'explanation' cannot be sustained without first making a phenomenological characterisation of 'phenomenal' consciousness. In doing so it emerges that the three soul capacities of thinking, feeling and willing are almost always present when an object of consciousness is involved. Therefore, a phenomenology of consciousness is in no way possible without a differentiated involvement of subconscious processes of soul life. The latter leads, amongst other things, to a radically new understanding of the mind/intellectual soul of the human being. From a methodological point of view this is an attempt at a Goethean psychoanalysis with the aim of understanding the structures of human soul life in the sense of the Goethean 'primal phenomenon'.

WALTER HUTTER

Urteilen in Wissenschaft und Waldorfpädagogik

In diesem Aufsatz soll auf die Urteilsbildung im Rahmen von Wissenschaft und pädagogischer Praxis (der Waldorfschulen) eingegangen werden. In die Diskussion wird exemplarisch ein Teilbereich der Physik (Licht und Farbe) einbezogen. Als Ausgangspunkt soll in Kurzform zu wissenschaftsphilosophischen Grundproblemen des 20. Jahrhunderts ein Überblick gegeben werden. Danach motivieren wir bildhaft anhand zweier Fresken den kulturhistorisch bedeutsamen Moment der menschlichen Abstraktionsfähigkeit, um nachfolgend – auf die Urteilsentwicklung als prozessuale »Modifikation« des ganzen Menschen Bezug nehmend – die Beurteilung von Phänomenen (etwa der Physik) im Schulzusammenhang besprechen zu können. Es wird die Unterrichtsgestaltung dadurch letztlich in einen wissenschaftstheoretischen und bewusstseinsgeschichtlichen Kontext gestellt. Die Bewusstseinsentwicklung hin zur Abstraktion ist natürlich keine Neuentdeckung dieser Arbeit. Ebenso ist die phänomenorientierte Ausrichtung eines erfolgreichen Unterrichts (an Waldorfschulen) hinreichend bekannt. Ein Anliegen hier ist, Problemstellungen der Wissenschaftsentwicklung mit Bildungschancen in der Schule (lernen, an der Suche nach Weltwesentlichem teilhaben zu können, und dabei das Lernen selbst lernen) gemeinsam besprechbar zu machen bzw. zu halten. Dazu werden in der folgenden Ausgestaltung der Gedankenlinien auch Exkurse eingebracht und neuartig kontextualisiert.

Judgements in science and Waldorf teaching

This paper deals with the forming of judgements in the context of science and pedagogical practice (of Waldorf schools). The subject area of physics (light and colour) is taken as an example. Firstly, a brief overview of fundamental problems in the philosophy of science in the 20th century is given. Then, with the help of two frescoes, we examine the important historical and cultural moment in which the human capacity for abstraction developed, in order subsequently to be able to discuss the assessment of phenomena (e.g. in physics) in a school context. Thereby it becomes possible to focus on the evolution of judgement as a processual 'modification' of the whole human being. The physics curriculum is thus placed in the context of both scientific theory and the history of consciousness. Examining the evolution of consciousness with respect to abstraction is, of course, not a new contribution. Likewise, the phenomena-oriented approach of a successful science lesson (in Waldorf schools) is sufficiently well known. The aim here is to make or ensure that is possible to discuss the problems posed in the history and development of science in the context of the educational possibilities which school offers, thus helping pupils to learn to participate in the search for fundamental truths and thereby also helping them learn how to learn. In the elaboration of some of the lines of thought explored in this work, excursuses are introduced and contextualised anew.

MICHAEL KALISCH

Die Chinarinde und das atavistische Wesen des Malaria-Erregers. Ein Brückenschlag zwischen goetheanistischer Naturwissenschaft und geisteswissenschaftlicher Menschenkunde

Die Malaria scheint die Menschheit zu begleiten, ungezählte Millionen Leben hat sie schon gefordert. Erste Berichte über Malariainfektionen erwähnen den »gelben« Kaiser Huang Ti (2700 v. Chr.), seitdem ist bereits der Zusammenhang zwischen Malaria und Milzvergrößerung bekannt. Auch Tutenchamun soll unter Malaria gelitten haben. Nach jüngsten Meldungen der WHO ist die Mortalität durch Malaria dank Prävention und Kontrolle seit dem Jahr 2000 um 45 % gesunken; 2012 gab es zwischen 135 und 287 Millionen Neuerkrankungen und es starben zwischen 473.000 und 789.000 Menschen. Die Unschärfe der Daten zeigt, dass viele Erkrankungen außerhalb normaler medizinischer Erfassung stehen. Die Malaria bleibt eine der Krankheiten mit den meisten Todesopfern und eine Seuche der Armen. In Afrika sind Kinder unter 5 Jahren die häufigsten Opfer, jede Minute stirbt dort ein Kind an Malaria. – Um 1633 entdeckten Jesuiten in Südamerika die Chinarinde als hochwirksames Mittel gegen das »Wechselfieber«, später wurde der Wirkstoff Chinin zum wichtigsten Therapeutikum, bis man ihn im 20. Jahrhundert weitgehend durch synthetische Mittel ersetzte. Mittlerweile nehmen jedoch Resistenzen überhand, so dass Chinin – das ohnehin bei den schweren Verlaufsformen immer das wirksamste Mittel geblieben ist – wieder an Bedeutung gewinnt.

Im Folgenden sollen zunächst Wesensbilder der Malaria (tropica, tertiana, quartana) und der auslösenden Parasiten (*Plasmodium-Arten*) entworfen werden. Anschließend werden die morphologischen Charakterzüge der Chinarindenbäume (*Cinchona*) und die Besonderheit der Synthesewege der China-Alkaloide gezeigt. Das umfassende homöopathische Mittel »China« wird menschenkundlich entschlüsselt, so dass schließlich eine Brücke zwischen der Krankheit und dem Parasiten einerseits, Chinin bzw. dem homöopathischen Mittel und ihrer Entstehung in der Pflanze mit ihrer Morphologie andererseits geschlagen werden kann.

Cinchona bark and the atavistic nature of the cause of malaria. Creating a bridge between Goethean natural science and the spiritual-scientific study of the human being

It appears that humanity has always suffered from malaria. The disease has already taken countless lives. The early reports of malaria infection come from the 'yellow' Emperor Huang Ti (2700 BC). Only later was the connection between malaria and the spleen discovered. Tutenkamun is said to have suffered from malaria. According to the most recent WHO reports, the mortality from malaria has fallen 45% since 2000 thanks to prevention and control measures. In 2012 there were between 135 and 287 million new cases and between 473,000 and 789,000 million fatalities. The wide range in the data illustrates that many cases lie beyond normal medical recording. Malaria remains one of the diseases associated with the most deaths, and one particularly of poor people. In Africa, children under five are the most frequent victims, with one child dying every minute. In about 1633, Jesuits in South America discovered cinchona bark as a highly effective remedy against this intermittent fever. Later the active component quinine became the most important therapy until it was largely replaced in the 20th century by synthetic compounds. However, in the meantime, resistance has gone out of control, with the result that quinine – which anyway remains the most effective remedy in serious cases – has regained importance.

In the following paper I first sketch the essential features of malaria (tropica, tertian, quartan) and the causative parasites *(Plasmodium spp.)*. Then I present the morphological characteristics of the cinchona bark tree and the unusual feature of the biosynthetic pathway of the cinchona alkaloids. The comprehensive homeopathic remedy 'china' is interpreted from the spiritual-scientific study of the human being, so as to create a bridge between, on the one hand, the disease and the parasites, and, on the other hand, quinine or the homeopathic remedy and its origin in the plant, including its morphology.

SUSANNA KÜMMELL

Zur Evolution des menschlichen Kopfes. Der Modus der Komplexitätsverschiebung und die Rolle von Heterochronie und Plastizität

In der Evolution des menschlichen Kopfes findet eine Komplexitätsverschiebung statt. Komplexität wird vorwiegend in dem Bereich, in welchem der Organismus über die Nahrung direkt mit der Umwelt in Kontakt tritt (distal), in der Kieferregion, abgebaut. Proximal im Innern, im Gehirn, wird, neben auch vorhandenen Abbauvorgängen, Komplexität vorwiegend aufgebaut. Die Evolution der Sprache, mit ihren Sprachwerkzeugen, steht vermittelnd dazwischen und bildet einen Gradienten mit vorwiegendem Komplexitätsaufbau proximal und Komplexitätsabbau distal. Der Komplexitätsabbau in der Kieferregion findet durch Pädomorphose (Neotenie und Postdisplacement) statt, der Komplexitätsaufbau des Gehirns durch Peramorphose (sequenzielle Hypermorphose und Predisplacement). Bei beiden Prozessen spielt – neben anderen Faktoren – Plastizität eine Rolle. Sowohl die Kieferpartie als auch das Gehirn reagieren hochgradig plastisch auf Anforderungen. Die Kieferpartie wird dabei durch die Kulturleistungen entlastet, das Gehirn hingegen weiter angeregt, was zu seinem Strukturaufbau beiträgt. Es ist wahrscheinlicher, dass die Gene den plastischen Änderungen folgen, als dass sie evolutive Änderungen auslösen. Über seine hohe Plastizität auf biologischer Ebene und durch den Gebrauch und die Entwicklung von Werkzeugen, die Sprache und den sozialen Umgang ist der Mensch mit seiner Lebensweise an seiner eigenen Evolution beteiligt.

Im Laufe der Evolution ist der Mensch mit seinem neotenen Kieferapparat immer weniger in die Umwelt eingebunden. Für die Nahrungsaufbereitung machen ihn Werkzeuge und Feuer zunehmend von einzelnen Nahrungsquellen unabhängiger. Gleichzeitig ermöglichten der zunehmende Schutzraum der elterlichen Fürsorge und die damit einhergehende Verlängerung der Kindheit und Jugend ein längeres Wachstum des Gehirns und eine Zunahme an Lernprozessen. Damit konnte angeborenes und vorgeprägtes Verhalten durch intensivierte und längere Lernvorgänge weitgehend ersetzt werden. Durch beide Entwicklungen erlangt der einzelne Mensch eine höhere Flexibilität und Autonomie, und die Menschen werden als kulturelle Gemeinschaft autonomer gegenüber der Umwelt. Bei der Evolution des Kopfes werden gerade die kindlichen Qualitäten des Kopfes – das Lernvermögen, die hohe Plastizität des Gehirns, das hohe Gehirnwachstum und die geringe Ausreifung der Kieferpartie – durch die frühontogenetisch einsetzende Peramorphose beim Gehirn gesteigert und durch die vorwiegend gegen Ende der Wachstumsphase wirkende Pädomorphose des Kauapparates bewahrt. Im Kopf ist es die Zunahme kindlicher Charakteristika, die zu der menschlichen Autonomie beiträgt, in den unteren Gliedmaßen hingegen die Zunahme adulter Qualitäten.

On the evolution of the human head. Shift in complexity and the role of heterochrony and plasticity

In the evolution of the human head a shift in complexity takes place. Complexity is predominately reduced in the jaw region (distally), in which the organism comes into direct contact with the environment through nutrition. Proximally, in the brain, besides the degradation processes present, complexity is predominately increased. The evolution of language with its organs of speech occupies an intermediate mediating role and forms a gradient with predominately increasing complexity proximal and decreasing complexity distal. The reduction of complexity in the jaw region takes place through paedomorphosis (neoteny and postdisplacement), the increase of complexity of the brain through peramorphosis (sequential hypermorphosis and predisplacement). Plasticity – along with other factors – plays a role in both processes. Both, the jaw region and the brain, react highly plastically to their use. Thus, the jaw region is relieved through cultural achievements like tool use, whereas the brain is further stimulated by them, which contributes to its increasing structure. It is more likely that the genes follow the plastic changes than that they are the leaders in the evolution of novelties. Because of the high plasticity at the biological level, and through the development of tools, language and a social way of living, humans contribute to their own evolution.

310

In the course of evolution, humans, with their neotenic jaw apparatus, become increasingly free from their environment. With the culture of tools and the use of fire, they become more and more independent of single food sources. Simultaneously, childhood and youth was prolonged in connection with the increasing protection by parental care. This was correlated with a longer period of brain growth and an increase in learning processes. Thus, innate and instinctive behaviour could be largely replaced by longer and more intensive learning processes and individuals could acquire greater flexibility and creativity than their ancestors. Humans became more autonomous. In the evolution of the head, precisely its childlike qualities – the learning capacity, the high plasticity of the brain, the high brain growth and the comparatively small jaw part – are increased through an ontogenetically early onset of peramorphosis in the brain, and preserved by a predominantly late paedomorphosis of the chewing apparatus. Thus, in the head, the increase of childlike features contributes to human autonomy, whereas in the lower limbs it is the increase in adult qualities.

RUTH MANDERA, CHRISTOPH M. SCHEMPP

Die Blutwurz, *Potentilla erecta* (L.) Räuschel. Über die Fähigkeit, Polaritäten miteinander zu verbinden

Die Blutwurz, *Potentilla erecta*, zählt zu den Rosengewächsen, unterscheidet sich aber morphologisch und physiologisch in allen Organen von ihren Verwandten. Sie wächst nach dem »Durchdringungsprinzip«, das heißt, dass das »Kosmisch-Seelische« der Pflanze tief und früh die Pflanze berührt und damit ihre vegetativen Prozesse modifiziert. Bei einer ausgegrabenen Blutwurz fällt als Erstes die Diskrepanz zwischen dem dicken, knolligen, schweren Rhizom und den dünnen, schlaffen, gabelig verzweigten Blütentrieben auf. Der aufrechte, in Knoten und Internodien gegliederte Spross einer typischen krautigen Pflanze ist bei der Blutwurz in zwei Richtungen hin abgewandelt. Einerseits ist er als Rhizom gestaut und in die Erde verlagert, andererseits tritt er oberirdisch in vielen, generativ überformten Blütentrieben in Erscheinung.

Die Blutwurz strebt eine Polarisierung zwischen ihrem ober- und ihrem unterirdischen Lebensbereich an. Die an den Trieben sitzenden Blättchen sind fünfzählig, weil sich Stipeln (Unterblatt) und Fiedern (Oberblatt) gemeinsam zu ausstrahlenden

311

»Kränzen« formen, die gelben Blüten dagegen sind in der Regel vierzählig. Im oberirdischen Lichtraum führt die »Durchdringung« zu einer Betonung des *Form-aspekts*, da während der Reife der Früchtchen deutlich gegliederte, dichasiale Verzweigungsmuster entstehen, in denen sich die anfängliche Asymmetrie der Fortsetzungstriebe zu annähernd gleichschenkligen Gabelungen auswächst. Gleichzeitig geht die Blutwurz aber beweglich und spielerisch mit ihren Bildeprinzipien um, denn die Triebe wachsen scheinbar chaotisch durcheinander. Unterirdisch überwiegt dagegen im gestauten Rhizom der *Substanzaspekt*, die »seelische Berührung« äußert sich dort in der Anreicherung von verschiedenen Gerbstoffen (bis zu 25%), die den sogenannten »Holzkörper« des Rhizoms rosa bis blutrot färben. Trotz seiner erstaunlichen Härte enthält das Rhizom jedoch nur wenige wirklich verholzte und damit abgestorbene Zellen. Der Übergang vom unter- zum oberirdischen Bereich wird durch dreifiedrige Blättchen vermittelt, die nur im Frühling oder Herbst als Oberblattanteil der unterirdischen Schuppenblätter heranwachsen. Neben der Polarisierung in Form- und Substanz-Pol lebt die Blutwurz auch die Verbindung von zentripetalen und zentrifugalen Prozessen vor. Dies weist auf ihre Verwendung als Heilpflanze bei Entzündungen und Blutungen von Haut und Schleimhaut.

Tormentil, *Potentilla erecta* (L.) Räuschel. Its capacity for connecting its polarities with one another

Tormentil, *Potentilla erecta*, belongs to the Rosaceae, but in all its organs it is morphologically different from its relatives. The 'cosmic soul' element of the plant deeply affects tormentil early in its development, thereby modifying its vegetative processes – this is called 'pervasion' principle. After digging up a tormentil one at first notices the discrepancy between the thick, tuberous, hard rhizome and the thin, limp, fork-branched flowering shoots. The upright shoot divided into nodes and internodes of a typical herbaceous plant is transformed in tormentil in two directions: on the one hand, it is concentrated as a rhizome and stored horizontally in the ground, and on the other hand it appears above ground in many flowering shoots, which can straighten up only at their flowering tips.

Tormentil strives for a polarisation above and below ground. The leaflets on the shoots are five in number because the two stipules and the three pinnate leaves together form radiating 'rings' around the nodes, whereas the yellow flowers are generally four-petalled. In the region of light above ground the 'pervasion' principle leads to an emphasising of the *form aspect*. There, during the fruit ripening, a clearly dichasial branching pattern arises in which the initial asymmetry of the two lateral branches next to a flower is equalized into almost equal-lengthed branches. In contrast, below ground in the dammed-up rhizome the *substance aspect* predominates. There, the 'soul influence' expresses itself in the accumulation of various tannins (up to 25%) which colour the so-called 'woody body' of the rhizome from pink to blood red. But despite its surprising hardness, the rhizome contains only a few genuinely lignified and thus dead cells. The transition from below to above ground is mediated by the trefoil leaves which grow only in spring or autumn as the upper leaf part of the underground scale leaves. Besides the *polarisation* in the form and substance pole, tormentil is an example of the *connection* between centripetal and centrifugal processes. This indicates its use as a herbal remedy for inflammations and bleeding of the skin and mucous membrane.

CHRISTIAN ALBRECHT MAY

Blut und Nerv am Auge – spezifisch Menschliches findet sich in der Aderhaut

Diese Ausführungen sind eine kritische Erwiderung auf den Artikel »Blut und Nerv am tierischen und menschlichen Auge – Zum neueren Kenntnisstand eines zentralen anthropologischen Themas in der anthroposophischen Menschenkunde« von Thomas Marti, erschienen im Jahrbuch für Goetheanismus 2013.

In dem Artikel geht es um den Bau und die Funktion des menschlichen Auges unter Berücksichtigung der von Rudolf Steiner gegebenen Hinweise auf die Unterschiede zum Auge von Tieren. Einige der problematischen wissenschaftlichen Aspekte dieser Arbeit seien hier zunächst angeführt: Bereits bei der Zusammenstellung der Fragen am Ende der Einleitung findet eine nicht weiter begründete Einengung der Nerven-Thematik auf die Netzhaut statt. Die dargestellte Methodik ist leider nicht wissenschafts-adäquat. Es fehlt die genaue Darstellung der Auswahlkriterien der gesichteten Literatur, die mit den basalen Stichworten nicht genug fokussiert werden konnte. Kapazitätsgründe sollten nicht als Argument für einen selektiven Umgang mit Quellen angeführt werden; Zusammenfassungen als Quellen sind nicht ausreichend zur tatsächlichen Beurteilung eines Artikels. Entsprechend der unsauberen Methodik sind die Ergebnisse ungenau und unvollständig. Es wundert einen deshalb nicht, dass der Autor keine positiven Schlussfolgerungen ziehen kann und sich deshalb »zur Rettung Rudolf Steiners« auf eine in dem Artikel nicht diskutierte Ebene flüchtet mit dem Fazit: »Nicht Steiners geisteswissenschaftliche Erkenntnisse zum Wesen des Menschen müssen revidiert werden, sondern sein Bild, das er von den leiblichen Sachverhalten am Auge vermittelt. Dieses Bild ist veraltet und muss bei der Beschäftigung mit Steiners Vorträgen dringend erneuert werden« (MARTI 2013: 78). Worin diese Erneuerung besteht, bleibt der Autor leider schuldig.

Da der Artikel in einer Schriftenreihe erschien, die eine goetheanistische Grundhaltung darstellen will, sollte man ihn wohl nicht als dilettantische Darstellung des unterschiedlichen Wissensstandes von Anfang des 20. Jahrhunderts und heute verstehen (was er in Teilen leider impliziert). Es scheint ernsthaft um eine Erkenntnis zu gehen; eine Erkenntnisgeste, die von Steiner angedeutet wird und die Frage, ob diese Geste auch heute noch nachvollziehbar ist. Dabei ist es wichtig, nicht an Einzelbegriffen Steiners hängen zu bleiben und diese zu falsifizieren. Eine Geste ist ganz im goetheanistischen Sinn etwas, was sich entwickeln und damit auch verändern kann und dennoch seinen grundsätzlichen Gehalt behält. Dieser Gehalt wird sich immer auch in der Leiblichkeit widerspiegeln. Insofern kann eine wie folgt gegebene Schlussfolgerung bei Beibehalten der Geste nicht stimmen: »Weder anatomisch, morphologisch noch physiologisch oder verhaltensbiologisch lässt sich am Auge selber eine Besonderheit des Menschen feststellen, die es auch rechtfertigen könnte, den Menschen von den Wirbeltieren deutlich abzugrenzen« (MARTI 2013: 75).

Als Augenforscher möchte ich den Gegenbeweis liefern, den ich bereits in mehreren wissenschaftlichen Arbeiten als Einzelphänomene dargestellt habe: Die Aderhaut zeigt menschen-spezifische Besonderheiten, die genau die Frage nach Blut und Nerven im Auge berührt und darüber hinaus auch auf die Bedeutung des Blutes für die Willenstätigkeit (in Form von Muskulatur) hinweist.

In der menschlichen Aderhaut findet sich ein dichtes Geflecht von intrinsischen Neuronen, die bereits Ende des 19. Jahrhunderts beschrieben wurden, aufgrund der Betonung tierexperimenteller Daten nur vereinzelt in der wissenschaftlichen Literatur des 20. Jahrhunderts erwähnt wurden und erst 1993/94 durch ihre Anfärbbarkeit mit der NADPH-Diaphorase wieder in Erinnerung gerufen wurden (BERGUA & AL. 1993, FLÜGEL & AL. 1994). Eine genauere Untersuchung ergab ein hoch-komplexes Nervennetz mit verschieden markierbaren Neuronen, das bereits in der Fetalzeit angelegt ist (MAY & AL. 2004, MAY & LÜTJEN-DRECOLL 2005). Bei Primaten mit einer Fovea centralis konnten zwar ebenfalls solche Neurone in der Aderhaut gefunden werden, jedoch in weit geringerer Anzahl (FLÜGEL & AL. 1994, MAY & AL. 1997, 2006); eine Untergruppe intrinsischer Aderhautneurone konnte sogar selektiv im Schweineauge nachgewiesen werden – allerdings mit einer anderen Morphologie (MAY & AL. 2002). Auch bei Vögeln mit Fovea centralis fanden sich Aderhautneurone (SCHRÖDL & AL. 2004). Betrachtet man das Zielgewebe dieser Neurone, ergeben sich deutliche Unterschiede zwischen Säugetieren und Vögeln: Während bei den Vögeln ein aus Lymphstraßen bestehendes Netz über Muskelzellkontraktionen reguliert wird (SCHRÖDL & AL. 2004), sind bei den Säugetieren die glatten Muskelzellen der Blutgefäße (SCHRÖDL & AL. 2003) und ein Netz aus nicht gefäßassoziierten glatten Muskelzellen (FLÜGEL-KOCH & AL. 1996) Zielgewebe. Dieses besondere Muskelnetz kommt nur rudimentär bei Primaten vor (MAY

2003); beim Menschen ist es jedoch sehr differenziert ausgebildet (MAY 2005).

Versucht man diese morphologischen Befunde in ein funktionelles System zu stellen, so kann man folgende Vermutungen anstellen:

Mit der Ausbildung einer Fovea centralis in der Netzhaut bedarf es eines komplexen Hilfsapparates, der diese Struktur in ihrer Lage so regulieren kann, dass die Brechkraft der Linse und der Hornhaut optimal für diesen Bereich des scharfen Sehens adaptiert ist. Tiere die »nur« eine Area centralis aufweisen (z. B. Hunde und Katzen), besitzen diesen Hilfsapparat noch nicht; sie entwickeln jedoch andere spezialisierte Systeme, um zum Beispiel in der Dämmerung besser sehen zu können (Tapetum lucidum bzw. fibrosum).

Im Vergleich zum Vogel ist der Hilfsapparat des Menschen »einfacher« aufgebaut, da nicht ein zusätzliches lymphatisches Flüssigkeitssystem vorhanden ist, sondern die glatten Aderhautmuskelzellen direkt im Bindegewebe liegen und das Blutgefäßsystem beeinflussen.

Innerhalb der Säugetierreihe gibt es einen deutlichen Sprung in der Komplexität des beschriebenen Hilfsapparates zwischen den Primaten und dem Menschen. Das menschliche Auge kann damit eine eigenständige, nur für den Menschen so beschreibbare Regulation der Aderhaut und damit der Platzierung der Fovea centralis durchführen.

Die Durchblutung steht über den intrinsischen Nervenplexus mit den Neuronen stärker unter der Kontrolle des Nervensystems, was eine Dominanz des Nervensystems im menschlichen Auge im Vergleich zu Tieren andeutet.

Mit diesen Schlussfolgerungen sind die von Marti aufgestellten zu prüfenden Thesen jedoch weitgehend positiv beantwortet, das heißt die grundsätzlichen Gesten im menschlichen Auge im Vergleich zum Tier (stärkere Gewichtung des Nervenpols als Ausdruck der Antipathie, »Vereinfachung« der Morphologie im Sinne von nicht entwickelten einseitigen Spezialanpassungen) können durch morphologische Spezifika am menschlichen Auge dargestellt werden.

Inwieweit diese strukturelle Darlegung für das Verständnis der Sehprozesse Relevanz hat, bleibt anderen Arbeiten zur Klärung vorbehalten.

Literatur

BERGUA, A., JÜNEMANN, A., NAUMANN, G. O. H. (1993): NADPH-D-reaktive chorioidale Gang-lienzellen beim Menschen. Klinische Monatsblätter für Augenheilkunde 203: 77–82

FLÜGEL, C., TAMM, E. R., MAYER, B., LÜTJEN-DRECOLL, E. (1994): Species differences in choroidal vasodilative innervation: evidence for specific intrinsic nitrergic and VIP-positive neurons in the human eye. Investigative Ophthalmology & Visual Science 35: 592–599

FLÜGEL-KOCH, C., MAY, C. A., LÜTJEN-DRECOLL, E. (1996): Presence of a contractile cell network in the human choroid. Ophthalmologica 210: 296–302

MARTI, T. (2013): Blut und Nerv am tierischen und menschlichen Auge – Zum neueren Kenntnis-stand eines zentralen anthropologischen Themas in der anthroposophischen Menschen-kunde. Jahrbuch für Goetheanismus 2013: 31–83

MAY, C. A. (2003): Nonvascular smooth muscle a-actin positive cells in the choroid of higher primates. Current Eye Research 27: 1–6

– (2005): Nonvascular smooth muscle cells in the human choroid: distribution, development and further characterization. Journal of Anatomy 207: 381–390

–, HAYREH, S. S., FURUYOSHI, N. & al. (1997): Choroidal ganglion cell plexus and retinal vasculature in laser-induced monkey glaucoma. Ophthalmologica 211: 161–171

–, FUCHS, A. V., SCHEIB, M., LÜTJEN-DRECOLL, E. (2002): Characterization of nitrergic neurons in the porcine and human ciliary nerves. Investigative Ophthalmology & Visual Science 43: 581–586

–, NEUHUBER, W. L., LÜTJEN-DRECOLL, E. (2004): Immunohistochemical classification and functional morphology of human choroidal ganglion cells. Investigative Ophthal-mology & Visual Science 45: 361–367

–, LÜTJEN-DRECOLL, E. (2005): Choroidal ganglion cells in prenatal, young and middle-aged human donor eyes. Current Eye Research 30: 667–672

–, KAUFMAN, P. L., LÜTJEN-DRECOLL, E., SCHOLZ, M. (2006): Choroidal innervation and optic neuropathy in Macaque monkeys with laser- or anterior chamber perfusion-induced short-term elevation of intraocular pressure. Experimental Eye Research 82: 1060–1067

SCHRÖDL, F., DE LAET, A., TASSIGNON, M. J. & al. (2003): Intrinsic choroidal neurons in the human eye: projections, targets, and basic electrophysiological data. Invest. Ophthalmol. Vis. Sci. 44: 3705–3712

–, DE STEFANO, M. E., REESE, S. & al. (2004): Comparative anatomy of nitrergic intrinsic choroidal neurons (ICN) in various avian species. Experimental Eye Research 78: 187–196

THOMAS MARTI

Replik auf die kritischen Anmerkungen von C. A. May zu meinem Beitrag über »*Blut und Nerv am tierischen und menschlichen Auge*« im Jahrbuch für Goetheanismus 2013

Grundsätzlich begrüße ich kritische Auseinandersetzungen zu wissenschaftlichen Veröffentlichungen und halte sie für notwendig und unumgänglich, wenn sich konstruktive und weiterführende Gesichtspunkte für eine Vertiefung der goetheanistischen Forschung ergeben sollen. Dass solche Ansprüche an eine zu pflegende Kritikkultur keine Selbstverständlichkeit darstellen, zeigt etwa der polemische Rundumschlag, zu dem Manfrid Gädeke in der Wochenschrift »Das Goetheanum« vom 17. Januar 2014 gegen meinen Beitrag im Jahrbuch für Goetheanismus 2013 ausgeholt hat. Vor diesem Hintergrund bin ich C. A. May dankbar für die sachlich-kritischen Punkte in seinem Kommentar, auf die ich als kritisierter Autor auch adäquat reagieren kann.

Herr May kritisiert die angeblich »*unsaubere Methodik*« meines Beitrags und weist auf »*ungenaue und unvollständige Ergebnisse*« in meiner Arbeit hin, die sich aus seiner Sicht als forschender Mediziner und auf der Grundlage eigener Untersuchungen am Auge ergäben. Zur kritisierten Methodik erlaube ich mir zunächst einige sonst nicht übliche Hinweise auf die Umstände der Entstehung meines Beitrags.

Im Rahmen der Arbeit an der »*Allgemeinen Menschenkunde*« von Rudolf Steiner, die zum Kanon der Waldorflehrerausbildung gehört, kommen immer wieder berechtigte Fragen nach der Aktualität der von Steiner dargestellten Sachverhalte auf, insbesondere wenn es sich um naturwissenschaftliche, medizinische oder psychologische Themen handelt, bei denen zu Recht ein bestimmter Zeitbezug angenommen werden darf und die nach gut 100 Jahren Forschung legitime Fragen nach deren Aktualität wecken. Das Thema »Auge« ist dafür nur ein einzelnes Beispiel, zu welchem ein Nachschlagen in gängigen Fachbüchern oder Lexika meistens unbefriedigend bleibt, weil dadurch fast immer mehr offene Fragen als schlüssige Erkenntnisse zurückbleiben. Da es unter den postgraduiert Studierenden immer wieder naturwissenschaftlich solide Vorgebildete gibt, was für die Oberstufe sogar notwendige Voraussetzung ist, ist ein Umgang mit Fragen, wie sie beispielsweise auf Seite 35 des Jahrbuchs für Goetheanismus 2013 formuliert werden, nicht ohne erhöhte Ansprüche. Deshalb habe ich im Sinne von »forschender Lehre« angeregt, gleichsam exemplarisch einmal den aktuellen Kenntnisstand zum Auge des Menschen und der Wirbeltiere zu recherchieren und auf diese Weise den sich stellenden Fragen nachzugehen. Für die Studierenden war es kein leichtes Unterfangen, das immense und komplexe Material, das diese Recherche zum Auge ans Tageslicht brachte, zu einem kohärenten Bild zu verdichten und in einen schlüssigen Bezug zu Steiners Anthropologie zu stellen. Deshalb habe ich es abschließend unternommen, die vielen Funde zu sichten, zu ergänzen und in einen lesbaren und nachvollziehbaren Zusammenhang zu bringen.

Da wir kein eigentliches Forschungsinstitut sind und uns die personellen und finanziellen Mittel für umfangreichere Forschungen fehlen (z. B. für Forschungsdeputate, wissenschaftliche Hilfskräfte oder um die oft recht kostspieligen Originalbeiträge aus Fachzeitschriften käuflich zu erwerben), war es nicht möglich, durchgängig unter allen zweifellos wünschbaren Voraussetzungen zu arbeiten. Dazu gehörte zum Beispiel die manchmal unumgängliche Beschränkung auf *Abstracts*[1] oder die Einschränkung auf eine Suchmethodik entlang vereinfachter und deshalb sicher auch nicht immer ausreichend differenzierter Suchkriterien. Natürlich ist es bedauerlich, dass wir dadurch nicht auf alle möglicherweise relevanten Forschungsergebnisse gestoßen sind, auf die zum Beispiel May in seinem kritischen Kommentar hinweist. Aber soll man Forschung aus den genannten Gründen ganz bleiben oder die Ergebnisse in der Schublade verschwinden lassen, nur weil man möglicherweise nicht alles lückenlos in den Blick bekommt? Wir haben uns dafür entschieden, das gefundene Material durchzuarbeiten, zu dokumentieren und mit dem deutlichen Hinweis auf die eingeschränkten Kapazitäten einer interessierten Leserschaft zu präsentieren. Ich gebe dabei gerne zu, dass ein professioneller Augenforscher wie C. A. May im Detail vielleicht anders vorgehen würde, als es uns möglich war – nicht zuletzt auch wegen der anderen Forschungsinteressen, die ein Augenforscher im Unterschied zu uns verfolgt. Allerdings glaube ich nicht, dass dadurch für die Interpretation der sehr vielschichtigen und komplexen naturwissenschaftlichen Befunde namentlich unter anthroposophisch-anthropologischen Gesichtspunkten leichtere oder einfachere Voraussetzungen geschaffen werden.

Auf diesen Punkt werde ich im letzten Teil meiner Replik nochmals zurückkommen.

Wie zu Beginn meines Beitrags im Jahrbuch für Goetheanismus 2013 deutlich gemacht, fokussiert die Arbeit auf die polare Funktionalität von »*Blut*« und »*Nerv*« im Auge von Mensch und Wirbeltier sowie auf ihren Zusammenhang zu den seelischen Gesten von »*Sympathie*« und »*Antipathie*«. Des Weiteren geht es um die Frage, inwieweit eine typologische Abgrenzung des Menschen von den Wirbeltieren aufgrund naturwissenschaftlicher Befunde (hier exemplarisch zum Auge) möglich ist. Mit seinem Beitrag beabsichtigt May, den »Gegenbeweis« zu unserer Schlussfolgerung anzutreten, in der wir die Auffassung vertreten, dass es *naturwissenschaftlich* keine eindeutigen kategorialen Unterscheidungskriterien zwischen menschlichem und tierischem Auge gibt, sondern nur fließende oder graduelle. In seiner »Beweisführung« führt May an, dass die menschliche Aderhaut über ein hoch komplexes Nervennetz verfüge, das in rudimentärer Ausprägung auch im Auge von Schweinen und bei Primaten mit einer *fovea centralis* nachgewiesen werden könne. An Primaten werden in der zitierten Untersuchung (MAY 2003) genannt: Javaneraffen, Rhesusaffen, Mangaben und Nachtaffen (neben Nicht-Primaten wie Schwein, Kuh, Kaninchen, Katze, Hund und Ratte). Das hier in Rede stehende Nervennetz ist mit der glatten Gefäßmuskulatur der Aderhaut assoziiert, wodurch eine nervöse Regulation des Blutdurchflusses möglich wird. May schreibt in seiner vorliegenden Kritik: »*Dieses besondere Muskelnetz* [der Aderhaut] *kommt nur rudimentär bei Primaten vor (MAY 2003); beim Menschen ist es jedoch sehr differenziert ausgebildet (MAY 2005)*«. May vermutet nun in der Folge, dass dieser »komplexe Hilfsapparat« in Zusammenhang mit dem ausgeprägten Scharfsehen in der *fovea centralis* verstanden werden kann, da er bei Tieren mit nur einer *Area centralis* (z. B. Hunde und Katzen) fehlt und hier durch andere Spezialisierungen (beispielsweise zum Nachtsehen) charakterisiert wird.

May kommt nun in seiner Gegendarstellung zum Schluss, dass es innerhalb der Säugetierreihe »*einen deutlichen Sprung in der Komplexität des beschriebenen Hilfsapparates zwischen den Primaten und dem Menschen*« gibt. Das menschliche Auge könne damit »*eine eigenständige, nur für den Menschen so beschreibbare Regulation der Aderhaut [...] durchführen*«. Die Durchblutung der Aderhaut stehe durch das komplexe Nervennetz deshalb »*stärker unter der Kontrolle des Nervensystems, was eine Dominanz des Nervensystems im menschlichen Auge im Vergleich zu Tieren*« andeute. Damit würde ersichtlich, so May, dass das menschliche Auge im Vergleich zum Tier »*eine stärkere Gewichtung des Nervenpols als Ausdruck der Antipathie*« aufweist. Zudem sei das menschliche Auge morphologisch »vereinfacht«, weil ihm einseitige Spezialanpassungen, wie sie etwa das Vogelauge zeige, fehlten. Seine Schlussfolgerungen verdichtet May in den Titel seines Kommentars: »*Spezifisch Menschliches findet sich in der Aderhaut*«.

Die von May hier angeführten Sachverhalte halte ich für unsere Thematik für durchaus relevant, auch wenn ich seine Schlussfolgerungen in der vorliegenden Form nicht teile. Meines Erachtens ist die Argumentation Mays nämlich nicht schlüssig genug, um eine *typologische Sonderstellung des menschlichen Auges* (nach May ein »*Spezifisch Menschliches*«) gegenüber dem Säugerauge oder gar dem Primatenauge zu belegen. Meines Wissens fehlen bisher auch adäquate Untersuchungen an Augen von Menschenaffen, die erst einen »*deutlichen Sprung*« von den höheren Primaten zum Menschen (May) und damit eine prinzipielle Differenz des Menschen zum »Tier« verifizieren könnten. Die von May herangezogenen Untersuchungsergebnisse belegen vorerst nur graduelle und nicht prinzipielle Differenzen zwischen tierischem und menschlichem Auge, und bestätigen dadurch nur unsere eigenen Schlussfolgerungen. Damit widerspreche ich nicht dem Umstand, dass das Sehsystem des Menschen *insgesamt* (und dazu gehört mehr als nur das Auge!) zu besonders hohen und gleichzeitig generalisierten Leistungen fähig ist – diese aber auch nicht determinieren. Ebenso ist in den Ausführungen von May nicht schlüssig nachvollziehbar, weshalb sich aus der zweifellos hohen neuronalen Komplexität in der menschlichen Aderhaut »*eine stärkere Gewichtung des Nervenpols als Ausdruck der Antipathie*« ergeben soll. Hier wäre mindestens zu berücksichtigen, dass der »Nervenpol« im Bereich der Aderhaut durch das vegetative Nervensystem repräsentiert wird, also den antipathischen, das heißt willkürlich-bewussten Regungen entzogen und stattdessen in innerkörperliche regulatorische *(»sympathische«)* Vorgänge eingebettet ist. Weiter ist gut bekannt, dass das Auge des Menschen zu den am intensivsten durchbluteten Organen gehört, entsprechend einem ausgesprochen hohen Sauerstoff- und Energiebedarf bzw. einer großen Anfälligkeit gegenüber einer Unterversorgung. Darauf habe ich im Jahrbuch für Goetheanismus 2013 ausführlich verwiesen (S. 58 ff.). Auf diese und weitere vegetativ *(»sympathisch«)* akzentuierte Aspekte des menschlichen Auges (S. 62 ff.) geht May in seiner Kritik nicht ein. Berücksichtigt man diese Aspekte, dann stellt sich die *»stärkere Gewichtung des Nervenpols«* im menschlichen Auge nicht mehr so eindeutig dar, wie dies May behauptet.

Damit habe ich meine Replik zu einem Punkt geführt, der mir zugegebenermaßen als der schwierigste erscheint: nämlich die Deutung bzw. das physiognomische Ablesen von antipathischen und sympathischen Gesten an Körperstrukturen und -prozessen. Die damit einhergehende Problematik lässt sich vielleicht am besten am Beispiel von blinden Menschen verdeutlichen, etwa an Jacques Lusseyran oder Helene Keller, die sehr wohl hochdifferenzierte »Antipathiekräfte« (oder Bewusstseinsfähigkeiten) entwickelten, obwohl ihnen der Gebrauch ihrer physischen Augen radikal versagt war. Es ist ja völlig zweifelhaft, ob zum Beispiel blinde Menschenaffen gleichermaßen »sehend« durchs Leben gehen könnten – obwohl deren organische Ausstattung der des Menschen durchaus sehr ähnlich ist! Es wird daran offenbar, dass hier ein fundamentales Moment mitspielt, das sich nicht auf organische Strukturen reduzieren lässt und von diesen auch nicht determiniert wird, sondern mit der *Freiheitsfähigkeit* des Menschen zu tun hat. Auf diesen Umstand hatte schon Goethe verwiesen, etwa wenn er in seinen »*Maximen und Reflexionen*« formulierte: »*Das Tier wird durch seine Organe belehrt; der Mensch belehrt seine Organe und beherrscht sie*« (GOETHE 1963: 133). Im Hinblick auf blinde (oder anderweitig physisch behinderte) Menschen ist man sogar geneigt, Goethe zu ergänzen: »*[...] und kommt ggf. auch ohne sie aus*«. Auf solche Gesichtspunkte ist im Jahrbuch für Goetheanismus 2013 auf den Seiten 72 ff. sowie in den abschließenden Bemerkungen (S. 75 ff.) ausführlich eingegangen. Leider interpretiert May diesen Ausblick auf einen zentralen Punkt der anthroposophischen Menschenkunde als Ausflucht »*auf eine im Artikel nicht diskutierte Ebene*« mit der mir unterstellten Absicht, Steiner vor meinen eigenen Angriffen »retten« zu wollen.

Wer meinen Beitrag im Jahrbuch 2013 sorgfältig liest, wird finden können, dass ich Steiner an keiner einzigen Stelle angegriffen habe, sondern nach der *Aktualität der gegenwärtigen Rezeption* seiner Darstellungen zur Physiologie, Morphologie und Evolution des Auges gefragt habe. Wenn Forschung undogmatisch und ergebnisoffen sein soll, dann muss auch möglich sein, dass eventuelle Differenzen zu faktischen Darstellungen von vor 100 Jahren zu Tage treten. Dies tut älteren Darstellungen und den ihnen zugrunde liegenden Intentionen nicht schon *per se* Abbruch. Im Klartext: Nicht *Steiner* ist veraltet, sondern die *Rezeption in unserer Gegenwart*, wenn sich diese zur Hauptsache auf die physiologischen Kenntnisse zu Steiners Zeit abstützt und dafür immer wieder auf das von Steiner herangezogene Vorhandensein von »Fächer« und »Schwertfortsatz« im tierischen Auge Bezug genommen und damit ihr »*stärkeres Durchblutetsein*« im Gegensatz zum menschlichen Auge begründet wird (siehe z. B. LEBER 2002: 614). Wer die Befunde der modernen Augenforschung zur Kenntnis nimmt, der wird sich von einer typologischen Entgegensetzung von menschlichem und tierischem Auge verabschieden müssen, wird aber erkennen können, dass in der biologischen Entwicklung zum menschlichen Auge hin organische Voraussetzungen entstehen, welche das Wirksamwerden der Ich-begründeten Freiheitsfähigkeit des Menschen erst ermöglichen. Die Augen der Primaten stehen dazu nicht im Gegensatz, sondern stellen graduelle »Vorstufen« dar, wie sie in der gesamten übrigen Primatenbiologie ebenfalls vielfältig zu finden sind. Dies zeigt sich zum Beispiel auch in den von May zitierten Untersuchungen, nach denen die erforschten Strukturen bei Primaten »*rudimentär*«, beim Menschen »*sehr differenziert*« sind. Ich halte solche Ergebnisse für ein Verständnis der anthroposophischen Menschenkunde entschieden für einen Gewinn, was ich am Schluss meines Jahrbuch-Beitrages auch deutlich gemacht habe.

Ich halte dafür, dass mein Beitrag im Jahrbuch für Goetheanismus 2013 so verfasst und dokumentiert ist, dass seine Ergebnisse diskutierbar sind und damit für einen sachlichen Diskurs offen stehen. Mit der von C. A. May vorgetragenen Kritik ist ein solcher Diskurs möglich. Gädeke dagegen unterstellt mir im *»Goetheanum«* auf höchst unsachliche Weise *»eingebildete Modernität«* und die Absicht, mit Hilfe *»isolierter Aussagen«* und *»völlig unbekümmert«* nur die *»Steiner'sche Überholtheit«* nachweisen zu wollen. Weiter beurteilt Gädeke meine Arbeit als *»mit viel Fleiß« »aus dem Internet zusammengetragene« »amorphe Tatsachenmasse« »ohne irgendein(en) Bezug derselben zur Fragestellung«* mit der finalen Bemerkung, die *»Aufnahme des Marti'schen Aufsatzes«* in das Jahrbuch für Goetheanismus sei erwiesenermaßen einem redaktionellen *»Versehen«* entsprungen. Solche k.o.-Rundumschläge sind nicht nur unfair, diffamierend und erinnern an Glaubensverdikte, weil offenbar nicht sein kann, was nicht sein darf. Vor allen Dingen widerspricht Gädekes kruder Ausputzer jeglichen Ansprüchen an eine zeitgemäße Kritikkultur, denen sich auch Goetheanisten und Anthroposophen nicht entziehen sollten. Deshalb ist zu hoffen und zu wünschen, dass das Jahrbuch nicht nur Darstellungen, sondern auch Gegendarstellungen aufnimmt und damit zu einem Forum für sachlich-kritische Diskurse wird.

Literatur

GÄDEKE, M. (2014): »… und er wird möglicherweise noch einige Schlüsse ziehen über das gegenseitige Verhältnis von wahrer und eingebildeter Modernität«. Rezension des Jahrbuchs für Goetheanismus 2013 in: »Das Goetheanum« Nr. 3 (17.1.2014), S. 10–11. Dornach

GOETHE, J. W. (1963): Maximen und Reflexionen. Dtv-Gesamtausgabe Bd. 21. München

LEBER, S. (2002): Kommentar zu Rudolf Steiners Vorträgen über Allgemeine Menschenkunde als Grundlage der Pädagogik. Band 1. Stuttgart

MARTI, T. (2013): Blut und Nerv am tierischen und menschlichen Auge – Zum neueren Kenntnisstand eines zentralen anthropologischen Themas in der anthroposophischen Menschenkunde. In: Jahrbuch für Goetheanismus 2013: 31–38. Niefern-Öschelbronn

MAY, C. A. (2003) Nonvascular smooth muscle a-actin positive cells in the choroid of higher primates. Current Eye Research 27: 1–6 (zitiert in MAY 2015)

– (2005) Nonvascular smooth muscle cells in the human choroid: distribution, development and further characterization. Journal of Anatomy 207: 381–390 (zitiert in MAY 2015)

– (2015): Blut und Nerv am Auge – spezifisch Menschliches findet sich in der Aderhaut. In: Jahrbuch für Goetheanismus 2015. Niefern-Öschelbronn

Hamburg, Ende Februar 2015

Verzeichnis der Autoren

Heinrich Brettschneider

Vordere Mühlgasse 187
86899 Landsberg
heinz.brettschneider@t-online.de
www.mutzurheilung.de

Prof. Dr. rer. nat.
Walter Hutter

Freie Hochschule Stuttgart
Seminar für Waldorfpädagogik
Haußmannstr. 44a
70188 Stuttgart
Hutter@freie-hochschule-stuttgart.de

Dipl. Biol. Ruth Mandera

Traubenweg 8
56566 Neuwied
ruth.mandera@onlinehome.de

Dipl. Biol. Michael Kalisch

Berliner Ring 53
72076 Tübingen
salmerkursulfur@aol.com

Dr. rer. nat.
Susanna Kümmell

Institut für Evolutionsbiologie und Morphologie
ZBAF, Zentrum für Biomedizinische Ausbildung
und Forschung
Universität Witten/Herdecke
Stockumer Str. 10
58453 Witten
susanna.kuemmell@uni-wh.de

Prof. Dr. med.
Christian Albrecht May

Anatomisches Institut
Medizinische Fakultät Carl Gustav Carus
TU Dresden
Fetscherstr. 74
01307 Dresden
albrecht.may@tu-dresden.de

Thomas Marti

Akademie für Waldorfpädagogik Mannheim
Zielstr. 28
68169 Mannheim
thomas.marti@akademie-waldorf.de

Prof. Dr. med. Dipl. Biol.
Christoph M. Schempp

Forschungszentrum »skinitial«
Klinik für Dermatologie und Venerologie
Universitätsklinikum Freiburg
Hauptstr. 7
79104 Freiburg
christoph.schempp@uniklinik-freiburg.de

Dr. phil. Peter A. Wolf
(Vignetten)

Frankenstr. 216
45134 Essen
PeterA.Wolf@gmx.de